AF396922

JOURNAL ENCYCLOPÉDIQUE

DES HUISSIERS.

OBSERVATION IMPORTANTE.

Sur la réclamation de plusieurs de nos abonnés qui se plaignent des inconvénients résultant de la division de notre Journal en deux parties, et particulièrement de la nécessité de séparer chaque cahier à son arrivée, les deux parties seront réunies en une seule à compter de ce numéro, et feront suite à la série des articles de la seconde partie.

Malgré cette réunion, et afin de faciliter les recherches, nous n'en continuerons pas moins de publier deux tables chronologiques, dont l'une comprendra les lois et ordonnances, et l'autre le surplus des articles insérés dans le journal.

JOURNAL ENCYCLOPÉDIQUE

DES HUISSIERS.

ART. 165.

QUESTIONS PROPOSÉES [1].

HUISSIER.

REMISE D'HONORAIRES. — DOMMAGES-INTÉRÊTS.

Les huissiers qui font remise d'une partie de leurs honoraires à des avoués ou à des agents d'affaires sont-ils passibles de dommages-intérêts envers leurs confrères?

En d'autres termes, ceux-ci peuvent-ils réclamer contre ceux-là l'application de l'art. 1382 du Code civil?

L'abonné qui nous soumet cette importante question nous révèle les faits suivants et nous autorise à les publier :

« Depuis un temps immémorial la plupart des huissiers de la
» ville de Nantes font remise à MM. les avoués d'une partie de
» leurs émoluments sur les actes que ces derniers leur donnent
» tout préparés, savoir : — Remise de 1 fr. 45 cent. et 1 fr. 70 c.
» sur original et une copie; — remise de la totalité de l'original
» et des droits de délivrance de la première copie, quand il y a
» lieu à transport; — remise des droits de copies de pièces,
» lors même qu'ils appartiennent exclusivement à l'huissier.

» M. G..., leur confrère, s'est toujours refusé, depuis 1832,
» de souscrire à ce trafic; il a essayé en vain de le faire dispa-
» raître.

» Ledit M. G..., qui nécessairement a éprouvé un préjudice
» de cette concurrence déloyale, a-t-il droit à des dommages-
» intérêts contre ceux de ses confrères qui ont trafiqué de leur
» ministère au rabais? »

Nous le croyons.

Tout fonctionnaire, quel qu'il soit, est soumis à deux espèces

____

[1] Par M. Auney, huissier à Nantes.

de lois : d'abord aux lois et règlements spéciaux sur l'exercice de sa profession, ensuite au droit commun.

La raison de cette règle est que le fonctionnaire qui commet une faute dans l'exercice ou à l'occasion de l'exercice de ses fonctions, porte atteinte à l'honneur et à la dignité du corps dont il fait partie, et en même temps occasionne un préjudice pécuniaire.

La répression d'une telle faute exige donc l'intervention de deux sortes de pouvoirs : l'un, le pouvoir disciplinaire, qui réprime par des moyens qui lui sont propres, et dans l'intérêt de tous les autres fonctionnaires du même ordre, considérés comme corps, l'infraction commise; l'autre, le pouvoir judiciaire, qui ordonne la réparation du tort causé par le fait nuisible, n'importe à qui ce tort porte préjudice.

L'application à un fait d'une peine disciplinaire ne peut donc être un obstacle à ce que le même fait soit l'objet d'une action civile, pas plus que la punition d'un délit n'est un obstacle à la réclamation de dommages-intérêts. Loin d'interdire une telle demande, l'art. 85 du décret du 18 juin 1811 et 71 du décret du 14 juin 1813, la réservent de la manière la plus formelle à celui qui se trouve lésé par une faute punie ou à punir disciplinairement.

Les faits qui nous sont dénoncés blessent-ils l'honneur et la dignité du corps des huissiers? L'affirmative est évidente; dès lors une peine sévère peut être appliquée à leurs auteurs. (**V.** *art.* 163 *de ce Journal.*)

Cette peine appliquée, l'intérêt de la corporation est satisfait, mais l'intérêt particulier des huissiers qui ont souffert le dommage ne l'est pas; la raison, l'équité veulent qu'il le soit, et la loi, d'accord avec elles, a, dans l'art. 1382 du Code civil, autorisé toutes réclamations à cet égard.

Cet article, dans la généralité de ses termes : « Tout fait quelconque de l'homme qui cause à autrui un dommage, oblige celui par la faute duquel il est arrivé à le réparer, » comprend généralement toutes les actions nuisibles à autrui et non permises par la loi.

Or, la remise par un huissier d'une partie de ses honoraires est un fait non permis et nuisible : — *Non permis*, puisqu'il est généralement puni de peines disciplinaires élevées, et qu'il tend à jeter la déconsidération sur le corps des huissiers et à favoriser en quelque sorte l'immixtion d'étrangers dans la rédaction d'actes appartenant exclusivement à ces fonctionnaires. — *Nuisibles* aux confrères de la même résidence, puisque la remise attire dans l'étude de celui qui la consent des exploits qui naturellement se répartiraient dans toutes les études, et qu'ainsi elle pousse à une ruine inévitable ceux qui se conduisent loyalement en se refusant à trafiquer de leurs fonctions.

La réparation doit être égale au préjudice souffert. Mais comment apprécier ce préjudice, et sur quels éléments le tribunal se basera-t-il pour fixer les dommages-intérêts ? Là sera toujours la grande difficulté dans ces sortes de procès. — Nous ne voyons qu'un seul mode de procéder, c'est d'établir :

1° Le nombre des exploits sur lesquels des remises ont été effectuées, soit...... .... 4,000 fr.

2° Et le prix commun d'un exploit, soit......... 5

Il en résultera que...................... 20,000 fr.
ont été détournés de leur voie, au préjudice de ceux qui ont résisté aux remises.

Admettez maintenant que les huissiers soient au nombre de dix dans la même résidence......... 1/10°

Vous obtiendrez que chacun de ceux qui ont convenablement exercé leur profession a perdu par le fait des autres. .... 2,000 fr.

Si vous répartissez cette somme sur cinq ans, temps supposé pendant lequel les remises sur les 4,000 exploits ci-dessus, ont été effectuées, vous trouverez que la perte a été de 400 fr. par an, ce qui représente 2,000 fr. sur le capital de la charge, lequel ne se calcule qu'eu égard au produit annuel, et, en général, à raison de cinq fois ce produit.

Ainsi, dans l'hypothèse que nous venons de prévoir, le demandeur devrait conclure à 4,000 fr. de dommages-intérêts, dont 2,000 fr. pour la perte annuelle, et 2,000 fr. pour la perte sur le capital de la charge ; car s'il eût gagné 400 fr. de plus par an, il eût vendu sa charge au moins 2,000 fr. plus qu'il n'en obtiendra.

Voilà notre opinion ; c'est, on n'en doute pas, l'expression de notre conviction profonde ; toutefois nous conseillons à M. G... de ne point intenter de procès en dommages-intérêts, à moins, ce qui n'est pas probable, que la chambre de discipline ne soit impuissante à détruire l'abus des remises, aujourd'hui énergiquement poursuivi de toutes parts. En effet, un tel procès donnerait l'exemple d'une guerre entre les huissiers, et son issue, entièrement abandonnée à la tournure que prendraient les faits devant le tribunal, paraîtra toujours douteuse, surtout si l'on envisage que, dans une circonstance à peu près semblable, les huissiers d'Amiens ont succombé devant la cour royale qui siége dans leur ville. — Ils réclamaient des dommages-intérêts d'un sieur Bernaux, qui rédigeait des exploits, les faisait signifier, et, par ce moyen, obtenait des remises ; mais le 14 juillet 1821, ils furent déboutés de leurs prétentions par un arrêt qui, il est vrai, n'a pas justement interprété les lois de la matière.

Que M. G... et les huissiers qui marchent sur ses traces se contentent donc, *quant au passé*, de l'honneur qui leur revient de s'être conduits loyalement.—Qu'ils reçoivent ici les justes éloges que nous leur devons au nom de nos abonnés ; et *quant à l'avenir*, qu'ils saisissent leur chambre de discipline des abus dont ils sont victimes. Et dans le cas où, composée en majorité d'huissiers faisant des remises, cette chambre ne leur rendrait pas la justice à laquelle ils ont droit, qu'ils dénoncent hardiment les faits au ministère public, et que pour donner plus d'éclat à leur demande, ils assignent en dommages-intérêts, sauf à ne pas suivre s'il croient devoir se rendre à nos conseils.

A annoter aux mots Huissier, n° 140 ; et Copie de pièces, n° 61.

ART. 166.

—

EFFET DE COMMERCE.

PROTÊT. — RECOUVREMENTS. — EFFETS PORTANT RETOUR SANS FRAIS OU SANS PROTÊT.

Délibération de la chambre des huissiers de l'arrondissement de Mortagne (Orne).

Cejourd'hui vingt-neuf décembre mil huit cent quarante-trois,

M. le syndic a remis sous les yeux de MM. les membres de la communauté le projet ou exposé ayant pour but : 1° l'encaissement des effets sans frais ; 2° et les droits de copies de pièces ;

Mais, attendu que la grande majorité des membres a voulu délibérer sur chaque proposition ;

En conséquence il a été exposé :

Que les huissiers de cet arrondissement se trouvent chargés du recouvrement de la presque totalité des effets de commerce, tandis qu'ils ne devraient leur être confiés que pour en constater le défaut de payement par le protêt.

Considérant que dans les effets dont le recouvrement s'effectue par les huissiers se trouvent ceux revêtus de la mention *sans frais* ou *sans protêt* ; qu'en se chargeant de recevoir ces effets, les huissiers sortent de leurs attributions et qu'il convient d'arrêter cet abus ;

Ce considéré, et après avoir recueilli l'avis de chacun des membres de la communauté, il a été arrêté ce qui suit :

ARTICLE PREMIER.

A partir du premier juillet prochain, les huissiers de l'arrondissement de Mortagne ne pourront se charger de l'encaissement des effets de commerce, billets ou reconnaissances portant *retour sans frais* ou *sans protêt*, moyennant salaire ou non.

Art. II.

Dans le cas où, au mépris de l'engagement d'honneur que prennent aujourd'hui les soussignés, un ou plusieurs se permettraient d'y contrevenir, le syndic d'office, ou sur l'avis qui lui en serait donné, traduira les contrevenants devant la chambre des huissiers, laquelle, sur les conclusions du rapporteur, le fait bien établi, prononcera 25 fr. de dommages-intérêts par chaque contravention ; laquelle somme le condamné sera tenu de verser, ainsi que tous s'y obligent dès à présent, entre les mains du trésorier, sous peine d'y être contraint par les voies ordinaires, à la requête du syndic investi des pouvoirs de la communauté à cet effet.

Art. III.

Le produit des amendes restera au profit de la caisse de la communauté.

Art. IV.

Dans le cas de récidive, outre l'amende, qui sera de 50 fr., la délibération, portant condamnation, sera remise à M. le procureur du roi, avec requête pour qu'il ait à employer son autorité contre le contrevenant, pour le forcer à l'exécution de son engagement.

La présente délibération sera imprimée en autant d'exemplaires qu'il sera jugé convenable, afin de donner le plus de publicité possible, et communication en sera faite à M. le procureur du roi, et chacun de MM. les membres de la communauté de l'arrondissement de Mortagne auront droit à une copie.

La présente est obligatoire à tous les membres de la communauté dudit arrondissement de Mortagne.

Suivent les signatures.

Fouquet, Vauquelin, Biennay, Desclos, Leclerc, Bru, Raphard, Renouard, Roger, Manaranche, Turgeon, Hue, Delanoe, Caillard, Boisaubert, Gérard, Aulard, Deshayes, Gangné, Genty, Laisney, Allée, Laurent, Duplant, Vaudron, Jardin, Boussard *fils*, Gareau, Boussard *père*, Lemosne, Bougon, Séjournay et Guérinière.

Pour copie conforme,

FOUQUET,
Syndic.

BOUSSARD,
Secrétaire.

OBSERVATIONS.

Depuis un assez grand nombre d'années la plupart des huissiers s'étaient établis correspondants des banquiers de leur localité ; à ce titre ils encaissaient des effets de commerce échus pour des sommes considérables, et retournaient aux banquiers, en échange, soit des espèces, soit d'autres effets de commerce à des échéances éloignées de quelques mois.

Cet usage engendrait de graves abus. En effet, l'huissier qui s'établissait l'intermédiaire du banquier et des emprunteurs compromettait la dignité de ses fonctions, en se prêtant le plus souvent à des escomptes déguisant des prêts usuraires ; d'une autre part, comme le coût des protêts qu'il signifiait à la requête du banquier était la seule rétribution qui lui fût allouée, il avait intérêt à rechercher les billets souscrits par des débiteurs gênés, mais endossés par des individus solvables, afin d'augmenter les produits de son étude, ce qui était loin d'être licite; enfin, dans quelques localités, des huissiers faisaient la banque pour leur propre compte, et se constituaient, sous des noms empruntés, les véritables poursuivants des débiteurs contre lesquels ils exploitaient comme huissiers.

Cet état de choses émut les parquets; ils défendirent aux huissiers de faire la banque, et de se livrer pour leur compte, ou celui des banquiers, à l'escompte des effets de commerce, laissant toutefois aux huissiers le droit, en quelque sorte inhérent à leurs attributions, de recevoir des effets de commerce et d'en transmettre le montant aux banquiers en espèces ou effets protestés.

Quelques communautés, dans un esprit qu'on ne peut que louer, ont cru devoir aller plus loin que les prescriptions faites par le ministère public, et, en conséquence, ont interdit à chacun de leurs membres le droit d'encaisser les effets de commerce portant *retour sans frais* ou *retour sans protêt*. On comprend le but de cette interdiction : en encaissant un effet de commerce protestable pour en opérer le recouvrement, un huissier ne fait guère plus que ce qu'il doit, et que ce qu'on peut le contraindre de faire dans certaines circonstances, puisqu'il faut, avant de protester, que l'effet soit présenté à domicile et que l'huissier en reçoive le montant s'il y a provision, sauf alors, dans ce dernier cas, à dresser procès-verbal, s'il le juge à propos ; mais il n'en est pas de même des effets non protestables, et aucune raison n'existe pour en charger plutôt un huissier qu'une autre personne; en encaissant de tels effets, les huissiers sortent donc de leurs fonctions pour se faire agents de banque, et il peut résulter de là des inconvénients que les chambres de discipline ont le droit de réprimer.

Mais il est évident que ce droit de répression ne peut excéder les pouvoirs accordés aux chambres de discipline par l'art. 70 du décret du 14 juin 1815, c'est-à-dire que les chambres, dans le but de faire disparaître des abus, ne peuvent appliquer d'autres peines que celles prévues par ledit art. 70, lequel, et ceci est important à remarquer, ne parle ni de dommages-intérêts, ni d'amende, ni de condamnation pécuniaire quelconque, ni par conséquent d'attribution à qui que ce soit des amendes, dommages-intérêts et condamnations qui seraient prononcées.

La chambre de discipline de l'arrondissement de Mortagne, et si l'on veut l'assemblée générale des huissiers dudit arrondissement, car tous ont signé la délibération, nous paraît avoir excédé sa compétence en prononçant, art. 2, une amende de 25 fr., double en cas de récidive suivant l'art. 4, pour contravention à l'art. 1er, et en déclarant, art. 3, que l'amende restera à la caisse de la communauté; elle ne pouvait, en effet, qu'indiquer tout au plus une peine disciplinaire et dénoncer au procureur du roi les faits de nature à mériter une peine plus grave que celle qu'elle a la faculté d'appliquer.

Les chambres de discipline, et on doit le regretter, n'ont pas le droit de prononcer une amende, quelque minime qu'elle soit. Dès lors à quoi bon des délibérations établissant que dans tel cas tel membre payera tant d'amende? Croit-on que l'huissier qui aura contrevenu à la délibération viendra bénévolement déposer ses 25 fr.? Là où il n'y a aucun moyen de contrainte, qu'on le sache bien, les pénalités sont inefficaces; partant, les délibérations qui les établissent complétement inutiles.

A annoter aux mots Chambre de discipline des huissiers, n° 34; et Effets de Commerce, n° 98.

<hr>

ART. 167.

QUESTIONS PROPOSÉES [1].

OPPOSITION.

VENTES DE MEUBLES. — OPPOSITION. — FORMES.

L'opposition en vertu de l'art. 609 du Code de procédure est-elle valablement signifiée, soit au saisissant seulement avant la vente, soit à l'officier public seul, pendant ou après la vente?

L'opposition peut-elle être signifiée au saisissant, au domicile élu dans le commandement?

Dans le cas de vente de meubles, autre que celle faite par suite de saisie-exécution, quelles formes doit-on suivre pour arrêter les deniers?

PREMIÈRE QUESTION.

L'art. 609 du Code procéd. civ. disposant pour le cas de saisie-exécution seulement, ordonne que les oppositions sur le prix de la vente soient signifiées, *à peine de nullité, au saisissant et à l'officier chargé de la vente.*

Voilà une disposition formelle, impérative, que n'a pu infirmer ni modifier l'art. 660, lequel, ainsi que le fait observer Favard de Langlade, t. V, p. 33, n° 3, ne contient qu'une clause énonciative et non dispositive, en obligeant les créanciers opposants soit entre les mains du saisi, soit en celles de l'officier qui a procédé à la vente, de produire à la distribution dans le mois de la sommation à peine de forclusion.

[1] Par M. Uny, huissier à Pont-de-Vaux, Ain.

La disposition de l'art. 609 étant générale et n'établissant aucune distinction entre les oppositions faites avant ou après la vente, il s'ensuit que toutes les oppositions à faire sur les deniers à provenir ou provenus de la vente des objets saisis doivent être signifiées simultanément au saisissant et à l'officier chargé de procéder ou qui a procédé à la vente.

Toutefois Pigeau, *Comment.* t. II, p. 199, enseigne que si l'opposition est faite au moment de la vente ou après qu'elle a été effectuée, il suffit de la signifier à l'officier qui y a procédé sans qu'on soit obligé de le dénoncer au saisissant; l'officier ou la caisse dans laquelle il a consigné, devant fournir un extrait des oppositions à celui qui poursuivra la distribution des deniers.

Pour que cette opinion, qui d'ailleurs est évidemment contraire aux prescriptions de l'article 609, puisse être admise avec quelque sécurité, il faudrait que ce que Pigeau a supposé fût exact, à savoir : —1° que la consignation fût obligatoire dans tous les cas de vente après saisie, lorsqu'il y a opposition ; — 2° que l'officier, en consignant, fût obligé d'énoncer même les oppositions nulles. Mais, d'une part, la consignation n'est obligatoire que dans un cas, c'est lorsque les deniers de la vente étant insuffisants, la saisie et les créanciers opposants ne s'entendent pas dans le mois. (Ord. 9 juillet 1816, art. 2, n° 8; C. pr. 656 et 657.) Que deviendra l'opposition s'il n'y a point consignation et s'il y a arrangement entre le saisi et les opposants par acte en forme? D'une autre part, rien n'oblige l'huissier à énoncer, lors de la consignation, une opposition nulle, car si sa responsabilité était attaquée, il opposerait la nullité de l'acte, et comme un acte nul ne peut produire aucun effet, qu'en le laissant de côté, il n'aurait occasionné aucun préjudice, il serait dégagé de toute action à cet égard. La loi, d'ailleurs, en obligeant l'huissier à énoncer les oppositions, n'a eu évidemment en vue que celles formées suivant les prescriptions par elle édictées, les autres à ses yeux n'ayant aucune valeur.

DEUXIÈME QUESTION.

L'élection de domicile faite dans un commandement tendant à saisie-exécution, n'ayant lieu que dans l'intérêt du débiteur, ne peut profiter aux tiers. — V. notre *Encyclopédie des Huissiers,* au mot *Saisie-exécution,* n° 82.

En conséquence, l'opposition signifiée au saisissant au domicile élu dans le commandement, serait nulle; cet acte doit être, en effet, donné à personne ou à domicile, ainsi que l'exige l'art. 68 du Code procéd. pour tous les exploits en général.

TROISIÈME QUESTION.

Le seul moyen indiqué par la loi pour s'opposer au payement

des sommes dues par des tiers à son débiteur, c'est la *saisie-arrêt*. Il est vrai que l'art. 609 du Code a dérogé à cette règle générale, mais c'est seulement pour le cas où il s'agit de vente par suite de saisie-exécution ; dans toutes autres circonstances l'exception disparaît, et la règle générale reprend son empire.

Il suit de là qu'en cas de vente de meubles effectuée volontairement, les fonds en provenant ne peuvent être arrêtés que par voie de saisie-arrêt ; la simple opposition entre les mains de l'officier ministériel n'étant permise par aucune disposition, ne vaudrait que s'il y avait consignation et seulement pour faire appeler l'opposant à la distribution.

Mais ce dernier moyen est fort douteux ; car outre qu'il peut ne pas y avoir lieu à consignation, le vendeur peut transporter le prix de la vente, et son cessionnaire attaquer et faire annuler l'opposition, comme n'ayant été ni dénoncée ni validée dans les termes et délais voulus par la loi.

A annoter aux mots Saisie-Exécution, nos 82, 274 ; et Vente de meubles, no 50.

ART. 168.

HUISSIER.

EFFETS DE COMMERCE. — EFFETS SANS FRAIS. — EFFETS AVEC FRAIS. — INTERDICTIONS. — SALAIRES. — OBSERVATIONS DU RÉDACTEUR PRINCIPAL.

Délibération de la chambre de discipline des huissiers de l'arrondissement de Nogent-le-Rotrou sur les recouvrements d'effets de commerce.

Du 20 novembre 1844.

La chambre, après avoir entendu le rapporteur, et en avoir délibéré, arrête ce qui suit :

ARTICLE PREMIER.

A compter du premier janvier mil huit cent quarante-cinq, aucun huissier de l'arrondissement de Nogent-le-Rotrou ne pourra présenter ni encaisser, aux époques d'échéance, soit par lui-même, soit par des tiers, des effets de commerce *causés sans frais.*

ART. 2.

Lorsque le lieu du domicile indiqué par l'effet sera le même que celui du porteur, l'huissier ne devra recevoir cet effet que quand il aura l'assurance que le porteur s'est déjà présenté au domicile, et qu'il n'y avait pas de fonds.

ART. 3.

Lorsqu'un huissier se présentera au domicile indiqué pour protester un effet de commerce, et que les fonds lui seront versés à l'instant, il ne fera point d'acte de son ministère ; seulement il lui sera dû, à titre d'indemnité de déplacement, savoir :

Si l'effet est payable dans le lieu de sa résidence, cinquante centimes de présentation, quel que soit le montant de l'effet.

Si l'effet est payable hors le lieu de la résidence de l'huissier, il lui sera dû, indépendamment des cinquante centimes de présentation, cinquante centimes par chaque demi-myriamètre de distance de son domicile au lieu où l'effet est payable, à titre d'indemnité de voyage.

L'huissier n'aura droit qu'à un seul transport pour plusieurs effets payables dans le même lieu, le même jour.

L'huissier percevra du porteur de l'effet les indemnités ci-dessus fixées.

ART. 4.

Tout contrevenant aux dispositions de la présente délibération sera traduit devant la chambre de discipline.

ART. 5.

Un exemplaire de la présente délibération sera affiché par extrait, en forme de placard, dans l'endroit le plus apparent de l'étude de chacun des huissiers de l'arrondissement.

Pour extrait certifié conforme au registre des délibérations de la chambre.

Le Secrétaire,   *Le Syndic,*

DURAND.   FRANCHET.

OBSERVATIONS.

La délibération qu'on vient de lire nous paraît contenir de sages prescriptions ; elle respecte en effet l'honneur et l'intérêt des membres de la communauté, en même temps qu'elle a égard aux relations établies entre eux et leurs clients. Nous ne pouvons donc qu'approuver les mesures prises, et les recommander à l'attention de nos abonnés.

Toutefois, comme nous nous sommes imposé le devoir de n'insérer, dans notre journal, aucun document sans lui faire subir un examen critique dans l'intérêt général des huissiers, afin de les mettre à portée de discerner immédiatement ce qui est bien d'avec ce qui peut ne pas l'être, nous devons expliquer les motifs et le sens de l'approbation que nous donnons à la délibération du 20 nov. 1844.

Art. 1ᵉʳ. — Pour qu'on ne puisse même soupçonner les huissiers de l'arrondissement de Nogent-le-Rotrou de se livrer à des opérations de banque, la délibération interdit, par son article premier, la faculté d'encaisser et d'opérer le recouvrement des effets de commerce portant la mention : *sans frais*, c'est-à-dire non protestables à défaut de payement. L'huissier qui se charge de tels effets devient un commis de caisse, et, descendant ainsi volontairement du piédestal sur lequel la loi l'a placé, porte atteinte au caractère dont il est revêtu et par conséquent à la considération du corps auquel il appartient.

Il existait encore un autre motif pour interdire l'encaissement des effets sans frais : c'est que, entre les banquiers de l'arrondissement et certains huissiers, il s'était formé, si ce n'est par écrit, au moins verbalement, divers contrats par suite desquels ces derniers, en échange de toute la clientèle des banquiers, faisaient gratuitement le recouvrement de tous les titres négociables qui leur étaient transmis, et, de cette manière, frustraient leurs confrères de bénéfices auxquels ils eussent pu légitimement prétendre. Désormais des conventions de cette nature n'auront plus lieu, et, toutes choses étant égales entre les huissiers, la clientèle ne sera plus attirée par un intérêt pécuniaire dans le cabinet de l'un au préjudice de ceux des autres.

Art. 2. — Relativement aux effets *avec frais*, c'est-à-dire protestables à défaut de payement, la chambre en a permis l'encaissement antérieurement à l'échéance, sauf dans un seul cas, celui où le porteur est domicilié dans le lieu du payement. Alors l'huissier ne peut recevoir le billet que le jour de l'échéance, et après qu'il a acquis la certitude qu'il a été présenté au domicile élu et qu'il y a eu refus de payement : dans cette hypothèse, l'huissier ne fait que ce qu'on pourrait l'obliger de faire : il ne reste qu'un protêt à réaliser, et on comprend que l'huissier ne pourrait se dispenser de se rendre dépositaire de l'effet de commerce, puisque ce titre lui est indispensable pour pouvoir instrumenter.

Par l'art 2 de sa délibération, la chambre s'est montrée fort conciliante. Elle pouvait, en effet, comme l'ont fait quelques communautés, interdire absolument l'encaissement de tous effets de commerce et défendre aux huissiers d'en recevoir aucun, si ce n'est le lendemain de l'échéance pour les protester. C'était son droit (V. *art.* 108, 2ᵉ *partie de ce Journal*), car nul ne peut contraindre un huissier à sortir des bornes de son ministère, et l'obliger à recevoir en dépôt un effet de commerce, si ce n'est pour en faire le protêt. Mais la chambre a considéré avec raison quels embarras susciterait une pareille mesure et surtout quels inconvénients il en pourrait résulter ; elle savait que les banquiers, les commerçants et même des personnes non commerçantes, étrangers à l'arrondissement, ont souvent des effets négociables à recouvrer, et les adressent de préférence aux huissiers ; que la plupart du temps ces effets ne sont envoyés qu'un jour ou deux avant l'échéance, et qu'en les retournant on expose le porteur à perdre tout recours contre les endosseurs, faute de protêt en temps utile, et même la créance si le souscripteur est insolvable ; que si le renvoi inopportun d'un titre négociable n'expose pas l'huissier à une action en dommages-intérêts, il engage au moins sa responsabilité morale et laisse peser sur lui le reproche d'avoir, par une interprétation trop rigoureuse de ses devoirs, causé volontairement un préjudice à un tiers inoffensif, à un honorable père de famille, — et, en conséquence, interprétant les droits de chacun d'une manière libérale, faisant à l'usage généralement adopté, à la facilité des transactions, de légères concessions, sans cependant abandonner en rien l'honneur du corps dont la loi l'a constituée gardienne, elle a montré qu'elle comprenait l'esprit de notre temps, et comment on pouvait, tout en conservant sa considération, ne pas renoncer à des occupations qui, si elles ne rentrent pas complétement dans les attributions des huissiers, n'en sont pas moins des accessoires en quelque sorte obligés de leurs fonctions.

Il y a, selon nous, une grande distinction à faire en ce qui peut occasionner presque immédiatement un exploit et ce qui, quoi qu'il arrive, ne peut jamais en procurer un. Des occupations auxquelles les huissiers ont l'habitude de se livrer en dehors de leurs fonctions, il en est qui se lient d'une manière étroite à leurs attributions, et d'autres qui en sont tout à fait indépendantes. S'ils peuvent sans danger, s'ils devraient même, dans l'intérêt de leur dignité, renoncer aux dernières, ils ne peuvent ni ne doivent abandonner les premières. — Ainsi il serait raisonnable de proscrire tout ce qui peut n'être pas considéré comme le préliminaire ou la suite d'un exploit; tel serait le recouvrement des effets sans frais, telle serait encore une agence de remplacement, telle serait enfin, si on le voulait, la rédaction d'actes sous signatures privées; mais il serait contraire à l'intérêt bien entendu de tous les huissiers de leur défendre de ces actions qui, par leur nature, doivent nécessairement, dans la plupart des cas, être suivies d'exploits, telles que les recouvrements d'effets avec frais, de créances fondées en titres non négociables, ou résultant de conventions verbales ou de quasi-délits. C'est pourtant à quoi on arriverait infailliblement si on voulait pousser jusqu'au bout l'application de ce principe, que l'huissier ne doit faire absolument que des exploits. N'est-il pas évident que ce serait là tarir la source d'où découlent beaucoup d'affaires, et que le

moindre inconvénient qui résulterait de cette mesure serait l'é-
tablissement, dans tous les chefs-lieux de canton, d'agents d'affaires qui, par suite de la résolution des huissiers de se renfermer
strictement dans les bornes de leur ministère, se trouveraient en
relations suivies d'affaires avec la population, et disposeraient,
comme ils l'entendraient, des actes dont ils seraient les maîtres;
ce serait en un mot vouloir, à toute force, que l'abus des remises
se développât d'une manière effrayante et passât des grandes
villes, où il s'est concentré jusqu'à ce jour, dans les chefs-lieux
de canton.

Art. 3. — Les dispositions contenues dans les deux articles
que nous venons d'examiner nous semblent rentrer complètement dans les limites des attributions de la chambre; mais en
est-il de même de l'art. 3?

Tout en louant l'esprit de désintéressement fort honorable
dans lequel est conçu le premier paragraphe de cet article, lequel défend à l'huissier qui se présente pour protester un billet
le lendemain de l'échéance de dresser aucun acte, comme il aurait le droit de le faire, nous eussions mieux aimé que la chambre
eût laissé la faculté de protester ou de ne pas protester, car
nous doutons qu'elle puisse interdire aux membres de la communauté qu'elle représente l'usage d'un droit que la loi leur
accorde; en cela nous pensons qu'elle a non-seulement excédé sa
compétence, mais encore émis une proposition contraire aux
droits généraux des huissiers (V. *art.* 108, 2e *partie de ce Journal*), et aux art. 161 et 162 du Code de commerce, qui exigent,
l'un, que le billet soit présenté le jour de l'échéance, l'autre, qu'à
défaut de paiement ce jour-là, il soit protesté le lendemain : d'où
résulte le droit pour l'huissier qui se présente le lendemain de
l'échéance, de dresser un protêt, alors même qu'on paierait, sauf,
dans ce cas à constater le paiement tardif (V. *art.* 108, 2e *partie
de ce Journal*). — Un huissier qui contreviendrait au premier
paragraphe de l'art. 3, en dressant un protêt le lendemain de
l'échéance, ne pourrait donc être régulièrement frappé d'une
peine disciplinaire.

Les autres paragraphes de l'art. 3 prescrivent à chaque huissier de percevoir une somme de 50 centimes pour la présentation et le recouvrement de chaque effet de commerce, avec frais,
et dispose que cette somme sera augmentée de 50 centimes par
chaque demi-myriamètre de distance du domicile de l'huissier
au lieu du paiement. Cette rétribution est certainement fort mo-
dérée, car elle s'applique autant à l'encaissement du billet, à sa
conservation, à sa présentation en temps utile, qu'au recouvrement des fonds et à leur envoi au porteur, aux risques et périls
de l'huissier.

Trois questions se présentent ici, et nous allons les examiner immédiatement, bien qu'elles intéressent également la seconde délibération de la chambre de discipline de Nogent-le-Rotrou, transcrite sous l'article suivant.

Première question. — Les chambres de discipline peuvent-elles réglementer et connaître des faits qui s'accomplissent en dehors des fonctions d'huissier ?

Tout ce qui tient à l'honneur et à la considération des huissiers, en tant que fonctionnaires publics, est évidemment du domaine de la chambre ; il y a plus, la jurisprudence a admis (V. *art.* 104, 2ᵉ *partie de ce Journal*) que les faits commis par les huissiers en dehors de leurs fonctions pouvaient être appréciés et punis par la chambre, si la déconsidération qui en résultait pouvait atteindre l'officier ministériel, et attirer sur son caractère public le mépris de ses concitoyens.

De quoi s'agit-il dans les deux délibérations du 20 novembre 1844 ? de recouvrements qui, il est vrai, ne rentrent pas dans les attributions des huissiers telles qu'elles sont établies par la loi, mais qui en sont la conséquence forcée ; car il n'est pas possible à un huissier, à moins qu'il ne veuille compromettre ses droits de la manière la plus grave, de ne pas prévenir avant d'assigner si on lui en donne l'ordre, et de ne pas recevoir avant d'instrumenter si le débiteur offre de payer. L'usage général est là d'ailleurs pour démontrer que les recouvrements dont chaque huissier est chargé sont donnés, non pas au citoyen, mais au fonctionnaire, à raison de la confiance qu'inspire sa qualité et des moyens de contrainte dont on disposerait contre lui s'il négligeait de rendre compte des sommes reçues.

Or, dès que la qualité d'huissier est le motif déterminant des recouvrements qu'on confie à ces fonctionnaires, dès qu'à raison de ce travail l'huissier peut commettre de ces faits que la loi ne défend pas, mais que la délicatesse condamne, et qui sont de nature à nuire à la corporation en général, il nous paraît incontestable que la chambre a le droit d'intervenir et de tracer des règles conservatrices. Admettez l'absence d'un règlement, et tel huissier qui voudra se créer une clientelle aux dépens de ses confrères fera des recouvrements sans indemnité, tandis que tel autre de la même localité qui comprendra mieux la dignité de ses fonctions exigera la juste rétribution qui lui sera due. De là des mésintelligences qui se transforment vite en haines implacables, et qui font au corps un mal d'autant plus grand qu'il émane de ses membres, présente le spectacle d'une guerre intestine, attire les regards du public et le mépris des honnêtes gens sur la tête des coupables, et par suite sur les fonctions dont ils sont revêtus. — L'honneur et la considération de la communauté étant en danger, la chambre a dû prendre des mesures pour sauvegarder ces deux points sans lesquels toute institution ne peut acquérir une existence honorable.

Selon nous, la chambre ne peut avoir le droit de prescrire à un huissier l'abandon du plus mince des droits attachés à ses fonctions; mais elle doit veiller à ce que, dans le but évident d'accaparer la clientèle, un membre de la communauté ne fasse pas remise des honoraires qui lui sont dus (V. *art.* 163, 2ᶜ *partie de ce Journal*); s'il en était autrement, il en résulterait qu'il serait permis au premier intrigant venu d'exercer son ministère au rabais, et d'obtenir toute la clientèle de la contrée. Un pareil abus jetterait la perturbation parmi les huissiers et ruinerait infailliblement les plus dignes et les plus honorables d'entre eux.

Faisons remarquer que ce n'est pas tant la remise elle-même qui nous paraît devoir appeler l'attention des chambres de discipline, mais plutôt le but qu'on se propose en l'opérant. Ainsi, que dans une poursuite malheureuse un huissier renonce à quelques honoraires, que dans un recouvrement en faveur d'un homme dans la misère il renonce à son droit de recette, il ne pourra, pour ces faits isolés, accomplis par un motif très-louable, être frappé d'une peine disciplinaire; mais si la remise se généralise, si elle s'opère sans dictinction, sans motif, alors il y aura spéculation blâmable, et la chambre punira avec raison. C'est ainsi, nous le croyons du moins, que les huissiers de Nogent-le-Rotrou entendent leurs deux délibérations, et de cette manière elles ne peuvent que produire des effets très-satisfaisants.

Deuxième question. — Les chambres de discipline, en obligeant les huissiers à ne recouvrer aucune somme sans salaire, en fixant ce salaire d'une manière uniforme pour leurs arrondissements, et en cas d'infraction en appliquant une peine disciplinaire, ne commettent-elles pas le délit de coalition?

Évidemment non. Les art. 413 et suivants du C. pén. ne s'appliquent qu'à ceux qui font travailler des ouvriers, et qu'à ces derniers, qu'aux concerts ayant pour but de faire élever ou abaisser le prix des travaux industriels; quant à l'art 124 du même code, il ne punit que les mesures contraires aux lois. — Or ici d'une part il ne s'agit ni de maîtres ni d'ouvriers, mais de fonctionnaires s'occupant de l'administration intérieure de leur communauté; et d'une autre part, les dispositions prises, loin d'être en opposition avec les lois, règlent au contraire l'exercice du droit, reconnu par la jurisprudence aux officiers ministériels, de percevoir des honoraires pour les affaires dont ils s'occupent en dehors de leurs fonctions proprement dites.

Troisième question. — Ces délibérations obligent-elles les tiers? Régulièrement on ne peut les invoquer contre eux comme une loi à laquelle ils doivent se soumettre; mais par le fait elles deviennent exécutoires contre les particuliers qui réclament les soins des huissiers pour opérer le recouvrement de sommes qui leur sont dues.

En effet, l'huissier peut ne pas agir avant d'être payé, et quand même il agirait sans s'être fait consigner ses droits, et que par la suite il y aurait contestation sur la quotité du salaire, le client succomberait toujours, car il est rare que les délibérations de la nature de celle que nous examinons n'aient été soumises et approuvées au moins officieusement par le parquet et le tribunal.

En résumé, cette première délibération du 20 novembre 1844, si elle est loyalement exécutée, et nous espérons qu'elle le sera, l'intérêt de tous y étant engagé, ne peut produire que de bons et salutaires effets.

A annoter aux mots **Chambre de discipline**, n° 34 ; et **Effets de commerce**, n° 98.

ART. 169.

HUISSIER.

AVERTISSEMENTS. — RECOUVREMENTS. — HONORAIRES. — PEINES DISCIPLINAIRES. — OBSERVATIONS DU RÉDACTEUR.

Délibération de la chambre de discipline de l'arrondissement de Nogent-le-Rotrou sur les honoraires à percevoir sur les avertissements donnés aux parties et les recouvrements de sommes faits pour leur compte.

Du 20 novembre 1844.

La chambre, après avoir entendu le rapporteur, et en avoir délibéré, arrête ce qui suit :

ARTICLE PREMIER.

Les huissiers de l'arrondissement de Nogent-le-Rotrou devront percevoir les honoraires ci-après fixés, lorsqu'ils auront opéré le recouvrement de sommes autres que celles résultant d'effets de commerce, sans exercer de poursuites, soit qu'il y ait titre, ou qu'il n'y en ait pas, savoir :

Pour les sommes qui ne s'élèveront pas à plus de dix francs, vingt-cinq centimes, ci . . . . » fr. 25 c.

    Et pour les sommes :

De dix francs jusqu'à cinquante francs, un franc. 1   »

De cinquante fr. jusqu'à cent fr., deux francs. 2   »

De cent fr. jusqu'à trois cents fr. trois francs... 3   »

De trois cents francs jusqu'à mille francs, un pour cent. . . . . 1 p. %

Au-dessus de mille francs, l'huissier ne pourra exiger le payement que d'une somme de dix francs, quel que soit le chiffre de la somme recouvrée.

Le payement des honoraires ci-dessus ne pourra être exigé que du créancier.

Art. 2.

Les huissiers ne pourront jamais, sous quelque prétexte que ce soit, se charger de recouvrements moyennant des honoraires qui seraient moindres que ceux ci-dessus fixés.

Art. 3.

Les honoraires ci-dessus seront acquis aux huissiers lorsque, par suite d'avertissements qu'ils auront donnés ou de démarches qu'ils auront faites, le débiteur se sera libéré entre les mains du créancier.

Art. 4.

Lorsqu'un huissier aura recouvré des sommes dues par plusieurs débiteurs, il ne devra pas fixer l'indemnité à laquelle il aura droit d'après l'importance de chaque somme touchée, mais il sera tenu de faire l'addition de toutes les sommes qui lui auront été versées et de percevoir le droit qui lui sera dû sur la somme totale, comme si cette somme avait été touchée d'un seul débiteur.

Art. 5.

Le coût de chaque avertissement est fixée à cinquante centimes.

Art. 6.

Lorsque les sommes à raison desquelles les huissiers auront été requis de donner des avertissements n'auront pas été recouvrées, ils ne pourront exiger des créanciers que le payement du coût des avertissements qu'ils auront donnés; le coût de ces avertissements leur sera dû, soit que ces avertissements aient été suivis, soit qu'ils n'aient pas été suivis de poursuites.

Art. 7.

Les huissiers ne pourront exiger des créanciers que les droits ci-dessus fixés lorsqu'ils auront opéré le recouvrement des sommes dues; dans ce cas, il ne sera rien dû par ces derniers pour les avertissements donnés aux débiteurs.

Art. 8.

Lorsqu'un huissier n'aura pu obtenir le payement que d'une

partie de la somme due, il ne pourra exiger d'honoraires du créancier qu'à raison de la portion qui aura été recouvrée.

Si un huissier, chargé du recouvrement de sommes dues par différents débiteurs, ne touche qu'une partie de ces sommes, il ne devra percevoir d'honoraires que sur les sommes touchées, et ne pourra demander au créancier que le coût des avertissements donnés à l'égard des sommes non recouvrées.

ART. 9.

Les huissiers auront la faculté de stipuler avec les créanciers des honoraires plus élevés que ceux fixés par la présente délibération, lorsque les honoraires qui leur seront confiés paraîtront nécessiter des soins extraordinaires.

La présente délibération n'est point applicable aux recouvrements que les créanciers sont dans l'usage de confier à leurs huissiers, et que ceux-ci ne peuvent faire que par l'intermédiaire de correspondants ; dans ce cas, les huissiers s'entendront à l'amiable avec leurs clients pour la fixation des honoraires qui leur seront dus.

ART. 10.

Les huissiers devront toujours adresser aux débiteurs les avertissements qui leur seront destinés, soit par eux-mêmes, soit par leurs clercs. Il est formellement interdit de confier à leurs clients ou autres des avertissements imprimés ou manuscrits, sous quelque prétexte que ce soit.

ART. 11.

La présente délibération n'est point applicable aux effets de commerce.

L'exécution en est fixée au premier janvier mil huit cent quarante-cinq.

A compter de cette époque les huissiers de l'arrondissement seront tenus rigoureusement de s'y conformer.

Toute infraction sera sévèrement réprimée par l'application de peines disciplinaires.

ART. 12.

Un exemplaire de la présente délibération sera affiché, par extrait en forme de placard, dans l'endroit le plus apparent de l'étude de chacun des huissiers de l'arrondissement.

Pour extrait certifié conforme au registre des délibérations de la Chambre.

Le Secrétaire,   *Le Syndic,*
DURAND.   FRANCHET.

OBSERVATIONS.

La plupart des observations présentées sur l'art. 3 de la première délibération étant applicables à celle-ci, nous nous bornerons à y renvoyer.

La seconde délibération du 20 novembre 1844 tend à affranchir les huissiers d'un impôt qu'ils subissent volontairement. Eux seuls, en effet, parmi tous les hommes s'occupant des affaires d'autrui, ont fait preuve jusqu'à présent d'une générosité qui devient blâmable dès qu'elle est la source de remises continuelles au profit d'une clientèle qui vient les réclamer comme une obligation, et qui dès lors n'en tient aucun compte. Qu'un avoué ou un notaire s'occupe de recouvrements, il se fait payer un droit de recette en raison de ses démarches, et certes il a raison. Pourquoi les huissiers n'en feraient-ils pas autant ? Est-ce parce que leurs fonctions sont moins rétribuées que celles des avoués et des notaires?

Assurément il n'y a rien que de fort légitime dans la deuxième délibération de la chambre de discipline des huissiers de Nogent-le-Rotrou ; elle a donné un exemple qui sera suivi, nous n'en doutons pas, par la majeure partie des communautés de France, lesquelles pourront d'ailleurs approprier à leurs localités le tarif adopté par la chambre de Nogent-le-Rotrou.

S'il faut dire toute notre pensée, ce tarif nous paraît un peu trop élevé. Nous croyons, 1° que 25 centimes eussent été suffisants pour la rétribution d'un avertissement; 2° que jusqu'à 20 francs, 25 centimes de droit de recette étaient assez ; de 20 à 100 francs, 1 franc ; au-dessus de 100 francs, un pour cent. Il faut prendre garde avant tout d'éloigner les populations des études d'huissiers, et ne pas les contraindre, par la réclamation d'honoraires trop élevés, à s'adresser soit à des agents d'affaires, soit à d'autres fonctionnaires.

Quoi qu'il en soit, l'impulsion est donnée, et nous félicitons sincèrement la chambre de discipline de Nogent-le-Rotrou d'avoir été la première à attaquer de front un abus très-général et tout aussi nuisible que les remises d'honoraires sur les exploits.

Puisque la chambre en était à s'occuper des honoraires à percevoir sur les recouvrements et les avertissements, elle eût dû, ce nous semble, prescrire à chaque membre la tenue d'un registre sur lequel il aurait inscrit les sommes reçues, celles remises et les honoraires payés, et l'obliger à représenter ce registre au syndic à toute réquisition. De cette manière les infractions à la délibération eussent pu être facilement découvertes et vérifiées, et de plus on se serait assuré de l'exactitude de chaque huissier à remettre les dépôts à lui confiés, ce qui n'est pas sans importance au point de vue de la considération générale.

A annoter au mot Honoraires, n° 19.

ART. 170.

HUISSIER.

RÉPRESSION D'ABUS. — AVOUÉS. — COPIES DE PIÈCES. — EFFETS DE COMMERCE. — OBSERVATIONS DU RÉDACTEUR PRINCIPAL.

Délibération de la chambre des huissiers de l'arrondissement de Roanne (Loire), pour la répression des abus monstrueux résultant des remises de salaires par les huissiers aux avoués, touchant le monopole, touchant l'exploitation exagérée, les exactions, le recouvrement des effets de commerce, etc.

Du 26 novembre 1844.

Cejourd'hui 26 novembre mil huit cent quarante-quatre, à l'heure de onze du matin, la chambre de discipline des huissiers de l'arrondissement de Roanne, réunie au chef-lieu, dans le local habituelde ses séances, à Roanne :

Présents : MM. Marillier, syndic ; Mairet, secrétaire ; Cart, rapporteur, et Pizet, membre ;

Sur la proposition du syndic-président, tendante à ce que la chambre prenne des mesures efficaces pour anéantir les abus qui depuis trop longtemps portent une atteinte aux intérêts matériels de la communauté des huissiers de ce ressort, à son crédit et à son honneur, afin de ramener tous les membres composant la corporation à la juste appréciation de leur caractère légal, à l'intelligence de leurs droits et à l'accomplissement de leurs devoirs, afin de faire comprendre l'importance de leurs fonctions, de faire sentir le besoin de ne plus laisser compromettre les droits et attributions dont la loi a confié le dépôt aux huissiers, afin de rétablir leur profession sur ses bases légales et de la garantir des funestes empiétements dont elle a eu tant à souffrir jusqu'à ce jour ;

La chambre, le rapporteur entendu, après avoir délibéré ;

Vu le jugement du tribunal de Dieppe, du 23 avril 1829 ;

Le jugement du tribunal de Meaux, du 28 mars 1831 ;

Le jugement du tribunal de Condom, qui suspend des huissiers de leurs fonctions ;

L'arrêt de la cour royale de Rouen, du 20 janvier 1830 ;

L'arrêt de la cour royale de Metz, du 23 novembre 1833 ;

Trois arrêts de la cour royale de Paris, 9 février 1833, 19 janvier et 29 mai 1837 ;

Les arrêts de la cour de cassation, 21 février 1821 ; 24 août, 5 décembre 1831, 22 mai 1832, 22 mars 1834, 19 janvier 1836, 28 novembre 1837 et 22 mai 1838 ;

Le jugement du tribunal de la Seine du 24 novembre 1843, qui suspend un huissier de ses fonctions pendant un mois ;

Les circulaires de M. le garde des sceaux et des procureurs généraux ;

La loi du 24 ventôse an 8 ;

Le décret du 14 juin 1813 sur l'organisation et le service des huissiers ;

Le décret du 16 février 1807 ;

Le décret du 30 mars 1808 ;

Le décret du 29 août 1813 ;

Le décret du 18 juin 1811 ;

L'ordonnance royale du 10 décembre 1841 ;

Un jugement du tribunal de Charolles (1844) ;

Les articles 132 du Code de procédure civile, 35, 36, 39, 45 et autres du décret du 14 juin 1813;

L'article 1382 du Code civil;

La lettre de M. le procureur du roi de la Seine au syndic des huissiers de Paris, du 18 mars 1844;

Voulant secouer la poussière des vieilles traditions, et élever une digue infranchissable entre les droits des huissiers et les usurpations dont ils sont victimes de la part des vampires de ces mêmes droits;

Voulant également maintenir l'ordre et la discipline parmi tous les huissiers de l'arrondissement de Roanne et les représenter en général sous le rapport de leurs droits et intérêts communs;

Sur la 1re proposition du syndic, tendante à interdire aux huissiers les remises en faveur des avoués, des gens de finances et autres tiers, sur les bénéfices quelconques desdits huissiers;

Sur sa 2e proposition, tendante à ce qu'aucun huissier ne souffre les tiers s'immiscer dans la rédaction de ses exploits et procès-verbaux, dans les copies d'iceux, non plus que dans les copies de pièces à lui attribuées;

Sur sa 3e proposition, tendante à ce qu'aucun huissier ne fasse entrer en partage des droits de rédaction, des droits de copies d'exploits ou procès-verbaux, des droits de copies de pièces, des visas et des transports, les susdits avoués et les autres tiers;

Sur sa 4e proposition, tendante à ce qu'il soit interdit aux huissiers de l'arrondissement de Roanne de se charger de l'encaissement des effets non protestables, et tendante à ce que les billets ou lettres de change protestables soient présentés par les huissiers en personne et aucunement par des étrangers, le lendemain de l'échéance, à l'effet d'en constater le refus de payement;

Sur sa 5e proposition, tendante à ce que les copies d'actes, de jugements, d'arrêts et de toutes autres pièces ne contiennent pas plus de 40 lignes par page de moyen papier, et 50 lignes par page de grand papier, pour éviter l'amende en pareil cas encourue;

Sur sa 6e proposition, tendante à ce que nul huissier ne fasse un seul acte sans y mentionner la patente des requérants pour ce qui est relatif à leur commerce ou industrie, avec désignation de la date, du numéro et de la commune où cette patente aura été délivrée pour éviter l'amende;

Sur sa 7e proposition, tendante à ce que les répertoires des huissiers de l'arrondissement soient uniformes, c'est-à-dire tenus légalement; à cet effet ils contiendront le numéro, la date de l'acte, sa nature, les noms et prénoms des parties et leurs domiciles, la relation de l'enregistrement, le *coût complet* de l'acte, déduction faite des déboursés, enfin la mention si les huissiers ont remis aux créanciers les sommes offertes;

Sur sa 8e proposition, tendante à ce que la chambre fasse choix d'un ou de plusieurs avocats de la ville de Roanne, pour conseils et défenseurs de la communauté des huissiers de cet arrondissement;

Considérant qu'une ruche bien administrée n'admet pas de frelons; que la suppression à Roanne des abus, c'est là le *delenda Carthago* pour *lequel* les membres de cette chambre ne doivent cesser d'élever la voix;

Considérant qu'il résulte positivement de la loi et de la jurisprudence, qu'il entre dans les attributions de la chambre de prendre des mesures pour protéger les huissiers dans l'exercice de leurs droits, fonctions et devoirs, et pour les maintenir dans l'estime publique;

Considérant que la chambre doit faire comprendre quel intérêt d'avenir s'attache à la jouissance des droits qui sont attribués exclusivement à la communauté, si ses membres ne contrevenaient plus aux règlements sur l'exercice de leur profession;

Considérant que la compagnie des huissiers présente dans ce ressort des dérèglements à faire frémir, et qu'il importe que le corps soit protégé contre l'état déplorable des choses par trop notoire et par trop scandaleux ;

Considérant que les bénéfices de la profession d'huissier ne doivent être ni *monopolisés* entre les mains de quelques-uns, ni usurpés par les avoués, sangsues venimeuses ; qu'ainsi la chambre, bien pénétrée de ses obligations, ferait un affront moral à la dignité dont elle est revêtue en laissant davantage subsister des désordres honteux et des atteintes coupables aux droits de tous les *huissiers, qui attendent de la chambre de l'utilité et du soutien ;*

Considérant que l'objet des chambres de discipline est de réprimer tous écarts et toutes violations des lois et devoirs des fonctionnaires publics ; que la délégation d'une portion de l'autorité publique à un corps de fonctionnaires suppose nécessairement la soumission de ce corps et de chacun de ses membres à une surveillance établie pour maintenir l'exacte observation des devoirs qu'imposent les lois de leur institution ; que les dignitaires de la chambre de discipline des huissiers de l'arrondissement de Roanne entendent, non pas aboutir à une déception, mais bien chercher des résultats avantageux, en exerçant dorénavant une surveillance rigoureuse, à laquelle personne ne puisse échapper, et en se réservant les droits que la loi accorde pour la répression et la réparation des infractions aux lois et règlements, ainsi que des fraudes qui viendraient encore à surgir ; car il est bon de rappeler que la chambre est aussi chargée de s'expliquer sur la conduite et la moralité des huissiers en exercice.

Considérant que la missive du syndic des huissiers de cet arrondissement, adressée le 6 de ce mois à M. le président de la chambre des avoués à Roanne, dont il a donné aujourd'hui lecture à la chambre, est toute dans l'intérêt moral et dans l'intérêt pécuniaire de la communauté des huissiers, aussi bien qu'elle est puisée dans la loi de notre institution et dans les tarifs ; elle est ainsi conçue :

Roanne, 16 novembre 1844.

Le syndic des huissiers au président des avoués, à Roanne.

Monsieur,

La société n'existe que pour assurer à chacun la complète jouissance de ses droits ; mais la conduite des avoués, dans ce ressort, avait jusqu'à présent restreint ceux des huissiers.

Au nom de la compagnie et comme son chef, je viens vous annoncer que nous *rentrons*, à dater de ce jour, dans la *possession exclusive de nos droits légitimes*, lesquels droits il ne sera plus en votre pouvoir de tuer. Nous serons à l'abri de tout envahissement, et les huissiers qui furent dans la dépendance absolue des avoués, ou d'autres tiers non moins répréhensibles, seront contraints à secouer ce joug honteux et spoliateur.

La loi, la morale, protestent contre ces accouplements funestes. La chambre de discipline remplira *désormais* ses devoirs. *Sachez*, monsieur le président des avoués, et *faites-en part à votre corporation, que vous ne fonderez plus en vous deux corporations, que vous ne devez être qu'avoués et rien qu'avoués.*

Notre ministère vis-à-vis des parties se passera de votre désastreux intermédiaire ; les huissiers seront rédacteurs de tous leurs actes ; les copies de pièces ou d'exploits et procès-verbaux, les visas et les transports, à eux attribués, leur appartiendront exclusivement, aussi bien que les rédactions elles-mêmes.

Qui ne voit point avec douleur et indignation la classe des avoués, dont les membres sont quelquefois appelés à s'asseoir sur le siége de la justice, pour remplacer les juges absents ou empêchés, méconnaître toute dignité personnelle et les sentiments de la délicatesse envers les huissiers ?

Votre compagnie observera donc les devoirs de son institution, si elle veut échapper aux peines disciplinaires et les épargner aux huissiers qui se rendraient encore complices de vos empiétements ; le tout sans préjudice des dommages-intérêts. Nous ne laisserons plus porter d'atteinte à notre propriété, et les faits attentatoires à nos droits, à nos attributions, ne se toléreront pas davantage.

Je vous fais parvenir cette défense, monsieur le président, afin que personne des avoués ne puisse prétexter cause d'ignorance, et ils sauront, dans le cas où l'on *persisterait à nous dépouiller*, quel est le sort qui attend les délinquants.

Recevez l'assurance de la peine que je dois éprouver d'avoir à vous retracer la ligne imposée par la conscience et le devoir.

Signé P. MARILLIER, syndic-président.

Considérant que la chambre doit offrir aux huissiers toutes les garanties de dévouement à la cause commune, et devrait être fière du bonheur d'attacher son nom et son utile concours à la réforme indispensable des abus, du vice et de l'improbité ;

Considérant que les huissiers sont journellement spoliés par l'avidité des avoués de cette ville, et que l'huissier qui se laisse dépouiller commet un abus plus préjudiciable à la communauté dont il est membre qu'à lui-même, qui retire un lucre de sa criminelle concession ; que cette manière d'agir *diminue nécessairement, parmi les huissiers*, la concurrence, l'émulation et les moyens d'existence ; que, par suite, le travail n'est plus le prix de l'intelligence et de la confiance, mais plutôt de l'incapacité ou du déshonneur ;

Considérant que les avoués se permettent de s'attribuer les droits de rédaction et de copies d'exploits et actes du ministère des huissiers, plus toutes copies de pièces en tête desdits exploits, les droits de visas, l'indemnité des frais de voyages en grande partie, *qu'ainsi ils enlèvent plus des deux tiers des émoluments revenant aux huissiers;*

Considérant qu'aucun doute ne peut ni ne doit s'élever sur les droits des huissiers, relativement aux copies de pièces signifiées avec les actes de leur ministère, que la jurisprudence est fixée sur ce point ;

Considérant qu'il existe dans cette localité un autre abus très-grave, celui consacré par des banquiers, marchands et autres gens de finances, d'obliger quelques huissiers à des encaissements, dans tout l'arrondissement de Roanne, d'effets non protestables ; que c'est méconnaître les règles et le but de notre institution en se mettant à leur disposition et à leur service ;

Considérant enfin que les huissiers sont obligés de protester en personne, *et nullement sur la présentation des gens à leur service*, le lendemain de l'échéance, les billets et les lettres de change, lorsque les porteurs d'ordres les ont, eux-mêmes ou par des personnes n'ayant aucune relation d'affaires avec les huissiers, fait porter aux domiciles réels ou élus pour les recouvrer le jour de l'échéance, sous peine d'oublier les prescriptions de l'article 162 du Code de commerce, de commettre des faux, et de se trouver exposés à toutes les conséquences de ces contraventions et du délit de concussion ;

La chambre arrête :

ARTICLE PREMIER.

Les huissiers de l'arrondissement de Roanne, se fondant sur *l'inaliénabilité* de leur propriété commune, prépareront eux-mêmes, ou par leurs clercs, tous les exploits ou actes de leur ministère et les copies de pièces à signifier avec lesdits actes ; ils exigeront à leur profit l'intégralité des émoluments d'iceux actes, d'exploits et de copies de pièces. Dans le cas où la concurrence n'est pas admise entre l'avoué et l'huissier, pour les copies de pièces, les huissiers refuseront de les signifier, bien que certifiées par avoués ou par tout autre ; comme aussi dans le cas où la concurrence existe pour lesdites copies de pièces, les huissiers les refuseront si elles sont illisibles, ou si le nombre de lignes excède celui de la loi.

Art. 2.

S'il s'élevait des contestations pour lesdites copies de pièces entre un avoué et un huissier, celui-ci en référera immédiatement à la chambre ou au syndic, et se conformera à l'*avis écrit* qui lui sera donné. S'il y avait lieu de soutenir une action en justice, elle sera intentée ou repoussée aux frais de la communauté.

Art. 3.

Quant aux copies de pièces préparées par des avoués ou autres officiers ministériels étrangers à cet arrondissement, les huissiers pourront les notifier après s'être assurés de leur exactitude. Ils devront s'attribuer les rédactions et copies d'actes avec droits de rôles, qu'ils comprendront dans le coût de leurs actes.

Art. 4.

Les huissiers mettront au bas, tant des originaux que des copies de leurs actes, le *coût complet ou total de leurs exploits et procès-verbaux*, en désignant le montant des honoraires des copies de pièces.

Art. 5.

Il est expressément interdit à tous les huissiers de ce ressort de faire des encaissements d'effets non protestables. Les valeurs protestables ne seront protestées qu'à la date du jour ou les effets auront été remis à l'huissier ; conséquemment, dans le cas où le porteur de l'effet aurait laissé passer le lendemain de l'échéance, il ne sera plus reçu à faire antidater le protêt. De même, les *effets protestables* devront être *présentés le lendemain de l'échéance, seulement par les huissiers eux-mêmes aux lieux où ils sont payables, pour en constater le refus de payement.* Toutes présentations d'effets protestables opérées par des tiers rendront les protêts susceptibles d'être déclarés nuls et faux, et exposeront les signataires d'iceux de la manière la plus grave.

Art. 6.

Les huissiers de l'arrondissement de Roanne se renfermeront

dans l'exercice licite de leur état, et ils n'exigeront que les émoluments accordés par le tarif, sous peine d'être condamnés comme ayant excédé les bornes de leur ministère et comme concussionnaires.

Chacun des membres de la communauté plongera des yeux investigateurs dans la conduite de ses collègues, et est invité à faire connaître à la chambre les faits qui parviendront à sa connaissance de nature à établir une infraction aux lois et à la probité.

Art. 7.

Les huissiers sont invités à exactement faire mention, dans leurs actes, de la patente des demandeurs, pour ce qui a rapport à leur industrie ou commerce; de même, à vouloir bien tenir leurs répertoires ainsi qu'il est dit dans la septième proposition ci-dessus faite par le syndic Marillier.

Art. 8.

Les huissiers contrevenants aux dispositions précédentes seront traduits disciplinairement devant la chambre, qui statuera et enverra, le cas échéant, devant M. le procureur du roi, en lui faisant connaître l'avoué ou tout autre qui aurait tenté de s'immiscer dans les fonctions d'huissier, sans préjudice à l'action en dommages-intérêts, qui pourra être intentée tant contre l'hissier que contre l'avoué ou tout autre.

Comme aussi *les contrevenants* aux dispositions des lois, décrets et ordonnances concernant les huissiers, aux prescriptions et aux défenses contenues dans les articles 5 et 6 de la présente délibération, à l'égard des encaissements, des protêts, de l'excès dans l'exploitation et de l'excès dans la perception des salaires, seront traduits devant la chambre, ensuite, le cas échéant, devant le parquet et le tribunal, sous réserves de l'action en dommages-intérêts envers la communauté.

Art. 9.

Les preuves des contraventions résulteront de la certification des copies par toutes autres personnes que par l'huissier instrumentaire; de la non préparation des copies ou exploits par l'huissier ou par son clerc; du défaut d'énonciation du droit de copies de pièces, du *coût* détaillé en marge de l'original et dans celui en toutes lettres au bas des copies. La preuve de tous autres faits reprochables s'établira par toutes les voies et moyens qu'il appartiendra, notamment par la représentation au syndic des répertoires.

Art. 10.

Sous aucun prétexte, les huissiers ne pourront se servir dans leurs études des clercs ou scribes employés dans les études des avoués de Roanne.

ART. 11.

Pour faciliter la perception de leurs droits, *quant aux copies de pièces*, les huissiers de ce ressort devront s'en rapporter au *tableau ci-après*, contenant classification des actes avec lesquels les copies de pièces appartiennent exclusivement aux huissiers, et les actes avec lesquels ces copies appartiennent, d'après la jurisprudence, concurremment à l'avoué et à l'huissier qui les a préparées et certifiées.

CHAPITRE 1er. — *Actes avec lesquels les copies de pièces ne peuvent être faites que par l'huissier ou ses clercs.*

Tous actes devant les tribunaux de paix ou de police municipale;

Tous les actes en matière commerciale;

Tous actes et sentences arbitrales en matières civile, commerciale et administrative;

Tous actes en matière correctionnelle, criminelle et de contributions indirectes;

Significations de jugements des tribunaux civils ou d'arrêts de cours royales, *si elles sont faites après l'année de l'obtention;*

Commandements tendants à toutes espèces de saisies;

Sommations, procès-verbaux d'offres réelles, saisies-arrêts formées en vertu de titres, lorsqu'il doit être donné copie de ces titres;

Notifications de dénonciation de procès-verbaux de saisie-exécution, faites hors du domicile, de saisie-brandon et autres saisies *en dehors* d'une instance civile;

Copies des actes de dépôt données en tête des notifications pour purges d'hypothèques légales;

Significations de transports, et généralement les significations de tous actes authentiques ou sous-seing privé, dans le cas où le ministère de l'avoué n'est pas nécessaire.

CHAPITRE 2e. — *Actes avec lesquels les copies de pièces peuvent être faites par l'avoué, concurremment avec l'huissier.*

Ajournements et tous actes à signifier pendant l'instance, y compris la signification des jugements et arrêts par défaut;

Significations de jugements ou arrêts, si elles ont lieu *dans l'année de leur* obtention;

Tous actes quelconques se rattachant à une instance civile;

Significations d'ordonnances de référé;

Notifications aux créanciers inscrits de l'extrait du titre du nouveau propriétaire, de la requête et du tableau prescrit par l'art. 2183 du Code civil;

Significations d'ordonnances d'ouvertures d'ordres et sommations de produire, notifications des bordereaux de collocations dans les ordres ou distributions par contribution;

Saisies-arrêts ou oppositions en vertu d'ordonnances;

Dénonciations des procès-verbaux de saisies immobilières.

ART. 12.

La chambre reconnaît l'avantage d'avoir un ou plusieurs avocats pour conseils de notre ordre ou pour ses défenseurs; mais elle avisera à s'occuper au plus tôt de ce choix.

ART. 13.

Les poursuites à exercer par la chambre pour les violations des lois, règlements, décrets ou ordonnances, pour contraventions à ce que dessus est délibéré, seront dirigées par le syndic, agissant pour elle et en son nom dans tous les cas, *le temps étant enfin venu* de faire reprendre à notre institution dans l'arrondissement de Roanne son empire et son autorité, de restituer au travail des huissiers tous les émoluments ou éléments de produits qui sont établis en leur faveur, et d'obtenir de chaque huissier qu'il se renferme dans les limites de la loi et de la probité.

ART. 14.

La présente délibération sera obligatoire pour tous les huissiers de Roanne et pour tous les huissiers des cantons ruraux de l'arrondissement dudit Roanne; elle sera exécutoire de leur part à dater du quinze décembre prochain.

ART. 15.

Les huissiers de l'arrondissement de Roanne conserveront en leurs études et transmettront à leurs successeurs la délibération présente, à laquelle les huissiers actuels et futurs près le tribunal de ce ressort seront tenus de se conformer. Plaise à Dieu qu'il ne se trouve plus de récalcitrants !!!

Fait, arrêté et délibéré à Roanne, en chambre, les jour, mois et an que dessus. Les membres présents ont signé, après avoir donné *défaut contre le sieur Pion*, l'un des membres de la chambre.

Pour expédition,

Le secrétaire.
MAIRET.

Le syndic-président,
P. MARILLIER.

OBSERVATIONS.

Il paraît que dans l'arrondissement de Roanne, comme d'ailleurs dans presque toute la France, l'exercice des fonctions d'huissier était l'occasion d'entraves et d'usurpations de la part des avoués, ces éternels ennemis de nos anciens confrères; il paraît même que certains huissiers violaient eux-mêmes les devoirs et les obligations qui leur étaient imposés dans certaines circonstances. Cet état de choses était intolérable; aussi la chambre de discipline, et en particulier son honorable syndic, M. Marillier, ont-ils tenté d'y porter remède. La délibération qu'ils ont prise à cet égard, et que nous allons examiner, contient un ensemble de mesures propres à atteindre le but proposé. Courage donc, et bientôt messieurs les avoués *n'abaisse-*

ront plus leur dignité jusqu'à postuler près les huissiers ; sous l'apparence d'un service à rendre à ceux-ci, ils ne s'empareront plus de leurs honoraires, et chacun se renfermant dans les limites de ses attributions, la procédure n'en ira que mieux, et ne se fera qu'avec plus d'intelligence des droits des parties, plus de régularité et à moins de frais. — L'ordre et l'intérêt public nous paraissent engagés dans une question de cette nature, et nous ne comprenons pas comment il se fait que les parquets, en vue d'économiser les frais et d'accélérer la fin des procès, ne protégent pas les huissiers d'une manière plus efficace et ne ne les soutiennent pas énergiquement dans la croisade qu'ils ont entreprise contre les avoués, et qui a pour objet la conquête du terrain sacré sur lequel reposent les droits que la loi leur a dévolus. — Quoi qu'il en soit, l'oriflamme de la résistance légitime est déployée, et nous pouvons affirmer qu'il ne manquera pas de champions pour l'élever et la soutenir au-dessus des prétentions ruineuses des avoués.

L'année dernière (V. *art.* 63 *du n° de janvier de notre Journal*) nous avons dit quelle était notre opinion sur la réunion à Paris de quelques syndics ; et, tout en louant les motifs de ceux qui avaient eu l'idée de former une sorte d'assemblée de notables, démontré quels étaient les inconvénients et l'inutilité d'une telle réunion, n'ayant d'ailleurs aucune existence légale et ne procédant que sous l'autorité de la chambre de discipline de Paris, laquelle, comme on sait, n'a d'action que sur les huissiers de son arrondissement, nous ajoutions que les huissiers pouvaient, sans se déplacer et sans verser entre les mains de qui que ce soit aucune cotisation, réaliser au sein de leurs chambres de discipline plus d'améliorations que n'en effectuerait jamais une assemblée générale. Notre conseil a été entendu et apprécié, car de toutes parts ont surgi des délibérations qui ne peuvent manquer de produire les effets les plus salutaires, et qui, exécutées sérieusement, déracineront très-certainement les abus existants dans chaque arrondissement. C'est là, ce nous semble, ce que les gens raisonnables doivent demander et ce que les huissiers peuvent obtenir par les moyens que leur offre la législation actuelle.

A propos de législation nous nous sommes déjà expliqués (V. *art.* 63 *de ce Journal*) sur l'excitation qu'on paraît vouloir entretenir chez les huissiers en leur faisant espérer qu'ils obtiendront prochainement la réforme du décret de 1813, et en leur présentant des projets de loi qui malheureusement resteront longtemps encore à l'état de projets, véritables fœtus stationnaires. Nous devons de nouveau désillusionner ceux de nos abonnés dont la foi serait assez robuste pour accorder quelque créance à un changement presque immédiat dans la constitution des huissiers. Celui, en effet, qui connaît un peu le jeu de nos institutions, sait que rien n'est plus *difficile et plus long* à obtenir qu'une réforme quelle qu'elle soit, et celui qui à cette connaissance joint celle de l'opinion dont la législature est animée vis-à-vis des huissiers, reste convaincu que le pouvoir ne s'occupera d'eux que lorsqu'il y aura nécessité absolue, fondée sur l'intérêt public. Or, quant à présent, rien ne fait même pressentir cette nécessité, et, il faut en convenir, les lois qui régissent l'exercice de la profession d'huissier, quoique défectueuses et beaucoup trop sévères, suffisent cependant à la répression des principaux abus dont ces fonctionnaires ont à se plaindre.

Est-ce à dire que nous ne voulons pas de réforme? Assurément non. Personne ne la désire plus ardemment que nous; mais nous la désirons comme on désire le fruit d'un arbre dont on plante le noyau; nous savons que le moment n'est pas arrivé, et nous l'attendons patiemment, nous réservant de produire nous-mêmes, *mais seulement comme étude*, un essai de projet basé sur la législation depuis les Établissements de saint Louis, ce premier code de notre monarchie, jusqu'à nos jours.

Revenons maintenant à la délibération de la chambre des huissiers de Roanne. Quelques articles seulement ont particulièrement attiré notre attention et donné lieu aux observations suivantes :

Art. 2. — Il ne nous semble pas qu'il soit de la compétence de la chambre de gêner la liberté d'action des huissiers à ce point d'interdire de transiger, à peine d'être puni disciplinairement, sur une difficulté qui survient à propos de copies de pièces, sans avoir au préalable demandé l'avis du syndic et s'y être conformé. La chambre ne peut prescrire des mesures que dans le but de prévenir des infractions, et ne peut punir que des fautes contre la discipline; or la transaction par elle-même ne constitue ni infraction ni faute : ce qui en pareil cas serait punissable, ce serait une remise d'honoraires et encore une telle remise dans le but d'éviter un procès serait-elle bien blâmable? Donc si la transaction ne contenait aucune remise elle ne pourrait être punie, bien qu'elle eût été accomplie sans l'avis du syndic. — Dans une circonstance semblable la chambre consultée peut donner son opinion, et si on la suit, prendre fait et cause et soutenir la difficulté; mais, nous le répétons, elle ne peut obliger de prendre son avis et de s'y conformer, et, faute de le faire, appliquer une peine quelconque. En tout cas les pouvoirs de la chambre ne peuvent être transmis ni délégués au syndic; ils doivent être exercés par la chambre en corps, et non par un ou plusieurs membres isolément.

Art. 5. — Cet article s'explique par les motifs qui l'ont fait adopter; néanmoins sa dernière phrase doit être considérée, non

comme une disposition réglementaire dont la chambre surveillera l'exécution, car elle n'a pas le droit de déclarer un acte quelconque nul et faux, mais comme un avertissement des peines qu'encourent les huissiers qui commettent, en antidatant les protêts dont ils sont chargés, de véritables faux justiciables des tribunaux criminels.

Art. 6. — Par le dernier alinéa de cet article, la chambre ne veut pas assurément qu'à l'exemple d'un ordre célèbre, chaque huissier devienne l'espion de son confrère et se livre chaque jour à une investigation sur sa conduite. — Elle n'a sans doute entendu, par cette disposition, que recommander officieusement aux huissiers, dans l'intérêt général, de dénoncer à la chambre les faits d'indélicatesse et d'improbité qui arriveraient à leur connaissance. Nous disons *recommander officieusement*, car il ne nous semble pas qu'il soit dans la mission et la compétence de la chambre de prononcer une peine quelconque pour cause de *non-révélation*.

Art. 12. — Nous croyons que les huissiers ont toute l'intelligence et la capacité nécessaires pour se défendre contre leurs oppresseurs, et que personne mieux qu'eux n'est en état de soutenir une lutte sérieuse contre les avoués ; nous ne comprenons donc pas trop la nécessité de choisir un conseil, à moins que ce ne soit en cas de difficulté, et pour développer des conclusions rédigées par le syndic ou la chambre.

Nous adoptons, au surplus, les autres dispositions de la délibération du 26 novembre 1844, et nous engageons la chambre à en surveiller et maintenir strictement l'exécution. C'est en agissant ainsi dans chaque arrondissement qu'on parviendra à extirper la lèpre qui ronge le corps des huissiers, et à reconquérir des droits dont on a peine à s'expliquer l'abandon de la part des huissiers et l'usurpation de la part des avoués.

A annoter au mot Chambre de discipline, n° 34.

ART. 171.

—

QUESTIONS PROPOSÉES[1].

OFFRES RÉELLES. — REFUS. — ACCEPTATION. — FRAIS.

Par qui doivent être supportés les frais d'un procès-verbal d'offres réelles, d'abord refusées par le créancier, puis acceptées par ce dernier, par acte signifié postérieurement au débiteur, mais avant toute consignation ?

[1] Par M. Jouanny, huissier à Bourganeuf.

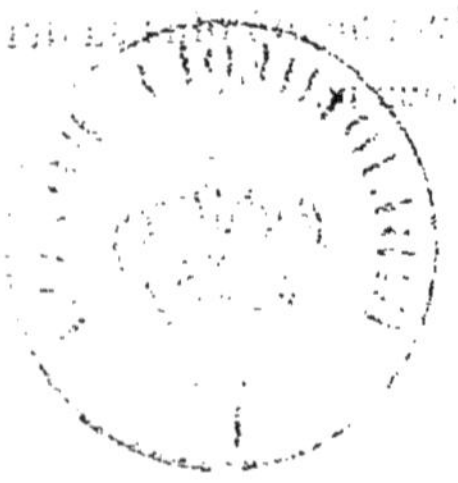

Par le débiteur, sauf au créancier à payer le coût de l'acceptation par lui signifiée après l'exploit d'offres réelles. Cette solution, que nous avons déjà donnée dans notre Encyclopédie au mot *Offres réelles*, n° 92, ne nous paraît devoir être l'objet d'aucun doute.

En effet, d'une part l'art. 1248 du Code civil dispose que les frais du payement sont à la charge du débiteur. Or un payement n'étant autre chose que le transport de la somme due entre les mains du créancier, et ce transport, à défaut d'acceptation amiable, ne pouvant régulièrement s'opérer que par un procès-verbal d'offres réelles, il en résulte que le coût de cet acte forme uniquement, avec ce qui a pu en coûter pour rendre les fonds à destination, ce que la loi entend par frais de payement. Donc en thèse générale les frais des offres tombent à la charge du débiteur.

D'une seconde part, l'art. 1260 du même code, en mettant à la charge du créancier les frais des offres et de la consignation, si elles sont valables, sous-entend nécessairement que les offres ont été suivies de consignation (C. civ. 1257), et qu'il y a eu jugement de validité (C. civ. 1252), ou tout au moins que le créancier les a reconnus valables en retirant la somme consignée. Or, après consignation il arrivera toujours ceci : ou le créancier acceptera la somme offerte, et alors il se trouvera sous le coup de l'art. 1260, et devra payer les offres, ou il y aura jugement de validité, et par suite condamnation du créancier aux dépens, y compris le procès-verbal d'offres.

Ainsi les frais des offres ne tombent à la charge du créancier que lorsqu'il y a consignation retirée par lui ou validée par un jugement.

Toutefois il y aurait encore selon nous une autre circonstance ou les offres pourraient être payées par le créancier; ce serait celle où, sans qu'il y ait consignation, il y aurait demande en validité. Alors en effet le créancier acquiescerait à la demande ou contesterait : dans le premier cas, il se soumettrait à payer tous les dépens, et dans le second, il serait condamné par le jugement de validité.

La loi n'a fixé aucun délai dans lequel les offres devraient être acceptées à peine d'en payer les frais; il s'ensuit que refusées par le procès-verbal qui les constate, elles peuvent être acceptées tant qu'il n'y a pas consignation ou demande en validité, sans que pour cela il y ait rien de changé aux dispositions de la loi touchant les frais, sauf cependant au créancier à payer l'acte qui fait connaître au débiteur sa nouvelle détermination. C'est à ce dernier, au surplus, à s'imputer d'être resté dans l'inaction et de n'avoir ni consigné ni formé de demande en validité. Du reste il se trouve dans la même position que s'il y avait eu acceptation par le procès-verbal d'offres, et il est impossible de concevoir quelles raisons il viendrait invoquer pour se décharger du coût de cet acte sur le créancier.

A annoter au mot Offres réelles, n° 92.

ART. 172.

—

COMPÉTENCE.

COMPÉTENCE COMMERCIALE. — FRAIS. — HUISSIER.

L'action en payement des frais faits par un huissier est-elle de la compétence du tribunal de commerce devant lequel les faits ont été exposés?

FAITS.

Par jugement du 26 juillet 1841, le tribunal de commerce de Bayeux a décidé l'affirmative de cette question en ces termes : « Considérant que Hébert, huissier, a fait assigner devant le tribunal le sieur Lomer, marchand à Caen, pour obtenir contre lui condamnation d'une somme de 42 fr. 10 c. qui lui sont dus par suite d'une instance commerciale dont les poursuites ont eu lieu devant ce tribunal ; — Considérant que Lomer soutient que l'action intentée contre lui devant ce tribunal est incompétemment introduite ; — Considérant que, dans l'espèce, il ne s'agit que d'une demande de frais, et non de l'exécution du jugement qui y a donné lieu ; — Considérant que les frais réclamés par Hébert ont été faits sur l'ordre d'un commerçant devant le tribunal de commerce ; — Considérant que l'art. 60, Code de procéd. civ., est général et sans restriction ; que diverses cours d'appel en ont reconnu l'application légalement faite par les tribunaux de commerce ; que la cour de cassation elle-même a consacré ce principe par divers arrêts, et notamment par celui du 31 janvier 1837 ; — Par ces motifs, le tribunal dit à tort l'exception d'incompétence proposée par Lomer, et ordonne que les parties vont plaider au principal ; condamne Lomer aux dépens de l'incident. » — Appel par Lomer.

ARRÊT.

COUR ROYALE DE CAEN. — 10 MAI 1843.

LA COUR ; — Considérant que les tribunaux de commerce sont des tribunaux d'exception qui ne peuvent connaître que des objets qui leur sont spécialement attribués par la loi ; — Considérant que dans les art. 631, 632 et 633 du Code de commerce, qui règlent et déterminent leurs attributions, on ne rencontre rien qui les autorise à connaître des demandes formées par les officiers mini-tériels pour frais et honoraires, d'où suit que le tribunal de commerce était incompétent ; — Et évoquant le principal du consentement de toutes les parties et y faisant droit : — Considérant que Lomer reconnaît qu'il est débiteur des 42 fr. réclamés par Hébert pour frais et honoraires ; — Par ce motif, en réformant le jugement dont est appel, dit que le tribunal de commerce était incompétent ; et évoquant, de la demande de toutes les parties, le principal en état d'être jugé, condamne Lomer au payement des 42 fr. réclamés par Hébert, sans avoir égard à la demande en dommages-intérêts, formée par ledit Lomer, etc.

Auteurs. — Pour : Thomine Desmasures, art. 60 ; Boncenne, t. 2, p. 253 ; Chauveau sur Carré, n° 277. — Contre : Orillard, *Compét. des trib. de comm.*, n° 240.

Jurisprudence. — Pour : Cassation, 5 septembre 1814 ; Colmar, 5 août 1816 ; tribunal de la Seine, 20 décembre 1842 ; — Contre : Cass., 31 janvier 1837, qui a reconnu à la juridiction commerciale le droit de statuer sur la demande formée par les héritiers d'un huissier contre un agent d'affaires en payement de frais ordonnés par ce dernier.

A annoter aux mots Compétence, n° 272 ; Frais, n° 51.

ART. 173.

HUISSIER.

FAILLITE. — OPÉRATIONS DE BANQUE. — CESSATION DE PAYEMENT.

Est considéré comme commerçant et peut être mis en faillite, s'il vient à cesser ses payements, l'huissier qui fait habituellement des actes de commerce, tels que des opérations de banque.

ARRÊT.

COUR ROYALE DE PARIS. — 14 FÉVRIER 1844.

LA COUR : — Considérant qu'il résulte des faits et documents de la cause, et notamment du grand nombre de jugements représentés, prononçant contre Fredet des condamnations pour opérations de banque et de commerce, que ledit Fredet se livrait à ces sortes d'opérations ; — Considérant qu'il a cessé ses payements ; infirme, au principal, déclare Étienne-Alexandre Fredet, ex-huissier à Mantes, en état de faillite.

Auteurs. — Pour : Rolland de Villargues, *Rép. du Not.* (v° *Commerce, Commerçant*, n° 9 ; Dall., *Jurisprudence gén.*, 1844, 1re partie, p. 204.)

Jurisprudence. — Pour : Caen, 16 août 1811 ; Paris, 27 mars 1827, 24 février 1831, 24 décembre 1841, 5 janvier 1842 ; Cassation, 15 avril 1844.

Toutefois des arrêts d'Aix, 30 juillet 1839, Bordeaux, 30 avril 1840 et 1er mars 1841, ont décidé que le notaire qui se livre à des négociations d'effets pour en appliquer le produit, soit à des besoins domestiques, soit à l'exploitation d'une usine formant un bien patrimonial, ou même qui fait quelque *acte isolé* de commerce, ne peut pour cela être considéré comme commerçant.

A annoter aux mots Commerçant, nº 12; et Huissier, nº 202.

ART. 174.

HUISSIER.

RÉSIDENCE. — VIOLATION. — DOMMAGES-INTÉRÊTS.

L'huissier qui viole la résidence qui lui a été assignée par le tribunal, et qui, sous prétexte que la localité indiquée ne présente pas le moyen de se procurer une habitation convenable, s'établit, même par intervalle, dans une résidence voisine et y instrumente, est passible de dommages-intérêts envers ses confrères de cette dernière résidence.

ARRÊT.

COUR ROYALE DE LIMOGES. — 23 JANVIER 1844.

LA COUR; — Attendu que le tribunal d'Aubusson a fixé la résidence de l'huissier Brioude au lieu de Mainsat, canton de Bellegarde; — Attendu que si le bourg de Mainsat n'offre pas à cet officier ministériel moyen de se procurer une habitation convenable, il doit se pourvoir près du tribunal pour faire changer le lieu de sa résidence, mais que jusqu'au rapport de la délibération réglementaire qui lui a assigné la résidence de Mainsat, il convient d'en assurer l'exécution, vis-à-vis de ceux auxquels l'infraction de ce règlement peut être dommageable;

Et attendu qu'il résulte des documents rapportés par les appelants devant la Cour, que dans les années qui ont précédé leur action, l'huissier Brioude a, diverses fois, quitté sa résidence de Mainsat pour celle d'Aubusson; que ses séjours lui ont permis d'instrumenter à la requête de clients qui, assurément, n'auraient pas eu recours à son ministère s'il eût gardé assidûment la résidence de Mainsat; — Que par ce fait il a causé un dommage aux appelants, mais que ce dommage est de peu d'importance; — Emendant, reconnaît que l'huissier Brioude, en s'éloignant parfois de sa résidence pour venir séjourner à Aubusson, a occasionné un dommage aux appelants, et le condamne envers eux aux dépens, tant de première instance que d'appel à titre de dommages-intérêts.

Auteurs. — Conforme à l'opinion que nous avons émise, art. 130 de ce Journal. — Pour : Rolland de Vill., *Rép. du Not.* v° *Résid.*, nº 29.

Jurisprudence. — De nombreux arrêts rendus contre des notaires qui avaient enfreint leur résidence sont applicables, par identité de motifs, aux huissiers. — V. Cass., 24 juin 1829,

15 juillet 1840, 11 janvier 1841 ; Limoges, 9 novembre 1842 ;
Rennes, 11 décembre 1843 ; Poitiers, 2 février 1844 (art. 152 de
ce Journal) ; ord. roy., 2 novmbre 1835, 26 novembre 1836 ;
circul. procur. gén., Caen, 22 janvier 1841.

A annoter au mot Huissier, n° 130.

ART. 175.

PRIVILÉGE.

APPOINTEMENTS. — CLERC DE NOTAIRE. — CLERC D'HUISSIER.

Les clercs ont-ils un privilége pour le payement de leurs appoin-
tements ?

FAITS.

Jugement du tribunal de Marseille ainsi conçu :

« Attendu que la loi n'a point déterminé le véritable sens ni
indiqué l'acceptation qu'elle voulait donner aux mots *gens de
service* qu'elle emploie dans ledit article ; que les mots *domestiques* étaient autrefois acceptés en législation et dans le monde
pour désigner tous ceux qui, subordonnés à la volonté d'un
maître, en recevaient des gages, et s'appliquaient soit à ceux
dont les fonctions étaient honorables, comme bibliothécaires,
secrétaires, soit à ceux dont les services supposaient une dépendance plus absolue ; — Que ce mot de domestique n'est plus,
dans le langage ordinaire, entendu en ce sens, et qu'on doit admettre que le législateur a accepté le changement introduit par
l'usage dans la signification des mots ; — Qu'en effet, les lois
du 20 avril 1790 et du 2 septembre 1792 ont déterminé le sens
de ces mots pour régler l'exercice de quelques droits politiques ;
que le sens indiqué par ces lois est celui que l'usage a conservé ;
que le législateur a remplacé le mot domestique par celui de
gens de service, pour que le privilége, qui ne s'étendait autrefois qu'aux domestiques de la ville, s'étende aux serviteurs à
gages de la campagne ; — Que ces principes employés par les
orateurs du gouvernement, lors de la présentation du Code civil,
ne prêtent pas à interprétation ; qu'il est clair que, par les mots
gens de service, on a voulu entendre surtout les serviteurs, les
domestiques ; que si cette distinction est désormais établie entre
les gens de service et ceux qui étaient compris autrefois sous la
dénomination générale de domestiques, à plus forte raison doit-
on l'admettre entre les gens de service et les clercs de notaire ;
qu'on ne peut raisonnablement présenter aucune assimilation
entre ces deux positions ; — Que les gens de service sont ceux
qui donnent leurs soins et doivent leur temps à la personne ou

au ménage du maître ; que les clercs, en donnant leurs services moyennant salaire, pour des fonctions déterminées et pour des heures limitées, ne cessent pas d'exercer chez autrui une profession libérale ; — Que la loi du 25 ventôse an XI, art. 10, en indiquant certaines prohibitions, a soin de distinguer les clercs des serviteurs du notaire ; que l'ordonnance du 4 juin 1843, sur la discipline du notariat, soumet les clercs qui aspirent aux fonctions de notaire à la surveillance de la chambre et à des peines disciplinaires ; qu'il n'est pas possible de confondre avec les gens de service une classe de citoyens dont la loi a considéré les fonctions comme intéressant l'ordre public, du moment où ils aspirent au notariat ; — Attendu que si le Code de commerce de 1808 a accordé un privilége aux commis des négociants, c'est par des motifs particuliers énoncés par le législateur ; que ce privilége, qui n'est pas d'ailleurs celui accordé par l'art. 2101, § 4, ne s'applique qu'aux commis ; que cette dispositiou de la loi nouvelle sur le privilége des commis démontre que le législateur entendait si peu comprendre les commis parmi les gens de service, qu'il s'est cru obligé de créer pour eux un privilége exprès, qu'il a cru devoir restreindre à six mois, et n'a voulu appliquer qu'aux commis de négociants ; qu'il n'existe aucune disposition expresse pour les clercs de notaire, qu'on ne peut dès lors assimiler, soit aux commis de négociants, soit aux gens de service ; — Qu'il y a lieu dès lors de rejeter l'opposition formée au nom du sieur Bonhomme.

Appel.

ARRÊT.

COUR ROYALE D'AIX. — 21 MARS 1844.

LA COUR ; — Adoptant les motifs des premiers juges, — Confirme.

Auteurs. — Contre : Troplong, *Des priv. et hypoth.*, t. 1, p. 202, qui admet que les mots *gens de service* insérés dans l'art. 2101, § 4, comprennent non-seulement les domestiques et gens attachés à la personne, mais encore les *commis*, *secrétaires*, *agents*, qui, moyennant un traitement fixe à l'année, font tourner la totalité de leur travail au profit de celui qui les paye.

Jurisprudence. — Aucun précédent spécial.

A annoter au mot **Privilége**, nº 18.

ART. 176.

—

HUISSIER.

DÉBOURSÉS. — HONORAIRES. — INTÉRÊTS DU JOUR DES AVANCES.

Les huissiers ont-ils droit à l'intérêt des déboursés d'enregistre-

*ment qu'ils font pour leurs clients à compter du jour où ils ont lieu,
sans demande judiciaire?*

ARRÊT.

COUR ROYALE DE DIJON. — 22 AVRIL 1844.

LA COUR ; — Considérant qu'en règle générale, les intérêts des sommes avancées pour un tiers ne sont dus qu'à partir de la demande en justice ou en vertu d'une convention spéciale ; que l'exception portée en l'art. 2001 du Code civil, en faveur du mandataire pour les avances qu'il a faites, ne s'applique pas au notaire, dont la mission légale est de recevoir les actes et contrats auxquels les parties veulent donner le caractère de l'authenticité, et que l'on ne peut, dans l'exercice de ses fonctions, assimiler à un mandataire ordinaire ; que la jurisprudence repousse les demandes des notaires, tendant à obtenir les intérêts des sommes qu'ils ont déboursées, même pour le payement du droit d'enregistrement. — Infirme.

Auteurs. Contre : Rolland de Villargues, *Rép. du Not.,* v° *Honor.,* n° 326.

Jurisprudence. — Pour : Cassation, 30 mars 1830, 24 juin 1840 ; Caen, 7 juin 1837. — Contre : Tribun. Seine, 10 février 1830 ; Grenoble, 14 juin 1838 ; Riom, 8 décembre 1838 ; tribun. de Bourgoin, 23 décembre 1842 et 25 février 1843.

Cette jurisprudence est applicable aux huissiers par identité de position.

A annoter au mot Intérêts, n° 21.

———

ART. 177.

POSTE AUX LETTRES.

LETTRES RECOMMANDÉES. — FORMALITÉS. — TAXE. — PERTE.
— DÉFAUT DE RECOURS.

Ordonnance du Roi relative aux lettres recommandées.

Du 21 juillet 1844, promulguée le 14 août.

LOUIS-PHILIPPE ; — Vu, 1° la loi du 5 nivôse an v (25 décembre 1796) ; 2° l'arrêté du Directoire exécutif du 16 ventôse de la même année (6 mars 1797) ; 3° les lois des 15 mars 1827 et 3 juin 1829 ; 4° l'ordonnance du 11 janvier 1822 ; — Sur le rapport de notre ministre des finances, nous avons, etc.

ARTICLE PREMIER.

A dater du 1er septembre prochain, il sera reçu en France, en Algérie et dans les pays où la France entretient des bureaux de postes, des lettres recommandés pour tous les lieux situés en France, en Algérie et dans tous les pays où la France entretient des bureaux de postes.

ART. 2.

Les lettres recommandées ne pourront être admises que sous enveloppe et fermées au moins de deux cachets en cire avec empreinte. Ces cachets devront être placés sur les plis supérieurs et inférieurs de l'enveloppe, de manière que l'un et l'autre pli se trouvent réunis sous le même cachet.

ART. 3.

Le dépôt des lettres recommandées sera constaté sur un registre à souche. Le numéro d'enregistrement de chaque lettre et la date du dépôt seront portés sur un bulletin, qui sera détaché de la souche et remis à l'envoyeur.

ART. 4.

Le numéro d'enregistrement sera reproduit sur l'adresse des lettres recommandées. Ces lettres seront frappées du timbre du bureau de poste indiquant le lieu et la date du dépôt, et, de plus, d'un timbre particulier.

ART. 5.

Le port des lettres recommandées pourra être acquitté d'avance ou laissé à la charge du destinataire, au choix de l'envoyeur.

Ces lettres ne seront passibles que de la taxe ordinaire; mais, lorsqu'elles devront être distribuées par les facteurs ruraux, elles supporteront, en outre, la taxe supplémentaire d'un décime établie par la loi du 3 juin 1829.

ART. 6.

La perte ou le retard d'une lettre recommandée ne donnera lieu à aucun recours avec l'administration des postes ou ses agents.

ART. 7.

Les lettres recommandées seront portées au domicile des destinataires, à moins que l'adresse ne porte les mots de *poste restante* ou *bureau restant*.

ART. 8.

Les facteurs ou distributeurs seront pourvus d'un livre-journal destiné à recevoir les décharges des lettres recommandées.

Ce livre-journal sera porté avec la lettre chez le destinataire, et celui-ci, en recevant la lettre, en donnera décharge sur ce livre.

Un pareil livre sera tenu dans tous les bureaux de poste, pour recevoir l'inscription et la décharge des lettres recommandées qui porteront sur l'adresse les mots de *poste restante* ou *bureau restant*.

Art. 9.

La décharge des lettres recommandées pourra être donnée, à défaut du destinataire, par la personne qui le représente, et qui présentera, à cet effet, soit une procuration spéciale passée devant notaire, soit un pouvoir sous seing privé dûment légalisé et enregistré.

Art. 10.

Les dispositions de la présente ordonnance, relatives à la distribution des lettres recommandées et à la perception de la taxe rurale, seront applicables aux lettres et paquets chargés et aux Bulletins des lois et des arrêts de la cour de Cassation.

Art. 11.

Sont annulées les dispositions de l'ordonnance du 11 janvier 1839 qui seraient contraires à la présente ordonnance.

A annoter au mot Postes, n° 7.

ART. 178.

—

CAUTIONNEMENT.

INTÉRÊTS. — RÉDUCTION A 3 POUR CENT.

Loi (extrait de la) portant fixation du budget des dépenses de l'exercice 1845.

Du 4 août 1844, promulguée le 7.

Art. 7.

L'intérêt des cautionnements en numéraire est fixé à 3 pour cent à compter du 1er janvier 1845.

ART. 179.

—

SAISIE IMMOBILIÈRE.

EXPLOIT. — SOMMATION AU SAISI. — REMISE AU MAIRE.

Est valable la sommation au saisi pour prendre communication du cahier des charges, remise au maire lorsque l'huissier ne trouve au domicile du saisi ni la partie, ni parents ou serviteurs, et lorsqu'il ne trouve pas non plus de voisins pour la recevoir.

L'art. 68 du Cod. proc., en exigeant que la copie soit remise à un voisin qui signe l'original, suppose qu'il s'en trouve un pour recevoir la copie et donner la signature requise; de telle sorte que s'il n'y en a pas, l'huissier, en constatant ce fait, peut remettre directement la copie au maire.

ARRÊT.

COUR ROYALE DE BORDEAUX. — 8 MAI 1844.

LA COUR ; — Attendu que les intimés rapportent l'original de la sommation qui a été faite aux époux Poirier, le 15 décembre 1843, conformément à l'art. 691 du Code de procédure civile ; que pour le cas prévu par l'art. 68 du même Code, si l'huissier, lorsqu'il ne trouve au domicile ni la partie, ni aucun de ses parents ou serviteurs, doit remettre la copie à un voisin qui signera l'original, cet article suppose qu'il s'est trouvé un voisin pour recevoir la copie et donner la signature exigée ;

Attendu qu'il résulte des termes de la signification de la sommation précitée, qu'il ne s'est pas trouvé de voisins ; que, dès lors, l'huissier n'a pu ni leur remettre la copie de l'exploit ni faire signer l'original ; que, dès lors, l'huissier a dû remettre la copie au maire de la commune ; que, par conséquent, il n'y a pas eu de nullité dans la signification, et que les appelants ne sont pas fondés à prétendre que la sommation n'existe pas ;

Attendu que cette sommation et sa signification font partie de la procédure en saisie immobilière ; que ces actes sont soumis aux dispositions des art. 694 et 728 du Code de procédure civile ; qu'il en résulte que les appelants sont, dans tous les cas, non recevables à faire valoir le prétendu moyen de nullité qu'ils invoquent ;

Met au néant l'appel interjeté par les époux Poirier, du jugement du tribunal civil de Blaye du 29 février dernier.

Auteurs. — Carré, *Quest.* 368, admet que dans le cas où l'huissier aurait, dans la campagne, une longue distance à parcourir pour trouver un voisin, il serait autorisé, en constatant cette distance, à remettre la copie au maire.

Jurisprudence. — Un arrêt de la cour royale de Liége du 22 mars 1809 décide que *lorsqu'il n'y a pas de voisins,* l'huissier doit le constater, à peine de nullité, afin de justifier la remise de la copie au maire directement.

A annoter au mot **Exploit**, n° 181.

ART. 180.

POIDS ET MESURES.

TOMBEREAU. — FEUILLETTE. — DEMI-PIÈCE. — FUTAILLE.

Peut-on employer ces expressions dans un acte public, sans contrevenir à la loi du 4 juillet 1837 ?

Le journal de l'Enregistrement et des Domaines rapporte, sous son n° 13,239, une décision du 4 avril 1843, qui admet qu'un notaire avait pu employer, sans contravention, le mot *Tombereau*, parce que la capacité d'un tombereau n'est point déterminée, et que l'expression est d'une application différente selon les localités.

Le tribunal d'Avesnes, par un jugement du 8 avril 1844, a décidé également que les mots *Feuillettes, Demi-pièces, Futailles*, sont des noms désignant des vases et non des mesures de capacité, puisque chacun de ces vases contient souvent des mesures différentes, et qu'en insérant ces dénominations dans un inventaire, le notaire n'a voulu désigner que l'objet par le nom qu'on lui applique généralement, et nullement une mesure déterminée.

Ces décisions ne nous paraissent à l'abri de critique, qu'autant qu'elles absolvent de l'amende la désignation des objets eux-mêmes, abstraction faite de leur contenu, car il est impossible de les désigner autrement qu'en leur appliquant le nom qu'ils portent. — Mais il nous semble qu'il y aurait contravention, si par le mot feuillette, par exemple, on entendait indiquer outre le vase, le contenu ; alors en effet on éluderait la loi, puisqu'on désignerait sous une dénomination réprouvée par elle une quantité de liquide ne pouvant être exprimée qu'en litres.

A annoter au mot Poids et mesures, n° 15.

ART. 161.

EXPLOIT.

SAISIE-ARRÊT. — ENREGISTREMENT. — PLURALITÉ DE DROITS.

1.

Une saisie-arrêt à la requête de sept créanciers pour sûreté d'une somme à eux due, formée ès mains de 34 débiteurs, et énonçant qu'elle porte sur toutes les sommes que les tiers-saisis peuvent devoir, notamment sur celles dues en vertu d'une obligation qui les constitue débiteurs solidaires, est-elle passible de 238 droits ?

Oui, si les saisissants ne sont pas créanciers unis, et s'ils ont agi chacun en droit soi, car les tiers-saisis peuvent être solidairement tenus au payement d'une somme, et débiteurs distincts d'autres sommes sur lesquelles la saisie-arrêt est également applicable. Ils doivent donc être considérés isolément pour la perception du droit — (Journal de l'Enregist., n° 13,578.)

2.

L'exploit contenant dénonciation au tiers-saisi de la demande en validité d'une saisie-arrêt et assignation en déclaration affirmative, est-il passible de deux droits?

Non. Aux termes de l'art. 564 du Code de procédure civile, le tiers-saisi n'est tenu de faire une déclaration qu'après que la demande en validité lui a été dénoncée. La dénonciation est donc le préalable nécessaire de la demande en déclaration, et quand elle est faite par le même exploit que cette demande, les deux dispositions se rattachent l'une à l'autre, et ne sont passibles que d'un seul droit. Ce n'est pas le cas de l'application de l'art. 11 de la loi du 22 frim. an 7. (Journ. Enreg. n° 13,585.)

A annoter au mot **Saisie-arrêt**, n° 148.

ART. 182.

TIMBRE.

PIÈCES NON TIMBRÉES. — USAGE EN JUSTICE.

Y a-t-il contravention aux lois sur le timbre dans la production en justice de paix, de pièces non-timbrées, si elles ne sont point énoncées dans un jugement ou un acte extrajudiciaire ?

A. fait citer B. en payement d'une somme de 120 fr. A l'audience, B. établit par des pièces non timbrées ni enregistrées qu'il a cessé d'être débiteur de cette somme. Le juge de paix engage A. à se désister de sa citation et à en payer le coût, ce qui a lieu sans jugement. Le receveur qui assiste à l'audience a-t-il des mesures à prendre pour constater les contraventions aux lois sur le timbre? — Non. Dès que les pièces non timbrées ne sont relatées dans aucun acte judiciaire ou extrajudiciaire, l'administration n'est ni à portée ni en demeure de poursuivre la répression des contraventions aux lois sur le timbre : elle pourrait seulement informer le ministère public de ce qui a lieu, s'il en résultait un préjudice notable pour le trésor public. (Journ. Enreg. n° 13,600.)

A annoter au mot **Timbre**, n° 96.

ART. 183.

ALGÉRIE.

ADMINISTRATION DE LA JUSTICE. — COMPÉTENCE DES TRI-

BUNAUX FRANÇAIS ET INDIGÈNES. — PROCÉDURE. — JURI-
DICTION ADMINISTRATIVE [1].

I. *Ordonnance royale sur l'organisation de la justice en Algérie.*

Du 26 septembre 1842.

LOUIS-PHILIPPE, etc.—Sur le rapport de notre ministre secrétaire d'État au département de la guerre, président du conseil, et de notre garde des sceaux, ministre secrétaire d'État au département de la justice et des cultes, nous avons ordonné et ordonnons ce qui suit :

Notre ordonnance du 28 fév. 1841, sur l'organisation de la justice en Algérie, est modifiée conformément au texte ci-après, qui sera le seul officiel, à partir du 1er janv. 1843.

TITRE 1er.—DE L'ADMINISTRATION DE LA JUSTICE.

ARTICLE PREMIER.

La justice, en Algérie, est administrée, au nom du roi, par des tribunaux français et par des tribunaux indigènes, suivant les distinctions établies par la présente ordonnance.

ART. 2.

Les juges français sont nommés et institués par le roi.

Ils ne peuvent entrer en fonctions qu'après avoir prêté serment.

Leurs audiences sont publiques au civil comme au criminel, excepté dans les affaires où la publicité est jugée dangereuse pour l'ordre et les mœurs.

Leurs jugements sont toujours motivés.

SECTION 1re.—*Des tribunaux français.*

ART. 3.

L'organisation judiciaire comprend :

1o Une cour royale siégeant à Alger ;

2o Des tribunaux de première instance siégeant à Alger, Bone, Oran, Philippeville, et dans tous les autres lieux où il serait jugé nécessaire d'en établir ;

3o Un tribunal de commerce siégeant à Alger ;

---

[1] L'importance des relations établies entre l'Algérie et la France, importance qui s'accroît de jour en jour d'une manière prodigieuse, nous fait un devoir de mettre nos abonnés au courant de la procédure en usage dans cette colonie, aux portes de la France. Du reste, la publication des deux ordonnances suivantes nous paraît d'une utilité incontestable.

Une autre ordonnance, du 1er octobre 1844, que nous ne publions pas, à cause du peu d'intérêt qu'elle présente pour les huissiers, règle le droit de propriété en Algérie. Elle contient SEPT TITRES :

TITRE Ier. — Des acquisitions d'immeubles.

TITRE II. — Du rachat des rentes.

TITRE III. — Des prohibitions d'acquérir et de former des établissements.

TITRE IV. — De l'expropriation et de l'occupation temporaire pour cause d'utilité publique.

TITRE V. — Des terres incultes.

TITRE VI. — Des marais.

TITRE VII. — Dispositions générales.

4° Des tribunaux de paix siégeant à Alger, Blidah, Bone, Oran, Philippeville, et dans les autres lieux où leur établissement serait jugé nécessaire;

5° Des juridictions spéciales dans les cas prévus par l'art. 3 de l'ordonnance du 31 oct. 1838;

6° Des tribunaux musulmans, en nombre indéterminé, dont le gouverneur général arrête l'établissement et nomme les membres, avec l'approbation du ministre de la guerre.

Art. 4.

Le ressort de la cour royale embrasse la totalité de l'Algérie, sauf la juridiction des conseils de guerre réservée par l'art. 42.

La juridiction des tribunaux de première instance s'étend sur tous les territoires occupés dans chaque province, jusques aux limites déterminées par arrêtés du ministre de la guerre.

Art. 5.

La cour royale d'Alger se compose d'un président; de sept conseillers ; de deux conseillers adjoints ayant voix délibérative; d'un greffier et de commis greffiers assermentés, dont le nombre est déterminé par le ministre de la guerre selon les besoins du service.

Les fonctions du ministère public près la cour sont remplies par un procureur général, deux avocats généraux, un substitut du procureur général.

Constituée en chambre civile, la cour connaît, en matière civile et commerciale, de l'appel des jugements rendus en premier ressort par les tribunaux de première instance et de commerce, et par les tribunaux musulmans.

Constituée en chambre criminelle, elle juge:

1° Toutes les affaires de la compétence des cours d'assises, directement pour la province d'Alger, et sur appel des jugements rendus par les tribunaux de Bone, Oran et Philippeville, dans les cas prévus par le troisième alinéa de l'art. 10 ci-après ;

2° Les appels en matière correctionnelle ;

3° Directement, les crimes et délits prévus par le chap. 3, tit. 4, liv. 2 du Code d'instruction criminelle, dans tous les cas où la connaissance en est déférée aux cours royales de France.

En toute matière, la cour ne peut juger qu'au nombre de cinq conseillers au moins.

Art. 6.

La cour royale ne peut exercer d'autres attributions que celles qui lui sont expressément conférées par la présente ordonnance.

Le droit d'évocation, les injonctions au procureur général, lui sont nommément interdits.

Elle ne peut se réunir en assemblée générale que sur la réquisition du procureur général, et seulement pour délibérer sur les objets qui lui sont communiqués par ce magistrat.

Art. 7.

Le tribunal de première instance d'Alger se compose d'un président, d'un juge d'instruction, de quatre juges, de trois juges adjoints ayant voix délibérative; d'un greffier et de commis greffiers assermentés, dont le nombre est réglé par le ministre de la guerre, selon les besoins du service.

Il y a près de ce tribunal un procureur du roi et un substitut du procureur du roi.

Art. 8.

Le tribunal de première instance d'Alger se divise en deux chambres.

La première chambre connaît des affaires civiles ; le président du tribunal la préside.

La seconde chambre connaît des affaires correctionnelles, et, s'il y a lieu, des affaires civiles qui peuvent lui être renvoyées par le président. Elle est présidée par l'un des juges désignés chaque année, à cet effet, par le ministre de la guerre.

Le président du tribunal peut, quand il le juge convenable, présider la seconde chambre.

L'une et l'autre chambre juge au nombre de trois juges.

Art. 9.

Les tribunaux de première instance de Bone, Oran et Philippeville se composent chacun d'un président, de deux juges, dont l'un est chargé du service de l'instruction criminelle, de deux juges adjoints ayant voix délibérative, d'un greffier et de commis greffiers assermentés, dont le nombre est réglé par le ministre de la guerre.

Ils jugent au nombre de trois juges.

Il y a près de chacun de ces tribunaux un procureur du roi et un substitut du procureur du roi.

Art. 10.

La compétence en premier et dernier ressort des tribunaux de première instance, en matière civile et correctionnelle, est la même que celle des tribunaux de première instance de France.

Ils connaissent de l'appel des jugements en premier ressort des tribunaux de paix, en matière civile et de simple police.

Les tribunaux de première instance de Bone, Oran et Philippeville connaissent en outre :

1° Des crimes à charge d'appel ;

2° Des affaires de commerce à l'égard desquelles leur compétence en premier et dernier ressort est la même qu'en matière civile.

Dans tous les cas où le tribunal statue sur des faits qualifiés crime, le juge qui a fait l'instruction ne peut siéger.

Art. 11.

Chacun des juges de paix institués par l'art. 3 de la présente ordonnance aura deux suppléants et un greffier.

Les fonctions du ministère public près le tribunal de paix jugeant en matière de simple police, sont remplies par un commissaire de police ou autre officier de police désigné à cet effet par le procureur général.

Art. 12.

La compétence en premier et dernier ressort, et les attributions spéciales des juges de paix en matière civile et de simple police, sont les mêmes que celles des juges de paix de France.

Art. 13.

Lorsqu'il y aura lieu d'instituer des justices de paix sur d'autres points que ceux où il en est établi par la présente ordonnance, il y sera pourvu par ordonnance royale.

Les arrêtés du ministre de la guerre modifient provisoirement, s'il y a lieu, la compétence et les attributions du juge de paix de Blidah.

Il pourra également être statué, par arrêté du ministre de la guerre, sur la compétence des justices de paix qui seraient ultérieurement établies en dehors des lieux où siégent des tribunaux de première instance, sur celle des commissariats civils, ainsi que sur les règles de la procédure à observer devant ces juridictions, et pour l'exécution de leurs jugements.

Art. 14.

Le tribunal de commerce d'Alger se compose de notables négociants, nommés chaque année par ordonnance royale, sur la présentation du gouverneur général et sur le rapport de notre ministre de la guerre. Les membres de ce tribunal sont indéfiniment rééligibles. Ils ne peuvent rendre jugement qu'au nombre de trois. Ils ne reçoivent ni traitement ni indemnité.

Un greffier et des commis greffiers, dont le nombre est réglé par le ministre de la guerre, sont attachés au tribunal de commerce.

Art. 15.

Le procureur général exerce toutes les attributions qui sont conférées en France aux procureurs généraux près les cours royales, et, en outre, celles qui lui sont spécialement conférées par les ordonnances, arrêtés et règlements en vigueur dans l'Algérie.

Art. 16.

En cas d'absence ou d'empêchement, le procureur général est remplacé par l'un des avocats généraux qu'il désigne, et, à défaut de désignation, par le plus ancien d'entre eux.

Art. 17.

Le procureur général correspond directement avec le ministre de la guerre, pour tout ce qui concerne l'administration de la justice.

Art. 18.

Les avocats généraux, le substitut du procureur général, les procureurs du roi, les substituts du procureur du roi, les autres membres de la magistrature adjoints au service du parquet, ainsi qu'il sera dit ci-après, les officiers du ministère public, près les tribunaux de simple police, exercent, sous la surveillance et la direction du procureur général, toutes les attributions du ministère public auprès de la juridiction à laquelle ils sont attachés.

Art. 19.

Les conseillers adjoints à la cour royale peuvent être attachés au service du parquet, sur la désignation du procureur général.

Les juges adjoints aux tribunaux de première instance peuvent également être attachés au même service dans leur siége, sur la désignation du même magistrat.

Les conseillers et les juges adjoints ainsi désignés pour le service du parquet reprendront leur siége comme juges, lorsqu'ils ne seront plus employés au parquet.

Art. 20.

Les greffiers seront suppléés par les commis greffiers, et, au besoin, par des officiers publics ou ministériels assermentés, que le tribunal désigne.

Art. 21.

Il est attaché aux tribunaux français, pour les assister et siéger avec eux, dans les cas déterminés au titre suivant, des assesseurs musulmans au nombre de quatre pour Alger, et de deux pour chacune des villes de Bone, d'Oran et de Philippeville.

Ces assesseurs sont nommés par le gouverneur général.

Art. 22.

Des interprètes assermentés sont spécialement attachés au service des divers tribunaux et répartis selon les besoins, par arrêté du gouverneur général.

Art. 23.

Le procureur général, le président de la cour, les avocats généraux, les conseillers titulaires et adjoints, le substitut du procureur général, les présidents, juges titulaires et adjoints, procureurs du roi et substituts des tribunaux de première instance, les greffiers et commis greffiers de la cour et des tribunaux, doivent réunir toutes les conditions d'aptitude requises pour exercer les fonctions correspondantes dans l'ordre judiciaire de France.

Les juges de paix doivent être licenciés en droit : ils peuvent être nommés ainsi que leurs suppléants à l'âge de vingt-cinq ans révolus.

Art. 24.

Les ordonnances portant nomination des membres de la cour royale, des tribunaux de première instance et des juges de paix des villes d'Alger, Bone, Oran et Philippeville, seront rendues sur la proposition et sur le contre-seing de notre garde des sceaux, ministre secrétaire d'état de la justice, qui se concertera, à cet effet, avec notre ministre secrétaire d'État de la guerre.

Art. 25.

Les magistrats, nommés en conformité de l'article précédent, seront considérés comme détachés, pour un service public, du département de la justice. Ils pourront demander à rentrer dans la magistrature métropolitaine après cinq années d'exercice des fonctions qui leur auront été conférées en Algérie.

Art. 26.

Le procureur général, le président de la cour, les conseillers titulaires et adjoints, les avocats généraux et le substitut du procureur général portent le costume attribué en France aux fonctions qu'ils remplissent.

Les présidents, les juges titulaires et adjoints des tribunaux de première instance, les procureurs du roi et substituts du procureur du roi, portent le costume des membres des tribunaux de première instance. Toutefois, le président de la cour royale et les présidents des tribunaux de première instance auront un galon de plus en haut et autour de leur toque.

Les membres du tribunal de commerce d'Alger portent le costume des juges des tribunaux de France ;

Les juges de paix et leurs suppléants, celui des membres de justice de paix de France ;

Le greffier de la cour, celui des greffiers de la cour royale ;

Les greffiers et commis-greffiers des tribunaux de première instance, de commerce et de paix, celui des fonctions correspondantes près les tribunaux de France.

Art. 27.

Les traitements de tous les membres de la magistrature sont déterminés par une ordonnance royale. Ces traitements subissent les retenues établies en faveur de la caisse des retraites du ministère de la justice.

Les services en Algérie sont comptés comme s'ils avaient été rendus en France.

ART. 28.

Les juges de paix créés en exécution de l'art. 13 ci-dessus, pour les lieux dans lesquels les tribunaux de première instance ne sont point établis, seront nommés, ainsi que les suppléants de toutes les justices de paix, par ordonnance royale rendue sur le rapport de notre ministre de la guerre.

Le ministre de la guerre nomme les greffiers et commis-greffiers, il règle les traitements et indemnités à leur allouer. Moyennant ces allocations, le matériel des greffes et le personnel auxiliaire, quand il y a lieu, demeurent à la charge des greffiers.

Les droits de greffe et d'expédition sont perçus au profit du trésor.

ART. 29.

Les juges de paix et leurs greffiers n'ont droit à aucune vacation pour les actes ou opérations auxquels ils procèdent dans l'ordre de leurs attributions. Il leur est seulement alloué, selon les cas, une indemnité de transport, réglée par arrêté du ministre de la guerre, en raison des distances parcourues.

ART. 30.

Le ministre de la guerre détermine également le mode de rémunération des assesseurs musulmans, à raison de leur participation aux jugements pour lesquels leur assistance est requise.

SECTION II.—*Des tribunaux indigènes.*

ART. 31.

Les tribunaux musulmans sont maintenus, sauf la modification portée en l'art. 43.

Les muphtis et cadis sont nommés et institués par le gouverneur général, avec l'approbation du ministre de la guerre. Ils reçoivent un traitement dont la quotité est déterminée par le ministre de la guerre.

ART. 32.

Les ministres du culte israélite institués à un titre quelconque par le gouverneur général, pour l'exercice ou la police de ce culte, n'ont aucune juridiction sur leurs coreligionnaires, lesquels sont exclusivement justiciables des tribunaux français, sauf toutefois la disposition contenue en l'art. 49 ci-après.

TITRE II. — COMPÉTENCE DES TRIBUNAUX FRANÇAIS ET INDIGÈNES.

ART. 33.

Les tribunaux français connaissent, entre toutes personnes, de toutes les affaires civiles et commerciales, à l'exception de celles dans lesquelles les musulmans sont seuls parties, et qui continueront d'être portées devant les cadis.

ART. 34.

Les tribunaux français civils et de commerce, pour le jugement de tout procès dans lequel un musulman est intéressé, sont assistés d'un assesseur musulman, pris à tour de rôle parmi ceux nommés en exécution de l'art. 21 ci-dessus. Cet assesseur a voix consultative; son avis, sur le point de droit, est toujours mentionné dans le jugement.

Art. 35.

La disposition qui précède est applicable à la cour royale statuant sur appel en matière civile ou commerciale.

Art. 36.

La compétence du tribunal de commerce d'Alger, à raison de la matière, est la même que celle des tribunaux de commerce en France. Il juge en dernier ressort dans les limites établies pour les tribunaux civils par l'art. 10.

Art. 37.

La loi française régit les conventions et contestations entre Français et étrangers.

Les indigènes sont présumés avoir contracté entre eux, selon la loi du pays, à moins qu'il n'y ait convention contraire.

Les contestations entre indigènes, relatives à l'état civil, seront jugées conformément à la loi religieuse des parties.

Dans les contestations entre Français ou étrangers, et indigènes, la loi française, ou celle du pays, est appliquée selon la nature de l'objet en litige, la teneur de la convention, et, à défaut de convention, selon les circonstances ou l'intention présumée des parties.

Art. 38.

Les tribunaux français connaissent, sauf l'exception portée en l'art. 42, de tous crimes, délits ou contraventions, à quelque nation ou religion qu'appartienne l'inculpé.

Art. 39.

Ils ne peuvent prononcer, même contre les indigènes, d'autres peines que celles établies par les lois pénales françaises.

Art. 40.

En matière criminelle et correctionnelle, les assesseurs musulmans sont supprimés.

Art. 41.

S'il y a lieu à indemnité pour remplacement provisoire des greffiers de justice de paix, elle est réglée par le ministre de la guerre.

Art. 42.

Demeure réservée aux conseils de guerre la connaissance des crimes et délits commis en dehors des limites, telles qu'elles auront été déterminées en exécution de l'art. 4. Les jugements rendus par les conseils de guerre, en vertu du présent article, ne donnent lieu qu'au pourvoi en révision, tel qu'il est réglé par les lois militaires.

Néanmoins, lorsqu'un Français ou Européen étranger à l'armée, a été traduit devant un conseil de guerre, le jugement peut être déféré à la cour de cassation, mais seulement pour incompétence ou excès de pouvoir.

Art. 43.

Les cadis continueront de connaître, entre musulmans seulement, de toutes affaires civiles ou commerciales.

Ils continueront également de constater et rédiger, en forme authentique, les conventions dans lesquelles les musulmans sont seuls intéressés.

Toutefois, lorsqu'il n'existera point de notaires français en résidence dans un rayon de vingt kilomètres, le cadi pourra constater et rédiger toutes les conventions dans lesquelles un musulman sera partie.

Art. 44.

Les cadis connaissent de toutes les infractions commises par les musulmans, punissables selon la loi du pays, lorsque, d'après la loi française, elles ne constituent ni crime, ni délit, ni contravention.

Ils sont, s'il y a lieu, saisis de la connaissance de ces faits par l'autorité française, et tenus de statuer sur ses réquisitions.

L'exécution des jugements des cadis a lieu, dans tous les cas, par des agents spéciaux de la force publique, institués ou agréés par le procureur général.

Art. 45.

En dehors des limites fixées conformément à l'art. 4, les cadis musulmans nommés et institués par le gouverneur général, conservent leurs anciennes attributions, sauf la juridiction des conseils de guerre et les autres exceptions déterminées par la législation locale.

Art. 46.

Il est tenu des jugements rendus par le cadi, en toute matière, un registre qui doit être soumis tous les mois au visa du procureur général.

Art. 47.

L'art. 463 du Code pénal [1] n'est point applicable aux crimes et délits commis par des indigènes :

---

[1] Art. 463 du Code pénal. — Les peines prononcées par la loi contre celui ou ceux des accusés reconnus coupables, en faveur de qui le jury aura déclaré des circonstances atténuantes, seront modifiées ainsi qu'il suit :

Si la peine prononcée par la loi est la mort, la cour appliquera la peine des travaux forcés à perpétuité, ou celle des travaux forcés à temps; néanmoins, s'il s'agit de crimes contre la sûreté extérieure ou intérieure de l'Etat, la cour appliquera la peine de la déportation ou celle de la détention; mais, dans les cas prévus par les art. 86, 96 et 97, elle appliquera la peine des travaux forcés à perpétuité, ou celle des travaux forcés à temps.

Si la peine est celle des travaux forcés à perpétuité, la cour appliquera la peine des travaux forcés à temps, ou celle de la réclusion.

Si la peine est celle de la déportation, la cour appliquera la peine de la détention ou celle du bannissement.

Si la peine est celle des travaux forcés à temps, la cour appliquera la peine de la réclusion ou les dispositions de l'art. 401, sans toutefois pouvoir réduire la durée de l'emprisonnement au-dessous de deux ans.

Si la peine est celle de la réclusion, de la détention, du bannissement ou de la dégradation civique, la cour appliquera les dispositions de l'art. 401, sans toutefois pouvoir réduire la durée de l'emprisonnement au-dessous d'un an.

Dans les cas où le Code prononce le maximum d'une peine afflictive, s'il existe des circonstances atténuantes, la cour appliquera le minimum de la peine, ou même la peine inférieure.

Dans tous les cas où la peine de l'emprisonnement et celle de l'amende sont prononcées par le Code pénal, si les circonstances paraissent atténuantes, les tribunaux

1° Contre la sûreté de l'état ;
2° Contre la chose publique ;
3° Contre la personne ou au préjudice d'un Français, d'un Européen ou d'un indigène au service de la France.

Art. 48.

Tout indigène condamné à une peine excédant six mois d'emprisonnement pourra être transféré en France pour y subir sa peine. A l'expiration de la peine il pourra être contraint d'y résider pendant le temps qui sera déterminé par le gouvernement. Le retour en Algérie pourra de plus lui être interdit à temps ou à toujours.

Art. 49.

Les rabbins désignés pour chaque localité par le gouverneur général, après l'approbation du ministre de la guerre, sont appelés à donner leur avis écrit sur les contestations relatives à l'état civil, aux mariages et répudiations entre israélites. Cet avis demeure annexé à la minute du jugement rendu par les tribunaux français.

Ils prononcent sur les infractions à la loi religieuse, lorsque d'après la loi française, elles ne constituent ni crime, ni délit, ni contravention.

Toutes autres attributions leur sont interdites.

La disposition finale de l'art. 44 et l'art. 46 sont applicables aux rabbins.

Art. 50.

Tout jugement portant condamnation à la peine de mort et prononcé, soit par les tribunaux institués par la présente ordonnance, soit par les conseils de guerre dans les cas prévus par l'art. 42, soit par toute autre juridiction quelconque, ne pourra être exécuté que conformément aux dispositions de notre ordonnance du 1er avril dernier [1].

Art. 51.

Le gouverneur général peut ordonner le sursis à l'exécution de toute condamnation criminelle non capitale ; il en rend compte sur-le-champ à notre ministre de la guerre.

Art. 52.

Le droit de grâce n'appartient qu'au roi.

correctionnels sont autorisés, même en cas de récidive, à réduire l'emprisonnement, même au-dessous de six jours, et l'amende même au-dessous de 16 francs ; ils pourront aussi prononcer séparément l'une ou l'autre de ces peines, et même substituer l'amende à l'emprisonnement, sans qu'en aucun cas elle puisse être au-dessous des peines de simple police.

[1] Art. 1er de l'ordonnance du 1er avril 1842 :

« Aucune exécution à mort, par quelque juridiction qu'elle ait été ordonnée, ne
» pourra avoir lieu, dans toute l'étendue des possessions françaises en Algérie,
» qu'autant qu'il nous en aura été rendu compte et que nous aurons décidé de laisser
» un libre cours à la justice.

» Toutefois, dans les cas d'urgence extrême, le gouverneur général pourra ordon-
» ner l'exécution, à la charge de faire immédiatement connaître les motifs de sa
» décision à notre ministre secrétaire d'Etat de la guerre, qui nous en rendra
» compte.

» Ce pouvoir, attribué au gouverneur général, ne pourra dans aucun cas être
» délégué. »

Art. 53.

En toute matière, le recours en cassation est ouvert contre les arrêts ou jugements en dernier ressort.

TITRE III.—DE LA PROCÉDURE DEVANT LES TRIBUNAUX FRANÇAIS ET INDIGÈNES.

Art. 54.

Toutes les instances civiles sont dispensées du préliminaire de conciliation. Le président du tribunal ou le juge qui le remplace peut néanmoins inviter les parties à comparaître en personne sur simple avertissement et sans frais.

Quand un musulman doit être mis en cause, l'invitation sans frais précède nécessairement l'assignation. L'accomplissement de ce préliminaire est constaté par le juge en marge de l'original, qui est, à cet effet, soumis à son visa avant notification, à peine, contre l'huissier, de vingt francs d'amende pour chaque omission.

Art. 55.

La forme de procéder en matière civile ou commerciale, devant les tribunaux français en Algérie, est celle qui est suivie en France devant les tribunaux de commerce. Les parties sont tenues de déposer à l'audience leurs conclusions écrites et motivées, signées d'elles ou de leurs défenseurs.

En matière de justice de paix, la forme de procéder est celle qui est suivie en France devant les tribunaux de paix.

Art. 56.

Le délai pour interjeter appel des jugements contradictoires en matière civile, commerciale et de justice de paix, est d'un mois à partir de la signification, soit à personne, soit au domicile réel ou d'élection. Ce délai est augmenté à raison des distances qui seront réglées par un arrêté du gouverneur général.

A l'égard des incapables, ce délai ne pourra courir que par la signification à personne ou à domicile de ceux qui sont chargés de leurs droits.

Il peut être appelé de tous jugements rendus par les cadis dans les limites, les délais et les formes prescrites à l'égard des jugements rendus par les tribunaux français.

Dans aucun cas, l'appel ne sera reçu ni contre les jugements par défaut, ni contre les jugements interlocutoires, avant le jugement définitif.

Art. 57.

En matière correctionnelle ou de simple police, le tribunal est saisi par le ministère public, soit qu'il y ait eu ou non instruction préalable.

Sil y a eu instruction, le juge remet les pièces au procureur général ou à ses substituts, qui peuvent ne pas donner suite à l'affaire ou saisir le tribunal compétent.

Art. 58.

La partie civile ne peut directement citer le prévenu à l'audience, si elle n'est préalablement autorisée par le ministère public, sans préjudice de l'action civile en réparation ou dommages-intérêts qu'elle peut toujours intenter.

Art. 59.

En toute matière, le procureur général à Alger, et dans les autres siéges le procureur du roi, peuvent autoriser la mise en liberté provisoire, avec ou sans caution. Il peuvent admettre comme cautionnement suffisant, sans qu'il soit besoin de dépôt de deniers ou autres justifications et garanties exigées par la loi française, la soumission écrite de toute tierce personne jugée solvable, portant engagement de représenter ou faire représenter le prévenu à toute réquisition de justice, ou, à défaut, de verser au trésor, à titre d'amende, une somme déterminée dans l'acte du cautionnement. Le prévenu mis provisoirement en liberté sera solidairement tenu au payement de cette amende. Le recouvrement des sommes dues à ce titre sera poursuivi par voie de contrainte, comme en matière d'enregistrement.

Art. 60.

A Alger, dans le cas de crime, aussitôt que l'information est terminée, le procureur du roi transmet les pièces de la procédure au procureur général. Si celui-ci est d'avis qu'il y a lieu de traduire l'accusé devant la cour royale constituée en cour criminelle, il dresse l'acte d'accusation et demande au président l'indication d'un jour pour l'ouverture des débats. L'ordonnance du juge et l'acte d'accusation sont signifiés à l'accusé, auquel toutes les pièces de la procédure sont communiquées sur sa demande.

Le procureur général, à Alger, et les procureurs du roi dans les autres siéges, peuvent également, dans le cas de crime, saisir directement la cour royale ou le tribunal, sans instruction préalable.

Art. 61.

En toute matière et en tout état de cause, le procureur général peut requérir à l'instant la remise des pièces, faire cesser les poursuites, et mettre le prévenu en liberté.

Ce droit peut être exercé par le procureur du roi dans les siéges autres que celui d'Alger.

Art. 62.

La forme de procéder en matière criminelle et correctionnelle, ainsi que les formes de l'opposition ou de l'appel, sont réglées par les dispositions du code d'instruction criminelle relatives à la procédure devant les tribunaux correctionnels.

Toutefois les dépositions des témoins à l'audience seront constatées en la forme suivante : il sera donné lecture, par le greffier, des notes par lui tenues ; le juge les rectifiera et les complétera, s'il y a lieu, le témoin sera invité à déclarer si l'analyse sommaire de sa déposition est fidèlement reproduite. Le témoin sera, en outre, requis de signer, ou mention sera faite de la cause qui l'en empêche.

Les notes ainsi arrêtées seront signées du greffier, certifiées par le juge et jointes, en cas d'appel, à l'expédition du jugement.

Le mode de procéder devant les tribunaux de simple police est réglé par les sections 1re et 3 du chapitre 1er, titre 1er du livre 2 du Code d'instruction criminelle.

Néanmoins l'appel des jugements de simple police, dans le cas ou il est autorisé, doit être, sous peine de déchéance, déclaré au greffe des tribunaux de paix dans les dix jours au plus tard, à partir de celui où le jugement a été prononcé contradictoirement, et si le jugement est par défaut, dans les dix jours au plus tard après celui de sa signification, outre le délai à raison des distances.

Art. 63.

En matière criminelle, le président de la cour royale d'Alger, les présidents des tribunaux de première instance de Bone, Oran et Philippeville, pourront faire application de l'article 269 du Code d'instruction criminelle.

TITRE IV. — JURIDICTION ADMINISTRATIVE.

ART. 64.

Le conseil d'administration établi près du gouverneur général statue sur les matières contentieuses dont la connaissance lui est attribuée par la législation de l'Algérie.

L'instruction a lieu dans les formes usitées en France devant les conseils de préfecture.

Dans les cas où il y a lieu à visite ou estimation par experts, leur rapport ne vaut, devant le conseil, que comme renseignement.

ART. 65.

Les décisions des conseils d'administration en matière contentieuse, sauf les exceptions prévues par les ordonnances et arrêtés ayant force de loi en Algérie, pourront être déférées au conseil d'état, mais elles seront, dans tous les cas, provisoirement exécutoires.

Néanmoins, en ayant égard aux circonstances, le gouverneur général pourra d'office, ou sur la demande des parties intéressées, suspendre l'exécution jusqu'à décision définitive.

ART. 66.

Dans tous les cas où le gouverneur général peut prononcer seul, ses arrêtés ne donnent ouverture à aucun recours au contentieux, sauf aux intéressés à porter leurs réclamations devant le ministre de la guerre.

ART. 67.

Lorsque l'autorité administrative élève le conflit d'attributions, le conseil, auquel est adjoint un nouveau membre de l'organisation judiciaire, se réunit sous la présidence du gouverneur général, et juge le conflit, sauf appel au conseil d'Etat, s'il y a lieu.

TITRE V. — DISPOSITIONS PARTICULIÈRES.

ART. 68.

Toute citation ou notification faite à un musulman en matière civile ou criminelle, sera accompagnée d'une analyse sommaire en langue arabe, faite et certifiée par un interprète assermenté, le tout à peine contre l'huissier de vingt francs d'amende pour chaque omission, et sans préjudice de la nullité de l'acte, si le juge croit devoir la prononcer.

ART. 69.

Nonobstant toutes dispositions des lois, les nullités des actes d'exploits et de procédures seront facultatives pour le juge, qui pourra, selon les circonstances, les accueillir ou les rejeter.

ART. 70.

Les délais pour les ajournements à comparaître devant les tribunaux de l'Algérie, et pour la notification de tous actes, seront augmentés de trente jours à l'égard des personnes domiciliées en Algérie dans l'arrondissement d'un autre tribunal; de quarante jours à l'égard de celles qui sont domiciliées en France; de soixante jours pour celles qui demeurent dans les états limitrophes de la France ou de l'Algérie.

Les dispositions de l'article 73 du Code de procédure seront exécutées à l'égard de toutes les autres personnes, selon le lieu de leur résidence.

Art. 71.

Seront valables, en ce qui concerne les droits et actions qui auraient pris naissance en Algérie, les citations et notifications faites dans ce pays:

1° Au domicile élu dans les conventions;

2° A la dernière résidence connue de ceux qui possèdent ou ont possédé des immeubles dans le pays, y ont fondé un établissement ou exercé une industrie;

3° Au domicile et en la personne du mandataire général ou spécial de la personne à laquelle la notification est destinée.

A défaut d'élection de domicile, de dernière résidence connue, ou de mandataire constitué, les citations ou notifications seront valablement faites au parquet du procureur général, lequel en fera insérer l'extrait au *Moniteur algérien*.

Art. 72.

Tout jugement portant condamnation au payement d'une somme d'argent, ou à la délivrance de valeurs ou objets mobiliers pourra, lors de sa prononciation, être déclaré exécutoire par la voie de contrainte par corps.

Toutefois cette contrainte prononcée contre les militaires présents en Algérie et en activité sous les drapeaux, ne sera mise à exécution qu'un mois après l'avis donné par la partie poursuivante au chef de l'état-major de la division qui en fournira récépissé.

Art. 73.

Les règlements concernant l'exercice des fonctions ou professions de notaires, défenseurs près les tribunaux, huissiers, commissaires-priseurs et courtiers de commerce, seront arrêtés par le ministre de la guerre.

Les règlements pour le service intérieur et l'ordre des audiences des divers tribunaux ne seront exécutoires qu'après son approbation et sous les modifications qu'il aura prescrites.

Le ministre de la guerre continue de nommer à tous les emplois d'officiers publics et ministériels.

Art. 74.

Les tribunaux de l'Algérie n'auront point de vacations; ils seront toutefois autorisés à suspendre leurs audiences pendant dix jours consécutifs de chacun des mois de juin, juillet, août et septembre.

Art. 75.

L'ordonnance du 18 mai 1841 est rapportée. Toutes autres dispositions des ordonnances, arrêtés ou règlements antérieurs sur l'organisation ou l'administration de la justice, cesseront d'avoir leur effet en ce qu'ils ont de contraire à la présente ordonnance, qui sera exécutoire à dater du 1er janvier 1843.

Art. 76.

Notre ministre secrétaire d'Etat au département de la guerre, président du conseil, et notre garde des sceaux, ministre secrétaire d'Etat de la justice et des cultes, sont chargés, chacun en ce qui le concerne, de prendre toutes les mesures nécessaires pour l'exécution de la présente ordonnance.

II. *Ordonnance qui modifie la précédente.*

Du 30 novembre 1844.

Louis-Philippe, etc.; — Sur le rapport de notre ministre secrétaire d'Etat de la guerre, président du conseil, et de notre garde des sceaux, ministre secrétaire d'Etat au département de la justice et des cultes;

Vu nos ordonnances des 26 septembre 1842 et 1er octobre dernier;

Nous avons ordonné et ordonnons ce qui suit :

ARTICLE PREMIER.

Le ressort de la cour royale d'Alger embrasse tous les territoires compris dans la juridiction des tribunaux de première instance de l'Algérie.

ART. 2.

La cour royale d'Alger se compose : d'un président, d'un vice-président, de douze conseillers, d'un greffier en chef qui a sous ses ordres deux commis greffiers assermentés.

Les fonctions du ministère public près la cour sont remplies par un procureur général, deux avocats généraux et deux substituts du procureur géneral.

ART. 3.

La cour se divise en deux chambres : une chambre civile et une chambre criminelle.

La chambre civile connaît des appels des jugements rendus, en matière civile et commerciale par les tribunaux de première instance et de commerce, et par les tribunaux musulmans. Elle est présidée par le président de la Cour.

La chambre criminelle connaît :

1o De toutes les affaires de la compétence des cours d'assises, directement pour la province d'Alger, et sur appel des jugements rendus par les tribunaux de Bone, de Philippeville et d'Oran, pour les provinces de Constantine et d'Oran ;

2o Des appels en matière correctionnelle ;

3o Directement des crimes et délits prévus par le chapitre 3 du titre 4, livre 2, du Code d'instruction criminelle, dans tous les cas où le jugement en est déféré aux cours royales de France.

Elle connaît, en outre, des appels en matière civile et commerciale qui lui sont renvoyées par le président.

Elle est présidée par le vice-président; toutefois le président de la cour la préside quand il le juge convenable.

ART. 4.

Le tribunal de première instance d'Alger se compose :

D'un président, d'un vice-président, d'un juge d'instruction, de cinq juges, d'un greffier auquel sont adjoints des commis greffiers assermentés, dont le nombre est déterminé par le ministre de la guerre, selon les besoins du service.

Il y a près de ce tribunal un procureur du roi et deux substituts.

ART. 5.

Le tribunal de première instance d'Alger se divise en deux chambres : une chambre civile et une chambre correctionnelle.

La première connaît des affaires civiles; elle est présidée par le président du tribunal.

La seconde connaît des affaires correctionnelles et des appels de simple police, et des affaires civiles qui peuvent lui être renvoyées par le président; elle est présidée par le vice-président; toutefois le président du tribunal la préside quand il le juge convenable.

L'une et l'autre chambre jugent au nombre de trois juges au moins.

Art. 6.

A la fin de chaque année, le ministre de la guerre, après la délibération de la cour et du tribunal de première instance d'Alger, et sur la proposition du procureur général, désigne, par un arrêt spécial, ceux des conseillers et des juges qui devront faire partie, pendant l'année suivante, de chacune des chambres de la cour et du tribunal.

Cette décision subsiste aussi longtemps que l'arrêté de renouvellement n'est pas intervenu. Elle ne fait pas obstacle à ce que les conseillers ou juges attachés à l'une des chambres soient, en cas d'empêchement et de besoin, suppléés par ceux de l'autre chambre.

La première désignation, pour l'année 1845, sera faite d'office par le ministre de la guerre avant le 1er janvier.

Art. 7.

Il est établi un tribunal de première instance à Blidah.

Le ressort de ce tribunal comprend les districts de Blidah, Bouffarick et Koléah.

Sa compétence est la même en matières civile, commerciale, correctionnelle et d'appel de simple police, que celle des tribunaux de Bone, Oran et Philippeville.

Art. 8.

Les tribunaux de Blidah, Bone, Oran et Philippeville se composent chacun :

D'un président, de quatre juges, dont l'un est chargé du service de l'instruction, et d'un greffier qui a sous ses ordres un commis greffier assermenté.

Ils ne peuvent juger qu'au nombre de trois juges au moins.

Il y a, près de chacun de ces tribunaux, un procureur du roi et un substitut du procureur du roi.

Art. 9.

Il est établi une seconde justice de paix à Alger, et une justice de paix à Douéra.

Art. 10.

Les justices de paix d'Alger sont délimitées ainsi qu'il suit :

L'une (canton *nord*) comprend :

1° La partie de la ville située du côté droit de la ligne qui, partant de la porte de la Marine, suit la rue de la Marine, et, traversant la place Royale, suit la rue de la Porte-Neuve et la route de Blidah ;

2° Les communes d'El-Biar, de Dely-Ibrahim, de Cherragas, d'Ouley-Fayet, de Sidi-Ferruch, de la Pointe-Pescade et de la Boudzarréah.

L'autre (canton *sud*) comprend :

1° Toute la partie de la ville en dehors de la porte de la Marine et des limites ci-dessus déterminées ;

2° Les communes de Mustapha, d'Hussein-Dey, de Kouba, de Birmaudreïs, de Birkadem et de Drariah.

Art. 11.

Le service, au tribunal de simple police d'Alger, se fera conformément aux dispositions des art. 142 et 143 du Code d'instruction criminelle.

Art. 12.

La circonscription de la justice de paix de Douéra est la même que celle du district.

Art. 13.

La compétence et les attributions diverses des juges de paix de Blidah et Douéra sont les mêmes que celles des juges de paix de France.

Art. 14.

Les conseillers adjoints et juges adjoints sont supprimés.

Art. 15.

15. Le traitement du vice-président de la cour est du quart en sus de celui de conseiller.

Le traitement des avocats généraux est du sixième en sus de celui de conseiller.

Le traitement des substituts du procureur général est de 4,500 fr.

Art. 16.

Le traitement du vice-président du tribunal de première instance d'Alger est du quart en sus de celui de juge.

Art. 17.

Le traitement des membres du tribunal première instance de Blidah est le même que celui des membres des tribunaux de Bone, Oran et Philippeville.

Art. 18.

Le traitement des juges de paix d'Alger est de 3,000 francs; celui du juge de paix de Douéra, de 2,400 fr.

Art. 19.

L'intégralité de leur traitement est provisoirement conservée aux magistrats remplissant les fonctions qui seraient moins rétribuées d'après la présente ordonnance.

Art. 20.

Notre ministre secrétaire d'État de la guerre, président du conseil, et notre garde des sceaux, ministre secrétaire d'État de la justice, sont chargés, chacun en ce qui le concerne, de l'exécution de la présente ordonnance.

A annoter au mot Colonies.

ART. 184.

—

PURGE.

EXPLOIT. — NOTIFICATION. — ERREUR. — VALIDITÉ.

L'erreur dans la notification d'un contrat n'emporte nullité qu'autant qu'elle est de nature à exercer de l'influence sur l'exercice du droit de surenchère dévolu aux créanciers.

Ainsi est valable la notification dans laquelle les intérêts sont énoncés comme dus en partie à compter du mois d'avril, et pour le surplus à partir du mois d'octobre, tandis qu'ils sont dus à dater du mois de juillet.

FAITS.

Jugement du tribunal de la Seine, motivé en ces termes : — Attendu que l'art. 2183 du Code civ. n'impose pas à l'acquéreur l'obligation de notifier le prix et les charges de la vente, à peine de nullité en cas d'inexactitude dans les énonciations ; que la seule sanction des dispositions de cet article, c'est que l'acquéreur est tenu, envers les créanciers, du prix de toute les charges qu'il leur fait connaître ; — Attendu dès lors que Guetty ne peut soutenir que les notifications faites par Moreau-Chaslon soient nulles, parce qu'elles contiendraient des énonciations inexactes ; —Attendu que si ces notifications ne sont pas nulles, les créanciers, pour surenchérir, devraient, dans les 40 jours qui les ont suivies, remplir les formalités prescrites par l'art. 2185 du Code civ., à peine de nullité ; —Déboute Guetty de sa demande en nullité des notifications ; déclare la surenchère par lui formée nulle et de nul effet.

Appel de la part de Guetty.

ARRÊT.

COUR ROYALE DE PARIS. — 6 MAI 1844.

LA COUR ; — En ce qui touche le chef de nullité résultant de l'inexactitude des énonciations consignées par Moreau-Chaslon dans son acte de notification : — Considérant que la seule différence qui existe entre les mentions de l'acte de notification et le jugement d'adjudication consiste en ce que Moreau-Chaslon a déclaré qu'il devait les intérêts de son prix à compter du jour de son entrée en jouissance, c'est-à-dire, partie à compter du mois d'avril 1843 et partie à compter du mois d'octobre de la même année, au lieu d'énoncer, conformément au jugement d'adjudication, qu'il devait les intérêts à compter du 1er juillet de ladite année ; — Que cette légère différence, qui ne porte que sur les intérêts de six mois, et qui a consisté uniquement à substituer deux termes extrêmes à un terme moyen, n'a pas été de nature à exercer de l'influence sur l'exercice du droit de surenchère de la part des créanciers inscrits, surtout si l'on considère qu'il s'agissait d'un immeuble dont le prix principal était de 181,500 fr. ; — Confirme.

Auteurs. — Pour : Troplong, *Des hypoth.* t. 4, n° 924. Cet auteur déclare valable la notification dans laquelle le prix est énoncé d'une manière inexacte. Si le prix, dit-il, est plus fort que celui stipulé au contrat, l'acquéreur versera la totalité de la somme portée dans la notification ; si ce prix est inférieur, l'acquéreur versera le prix réel, le tout, s'il n'y a pas surenchère, car, s'il y a surenchère, elle portera l'immeuble à son véritable prix, et les créanciers n'auront pas à se plaindre. — Conf. Delv. 3, p. 364, note 4 ; Dalloz, *Hypoth.*, p. 372, n° 25 ; A. Dallon, n° 108 ; Rolland de Vill., 2e édit., v°. notif. de contr., n° 33. — Contre : Persil, art. 2183, n° 8 ; Grenier, t. 2, p. 309 et 310.

Jurisprudence. — Contre. Turin, 9 mars 1811.

A annoter au mot Purge, n° 19.

———

ART. 185.

—

PURGE.

EXTRAIT DU TITRE. — TABLEAU. — CONCURRENCE. — AVOUÉS.
— HUISSIERS. — OBSERVATIONS.

Les huissiers ont-ils, A L'EXCLUSION DES AVOUÉS OU CONCUR-
REMMENT AVEC EUX, *le droit de composer l'extrait du titre et le
tableau à notifier aux créanciers inscrits, pour la purge des hypothèques?*

JUGEMENT.

TRIBUNAL DE TOURS. — 4 JUILLET 1844.

LE TRIBUNAL; — Attendu que le droit exclusif que la loi de ventôse
an VIII, art. 94, accorde aux avoués, est celui de postuler et de prendre des
conclusions dans le tribunal près lequel il sont établis, en laissant toutefois
aux parties la faculté de se défendre elles-mêmes verbalement et par écrit,
ou de faire proposer leurs défenses par qui elles jugent à propos;

Que du texte et de l'esprit de cette disposition, il résulte que les fonctions
et le ministère des avoués se circonscrivent dans les actes qui s'adressent immédiatement à la juridiction du magistrat, et qui ont pour but de placer
sous les yeux d'un juge dont on sollicite la décision, les demandes, les prétentions et la défense des parties;

Que dès lors les avoués n'ont aucun caractère relativement aux actes extrajudiciaires; qu'ils y demeurent étrangers, si ce n'est toutefois en ce qui
concerne la certification des copies signifiées en tête de ceux de ces actes qui
se rattachent à une instance, ou pour lesquels la loi leur donne une attribution spéciale;

Que ces principes sont consacrés par une jurisprudence constante; qu'il
ne s'agit donc plus d'examiner quel est le caractère des contrats prescrits par
l'art. 2183, Cod. civ., et de l'exploit qui en contient la notification;

Attendu que ni la composition de l'extrait, ni l'extrait lui-même en original, ne constituent un acte qui rentre dans les attributions de l'avoué, puisque cet extrait, destiné à rester aux mains de celui qui l'a dressé, ne contient l'énoncé d'aucune demande, d'aucun système de défense sur lequel le
juge ait à statuer, et ne tend pas à l'instruction d'une affaire soumise à sa
juridiction; que cet extrait n'acquiert d'existence et d'authenticité que par
la notification qui en est faite;

Attendu que l'acte qui constitue cette notification est un acte extrajudiciaire appartenant exclusivement au ministère des huissiers, qui dès lors ont
incontestablement le droit d'authentiquer par leurs signatures les copies
d'extraits à donner en tête de cette notification;

Que si l'on admet que les avoués et les huissiers ont concurrence pour la
copie des extraits, il faut admettre aussi que la même concurrence existe à
l'égard de la composition des extraits;

Qu'en effet, la copie signifiée, bien qu'assimilée par la taxe (art. 143 du
tarif) aux simples copies de pièces, est en réalité la copie d'un acte inhérent
à la procédure, et qu'on ne saurait concevoir qu'à deux officiers différents ap-
partint ce qui concerne l'extrait à notifier, c'est-à-dire à l'un le droit exclusif de rédiger l'original, à tous deux le droit par concurrence de certifier la
copie;

— 65 —

Qu'ainsi, ni par la composition même de l'extrait dont l'original ne constitue aucun acte judiciaire ou extrajudiciaire, ni par la notification de cet extrait copié en tête de la notification, il ne peut y avoir empiétement sur les attributions des avoués ;

Qu'on ne saurait argumenter sérieusement dans un sens contraire de l'art. 832, Cod. proc., qui veut que l'exploit de notification contienne constitution d'avoué ; que cette formalité, qui se combine avec celles prescrites par la surenchère, n'enlève pas plus à l'exploit de notification son caractère d'acte extrajudiciaire que la constitution prescrite par l'art. 61, ne l'enlève à l'exploit d'ajournement ; que cette formalité, d'ailleurs, ne saurait rétroagir en aucune manière sur la composition même de l'extrait, ni faire que cet extrait constitue un acte de postulation ;

Qu'on objecte aussi dans l'intérêt des avoués, que l'art. 143 du décret de 1807, qui détermine un droit de composition de l'extrait, est placé au titre 2, chap. 2, § 12, sous la rubrique *des Avoués de première instance ;* qu'à cet égard, il faut remarquer que sous la même rubrique, chap. 2, § 6, figurent des droits étrangers aux avoués, pour la plaidoirie des avocats (art. 80 et 82); que même au § 12, intitulé : *Actes particuliers,* et sous lequel est placé l'art. 143 invoqué, figurent (art. 140) la taxe de la consultation des trois avocats en matière de requête civile, et la fixation des frais de voyage des parties (art. 146); qu'en admettant, d'ailleurs, que l'intention du tarif ait été d'attribuer exclusivement ce droit aux avoués, il aurait outre-passé sa mission, qui n'était point d'étendre ou de restreindre les attributions des officiers ministériels, mais seulement de fixer les droits sur chacun des actes prescrits par les lois de la procédure ; qu'au surplus un certain nombre des dispositions du tarif allouent des droits aux avoués considérés comme simples mandataires ; que notamment l'art. 92 établit en faveur des avoués un droit pour les vacations aux rapports d'experts; mais il ajoute: « *s'ils en sont expressément requis par leurs parties, pour ne les répéter que contre elles, et sans qu'elles puissent entrer en taxe ;* » que le même article détermine aussi le droit pour les vacations des avoués au partage, soit devant le juge-commissaire, soit devant le notaire; mais il ajoute encore : « les vacations devant le notaire n'entreront point en frais de partage; elles ne pourront être répétées que contre la partie qui aura requis l'assistance de l'avoué; »

Qu'on objecte encore que l'importance de l'acte dont dont il s'agit a dû faire confier sa rédaction à une classe d'officiers ministériels dont la loi exige plus de garanties; mais que la seule garantie que l'art. 832, Cod. proc., ait entendu donner aux parties, est celle de la commission d'un huissier nommé par le président du tribunal, c'est-à-dire d'un officier ministériel plus spécialement investi de la confiance du magistrat; qu'on pourrait même conclure du texte précité, que l'intention du législateur a été de confier exclusivement aux huissiers la rédaction et la notification des extraits, puisque cet article dispose que les notifications prescrites par l'art. 2183, Cod. civ., seront faites par un huissier commis, et qu'il serait difficile de penser qu'en parlant de ces notifications, la loi n'a voulu désigner que l'exploit même de notification ;

Que d'après les principes posés, le fait reproché à G... ne saurait constituer la postulation, laquelle ne peut consister que dans l'usurpation habituelle des fonctions d'avoué et qui ne peut se concevoir sans l'assistance et la complicité d'un avoué.

Attendu qu'aucune contestation n'est élevée sur l'intervention du syndic de la Chambre des Huissiers;

Par ces motifs, le tribunal reçoit l'intervention du syndic de la Chambre des Huissiers, et faisant droit, déclare le syndic des avoués mal fondé dans sa demande.

5

OBSERVATIONS.

La décision que nous venons de transcrire est des plus importantes ; elle accorde, en effet, aux huissiers, le droit, concurremment avec les avoués, de composer l'extrait du titre et le tableau à notifier aux créanciers inscrits dans le cas de l'art. 2183 du Code civil, pour la purge des hypothèques. — Il résultera de cette jurisprudence, si elle se maintient comme nous avons tout lieu de le croire, 1° que lorsqu'un huissier sera chargé de faire des notifications, il n'aura plus à s'adresser à l'avoué que pour la présentation de la requête au président, afin de se faire commettre ou l'un de ses confrères ; 2° qu'il profitera exclusivement des droits alloués par le tarif pour la composition de l'extrait du titre et du tableau des inscriptions ; 3° enfin qu'il n'aura plus à craindre que l'avoué s'empare, à son préjudice, de copies de pièces, dont les droits s'élèvent très-souvent à une somme considérable. — En outre, le jugement du tribunal de Tours ne prouve-t-il pas *aux huissiers* qu'il suffit de réclamer les droits que la loi leur accorde pour qu'on les leur reconnaisse authentiquement et publiquement, — et *aux avoués* qu'il est de leur intérêt de se renfermer désormais dans leurs attributions, s'ils ne veulent s'exposer aux justes réclamations des huissiers et aux frais qui en sont la conséquence.

Jusqu'à présent les auteurs qui ont eu l'occasion d'écrire sur la purge des hypothèques, n'ont point examiné d'une manière spéciale la question résolue par le jugement du 4 juillet 1844. Tous, en effet,—ou se sont bornés à rapprocher de l'art. 2183 du Code civil, l'art. 143 du tarif de 1807, pour attribuer aux avoués le droit de composer l'extrait du titre et le tableau des inscriptions, sans s'expliquer sur l'exclusion ou la compétence des huissiers à cet égard, — ou se sont contentés de dire que les notifications devaient être faites par un huissier commis. Parmi ces derniers est Troplong, art. 2183, t. 4, p. 116. Ce qu'il dit à ce sujet sous le n° 918, intitulé au sommaire : *De l'officier ministériel chargé de faire les notifications*, est remarquable en ce sens que traçant la forme des notifications, il ne parle pas du ministère des avoués, et n'indique au contraire que l'huissier comme étant le seul officier désigné par la loi pour rédiger cet acte. « La marche à suivre pour cette notification, dit-il, est tracée par l'art. 832 du Code de procédure civile ; elle doit être faite *par un huissier commis*, à cet effet, sur simple requête par le président du tribunal de 1re instance de l'arrondissement où cette notification a lieu ; elle doit contenir constitution d'avoué. — La loi a voulu s'assurer que les notifications seraient exactement faites aux créanciers. Voilà pourquoi elle a exigé qu'il y eût un huissier commis pour cette opération. »

Et remarquez que par *notification*, Troplong entend non-seulement l'exploit en lui-même, mais encore la composition de l'extrait du titre et du tableau des inscriptions, puisque, après avoir dit n° 917, « les notifications prescrites par notre art. 2183 sont les suivantes : 1° Extrait du titre ; 2° extrait de la transcription ; 3° tableau des inscriptions, » il ajoute, n° 918, qu'elles doivent être faites par un huissier. Il est évident qu'un esprit aussi élevé, aussi clairvoyant que l'est celui de M. Troplong, n'aurait pas manqué d'indiquer le ministère de l'avoué, si dans sa pensée il eût été nécessaire. D'où cette conclusion, que selon cet auteur le seul fonctionnaire indiqué par la loi, c'est l'huissier, l'avoué ne pouvant argumenter que de l'art. 143 du règlement de 1807, sur la taxe des frais, pour motiver le droit qu'il réclame.

La Cour royale de Nancy, saisie de la question qui nous occupe, paraît l'avoir décidée par le dispositif de son arrêt du 3 juillet 1834, dans le sens de la concurrence ; dispositif, il est vrai, qui ne semble pas d'accord avec les motifs, lesquels inclineraient faiblement vers le droit exclusif des avoués. Il s'agissait, du reste, plutôt d'émoluments que de compétence, et la décision s'appuie davantage sur les faits que sur le point du droit. — Voici, au surplus, dans quelles circonstances elle a été rendue :

M. Claude, avoué à Toul, reçut d'un sieur Petitgrand le pouvoir de notifier un contrat d'acquisition, et dressa, en conséquence, l'extrait du contrat et le tableau des inscriptions, puis présenta requête au président, qui nomma M. Dieu, huissier, pour faire les notifications.

Ce fonctionnaire reçut, sans élever d'abord aucune réclamation, l'original et les copies certifiés par l'avoué ; mais il changea bientôt d'avis, prétendit que l'extrait, le tableau et les copies devaient être faits par lui ; recomposa, en l'absence des titres originaux, de nouveaux extrait et tableau, et fit d'autres copies qu'il notifia aux créanciers. Il réclama ensuite de M. Claude, l'émolument fixé par l'art. 123 du tarif.

Ce dernier lui fit des offres réelles dans le montant desquelles n'était pas compris l'émolument litigieux. Refus. Jugement du tribunal de Toul, saisi de la demande en validité, qui décide, en droit, qu'il rentre *exclusivement* dans les attributions des huissiers, de dresser les actes relatifs aux notifications à faire aux créanciers inscrits, et en fait, que l'huissier Dieu avait été le premier chargé par l'acquéreur de faire la notification dont s'agit, et qui, par suite, prononce la nullité des offres, et condamne M. Claude à payer à M. Dieu les sommes réclamées.

Appel et arrêt ainsi conçu :

LA COUR ; — Considérant que l'art. 143 du tarif de la taxe des dépens, placé au titre *des avoués*, attribue un émolument à l'avoué pour la confection de l'extrait de la vente qui doit être dénoncé au créanciers inscrits par l'acquéreur ; qu'il alloue également une taxe pour chaque inscription extraite ; — Qu'il ressort évidemment de cet art. 143 que l'avoué est investi du droit de dresser les originaux de ces actes, puisqu'il est appelé à toucher la rétribution qui en est le prix ; — Qu'on oppose en vain que l'art. dont s'agit ne parle pas des avoués, et qu'il est d'autant plus difficile de le leur appliquer que l'on voit dans l'art. 140, placé sous le même paragraphe, une disposition qui n'est relative qu'aux avocats.

Considérant que si l'art. 140 sortant momentanément de la matière indiquée par la rubrique du titre, a eu en vue des droits qui ne sont pas attribués aux avoués, c'est là une exception clairement indiquée par les termes mêmes de l'art. 140, mais qu'on ne saurait s'emparer de ce texte pour jeter du doute sur la portée de l'art. 143 ; car en effet, dans les art. 141 et 142, le législateur se hâte de rentrer dans son sujet principal, qui est la taxe des émoluments dus à l'avoué de première instance, et l'art. 143, qui vient immédiatement après, se lie à cette matière, soit par la place qu'il occupe par rapport aux art. 141 et 142, soit parce qu'il est gouverné par la rubrique du titre 2 ;

Considérant que ceci étant admis, le droit imposé à l'avoué de dresser l'original de l'extrait du contrat de vente afin de purger et le tableau des inscriptions, a pour conséquence manifeste le droit, *sinon exclusif, du moins par concurrence*, d'en faire les copies qui doivent être remises aux créanciers inscrits ; que cette vérité devient encore plus évidente si l'on se réfère aux art. 28, 29 et 72 du tarif, d'après lesquels le droit de copie de toute espèce de pièces et jugements appartient à l'avoué, quand les copies ont été faites par lui, à la condition qu'il sera tenu de les certifier et sera garant de leur exactitude ;

Considérant que pour ébranler cette conclusion, on essaye en vain de s'appuyer sur une distinction d'après laquelle le droit de copie n'appartiendrait à l'avoué que pour les actes qui se rattachent à une instance naissante ou engagée et lui serait refusé lorsque l'instance est terminée ou qu'il ne s'agit que d'actes extrajudiciaires ;

Considérant que la procédure en purgement ne peut être entamée et suivie que par un avoué qui en est le directeur et le surveillant responsable ; — Que la nécessité de la présence de l'avoué commence au moment où la requête est présentée au président pour commettre un huissier afin de faire les notifications et réquisitions prescrites par les art. 2183 et 2185 du Code civ. ; que d'après l'art. 143 du tarif elle se continue par la rédaction de l'extrait du contrat de vente et du tableau des inscriptions, actes d'une haute importance qui exigent une intelligence spéciale du régime hypothécaire ; — Qu'elle persiste enfin dans la notification de l'extrait du contrat de vente aux créanciers inscrits, laquelle doit contenir constitution d'avoué ; — Qu'ainsi le ministère de l'avoué est toujours ordonné expressément ou implicitement supposé par la loi ; que de cette position, suffisamment expliquée par la nécessité de donner à la partie un représentant et un conseil éclairé, dérive cette conséquence que l'avoué a droit de présider à la confection de tous les actes qui rentrent dans ses fonctions habituelles et de faire toutes copies nécessaires pour faire marcher la procédure tout aussi bien que s'il y avait une instance liée devant le tribunal ;

Considérant en fait... (ici l'arrêt entre dans de longs développements, établissant que c'est l'avoué, dépositaire des titres, qui a composé l'extrait et le tableau ; que c'est lui qui a payé au conservateur le certificat des inscriptions, qui a fait les copies et les a remises à l'huissier, lequel s'est permis de faire disparaître l'original et les copies, et de certifier par sa signature que les extraits par lui substitués aux premiers, étaient pris sur des actes qu'il n'avait pas sous les yeux, etc.)

Émendant, — dit que l'extrait du contrat, la composition du tableau, les extraits des inscriptions et les copies de ces pièces, appartiennent à l'avoué Claude *dont ils sont l'œuvre.*

N'est-on pas étonné de l'incertitude qui règne dans cet arrêt et de la contradiction qui existe entre quelques-uns des moyens de droit sur lesquels sa conclusion est basée? En effet, — après avoir reconnu, d'une manière assez timide, du reste, que les avoués avaient le droit *sinon exclusif, du moins par concurrence,* de composer l'extrait et le tableau des inscriptions,—accordant ainsi nécessairement un droit de concurrence au moins égal aux huissiers, — la Cour, quelques lignes plus loin, établit que la procédure en purgement ne peut être entamée et suivie que par un avoué, que son importance exige une intelligence spéciale du régime hypothécaire, et qu'il y avait eu nécessité de donner à la partie un représentant et un conseil éclairé, et par là, reconnaît tacitement que la purge ne peut être opérée que par un avoué ; — puis enfin, invoquant les faits de la cause, qui incontestablement étaient en faveur de l'avoué, la Cour termine par accorder gain de cause à celui-ci, et à lui allouer les honoraires des actes, *parce qu'ils sont son œuvre,* donnant une seconde fois raison au droit de concurrence et laissant sous-entendre que si l'huissier eût été le premier chargé de la procédure, s'il eût préparé les actes, il aurait eu droit aux honoraires contestés. — Que conclure de là ? que la Cour, dominée par les faits, a voulu les faire prévaloir, et que son arrêt peut être invoqué plutôt en faveur que contre les huissiers réclamant le droit de concurrence.

Parmi les motifs dont la Cour a étayé sa décision, il en est dont l'arbitraire est incontestable, et dont on rechercherait vainement la source dans une disposition législative ou réglementaire quelconque. Par exemple, dans quel texte la prépondérance des avoués sur les huissiers, la tutelle des premiers sur les derniers, est-elle établie? Où l'avoué est-il proclamé comme intelligence spéciale et supérieure, comme officier principal, et l'huissier comme intelligence inférieure, comme satellite? Où la présidence de l'avoué relativement à la confection des actes judiciaires ou extra-judiciaires, est-elle reconnue? — Nulle part assurément. L'huissier et l'avoué, nous l'avons déjà dit (*V. art.* 164, § 2 *de ce Journal*), et nous ne cesserons de le répéter, sont deux fonctionnaires *absolument indépendants l'un de l'autre.* Si, à raison de certains actes, leurs droits se sont rencontrés, heurtés sur le même terrain, la jurisprudence les a interprétés de telle sorte que le champ est resté tout entier exclusivement aux uns ou aux autres, ou bien qu'il a été partagé en deux parties égales par l'admission de la concurrence; mais jamais, dans aucune loi ni à aucune époque, il n'a été accordé aux avoués des droits de surveillance, de prééminence sur les huissiers.

Voyons maintenant quels sont les vrais principes qui régissent la matière.

La forme des notifications est réglée par les art. 2183, 2184, et 2192 du Code civil. Ces articles, qui ne désignent aucun fonctionnaire, exigent, de la part du nouveau propriétaire qui veut se garantir des poursuites des créanciers inscrits, *qu'il notifie à ceux-ci* : 1° L'extrait du titre d'acquisition; 2° l'extrait de la transcription de l'acte de vente; 3° un tableau des inscriptions; 4° déclaration que l'acquéreur est prêt à acquitter son prix; 5° enfin ventilation de ce prix s'il s'applique à plusieurs pièces de terre grevées d'inscriptions différentes. — On remarquera que le mot *notifier* dont se sert la loi, indique un acte d'huissier dont elle trace la teneur; que l'intervention d'aucun autre fonctionnaire n'est requise, ni par conséquent permise; que dès lors la rédaction de l'acte est entièrement et complétement abandonnée à l'huissier, reconnu apte à composer les extraits et le tableau des inscriptions à notifier. — Au surplus que l'on se reporte à l'époque qui a existé entre la promulgation du code et celle du tarif (29 mars 1804 au 16 février 1807, près de trois ans), et que l'on se demande quel a été, pendant ce laps de temps, le seul officier compétent, désigné par la loi pour faire la notification? La réponse ne peut être douteuse, car alors aucune disposition ne venait, même par voie d'induction, à l'appui des prétentions des avoués, lesquelles ne peuvent remonter tout au plus qu'au tarif du 16 février 1807.

Nous disons donc que la seule disposition de l'art. 2183 du Code civil suffirait à elle seule pour accorder aux huissiers le droit exclusif de faire les notifications qu'elle prescrit. Est-il intervenu une loi modificative? Non, au contraire : l'art. 832 du Code de procédure, confirmant l'usage qui probablement s'était établi, après la promulgation du Code, de confier la procédure en matière de purge aux huissiers, dispose que « *les notifications et réquisitions prescrites par les art. 2183 et 2185 du Code civil, seront faites par un huissier commis à cet effet.* » Est-il rien de plus positif? En présence de textes aussi clairs, comprend-on la prétention des avoués au droit exclusif de notifier? Dieu, dit l'Écriture sainte, aveugle les méchants; il faut bien que ce soit vrai, car autrement comment se rendre compte de la persistance des avoués à dépouiller les huissiers en toute circonstance, et particulièrement dans l'hypothèse présente où les droits de ceux-ci sont si nettement reconnus, si hautement proclamés? A la fin les plus patients, les plus indolents se lassent et réclament avec énergie les droits qui leur sont légitimement accordés. Qu'il en soit donc ainsi des huissiers!

Nous revenons sur les expressions si formelles de l'art. 832 du Code de procédure : *les notifications prescrites par l'art. 2183 du Code civil*. Remarquez que par ces mots le législateur désigne tout à la fois, et les pièces à notifier, et l'exploit de notification lui-même, mais plus particulièrement celles-là, c'est-à-dire l'extrait du titre, l'extrait de la transcription, et le tableau des inscriptions, car l'art. 2183 ne parle que de ces trois choses. D'où cette conséquence, on ne peut plus logique, que l'art. 832 a consacré de nouveau le droit déjà alloué à l'huissier, par l'art. 2183 du Code civil, de composer ces extraits et tableau, comme il compose les extraits des titres qu'il signifie dans le cas où la copie entière serait inutile et frustratoire. — Quant à l'exploit, sa forme en tant qu'exploit de notification pour purger, est réglée non-seulement par l'art. 2183, qui indique les pièces dont il doit être remis copie, mais encore par les art. 2184 et 2192, qui prescrivent des énonciations dont l'omission entraînerait la nullité de l'acte. Nous avons raisonné ici, on le voit, dans l'hypothèse où suivant l'usage généralement admis, quoique non prescrit par le Code, la notification est divisée en deux parties, comprenant l'une les extraits et le tableau prescrits par l'art. 2183 (c'est de cette partie que les avoués se sont emparés; ils la rédigent à part et elle forme ainsi une sorte d'original que l'huissier n'a plus qu'à copier); l'autre, l'exploit de signification de cette première partie aux créanciers, et démontré que, dans cette hypothèse même, la plus défavorable aux huissiers, ces fonctionnaires ont le droit de rédiger et certifier, non-seulement la seconde, mais encore la première partie.

Mais si cette manière de procéder qui n'a été introduite par les avoués que dans le but de fortifier leur usurpation, et de lui donner la consécration qu'imprime un usage même abusif, n'est pas sacramentelle; si les deux parties peuvent, sans inconvénient, sans nullité, être réunies en une seule et former l'original de l'exploit, les droits des huissiers deviendront alors incontestables, car il n'entrera dans l'idée de qui que ce soit d'exiger l'intervention de l'avoué par la validité d'un acte d'huissier. — Or, il suffit de lire le texte des articles que nous avons cités pour être convaincu que l'intention du législateur a été qu'il y eût plutôt un seul acte d'huissier, que deux actes de deux fonctionnaires différents. Il est plus rationnel, en effet, d'accomplir en un seul acte des formalités que la loi a liées entre elles, et que d'ailleurs il n'est pas naturel de diviser en originaux, puisque en copies elles doivent être réunies et former un seul tout, pour être valables.

Ce n'était donc pas sans quelque apparence de raison qu'un jugement du tribunal des Andelys avait annulé, le 23 octobre 1815, un notification parce que le tableau des inscriptions n'avait pas été inséré dans l'original de l'exploit de notification. La Cour de Rouen, il est vrai, a infirmé cette décision, le 20 décembre suivant, par la raison que l'art. 2183 n'exige pas que l'original de notification contienne copie de ce tableau, et le pourvoi dirigé contre cet arrêt a été rejeté, par le même motif, par arrêt de la Cour de cassation du 28 mai 1817. — Faisons observer que la Cour n'a pas approuvé explicitement la manière de procéder actuellement en usage, mais qu'elle s'est bornée à ne pas admettre une nullité que la loi ne prononçait pas. Il résulte donc de là, non pas qu'on ne peut faire qu'un seul original, mais qu'en en faisant deux, s'il peut y avoir irrégularité, il n'y a pas nullité.

Pour soutenir leurs prétentions les avoués argumentent :

1° De l'art. 832 du Code de procédure civile, qui exige que l'exploit de notification contienne constitution d'avoué, ce qui, suivant eux, donne à cet acte le caractère d'*acte judiciaire*. C'est une erreur : l'exploit de notification n'étant point un acte qui appelle la décision du juge, ne peut être considérée que comme un acte extra-judiciaire, que comme une simple sommation aux créanciers hypothécaires, de former une surenchère. La constitution d'avoué exigée dans la prévision d'une surenchère et uniquement dans le but d'indiquer l'avoué auquel la réquisition devra être signifiée, ne peut donner à la notification le caractère d'acte introductif d'instance, caractère qui n'appartient qu'à l'acte de réquisition, puisque sans lui il n'y aurait pas d'instance ; puisque isolées, les notifications ne peuvent donner lieu à aucune décision judiciaire, ni par conséquent à l'exercice des fonctions d'avoué, — mais admettez que la notification soit un acte introductif d'instance, qu'en conclurait-on ? est-ce que les huissiers n'ont pas le droit de signifier les ajournements et de certifier les copies de pièces qui se trouvent en tête ? quelle que soit donc la qualification qu'on donne aux notifications, il n'y en a pas qui puisse, par les conséquences qu'on voudrait en tirer, exclure les huissiers du droit de préparer et de signifier cet exploit.

2° De la place qu'occupe dans le tarif de 1807, l'art. 143 du tarif, contenant la taxe de l'extrait de la vente et du tableau des inscriptions, car c'est en effet de la place de l'article plutôt que de l'article lui-même que les avoués tirent leurs inductions. L'article 143, disent-ils, se trouvant placé sous la rubrique : *tit. 2, des avoués de première instance, chapitre 2, matière ordinaire, § 13, actes particuliers*, et accordant aux avoués et à eux seuls, à l'exclusion des huissiers, les honoraires attachés à la composition de l'extrait et du tableau, leur attribue par une conséquence nécessaire le droit exclusif de rédiger et certifier ces actes.

Ce raisonnement est inadmissible par les raisons suivantes :

Premièrement. Le tarif du 16 février 1807 n'est point un document destiné à déterminer la compétence respective des avoués et des huissiers, ni par conséquent à fixer les attributions réciproques de ces fonctionnaires ; il n'a eu d'autre but que de régler les honoraires de chacun des actes prescrits par le Code de procédure, sans toucher aux droits inhérents aux fonctions d'avoués ou d'huissiers. Il suit de ce principe, incontestablement vrai, reconnu d'ailleurs de la manière la plus expresse par la Cour de cassation le 19 janvier 1836, que le tarif de 1807 ne peut être invoqué comme un règlement d'attributions et que dès lors l'argumentation des avoués pêche par sa base.

Deuxièmement. Le tarif de 1807, publié en exécution de l'art. 1042 du Code de procédure civile, émané du pouvoir exécutif, n'a pu modifier ni porter atteinte aux dispositions de l'art. 2183 du Code civil, ni de l'art. 832 du Code de procédure, qui attribuent aux huissiers, comme nous l'avons prouvé, le droit de composer l'extrait de l'acte et le tableau des inscriptions. Or, en admettant même, pour un instant, que le tarif ait attribué aux avoués le droit exclusif de certifier ces extraits et tableau, il n'a pu le faire qu'illégalement. Sa disposition à cet égard serait sans force et ne pourrait servir de point d'appui aux prétentions des avoués.

Troisièmement. En supposant que l'extrait de l'acte de vente et le tableau des inscriptions doivent être séparés de l'exploit et former un titre à part, il est impossible de ne pas les considérer comme un accessoire de l'exploit. Or, à moins d'une exception formelle, l'accessoire suit le sort du principal, et par une conséquence de ce principe le droit de faire et d'authentiquer par sa signature l'accessoire appartient naturellement à l'officier auquel la loi attache le pouvoir exclusif de faire le principal. Aucune exception de ce genre n'existe en faveur des avoués, aucune disposition, pas même l'art. 143 du tarif, ne leur attribue le droit de composer l'extrait de l'acte et le tableau des inscriptions. Ces pièces, au surplus, ne se rattachent point à un acte introductif d'instance, le droit de les certifier n'a pas son principe dans le droit de postulation accordé aux avoués : ceux-ci n'ont même aucun titre pour réclamer les copies de pièces précédant l'exploit de notification, car dans cette circonstance ils ne peuvent réclamer le bénéfice de l'art. 72 du tarif, dont l'application est restreinte aux copies de pièces signifiées à l'occasion de demandes ou défenses devant le tribunal. — V. Cass. 19 janvier 1836.

tant, réuni aux causes de la saisie, s'élevait à 742 fr. La vente n'en atteignit pas moins le chiffre de 3,174 fr. 99 c., lorsqu'elle fut interrompue par la mise en faillite du sieur Bligni et l'apposition des scellés par le juge de paix sur le restant des objets à vendre.

Le ministère public croyant la vente frauduleuse, poursuivit correctionnellement Bligni, Cerisier et le commissaire-priseur pour contravention à la loi du 25 juin 1841.

14 février 1844, jugement du tribunal correctionnel de Rennes, qui condamne ces derniers solidairement à 300 fr. d'amende ainsi qu'aux dommages-intérêts envers la partie civile, d'après la fixation qui en serait faite par expert. Le principal motif de cette condamnation est fondé sur ce que « il résulte de l'instruction, des débats et des faits, qu'il y avait eu collusion entre Bligni, Cerisier et Sauvé, pour déguiser sous les apparences d'une vente forcée une vente volontaire de marchandises qui étaient le gage de ses créanciers.

Sur l'appel des sieurs Cerisier et Sauvé, intervint, le 3 avril 1844, l'arrêt confirmatif suivant de la cour de Rennes :

« Considérant qu'il est constant que Cerisier s'est entendu avec Bligni pour faire apposer sur les meubles et marchandises neuves de ce dernier une saisie-exécution à l'effet de parvenir à faire vendre, en contravention de la loi du 25 juin 1841, les marchandises susdites aux enchères, à cri public et prix proclamé; que c'est sur la réquisition du même sieur Cerisier et avec son assistance que la vente a eu lieu; qu'il s'est ainsi constitué co-vendeur de ces marchandises avec son beau-frère Bligni; que c'est donc avec raison que les premiers juges l'ont condamné à l'amende portée par l'art. 7 de la loi précitée; — Considérant qu'il n'est pas prouvé que Sauvé ait su que la saisie apposée à la requête de Cerisier sur les meubles et marchandises de Bligni n'avait eu lieu que par suite d'une collusion frauduleuse entre ces deux individus; — Mais considérant que, d'après l'art. 3 de la loi du 25 juin 1841, les ventes publiques et en détail de marchandises neuves qui ont lieu par autorité de justice, doivent être faites dans les formes prescrites, et que toute contravention à cette disposition est punie d'amende par l'art. 7 de la même loi; qu'il est constant en fait que la vente des marchandises neuves qui a eu lieu aux enchères et par le ministère dudit Sauvé, a été faite sans observer le *délai* prescrit par l'art. 613, C. de procéd., *hors des lieux*, *à des jours autres* que ceux déterminés par l'art 617 du même Code, et sans en avoir obtenu l'autorisation du tribunal compétent; que la vente a donc eu lieu sans que les formalités prescrites aient été accomplies; que *Sauvé n'a pu l'ignorer;* que la circonstance même que le procès-verbal de saisie porte dispense des formalités voulues par la loi, prouve que Sauvé a su que ces formalités n'ont pas été remplies, puisque ce procès-verbal lui fut remis ; — Que c'est donc sciemment qu'il a contrevenu à la loi ;

» Considérant que ce prévenu ne pouvait d'ailleurs regarder la vente comme forcée, qu'à l'effet d'obtenir somme suffisante pour le payement des créanciers du saisissant et des créanciers opposants, laquelle ne s'élevait pas à 700 fr. en y comprenant même le montant des contributions dues par la partie saisie ; qu'il n'eût donc dû vendre que jusqu'à concurrence de cette somme et des frais, aux termes de l'art. 622, C. de procéd. ; que cependant il a continué cette vente aux enchères et en détail de marchandises neuves jusqu'à ce qu'elles aient atteint le chiffre de 3,175 fr. ; qu'il se disposait même à procéder à la vente des marchandises qui restaient encore et qui étaient d'une valeur fort considérable ; que déjà il les avait mises lui-même en coupons pour les vendre en détail, lorsqu'il en fut empêché par l'intervention du juge de paix qui lui présenta la lettre du greffier du tribunal de commerce, qui lui annonçait la mise en faillite de Bligni ; qu'il ne pouvait être douteux en cet état qu'il procédait à une vente volontaire pour tout ce qui excédait les bornes déterminées par l'art. 622 ci-dessus cité ; qu'il a donc encouru sous ces divers rapports l'amende portée par l'art. 7 de la loi de 1841 ;

» Considérant que les deux appelants ont, en agissant comme ils l'ont fait, causé un préjudice aux créanciers de la faillite Bligni ; — Que c'est avec raison que les premiers juges ont ordonné une expertise avant de procéder à la fixation des dommages-intérêts réclamés et qu'il y a lieu ainsi de confirmer le jugement dont est appel. »

Pourvoi du sieur Sauvé, pour excès de pouvoir, violation et fausse application des art. 1, 2, 7 et 8 de la loi du 25 juin 1841, ainsi que des art. 613, 617 et 622, C. de procéd.

ARRÊT.

COUR DE CASSATION. — 3 AOUT 1844.

LA COUR ; — Vu les art. 1, 2, 3, 7, 8 de la loi du 25 juin 1841 ; — Attendu que l'arrêt attaqué constate que le montant des sommes réunies dues au saisissant et aux opposants n'était que de 700 fr., en y comprenant les contributions dues par la partie saisie : et que néanmoins, le sieur Sauvé, commissaire-priseur, a vendu aux enchères et en détail, des marchandises neuves, jusqu'à concurrence de 3,175 fr. ;

Attendu que l'arrêt attaqué n'a dès lors violé aucune loi en décidant que pour la partie de cette somme qui excède les 700 fr. ci-dessus spécifiés, Sauvé n'avait pu considérer la vente dont s'agit comme comprise dans l'exception portée par l'art. 2 de la loi précitée pour les ventes faites par autorité de justice ; d'où il suivrait que la vente dont s'agit était, pour la plus grande partie des marchandises qui en ont été l'objet, frappée par l'interdiction prononcée par l'art. 1er de ladite loi ; — Attendu qu'il importe peu

que Sauvé ait arrêté la vente aussitôt qu'il a eu connaissance de la mise en faillite de Bligny, partie saisie; que cette suspension de la vente ne saurait altérer le caractère des faits antérieurs; — Attendu que le défaut de réclamation de la part de la partie saisie, que sa réquisition consignée au procès-verbal de saisie, et tendante à ce que la totalité des objets saisis fût vendue sans aucune exception ni réserve, ainsi que la réquisition du sieur Cerisier saisissant, consignée au procès-verbal de vente, et tendante également à la vente intégrale des objets saisis, n'ont pu légitimer la vente aux enchères pour tout ce qui excédait la somme nécessaire pour couvrir le saisissant et les opposants de leurs créances respectives; — Attendu que le but de la loi du 25 juin 1841 est d'interdire, dans des vues d'ordre public, un mode de vente des marchandises neuves; et que le consentement, la réquisition, et l'intérêt du propriétaire de ces marchandises ne peuvent motiver une dérogation à une prohibition dictée par l'intérêt général;

Attendu que la volonté du propriétaire des marchandises et de son créancier saisissant ne pourrait que constituer une vente volontaire, qui, d'après l'art. 1er de la loi dont s'agit, ne peut se faire aux enchères, excepté dans le cas d'exception posé par l'art. 2, et que le cas d'exception ne se trouve pas dans l'espèce pour tout ce qui a excédé la somme de 700 fr.;

Attendu que les faits ci-dessus posés suffisent pour constituer la violation des art. 1 et 2 de la loi du 25 juin 1841, et pour justifier l'application faite à Sauvé, par l'arrêt attaqué, de l'amende prononcée par l'art. 7 de ladite loi; — *Sans approuver le surplus des motifs de l'arrêt attaqué;* — Rejette.

Auteurs. — Pour : Dalloz, Jurisprudence gén., 1844, 1re partie, p. 300.

Jurisprudence. — Aucun précédent.

A annoter au mot Vente de marchandises neuves, nos 2 et 3.

ART. 187.

EXPLOIT.

AJOURNEMENT. — CONSTITUTION D'AVOUÉ. — DÉMISSION. — NULLITÉ.

L'exploit d'ajournement ou d'appel contenant constitution d'un avoué qui a cessé ses fonctions est nul.

ARRÊT.

COUR ROYALE DE METZ. — 9 JUILLET 1844.

LA COUR; — Sur la nullité de l'acte d'appel résultant du défaut de constitution d'avoué exerçant près la Cour, à la date dudit appel : — Attendu que le jugement rendu entre les parties à la date du 7 août 1843, a été signifié à partie le 8 septembre suivant; qu'ainsi le délai pour en interjeter appel expirait le 6 décembre; que l'appel interjeté ledit jour 6 décembre indique comme devant occuper pour l'appelante Me Bretagne, qui depuis plus de deux mois, c'est-à-dire depuis le 27 septembre 1843, avait eu pour successeur Me Noizet; — Attendu que la signification du 8 janvier dernier contenant constitution de Me Noizet, aux lieu et place de Bretagne, ne peut pas réparer le vice dont était entaché l'acte irrégulier et nul du 6 décembre 1843 ; — Attendu que cette nullité dispense d'examiuer la fin de non-recevoir proposée contre l'appel ; — Par ces motifs, donne défaut contre l'appelante, et pour le profit déclare nul l'acte du 6 décembre 1843, etc.

Auteurs.—Contre : Favard Langl., 1ʳᵉ part., p. 136, n° 2; Dall., *Rec. alph.*, t. 7, p. 751 ; Thom. Desm., 1, p. 158, Boncenne, 2, p. 146 ; Bastard, 1, 246 ; Chauveau sur Carré, quest. 301.

Jurisprudence.—Pour : Orléans, 16 décembre 1813 ;—Rennes, 21 octobre 1816 ; — Metz, 12 juin 1816 ; — Riom, 17 avril 1818 ; — Bruxelles, 15 juin 1830 ; — Limoges, 19 mai 1838 ;—Nismes, 27 février 1819 ;—Bourges, 1ᵉʳ mars 1831 ;—Aix, 3 juillet 1838. — Contre : Bourges, 29 juillet 1808 ; — Bordeaux, 20 mars 1824 ; — Grenoble, 6 décembre 1814 ; — Colmar, 17 mars 1836 ; — Cassation, 16 mai 1836.

A annoter au mot Ajournement, n° 8.

ART. 188.

OFFICE.

SUPPRESSION. — RÉTABLISSEMENT. — COMPÉTENCE ADMINISTRATIVE CONTENTIEUSE.

N'est pas susceptible du recours au conseil d'Etat par la voie contentieuse, la décision du ministre de la justice qui supprime un office et déclare qu'il n'y a pas lieu à indemnité en faveur des ayants droit ?

Le rétablissement d'un office supprimé ne peut non plus être demandé au conseil d'Etat par la même voie contentieuse.

ORDONNANCE.

CONSEIL D'ÉTAT. — 29 JUIN 1844.

LOUIS-PHILIPPE, etc.; — Vu la loi du 25 ventôse an XI ;—Vu la loi du 28 avril 1816, et notamment l'art. 91 ; — En ce qui touche le chef de conclusions du sieur Usse, qui a pour objet le rétablissement de l'office de notaire du sieur Boudier, à Aurillac ; — Considérant que le rétablissement des offices est un acte de pure administration, qu'il n'est pas de nature à nous être déféré par la voie contentieuse ;

En ce qui touche le chef de conclusions du requérant, tendant à ce qu'il nous plaise ordonner que les notaires d'Aurillac soient tenus de lui payer la valeur de l'étude du sieur Boudier en 1821 ; — Considérant que l'art. 91, ci-dessus visé, de la loi du 28 avril 1816, en donnant aux titulaires d'offices la faculté de présenter leur successeur, a expressément réservé le droit qui nous appartient de réduire le nombre de ces offices, et notamment celui des notaires, dans le cas prévu par la loi du 25 ventôse an XI; — Qu'aucune loi n'ouvre de droit à une indemnité pour cause de suppression desdits offices; — Que les actes pris pour régler, en certains cas, une telle indemnité sont de pure administration; — Que, dès lors, la décision de notre garde des sceaux ministre de la justice et des cultes, par laquelle il a déclaré que, dans les circonstances de l'affaire, il n'y avait lieu d'accorder une indemnité au sieur Usse, ne peut nous être déférée par la voie contentieuse; — Art. 1er. La requête du sieur Usse est rejetée.

Jurisprudence. — V. art. 81 de ce Journal.

A annoter au mot **Réduction du nombre des huissiers,** nos 1 et 2.

ART. 189.

—

EXPLOIT.

APPEL. — SIGNIFICATION. — JOUR FÉRIÉ. — COMPÉTENCE. —
POUVOIR DISCRÉTIONNAIRE.

Le président du tribunal civil est compétent, à l'exclusion du juge d'appel, pour permettre la signification d'un acte d'appel un jour férié.

Il a un pouvoir discrétionnaire pour apprécier s'il y a ou non péril en la demeure, et, par conséquent, si l'autorisation d'exploiter un jour férié doit ou non être accordée.

ARRÊT.

COUR ROYALE DE RIOM. — 25 JANVIER 1844.

LA COUR; — En ce qui touche la nullité opposée par le sieur Roux fils, partie de Chirol, contre l'appel des héritiers Langlade, partie de Rouher; — Attendu que les appelants n'ont fait signifier leur appel au sieur Roux, le 9 avril 1843, jour férié, qu'après s'être conformés aux dispositions des art. 63 et 1037 C. proc. civ., c'est-à-dire qu'après avoir obtenu la permission du président du tribunal dont est appel; — Attendu que, si l'art. 1037 veut que cette permission ne soit accordée que lorsqu'il y a péril en la demeure, c'est au magistrat à qui la permission est demandée, à juger si ce péril existe et s'il y a lieu d'assigner un jour de fête légale; attendu que l'art. 63 précité attribue ce droit au président du tribunal, que ce magistrat est compétent pour autoriser à donner l'assignation un jour de fête légale, et que, s'il était nécessaire de recourir à l'autorité supérieure, les parties seraient souvent dans l'impossibilité de profiter du bénéfice de la loi;... — Par ces motifs, sans s'arrêter à la nullité qui a été opposée par la partie de Chirol contre l'appel des parties de Rouher, et la rejetant, etc.

PREMIÈRE PROPOSITION. — *Auteurs.* — Pour : Chauveau sur Carré, *question* 329. — Contre : Lepage, *quest.* 113; — Carré, *quest.* 329.

Jurisprudence. — Pour : Cassation, 7 avril 1819, qui a décidé que la permission de faire une signification un jour férié, pouvait être accordée par le président du lieu où doit se faire cette signification, et qu'il n'est pas nécessaire qu'il soit saisi de l'affaire pour avoir capacité de donner l'autorisation.

SECONDE PROPOSITION. — *Jurisprudence.* Un arrêt de la cour de cassation du 20 mai 1840 décide que le président du tribunal civil juge souverainement en matière d'abréviation de délais.

A annoter au mot EXPLOIT, n° 135.

—

ART. 190.

—

EFFET DE COMMERCE.

TRANSMISSION. — ENDOSSEMENT. — ÉCHÉANCE. — PROTÊT.

Un effet de commerce ne peut plus être transmis par la voie de l'endossement après son échéance.

Il en est ainsi surtout si l'effet a déjà été protesté, et si ce protêt a été suivi de condamnation.

ARRÊT.

COUR ROYALE DE RENNES. — 15 JUILLET 1844.

LA COUR ; — Considérant que les lettres de change et les billets à ordre sont une sorte de monnaie courante créée pour la plus grande facilité des opérations commerciales, et dotée du privilége de circuler au moyen d'un simple endossement, sans formalités, sans frais, et sans répondre des exceptions personnelles aux précédents porteurs. — Mais considérant que, si ce privilége est immense, il ne doit plus subsister quand ont disparu les motifs qui l'ont fait admettre ; que la faveur d'une circulation facile, prompte, économique, et protégée contre tous périls, ne peut s'expliquer que par l'intérêt qu'a le commerce à ce qu'on fournisse, à ceux qui ont des fonds à payer ou à recevoir loin de leur domicile, le moyen d'atteindre leur but, sans être soumis à la nécessité dispendieuse d'envoyer du numéraire au lieu du payement, ou de faire venir de ce lieu les sommes qu'il doivent y toucher ;

Considérant qu'après l'époque fixée pour le payement, les raisons qui ont fait introduire cette dérogation au droit commun n'existent plus ; que si l'effet commercial, créé pour réaliser ce payement, n'est pas soldé, il n'est désormais, aux mains du porteur, qu'une créance entrée définitivement dans son actif, et privée de la faveur d'une circulation exceptionnelle dont on ne concevrait même pas le maintien ; jusqu'à ce moment, le sort de tous ceux qui ont concouru à sa négociation est irrévocablement fixé, de même que la position des débiteurs ; que les uns ont des recours à exercer, les autres des compensations ou exceptions à faire valoir ; qu'ainsi tout changement de nature à modifier cette situation est devenu impossible ;

Considérant qu'admettre, après l'échéance, la continuation du droit d'endossement, serait rendre à la circulation des titres qui en sont sortis, compromettre souvent de graves intérêts, et porter la perturbation dans le commerce ; qu'en effet, à l'aide d'une telle tolérance, le porteur qui, après l'échéance de l'effet, s'apercevrait que le débiteur pourrait lui opposer des compensations, s'empresserait de se mettre à l'abri derrière un nouvel endossement ; — Considérant que ce danger a tellement frappé de bons esprits, disposés cependant à admettre en partie l'opinion ici combattue, qu'ils ont voulu créer un système mixte, suivant lequel le privilége de la circulation par endossement survivrait à l'échéance, mais ne serait plus des sauvegardes attachées à ce genre de transport, système bâtard qui ne peut être adopté, puisqu'il faut nécessairement tout rejeter ou tout admettre ; qu'on ne conçoit pas, en effet, le maintien d'un droit de circulation qui, trompant le commerce, laisserait les nouveaux porteurs exposés à toutes les chances des exceptions opposables au détenteur lors de l'échance et aux bénéficiaires subséquents ; qu'il est d'ailleurs impossible de fractionner ainsi la loi, et de repousser l'art. 149 du Code de commerce et les conséquences qui en découlent, pour s'en tenir seulement à l'art. 136 du même code ;

Considérant que pour détruire l'argument tiré de *la généralité des termes* de cet article 136, il suffit de voir la place qu'il occupe au titre des Lettres de change ; qu'en effet il vient *après* l'énonciation des formes de la traite et de son acceptation, mais *avant* l'indication de ce qui doit être fait à l'époque fixée pour le payement ; et notamment avant l'article 161, qui dispose que le porteur d'une traite doit en exiger le payement le jour de son échéance ; — Considérant que, comme on l'a dit, la circulation autorisée par l'art. 136 est un droit exceptionnel, qui ne peut s'étendre au delà du but pour lequel il a été créé, et ne s'applique plus à des titres immobilisés en quelque sorte par le refus de payement, et ne constituant désormais qu'une créance, susceptible sans doute de transport, mais sous les formes et avec les conditions prescrites pour le droit commun ; — Considérant que la faculté de livrer encore à la circulation des effets, dégénérés, pour la plupart, en des créances litigieuses, serait une source d'inconvénients et d'injustices que le législateur n'a pu vouloir autoriser :

En fait : — Considérant, au surplus, que, quant il y aurait lieu de suivre une jurisprudence que la cour est loin d'admettre, il faudrait reconnaître du moins qu'elle ne profiterait pas au sieur Dufresne-Lègne, puisque les arrêts invoqués par celui-ci n'ont jamais été jusqu'à permettre l'endossement dans des circonstances semblables à celles qui se rencontrent en l'espèce actuelle ; — Qu'en effet, non-seulement les billets à ordre, objet de la contestation, étaient échus et protestés dès le 15 octobre 1842, mais qu'ils avaient donné lieu à des recours, à des assignations, et à une instance devant le tribunal de commerce de Saint-Malo, à une condamnation en date du 20 novembre suivant, et enfin à la mesure d'une inscription hypothécaire ;

Considérant que c'est après toutes ces poursuites que les sieurs Boué et Louyer-Villermay, qui, comme précédents endosseurs, avaient remboursé le sieur Ozon, poursuivant, et avaient inscrit leur créance le 20 décembre 1842, se sont avisés, au lieu de provoquer l'exécution du jugement, ou de reprendre l'instance, si ce jugement était périmé, de lancer de nouveau ces billets dans la circulation, en les endossant au sieur Dufresne-Lègne, le 31 décembre 1843, c'est-à-dire près de quinze mois après leur échéance ; — Considérant que, par l'entremise dudit Dufresne-Lègne, fut fait un nouveau protêt à la date du 25 janvier 1844, lequel, suivi d'assignation, a amené l'instance actuelle ; considérant que le système admis par les premiers juges consacrerait le droit de faire protêts sur protêts, ce qui (sauf la prescription) n'aurait plus de fin, puisque ce qu'on tolérerait en faveur des sieurs Boué et Louyer-Villermay ne saurait être refusé au sieur Dufresne-Lègne, qui, n'étant pas payé, pourrait à son tour rejeter, par endossement, les billets dans la circulation, au grand préjudice du commerce ;

Considérant, d'ailleurs, que si les maintiens des appelants étaient exacts, les sieurs Boué et Loyer-Villermay auraient eu un intérêt illicite à agir comme ils ont procédé, puisqu'ils n'auraient fait circuler de nouveau leurs titres de créance que pour échapper à une exception que les époux Letallec voudraient faire résulter des versements opérés, disent-ils, par eux aux mains de la dame Lemercier Duverger, premier endosseur, au domicile de laquelle les billets étaient payables ; et qui toujours, si l'on en croit lesdits Letallec, était en compte-courant avec Boué et Louyer-Villermay, lesquels n'auraient arrêté que par ce motif les poursuites de 1842, et n'auraient songé à rejeter les billets dans la circulation que quand la faillite Lemercier leur enleva l'espoir d'un payement intégral ; — Considérant qu'outre l'intérêt qu'a tout plaideur de faire retomber sur son adversaire les frais d'une poursuite illégale, les appelants trouveraient plus de facilité dans une lutte corps à corps avec les sieurs Boué et Louyer-Villermay, à justifier leurs maintiens, soit par la vérification des livres de ceux-ci, soit autrement ; — Considérant que, puisque le sieur Dufresne-Lègne n'a pu recevoir la propriété des billets en litige par un endossement postérieur de quinze mois à l'échéance, et après protêt, assignation, jugement et inscription hypothécaire, il était sans qualité pour intenter l'action actuelle, qui dès lors doit être annulée ;

Par ces motifs, dit mal jugé ; réformant, déclare le sieur Dufresne Lègne sans qualité pour poursuivre le payement des billets en litige, annule le jugement et l'instance.

Auteurs. — Pour : Delvincourt, *Inst. de droit comm.*, t. 2, p. 108 ; Pardessus, t. 2, n°s 311 et 352 ; Dall., Recueil alph., v° *Eff. de comm.*, sect. 5, art. 1, p. 630 ; Nouguier, des *Lett. de change*, t. 1, p. 292 ; Villen. et Macé, *Dict. cont. commerc.*, v° *Endoss.*, n° 8 ; Villen. et Carette, *Rec. des lois et arrêts*, ann. 1844, 2e partie, p. 433. — Contre : Eug. Persil, *Traité des lett. de change*, art. 136, C. comm.

Jurisprudence. — Pour : Bruxelles, 13 mars 1806 ; Paris, 24 janvier 1809, 4 janvier 1817, 30 juillet 1833 ; Limoges, 13 juillet 1820 ; trib. comm. de la Seine, 20 juillet 1833. — Contre : Cassation, 28 novembre 1821, 5 avril 1826, 26 janvier 1833, 28 janvier 1834 ; Paris, 7 janvier 1815, 31 août 1831 ; Lyon, 1er décembre 1828 ; Toulouse, 26 juillet 1832 ; Bourges, 23 novembre 1839 ; Bordeaux, 23 novembre 1843, rapporté *infrà*, art. 191.

A annoter au mot Effet de commerce, n° 70.

ART. 191.

EFFET DE COMMERCE.

NÉGOCIANTS ET NON NÉGOCIANTS. — COMPÉTENCE. — ENDOSSEMENT. — ÉCHÉANCE.

Le tribunal de commerce est compétent pour connaître d'un billet à ordre portant des signatures de négociants et de non négociants, encore que les poursuites ne soient dirigées que contre les non négociants.

Un effet de commerce peut être transmis par la voie de l'endossement, après son échéance, et, dans ce cas, la juridiction commerciale demeure compétente pour connaître des contestations qu'il peut faire naître tout aussi bien que si l'endossement eût eu lieu avant son échéance.

ARRÊT.

COUR ROYALE DE BORDEAUX. — 23 NOVEMBRE 1843.

LA COUR ; — Attendu que, suivant l'art. 637, C. comm., lorsque des lettres de change ou des billets à ordre portent en même temps des signatures d'individus négociants et d'individus non négociants, le tribunal de commerce en connaîtra ; — Attendu que cette disposition est générale, et qu'elle doit recevoir son application, lorsque la demande est fondée sur un billet à ordre qui, au moment de l'action, est revêtu des signatures de négociants et de non-négociants ; — Attendu qu'il est certain en fait que les billets souscrits par de Noiret étaient revêtus de la signature de Faget, boulanger à l'époque où Cardoze, porteur de ces effets, a formé sa demande ; que, par conséquent, il a pu la porter devant le tribunal de commerce ;

Attendu qu'il est indifférent que l'endossement, en faveur de Cardoze, ait eu lieu après l'échéance des billets. puisque la loi permet de faire cession d'un billet à ordre par la voie de l'endossement, et qu'elle ne fixe pas pour cela un délai déterminé ; — Par ces motifs, met l'appel au néant, etc.

PREMIÈRE PROPOSITON. — *Auteurs.* — Pour : Vincens, *Législ. comm.*, t. 1, p. 138 ; Nouguier, *Lett. de change*, t. 1, p. 515. — Contre : Horson, *Quest. comm.*, 201 ; Despréaux, *Comp. trib. comm.*, n° 499 ; Orillard, *Comp. trib. comm.*, n° 433.

Jurisprudence.—Pour : Cassation, 26 juin 1839 ; Caen, 10 août 1815 ; Bourges, 6 août 1825 ; Montpellier, 25 février 1831 ; Bordeaux, 17 janvier 1832 ; Grenoble, 7 février 1832 ; Paris, 25 novembre 1834 ; Amiens, 7 mars 1837. —Contre : Colmar, 23 mars 1814 ; Limoges, 30 décembre 1825 ; Paris, 17 septembre 1828, et 19 mars 1831.

SECONDE PROPOSITION. — V. la note qui accompagne l'arrêt qui précède.

A annoter au mot **Effet de commerce**, n° 70.

ART. 192.

QUESTIONS PROPOSÉES[1].

1.

BAIL.

EXPULSION. — INDEMNITÉ. —QUALITÉ.

L'indemnité dont parlent les art. 1744 et suivants du Code

Par M. Basset, huissier.

civil doit-elle être restreinte au prix principal du bail, ou comprendre, en outre, les charges du bail, telles que faisances et impôts?

En d'autres termes, que doit-on entendre par ces mots : prix du loyer, prix du bail, insérés dans les art. 1744 et 1745 du Code civil?

Les art. 1744 et suivants du Code civil, prévoyant le cas où le bailleur, en cas de vente, peut expulser le preneur en vertu d'une clause du contrat de louage, sans que rien ait été stipulé relativement aux dommages-intérêts dus à celui-ci, règlent ces dommages eu égard au prix du bail ou du loyer.

De là, la question qui nous est soumise : l'indemnité doit-elle porter sur le prix principal seulement, ou sur ce prix et les charges du bail? Nous pensons qu'elle doit être basée sur le prix et les charges de toute nature imposées par le bail au preneur, sauf toutefois les contributions des portes et fenêtres qui sont à sa charge de droit, et sans qu'à cet égard aucune stipulation ait lieu, aux termes de l'article 12 de la loi du 4 frimaire an VII. Cass. 26 octobre 1814.

En effet l'intention du législateur en accordant des dommages-intérêts au preneur, a été, lorsqu'il s'agit de maisons, de procurer à ce dernier, pendant le temps fixé pour les congés par l'usage des lieux, un logement d'une valeur égale à celui d'où il est expulsé, et lorsqu'il s'agit de biens ruraux, de l'indemniser des bénéfices qu'il doit obtenir sur l'exploitation pendant le temps restant à courir jusqu'à l'expiration du bail. — Or, le logement est plus ou moins considérable, les bénéfices sont plus ou moins élevés selon qu'au bail viennent ou non s'ajouter des faisances et la contribution foncière mise à la charge du propriétaire d'une manière toute spéciale par l'art. 147 de la loi du 3 frimaire an VII. — Si l'on retranche de la base de l'indemnité les faisances et l'impôt foncier, il en résultera que le preneur expulsé ne pourra plus avoir de logement de même dimension et dans les mêmes conditions que celui qu'il occupait, ou une ferme donnant les mêmes récoltes. L'indemnité, arbitrée par le législateur de manière à ce qu'elle soit égale au préjudice causé par l'expulsion, ne serait pas en rapport direct avec la perte éprouvée, et le preneur se trouverait soumis à une réduction qui ne lui a pas été imposée et serait injuste de lui faire subir.

D'une autre part les expressions *prix du loyer, prix du bail,* dont se servent les art. 1745 et 1746, sans restrictions, sans se servir du terme *prix principal,* comprennent tout ce qui, en vertu du bail, sort de la poche du preneur pour entrer dans celle du bailleur ou être payé en son acquit. Le doute n'est plus permis si l'on veut se reporter à l'art. 1728, qui met au rang des obligations principales du preneur celle de payer le *prix du bail* aux termes convenus; ici nulle objection n'est possible, car il est évident que le prix du bail, c'est le prix principal, les faisances et les charges, et que la résolution du bail pourrait être demandée à défaut de livraisons des faisances, ou d'acquit des charges, bien que le principal ait été soldé.

Au surplus, à moins d'une disposition formelle et contraire insérée dans la loi, l'accessoire est assimilé au principal en ce sens qu'il suit le même sort que lui et qu'il n'en peut être séparé lorsqu'on a intérêt à le restreindre. — Dans la circonstance présente, le principal c'est la somme stipulée en argent, et l'accessoire, les faisances et les charges, lesquelles doivent être évaluées et réunies au principal, pour déterminer la base sur laquelle l'indemnité doit être calculée.

A annoter au mot **Bail**, n° 80.

2.

SAISIE-BRANDON.

COPIE DU PROCÈS-VERBAL DE SAISIE. — SIGNIFICATION PAR ACTE POSTÉRIEUR. — VISA. — VALIDITÉ.

En prescrivant de laisser copie au maire et de faire viser l'original, l'art. 628 du Code de procédure entend-il que cela soit constaté sur le procès-verbal même de la saisie, ou laisse-t-il la faculté de constater la remise de la copie par acte séparé, et, dans ce dernier cas, est-ce cet acte séparé qui doit être visé?

Le vœu du législateur, exprimé dans l'art. 628 du Code de procédure civile de la manière suivante : « il sera aussi laissé copie au maire, et l'original sera visé par lui, » et dans l'art. 44, § 1 du tarif, est qu'il soit laissé copie au maire, du procès-verbal de saisie, que cet acte soit visé par lui, et que l'accomplissement de ces formalités soit constaté par le procès-verbal de saisie lui-même.

Mais de ce que la peine de nullité n'a pas été attachée à l'infraction des prescriptions de l'art. 628, il s'ensuit que l'exploit qui postérieurement au procès-verbal de saisie contiendrait signification de cet acte au maire, et qui serait visé par lui, ne pourrait être annulé (Cod. de procéd. 1030), et par conséquent régulariserait la procédure à l'égard des parties.

Toutefois cet exploit n'étant prévu par aucune disposition de la loi, s'accomplissant au contraire au mépris de l'art. 628, et augmentant, sans aucune utilité pour les parties, les frais de la saisie, il devrait être considéré comme frustratoire, et rester aux frais de l'huissier qui l'aurait signifié, lequel, en outre, serait passible d'une peine disciplinaire (C. pr. 1030 et 1031.)

A annoter au mot **Saisie-Brandon**, n° 18.

3.

SAISIE-EXÉCUTION.

OUVERTURE DES PORTES. — SERRURIER. — HUISSIER.

L'ouverture des portes autorisée par l'art. 587 du Code de procédure civile doit-elle être faite de toute nécessité par un serrurier ?

L'huissier ou les témoins ne peuvent-ils pas y procéder à défaut d'un serrurier ?

L'art. 587 du Code de procédure, prévoyant le cas où les portes sont fermées à l'huissier qui se présente pour procéder à une saisie-exécution, a ordonné qu'elles seraient ouvertes en présence de l'un des magistrats qu'il désigne. Il n'a point stipulé que l'ouverture aurait lieu plutôt par un serrurier que par toute autre personne, et on peut conclure de là qu'il a laissé à l'huissier chargé de procéder à la saisie sous sa responsabilité, le choix des personnes et moyens à employer pour arriver à consommer son opération.

Il est vrai qu'on est dans l'usage de requérir un serrurier, et même dans les campagnes un maréchal-ferrant, afin d'éviter autant que possible l'endommagement des meubles; mais cet usage établi par les huissiers eux-mêmes, dans l'intérêt des parties, loin de les lier irrévocablement, atteste au contraire l'exercice du droit que nous venons de leur reconnaître, de diriger leur opération comme ils l'entendent. Il arrive souvent d'ailleurs qu'il y a refus de la part de l'ouvrier requis, qu'il ne se trouve d'autre ouvrier qu'à une distance éloignée, et que si l'huissier était obligé d'aller le requérir, il perdrait son temps en courses inutiles la plupart du temps, et ne pourrait arriver à vaincre l'obstination du débiteur qu'après l'accomplissement de formalités fort coûteuses, et qui, à la rigueur, pourraient, avec quelque raison, être considérés comme frustratoires.

Inutile de faire observer que l'huissier n'a pas le droit de briser les portes, mais seulement de les ouvrir, soit au moyen de fausses clefs, soit par des pesées, soit enfin, s'il n'y a pas d'autre moyen, par le bris des serrures.

A annoter au mot Saisie-exécution, n°s 105 et suiv.

4.

SAISIE-ARRÊT.

ETRANGER. — FORMALITÉS A SUIVRE.

Certains exploits, tels que les saisies-arrêts et les saisies de rentes, doivent être signifiés à personne ou domicile, même lorsqu'elles ont lieu entre les mains d'individus domiciliés hors de France. — Code de procédure, 56.

Eh bien ! dans ce cas comment fera-t-on pour suivre les prescrip-

*tions de la loi, quel fonctionnaire aura qualité pour agir, queu-
forme devra avoir l'acte de saisie et dans quelle langue devra-t-il
être rédigé ?*

N'importe en quel lieu la saisie-arrêt sera signifiée, elle devra
toujours remplir les formalités intrinsèques prescrites par les
lois françaises. Ainsi elle ne pourra avoir lieu qu'en vertu de
titre ou d'ordonnance ; elle devra énoncer le titre ou donner
copie de l'ordonnance, indiquer la somme pour laquelle elle
est faite, ou l'évaluation provisoire de la créance faite par le
juge, si elle n'est pas liquide, et contenir élection de domicile.
— Quant aux formalités extrinsèques, c'est-à-dire à celles se
rattachant au fait de la signification en lui-même, elles peuvent
être accomplies suivant les lois et usages usités au lieu où réside
le tiers saisi. Ainsi l'exploit pourra être signifié par le fonctionnaire chargé de ces sortes d'actes, en langue étrangère, et sans
timbre ni enregistrement, s'il n'y a dans le pays ni droits de
timbre et d'enregistrement établis. L'observation des formalités
extrinsèques sera certifiée par l'agent diplomatique français
établi dans le pays, et la signature de celui-ci, légalisée par le
ministre des affaires étrangères.

Il ne pourra être fait usage de l'exploit, soit dans un acte public en France, soit devant le tribunal français qu'après 1° qu'il
aura été traduit par un traducteur que l'on fera nommer par
ordonnance du président, rendue sur requête, et qui aura prêté
serment ; 2° qu'il aura été visé pour timbre et enregistré. L'exploit
de la saisie-arrêt revenu aux mains du saisissant, celui-ci poursuivra la validité de cette saisie contre le débiteur saisi devant
les tribunaux français ; il lèvera ensuite le jugement de validité
et assignera le tiers saisi devant le tribunal étranger à la juridiction duquel il est soumis, pour qu'il fasse sa déclaration affirmative et entende, en outre, ordonner contre lui l'exécution
du jugement de validité rendu par les tribunaux français.

Enfin l'exécution aura lieu suivant la forme usitée dans le
pays habité par le tiers-saisi.

A annoter au mot Saisie-arrêt, n° 70.

ART. 193.

QUESTIONS PROPOSÉES [1].

EXPLOIT.

VISA. — REFUS PAR LE MAIRE. — DÉLAI. — TRANSPORT AU
PARQUET.

Lorsqu'à défaut du maire ou par suite de son refus (ainsi qu'à

[1] Par M. Uny, huissier à Pont-de-Vaux, Ain.

défaut et au refus des conseillers municipaux, L. 21 mars 1831 ;
Cass., 28 juin 1834) de viser l'original de son exploit, l'huissier,
obligé de se transporter au parquet du procureur du roi, ne peut,
vu l'heure avancée, s'y rendre dans le même jour, que doit-il faire ?

Lorsqu'un huissier est chargé de signifier un exploit, et qu'il ne trouve personne au domicile, il est obligé de s'adresser au maire ; en cas d'absence, d'empêchement ou de refus de ce magistrat, il doit s'adresser à l'adjoint, ensuite au premier conseiller et successivement à tous les conseillers dans l'ordre d'inscription au tableau. Si tous refusent, il est dans la nécessité de se transporter auprès du procureur du roi, afin d'obtenir le visa prescrit par la loi.

Dans les campagnes, dont les habitations sont disséminées sur une assez grande étendue de terrain, il peut arriver que l'huissier ne puisse, dans le même jour, avoir le temps de se présenter chez le maire et les conseillers municipaux, et ensuite de se transporter au parquet ; dans ce cas, il n'a autre chose à faire que de constater les divers déplacements par lui déjà effectués pour régulariser son exploit, et, vu l'heure avancée, renvoyer au lendemain pour terminer son opération.

Ce mode de procéder, le seul possible, praticable, n'a rien d'ailleurs de contraire ni à l'art. 1039 du Code de procéd., qui n'exige pas que le visa soit donné par le procureur du roi le jour même du refus fait par le maire, ni par l'art. 68 du même Code, qui se borne à exiger le visa en même temps que la remise de la copie, ce qui s'accomplira ponctuellement dans la circonstance prévue par notre question.

Remarquez au surplus que l'exploit ne sera fait, n'aura date, et ne produira effet que du moment du visa donné par le procureur du roi, représentant légal de la partie, pour recevoir, dans l'hypothèse donnée, la signification ; et que, dans le cas où une déchéance serait à craindre, il faudrait que le visa fût donné avant l'expiration du temps requis pour son accomplissement.

A annoter au mot **Exploit**, nᵒˢ 179 et suiv.

ART. 194.

OFFICE.

TRAITÉ SECRET. — NULLITÉ. — EXÉCUTION. — ACTION EN RÉPÉTITION.

En matière de cession d'office, toute contre-lettre ou traité secret
ayant pour objet une augmentation du prix stipulé au traité osten-
sile, est entachée d'une nullité d'ordre public.

En conséquence, le payement d'une telle contre-lettre est un sujet à répétition.

Par suite du renvoi devant elle, contenu en l'arrêt de la Cour de cassation du 30 juillet 1844, rapporté art. 162 ci-dessus, la Cour de Caen, après cinq jours d'audience solennelle, a rendu la décision suivante :

ARRÊT

COUR ROYALE DE CAEN. — **12 FÉVRIER 1845.**

Sur la première question,

Attendu que les dispositions de l'art. 91 de la loi du 28 avril 1816, dont le but unique a été d'accorder une indemnité raisonnable aux titulaires d'offices, des compensations du supplément de cautionnement qui leur était demandé, il ne résulte pas que ceux-ci aient acquis sur leurs charges un droit de propriété qui leur permette d'en disposer d'une manière absolue et sans contrôle; mais qu'il en résulte seulement pour eux la faculté d'indiquer un successeur dont l'entrée en fonctions ne peut avoir lieu qu'autant qu'il aura été agréé et nommé par le Roi ;

Attendu que le gouvernement, quand il a concédé cette faculté, pouvait en subordonner la jouissance et l'exercice à telles conditions qu'il jugerait convenables, et qu'en se réservant de décider souverainement si le successeur présenté doit être ou non admis, il s'est par cela même aussi réservé d'être exactement informé de toutes les conditions intervenues entre le cédant et le cessionnaire, afin d'en pouvoir apprécier en pleine connaissance de cause toute la portée et toutes les conséquences ;

Attendu que le droit de surveillance et d'appréciation dont il a voulu rester saisi touche à des considérations éminemment morales et protectrices de l'ordre public; qu'en effet, les titulaires d'offices sont institués pour exercer le privilége exclusif de faire les actes qui rentrent dans leurs attributions, et que l'intérêt de la société, qui veut que le gouvernement puisse s'assurer de la moralité et de la capacité personnelle des candidats proposés, n'exige pas moins impérieusement que les conditions de la transaction , et notamment la stipulation du prix, soient telles qu'elles n'exposent pas les nouveaux titulaires à un état de gêne qui pourrait compromettre le sort de leurs clients et conduire à la perturbation des fortunes et du repos des familles :

Attendu, dès lors, que les traités qui, en pareille matière, ont pour objet de cacher au gouvernement une partie du prix convenu, sont contraires à l'ordre public, et qu'ils doivent être, par suite, considérés comme ayant une cause illicite, et comme frappés de nullité radicale, aux termes des art. 6, 1131 et 1133 du Code civil ;

Attendu que l'on objecte que la clandestinité d'un traité ne peut être une cause d'annulation de ce même traité, qu'autant qu'elle aurait eu pour effet de masquer en réalité l'exagération du prix convenu, et qu'il faudrait avant tout que cette exagération qui, dit-on, n'a rien de certain dans l'espèce, fût reconnue par le gouvernement, ou tout au moins constatée par un supplément d'instruction judiciaire ;

Mais attendu que le fait seul de la dissimulation d'une partie du prix suffit déjà pour donner la conviction que le prix est exagéré, puisque, s'il en était autrement, la précaution prise de déguiser la vérité eût été sans but et sans intérêt;

Attendu, d'ailleurs, que toutes les autres circonstances de la cause se réunissent pour fortifier cette conviction, et qu'enfin les parties. qui n'étaient autorisées à traiter que sous la condition formelle de soumettre leur convention au gouvernement, ont à se reprocher de les lui avoir cachées, et d'avoir, par cela seul, fait fraude à une loi d'ordre public ;

Attendu qu'on ne saurait admettre pour excuse de cette violation que le traité secret du 13 avril 1838 a eu lieu sous l'empire d'un usage consacré, et qu'il doit être protégé par le fait d'une erreur commune, par la confiance où étaient les parties qu'on pouvait se permettre de pareils actes ;

Attendu d'abord qu'il est difficile de supposer chez ceux qui agissent clandestinement, et en contravention à une mesure d'ordre public, quelque peu respectée qu'elle soit d'ailleurs dans la pratique, cette absence de toute inquiétude, cette entière sécurité d'innocence qui constituent la bonne foi ;

Attendu, d'un autre côté, que la jurisprudence, dont on a cherché à s'étayer pour en induire la tolérance des traités clandestins en matière de transmission d'office, n'était ni aussi générale ni aussi formelle qu'on veut le faire supposer ;

Attendu enfin que les efforts tentés, inutilement il est vrai, mais d'une manière assez équivoque, par l'autorité pour arrêter les progrès d'un mal généralement senti, que les discussions élevées à ce sujet, les remontrances faites et les vœux exprimés devant la Chambre des députés, devaient au moins servir d'avertissement aux titulaires d'offices, et leur présager un retour salutaire à l'exacte observation de la loi ;

Attendu, sur la deuxième question, qu'il n'est pas douteux que le traité clandestin du 15 avril 1838 a reçu son exécution par le payement ; mais qu'ici le payement réalisé est de sa propre nature un acte contraire à l'ordre public, et qu'il y porte atteinte comme l'obligation clandestine elle-même ; qu'à part la considération des deux intérêts privés qui se trouvent ici en présence, et qui ne méritent qu'une attention secondaire, il importe essentiellement à l'intérêt social que la somme formant la différence entre le prix du traité ostensible et le prix du traité occulte, revienne dans la main du cessionnaire, au lieu de rester dans celle du cédant, puisque c'est cette différence qui constitue l'exagération de prix, et qu'une fois payée, si elle l'était valablement, le fait même du payement serait précisément ce qui pourrait embarrasser la position du nouveau titulaire, et entraîner par suite les désordres que la loi a voulu prévenir ;

Attendu, dès lors, qu'il devient évident que l'admission d'un système qui proclamerait la validité de pareils payements serait la consécration d'une atteinte permanente à l'ordre public, et qu'ainsi ils doivent être, comme illicites, déclarés nuls, et sujets à répétition ;

La Cour, parties ouïes, et M. le procureur-général dans ses conclusions, réformant le jugement dont est appel, déclare nul et de nul effet le traité du 13 avril 1838 ; dit que le prix de l'office de Delamotte, par lui vendu à Chedeville, demeure fixé à 85,000 francs, avec l'intérêt au taux légal, et qu'il y a lieu à la répétition des 31,500 francs payés comme représentant la différence entre le prix du traité ostensible et celui du traité secret....

Jurisprudence. — Cet arrêt, contraire à la jurisprudence de la plupart des Cours royales (V. art. 37 et 71 ci-dessus) est conforme à deux arrêts de cassation des 30 juillet et 1ᵉʳ août 1844, rapportés art. 162 de ce journal. La question nous paraît désormais résolue dans le sens de l'arrêt que nous venons de transcrire.

A annoter au mot Office, nº 27.

ART. 105.

COPIE DE PIÈCES.

HUISSIERS. — AVOUÉS. — HONORAIRES. — REMISES. — ABUS.

Délibération de la communauté des huissiers de l'arrondissement de Tournon (Ardèche), concernant les copies de pièces et les abus résultant de la remise des droits ou émoluments.

La communauté des huissiers de l'arrondissement de Tournon, étant réunie au lieu ordinaire de ses séances, sur la convocation du syndic; présents : les sieurs BONNAUD, syndic; DEBAUX, secrétaire; MEYER, trésorier; GENIN, rapporteur; MEDALIN, membre; BONTON, BERNARD, CATALON, MAZADE, DUCLAUX, BONNARDEL dit MOTTET, MENUT, MOULIN, BARD, CHAPELLE, GARNIER, PONCER, COSTE.

Le syndic a appelé l'attention de l'assemblée sur l'usage qui s'est introduit parmi les membres de la communauté, de signifier des actes dont les copies de pièces leur appartiennent exclusivement, et qui sont disposés dans les études de MM. les avoués, qui s'en attribuent les émoluments; même de leur abandonner tout ou partie des droits de façon d'originaux et de copies d'actes de leur ministère; ensuite, il l'a invitée à délibérer sur cette importante question.

La matière mise en délibération, l'assemblée :

Vu le tarif du 16 février 1807 ;

Le décret du 14 juin 1813;

Les circulaires de M. le garde des sceaux, des 19 février, 15 octobre 1821 et 4 janvier 1830 ;

Considérant que l'usage signalé par le syndic, quelle qu'en soit l'origine, est abusif, contraire aux droits et aux devoirs des huissiers, et qu'il les frappe tout à la fois dans leur intérêt pécuniaire, et dans la considération à laquelle ils peuvent prétendre, soit comme corporation, soit comme individus ; qu'il est urgent de l'extirper, et que la législation et la jurisprudence en fournissent les moyens ;

Déclarant, au surplus, s'associer aux sentiments et aux vœux exprimés par l'assemblée des syndics et délégués des diverses communautés d'huissiers, réunis à Paris, les 27, 28 et 29 octobre 1842;

EST D'AVIS :

1° Qu'il y a lieu de s'occuper des mesures à prendre pour supprimer l'abus dont il s'agit ;

2° Que, pour arriver à ce but et mettre tous les huissiers de l'arrondissement à même de procéder d'une manière uniforme, il convient d'indiquer tous les actes à copies de pièces appartenant exclusivement aux huissiers, et ceux pour lesquels ils ont la concurrence avec MM. les avoués.

ARTICLE PREMIER.

A dater du 1er janvier 1843, les huissiers de l'arrondissement de Tournon confectionneront par eux-mêmes ou par leurs clercs toutes les copies de pièces et dresseront tous les actes qu'ils auront à signifier, pourvu toutefois que ces copies de pièces ne soient pas relatives à l'introduction du procès et pendant le cours d'une instance, et ils percevront les émoluments. soit des copies de pièces, soit du droit de dresse des originaux et des copies d'iceux.

Art. 2.

La communauté fait une exception pour les écritures et exploits qui seront adressés d'un autre arrondissement ; dans ce cas, seulement, les actes, quoique écrits d'une main étrangère, pourront être signifiés, à la charge toutefois d'en percevoir les entiers droits, lorsque ces pièces ou ces actes rentreront dans la catégorie de celles mentionnées dans l'article premier.

Art. 3.

Sans déroger aux articles qui précèdent, les huissiers pourront, en cas d'urgence seulement, notifier des copies certifiées par des avoués, à la condition expresse de percevoir les droits d'écritures, ce qu'ils seront tenus de justifier, ainsi que des motifs d'urgence, lorsqu'ils en seront requis par les membres de la chambre ; ils tiendront, à cet effet, un registre où se trouveront consignés les motifs réputés urgents, la nature et la date de l'acte, ainsi que les noms des parties.

Art. 4.

Dans le cas où par suite du présent arrêté, un huissier se trouverait dans la nécessité de poursuivre contre un avoué ou un homme d'affaires, le payement du prix des copies de pièces qui lui sont allouées, l'affaire sera poursuivie en son nom, et les frais, s'il en a exposés, seront supportés par la communauté, comme mesure d'un intérêt général et commun. A cet effet, il sera créé une bourse de réserve à laquelle chaque membre versera sa quote-part, de la manière qui sera adoptée.

Art. 5.

Dans le cas où quelque membre de la communauté contreviendrait aux dispositions qui précèdent, en ce qui touche la présente délibération, il sera mandé, à la diligence du syndic, devant la chambre de discipline, et poursuivi conformément au décret du 14 juin 1813, sans préjudice de l'action du ministère public. En outre, chacun de nous, en cas de contravention aux présentes dispositions, s'oblige volontairement, sans préjudice des peines ci-dessus, à payer à titre de dommages-intérêts à la communauté, pour la première contravention, une somme de trente francs, et, en cas de récidive pour chaque cas, celle de soixante francs ; lesquelles seront recouvrées à la diligence du président de la commission qui sera nommée pour juger lesdites contraventions, ou par les membres de la chambre de discipline ; lesdites sommes seront versées à la caisse de réserve dont il est parlé à l'article 4.

Art. 6.

Les preuves de contravention résulteront des copies de pièces, originaux et copies d'iceux, faits, certifiés ou dressés, soit par les avoués, soit par les notaires, par leurs clercs, ou de toute autre manière.

Art. 7.

Tout huissier de l'arrondissement qui aurait connaissance d'une contravention au présent arrêté, sera tenu de la dénoncer à la commission, et à défaut de commission, à la chambre de discipline, sous peine d'être considéré comme simple contrevenant, puni des mêmes peines et passible comme lui de dommages-intérêts.

Art. 8.

Afin de faciliter l'interprétation du présent arrêté, il a été dressé le tableau suivant de toutes les copies de pièces dont les huissiers doivent exiger les droits, lequel tableau fait suite à la présente délibération.

Art. 9.

L'huissier, condamné aux dommages-intérêts par l'article 5, sera tenu d'en verser le montant entre les mains du trésorier, dans un mois au plus tard, à partir de l'avis qui lui aura été donné par le syndic ; passé ce délai, l'huissier pourra être poursuivi devant les tribunaux, en condamnation, à la diligence du syndic.

Tableau des copies de pièces dont les huissiers doivent exiger les droits, savoir :

TRIBUNAUX DE COMMERCE.

Celles données en tête :

Des assignations de toute espèce, significations de jugements et généralement tous actes devant cette juridiction.

Arrêt de la Cour de cassation du 22 mai 1838.

JUSTICE DE PAIX.

Des citations de toute nature, significations de jugements et actes se rattachant à une instance en police municipale.

Arrêt de la Cour royale de Metz du 22 décembre 1832.
Arrêt de la Cour de cassation du 22 mai 1832.
Implicitement décidé par arrêt du 22 mai 1838.

POLICE CORRECTIONNELLE.

Cette juridiction n'ayant pas d'avoué en titre, toutes les copies de pièces à signifier dans les instances sont la propriété exclusive de l'huissier.

Implicitement décidé par arrêt de la Cour de cassation du 22 mai 1838.

TRIBUNAUX CIVILS.

Des ajournements et tous actes pendant l'instance, y compris la signification du jugement par défaut.
Signification du jugement définitif et contradictoire.

Concurrence.

ACTES EXTRA-JUDICIAIRES POUR L'INSTRUCTION DES CAUSES.

S'ils se rattachent à une instance pendante devant les tribunaux civils ;
Et pour le cas seulement où cet acte sera une partie intégrante de la procédure.

Concurrence.

SIGNIFICATIONS.

Copies de notification aux créanciers inscrits de l'extrait des titres du nouveau propriétaire, de la requête et du tableau prescrit par l'art. 2183 du Code civil.
Copie des requêtes et ordonnances en tête des saisies-arrêts ou oppositions.

Concurrence.

ACTES EXTRA-JUDICIAIRES POUR LESQUELS L'EXCLUSION AU PROFIT DES HUISSIERS EST PRONONCÉE.

Copies en tête d'un commandement tendant au payement d'une obligation.

Arrêt de la Cour de Rouen du 20 janvier 1830.
Arrêt de la Cour de Metz du 23 novembre 1830.
Arrêt de la Cour de cassation du 24 août 1831.
Arrêt de la Cour d'Amiens du 24 novembre 1836.
Arrêt de la Cour de cassation du 28 novembre 1837.

D'un commandement tendant à saisie immobilière.

Arrêt de la Cour de Metz du 23 novembre 1830, confirmé par arrêt de la Cour de cassation du 5 décembre 1832.
Arrêt de la Cour d'Amiens du 24 novembre 1836.
Arrêt de la Cour de cassation du 28 novembre 1837.

D'un acte de dépôt donné en tête d'une notification pour la purge des hypothèques légales.

Arrêt de la Cour d'Amiens du 24 novembre 1836.
Arrêt de la Cour de cassation du 22 novembre 1837.
Implicitement décidé par arrêt du 22 mai 1838.
Arrêt de la Cour de cassation du 22 mai 1838.

Significations d'actes authentiques ou titres en tête des saisies-arrêts ou oppositions.
Commandement pour l'exercice de la contrainte personnelle.

Exclusion au profit des huissiers.

Et, en général, toutes copies de pièces, données en tête d'exploits, sommations, etc., qui ne font point partie d'une instance pendante devant le tribunal civil.

ART. 10.

Les membres de la chambre de discipline sont chargés de décider sur les contraventions qui seront constatées contre les huissiers contrevenants, et chacun de nous s'oblige de se conformer à la décision qui sera intervenue, et en cas de refus, il sera cité devant les tribunaux compétents, à la diligence du syndic.

ART. 11.

Tous les membres présents, à l'exception de M. ***, huissier à ***, qui s'est retiré avant la levée de la séance, ont juré sur leur honneur de se conformer à tout ce qui précède, et ont promis d'en faciliter l'exécution par leur concours, persuadés qu'ils sont, que si le présent arrêté a pour but d'attribuer aux huissiers quelques émoluments, il a aussi l'avantage de les ramener à l'exercice de leurs fonctions, en leur donnant plus d'aptitude à rédiger tous les actes de leur ministère.

Pour expédition conforme :

Vu par le Syndic,
BONNAUD, HUISSIER.

Le Secrétaire,
DEBEAUX, HUISSIER.

OBSERVATIONS.

La délibération qui précède appelle quelques observations de notre part.

Les art. 1, 2, 3 et 4, contiennent des mesures de discipline intérieure ou plutôt des avis dans le but d'empêcher à l'avenir les remises d'honoraires qui pourraient avoir lieu à l'occasion de la rédaction des copies de pièces; ils nous semblent donc rentrer dans les attributions de la Chambre. Toutefois, nous ferons observer qu'il ne faudrait pas trop étendre le cercle des prohibitions, et que peut-être il eût suffi de défendre la signification des copies de pièces préparées par les avoués, hors les cas de concurrence, et celles rédigées par les agents d'affaires, pour atteindre le but qu'on s'est proposé.

L'art. 5 contient deux dispositions essentiellement distinctes, quoique ayant en vue toutes deux la punition des infractions aux trois premiers articles :

La première disposition est tellement dans la nature des choses, qu'elle n'avait pas besoin d'être écrite; il est évident en effet que celui qui enfreint une délibération prise par la chambre dans la limite de sa compétence, doit être poursuivi et puni disciplinairement, lorsque sa contravention compromet l'honneur et la considération du corps auquel il appartient.

La seconde n'était pas dans le pouvoir de la chambre, qui ne peut prononcer ni amende ni dommages-intérêts. On ne peut donc l'envisager que comme une convention particulière à ceux qui l'ont signée, portant stipulation d'une clause pénale et devant recevoir son entière exécution, mais seulement contre ceux qui l'ont consentie.

Nous ne comprenons pas trop la fin de l'art. 5, qui parle de l'institution d'une commission pour juger les contraventions, surtout si nous la rapprochons de l'art. 10, qui décide avec raison que la chambre connaîtra des contraventions, et qu'à défaut de refus les récalcitrants seront cités devant les tribunaux, sans doute pour les contraindre au payement du montant de la clause pénale, la chambre ne pouvant prononcer une telle condamnation.

Par son art. 7, la chambre a fait deux choses qui lui sont anssi interdites : 1° elle a prononcé une amende ou si l'on veut des dommages-intérêts par voie réglementaire et non par voie de convention particulière, comme dans le cas de l'art. 5; 2° et elle punit la non révélation d'une contravention, ce qui n'est permis à aucun tribunal.

Ces observations, on le reconnaîtra sans peine, nous sont suggérées par notre ardent désir de voir les huissiers marcher dans le bon chemin; les omettre, c'eût été manquer à nos devoirs et trahir les véritables intérêts de nos anciens confrères; nous leur devons, comme à nous-mêmes, de dire le fond de notre pensée, et nous le leur disons franchement, en tout bien tout honneur ; ils sont trop éclairés pour vouloir qu'on les approuve quand même ; notre mission n'a d'ailleurs d'efficacité qu'à la condition d'un contrôle qui pour être incessant n'en est pas moins bienveillant.

Quoi qu'il en soit, les efforts que fait la Chambre de Tournon sont dignes d'éloges et méritent notre encouragement; qu'elle persévère donc dans la poursuite des abus et bientôt la corporation qu'elle représente sera replacée dans son état normal.

A annoter aux mots Chambre de discipline, n°s 27 et suiv. ; et Copie de pièces, n° 61.

ART. 196.

COPIES DE PIÈCES.

HUISSIERS. — AVOUÉS. — DROIT EXCLUSIF. — CONCURRENCE. — RÉPRESSION DE L'ABUS DES REMISES D'HONORAIRES. — POURSUITES.

Délibération de la chambre de discipline des huissiers de l'arrondissement de Senlis.

Du 7 septembre 1844.

La Chambre,

Vu les décrets des 16 février 1807, 14 juin 1813, ordonnance du 10 octobre 1841 ;

Considérant que, de ces décrets et ordonnance, et des principes admis par la jurisprudence, il résulte :

1° Que le droit d'authentiquer par leurs signatures les copies de pièces signifiées avec les exploits faits par les huissiers, et d'en percevoir l'émolument, n'est jamais pour les avoués *qu'une exception*, tandis que par la nature même des choses, ce droit appartient *primitivement à l'huissier qui a seul caractère légal* à l'effet de signifier l'acte dont les pièces annexées ne sont que l'accessoire ;

2° Que par suite de ce principe qui veut que toute exception soit resserrée dans de justes limites, la concurrence de l'avoué avec l'huissier ne peut être admise qu'autant que les copies de pièces se rattachent à des actes faisant partie intégrante, soit de l'instance dans laquelle l'avoué a le droit exclusif de postuler et conclure, soit des fonctions spéciales que la loi attribue exclusivement à l'avoué dans de certains cas déterminés ;

3 Et que dans tous les actes qui ne font pas, soit partie intégrante d'une instance, soit la matière d'une attribution que la loi ait formellement faite à l'avoué, l'exception cesse, et la règle générale reprend son empire en faveur de l'huissier ;

Que l'abandon par des huissiers au profit des avoués, des droits de copies de pièces donnés en tête des actes qu'ils signifient, alors que ces droits leur appartiennent, est de nature à causer des différends entre eux ;

7

Qu'il importe à la dignité et à l'intérêt des huissiers de ne pas renoncer aux droits et émoluments leur appartenant ;

Que l'huissier qui fait l'abandon d'une partie de ses droits, cause un préjudice non-seulement à lui-même, mais encore à la communauté entière ;

Qu'aux termes de l'article 70 du décret du 14 juin 1813, la chambre de discipline est chargée de prévenir et concilier tous différends pouvant s'élever entre les huissiers, et de représenter tous les huissiers sous le rapport de leurs droits et intérêts communs ;

Que pour assurer l'exécution des dispositions de l'ordonnance du 10 octobre 1841, qui alloue aux huissiers le droit aux copies de pièces à donner avec les commandements, M. le garde des sceaux a, par sa circulaire du 20 août 1842, décidé que des peines disciplinaires devraient être appliquées aux officiers ministériels qui chercheraient à éluder ces dispositions ;

Est d'avis :

1° Qu'il y a abus, manquement à l'ordre et à la discipline, concurrence déloyale, préjudice moral et pécuniaire causé par un huissier qui fait l'abandon de tout ou partie des droits de copies de pièces, dans le cas où la concurrence n'existe pas entre lui et l'avoué ;

2° Qu'il y a lieu de poursuivre disciplinairement ceux des membres de la communauté qui commettront de pareilles infractions ;

3° Que pour mettre chaque membre de la corporation à même de procéder uniformément, il est utile et convenable de rappeler les actes avec lesquels des copies peuvent ou non être certifiées par les avoués.

Actes avec lesquels les copies à signifier ne peuvent être certifiées que par huissier.

PREMIÈREMENT :

1° Devant la justice de paix ;
2°   —   le tribunal de police ;
3°   —   le tribunal de commerce ;
4°   —   le tribunal correctionnel ;
5°   —   la cour d'assises ;
6° En matières de contributions, directes et indirectes, enregistrement, et expropriation pour cause d'utilité publique.

DEUXIÈMEMENT.

Des actes extra-judiciaires suivants :

1° Signification de jugement du tribunal civil, ou d'arrêt de la cour royale, si elle est faite après l'année de l'obtention ;
2° Commandements tendant à toute espèce d'exécution et saisies ;
3° Sommations ne se rattachant pas à une instance civile ;
4° Procès-verbaux d'offres réelles ;
5° Saisies-arrêts formées en vertu de titres ;
6° Notifications et dénonciations des procès-verbaux de saisie-exécution et autres, en dehors d'une instance civile ;
7° Notification de l'acte de dépôt pour la purge des hypothèques légales ;
8° Signification de transport au débiteur ;
9° Signification de titres conformément à l'art. 877 ;
10° Significations et sommations aux arbitres en matière civile, et significations de sentence ;

Et généralement la signification de tous actes authentiques ou sous-signatures privées, dans le cas où le ministère de l'avoué ne doit pas nécessairement être employé.

Actes pour lesquels la concurrence existe entre les avoués et les huissiers.

PREMIÈREMENT.

Tribunal civil et cour royale.

1° Ajournement et tous actes à signifier pendant l'instance, y compris la signification du jugement par défaut;

2° Signification de jugement ou de l'arrêt définitif, si elle a lieu dans l'année de son obtention;

3° Actes extra-judiciaires se rattachant à une instance pendante devant le tribunal civil ou la cour royale;

4° Référé, assignation et signification d'ordonnance.

DEUXIÈMEMENT.

Actes extra-judiciaires particuliers.

1° Notification aux créanciers de l'extrait de titre du nouveau propriétaire, de la requête et du tableau prescrit par l'art. 2183;

2° Signification d'ordonnance, d'ouverture d'ordre, et sommation de produire, signification du bordereau de collocation dans l'ordre ou la distribution;

3° Saisie-arrêt ou opposition en vertu d'ordonnance;

4° Dénonciation du procès-verbal de saisie immobilière.

En conséquence, et pour éviter toutes espèces de différends entre les huissiers, la chambre arrête ce qui suit:

ARTICLE PREMIER.

A partir du 1er novembre prochain, les huissiers de l'arrondissement de Senlis devront exiger et percevoir à leur profit les émoluments de toutes espèces de copies de pièces signifiées, avec les actes de leur ministère, et pour lesquels il n'est reconnu aucun droit de concurrence, suivant les distinctions qui précèdent; ces copies devront être certifiées et signées par eux.

ART. 2.

Dans les cas où la concurrence n'est pas admise, les huissiers devront préparer par eux-mêmes ou par leurs clercs, les copies à signifier, et ils devront formellement refuser de recevoir et de notifier les copies disposées ou certifiées par un avoué.

Néanmoins, lorsqu'il y aura urgence, l'huissier pourra recevoir et notifier ces copies, et les notifier après avoir vérifié leur régularité, mais en protestant par une observation consignée sur l'original et la copie de l'exploit, contre la prétention de l'avoué, et en exigeant la totalité des émoluments des copies.

L'huissier signataire sera tenu d'en donner avis dans les vingt-quatre heures, au syndic qui en tiendra note, et soumettra à la chambre l'appréciation de l'urgence.

ART. 3.

En cas de doute ou d'incertitude sur l'interprétation de la présente délibération, et hors le cas d'urgence, l'huissier devra s'abstenir provisoirement, prendre l'avis écrit du syndic, ou à son défaut, de l'un des membres de la chambre, et s'y conformer.

ART. 4.

Dans tous les cas, l'huissier étant responsable de la régularité des copies, devra tenir à ce qu'elles soient correctes et lisibles, et se faire remettre les originaux des titres.

Art. 5.

En cas de contestation entre un avoué ou toute autre personne et l'un des membres de la communuauté à l'occasion des droits de copies de pièces, celui-ci devra en référer immédiatement au syndic, ou, en cas d'empêchement, à celui des membres qui le remplace, et se conformer à l'avis qui sera donné par écrit.

Le membre consulté soumettra à la chambre, lors de sa prochaine séance, l'objet du litige, et s'il est reconnu qu'il y ait lieu de soutenir une action en justice, elle sera intentée ou repoussée aux frais de la communuauté.

Art. 6.

Les dissimulations ou les faits, de quelque nature qu'ils soient, qui auraient pour résultat de faire attribuer soit à un avoué, dans le cas où il n'aurait pas la concurrence suivant les énonciations qui précèdent, soit à toute autre personne, la totalité ou partie seulement des droits de copies de pièces, donneront lieu à des poursuites disciplinaires sans préjudice de l'action en dommages-intérêts qui sera intentée par le syndic au nom de la communauté, et sur l'avis de la chambre.

Les preuves des contraventions résulteront notamment :

1° De la certification des copies de pièces par toute autre personne que l'huissier instrumentaire, et de la non-préparation desdites copies par lui ou son clerc ;

2° Du défaut d'énonciation des émoluments desdites copies dans le coût détaillé qui doit se trouver en marge de l'original ;

3° Et du refus que ferait l'huissier de produire à la chambre, ses registres et comptes d'étude.

Art. 7.

La chambre tiendra la main et veillera sévèrement à ce que chacun des membres de la communauté se conforme ponctuellement à ses devoirs, elle fera tous ses efforts pour prévenir et empêcher tous différends entre eux.

Art. 8.

Conformément à l'art. 77 du décret 14 juin 1813, le rapporteur déférera à la chambre les faits qui pourraient donner lieu à des mesures de discipline, sauf le renvoi, le cas échéant, devant M. le procureur du roi.

Art. 9.

Chacun des membres de la communauté est invité, dans l'intérêt de l'ordre, à faire connaître au syndic ou au rapporteur, les faits d'indiscipline qui pourraient échapper à leur vigilance.

Art. 10.

La présente délibération sera imprimée, et des exemplaires en seront adressés :

A M. le président du tribunal ;
A M. le procureur du roi ;
A MM. les avoués ;
Et à chacun des membres de la communauté.

Fait et délibéré en assemblée ordinaire, le samedi 7 septembre 1844, où étaient présents MM. Lefèvre, syndic ; Collas-Néry, rapporteur ; Leroy, secrétaire ; Letellier, trésorier ; Blondel, membre ; et Vaillant, suppléant.

Certifié conforme :

Le Secrétaire,
LEROY.

Le Syndic,
LEFÈVRE.

OBSERVATIONS.

Les dispositions que contient la délibération qui précède nous paraissent rentrer de la manière la plus complète dans la compétence et les attributions de la chambre. La sagesse dont elles sont empreintes, en démontrant que la chambre comprend et la dignité et la gravité de ses devoirs, témoigne suffisamment que si elle est résolue à les accomplir courageusement, elle ne s'écartera pas de la modération si désirable en pareil cas, si utile même au triomphe d'une cause juste.

L'esprit de conciliation dans lequel est conçu l'art. 7 mérite surtout notre entière approbation. C'est en effet en restant étroitement unis que les huissiers arriveront plus tôt et plus sûrement à détruire les abus qui ruinent leurs études et portent atteinte à leur considération ; c'est en cherchant à cimenter cette union, à faire disparaître les petits nuages que la rivalité élève entre confrères, à exciter chez chacun une sainte stimulation pour le bien général, que les chambres de discipline agrandiront le domaine de leur influence morale et arriveront au but de leur mission essentiellement paternelle et régulatrice.

L'art. 8 prouve que la chambre comprend l'étendue de ses pouvoirs et qu'elle sait que l'infraction à une délibération peut ne pas entraîner une peine disciplinaire. Trop de chambres de discipline paraissent avoir méconnu ce principe pour que nous ne le rappellions pas dans un article spécial qui paraîtra bientôt dans notre journal.

Voyez, au surplus, les observations que nous avons faites sous les art. 164, 165 et 170 de ce journal.

A annoter aux mots Chambre de discipline, n°s 27 et suiv. ; et Copies de pièces, n° 61.

ART. 197.

—

EFFETS DE COMMERCE.

INTERDICTION DE LES ENCAISSER ET RECOUVRER. — PROTÊT.

Délibération de la chambre de discipline des huissiers de l'arrondissement de Senlis.

Du 7 septembre 1844.

LA CHAMBRE ;

Considérant qu'aux termes de l'art. 161 du Code de commerce, le porteur d'un effet est tenu de le présenter au débiteur le jour de l'échéance ;

Que ce n'est que le lendemain et en cas de refus de payement que l'huissier doit constater ce refus par un protêt (art. 162) ;

Qu'aux termes de l'art. 70 du décret du 14 juin 1813, la chambre peut et doit donner son avis sur les questions de taxe de frais et de dépens réclamés pat les huissiers;

EST D'AVIS,

Qu'il peut être exigé :

1° Pour chaque avertissement . . . .   50 cent.

2° Pour encaissement lorsqu'il ne concernera qu'une seule partie, et qu'il n'aura été fait aucune poursuite judiciaire,

Jusqu'à 100 francs . . . .   5 p. 100
De 100 à 500 francs . . . .   3 id.
De 500 à 1,000 francs. . . . .   2 id.

Lorsque la somme à recouvrer dépassera 1,000 francs, ou lorsqu'elle concernera un certain nombre de débiteurs, les droits de recette seront réglés de gré à gré.

Dans aucun cas, il ne pourra être rien réclamé au débiteur qui se libérera à l'amiable, les droits ci-dessus ne devant concerner que la partie qui aura chargé l'huissier du recouvrement.

Fait et délibéré en assemblée, où étaient présents MM. Lefèvre, syndic; Collas-Néry, rapporteur; Leray, secrétaire; Letellier, trésorier; Blondel, membre; et Vaillant, suppléant.

Certifié conforme,

Le Secrétaire,   *Le Syndic,*
LERAY.   LEFÈVRE.

— V. nos observations, art. 168 et 169 de ce journal, sur la compétence de la Chambre de discipline et la convenance d'une telle délibération.

A annoter au mot **Honoraires**, n° 19.

ART. 199.

PURGE.

EXTRAIT DU TITRE. — TABLEAU DES INSCRIPTIONS. — CONCURRENCE. — AVOUÉS. — HUISSIERS.

Les huissiers peuvent-ils, concurremment avec les avoués, composer l'extrait du titre et le tableau à notifier aux créanciers inscrits pour la purge des hypothèques?

Cette importante question avait été résolue en faveur des huissiers par un jugement du tribunal de Tours, du 4 juillet 1844 (V. ce jugement et nos observations, art. 185 ci-dessus), dont les motifs, longuement développés et véritablement tirés du texte et de l'esprit de la loi, paraissaient sinon inattaquables, du moins irréformables.

Malheureusement pour les huissiers, il n'en a point été ainsi que nous le pensions, et cette fois encore, malgré l'intention du législateur, contre l'avis du célèbre continuateur de Toullier,

M. Duvergier, aujourd'hui bâtonnier de l'ordre des avocats de Paris, ils ont été dépouillés, au profit des avoués, d'un droit qui leur appartient incontestablement.

Espérons toutefois que le dernier mot de cette question n'est pas dit, et que la cour régulatrice, aujourd'hui saisie de la difficulté, tiendra compte des excellentes raisons alléguées en faveur des huissiers, et leur confirmera le droit de composer l'extrait du titre et le tableau des inscriptions, parties intégrantes de l'original de notification.

Sur l'appel interjeté par les avoués de Tours, les huissiers ont produit une consultation délibérée par M. Duvergier et dont voici la discussion sur le point de droit :

« Avant d'examiner les textes sur lesquels peuvent s'appuyer les différentes opinions, dit le savant jurisconsulte, les magistrats ont cherché dans la nature même des fonctions des deux classes d'officiers ministériels, la raison de décider ; ils ont ensuite apprécié les objections fondées sur quelques articles du Code de procédure et du tarif : ainsi, ils ont d'abord rappelé que le droit exclusif que la loi du 27 ventôse an 8, dans son art. 94, accorde aux avoués, est celui de postuler, de prendre des conclusions devant le tribunal près duquel ils sont établis. — De là, ils ont tiré cette conséquence incontestable que les fonctions et le ministère des avoués se circonscrivent dans des actes qui s'adressent immédiatement à la juridiction du magistrat et qui ont pour but de placer sous les yeux d'un juge dont on sollicite la décision, les demandes, les prétentions et la défense des parties. — Sans doute, en dehors de ces attributions générales, les avoués sont investis par des textes spéciaux du droit de faire certaines procédures qui n'ont pas pour but direct et immédiat de provoquer la décision des magistrats sur un litige ; mais ces fonctions exceptionnelles et extraordinaires doivent être ajoutées aux fonctions générales ordinaires : voilà tout, et l'on doit reconnaître que pour que les avoués puissent ainsi donner à leur ministère une extension anormale, il faut qu'une loi formelle les y autorise. — Si donc la confection de l'extrait et du tableau prescrits par l'art. 2183 du Cod. civ. n'est attribuée aux avoués ni par les règles générales de leur profession, ni par des dispositions spéciales, évidemment il est licite pour les huissiers de rédiger l'extrait et de dresser le tableau. — D'abord, il n'est pas besoin d'insister sur cette proposition incontestable que la procédure prescrite par l'art. 2183 du Code civ., les actes et les formalités qui la constituent, sont complétement étrangers à toute idée de litige. Entre l'acheteur qui veut purger et les créanciers inscrits il n'y a point de procès. — Il ne s'agit que de la notification à faire par le premier aux seconds d'une acquisition que ceux-ci ont intérêt de connaître ; cette notification a pour but non d'engager un débat, mais de donner aux créanciers le moyen de surenchir, s'ils le jugent convenable ; tout cela est *extrajudiciaire*, le magistrat n'est point appelé à prononcer : par conséquent, il n'y pas lieu à l'exercice du ministère des avoués. — Il reste à examiner si quelque texte spécial confie à cette classe d'officiers ministériels le soin de faire des actes qui, d'après les principes généraux et en s'attachant à la nature même de leurs fonctions, ne leur appartiennent pas. — On n'en cite aucun qui, d'une manière expresse, leur donne cette attribution extraordinaire. — On n'argumente que des dispositions qui décideraient implicitement la question en leur faveur. — Toutes les fois qu'il faut sortir du droit commun, qu'à côté de la règle on veut placer une exception, il est nécessaire d'avoir une disposition claire, précise et formelle. Les inductions plus ou moins ingé-

Qu'aux termes de l'art. 70 du décret du 14 juin 1813, la chambre peut et doit donner son avis sur les questions de taxe de frais et de dépens réclamés par les huissiers ;

 EST D'AVIS,

Qu'il peut être exigé :

1° Pour chaque avertissement . . . . 50 cent.

2° Pour encaissement lorsqu'il ne concernera qu'une seule partie, et qu'il n'aura été fait aucune poursuite judiciaire,

Jusqu'à 100 francs . . . . 5 p. 100

De 100 à 500 francs . . . . 3 id.

De 500 à 1,000 francs. . . . . 2 id.

Lorsque la somme à recouvrer dépassera 1,000 francs, ou lorsqu'elle concernera un certain nombre de débiteurs, les droits de recette seront réglés de gré à gré.

Dans aucun cas, il ne pourra être rien réclamé au débiteur qui se libérera à l'amiable, les droits ci-dessus ne devant concerner que la partie qui aura chargé l'huissier du recouvrement.

Fait et délibéré en assemblée, où étaient présents MM. Lefèvre, syndic ; Collas-Néry, rapporteur ; Leray, secrétaire ; Letellier, trésorier ; Blondel, membre ; et Vaillant, suppléant.

Certifié conforme,

Le Secrétaire,	LeSyndic,
LERAY.	LEFÈVRE.

— V. nos observations, art. 168 et 169 de ce journal, sur la compétence de la Chambre de discipline et la convenance d'une telle délibération.

A annoter au mot Honoraires, n° 19.

ART. 199.

PURGE.

EXTRAIT DU TITRE. — TABLEAU DES INSCRIPTIONS. — CONCURRENCE. — AVOUÉS. — HUISSIERS.

Les huissiers peuvent-ils, concurremment avec les avoués, composer l'extrait du titre et le tableau à notifier aux créanciers inscrits pour la purge des hypothèques ?

Cette importante question avait été résolue en faveur des huissiers par un jugement du tribunal de Tours, du 4 juillet 1844 (V. ce jugement et nos observations, art. 185 ci-dessus), dont les motifs, longuement développés et véritablement tirés du texte et de l'esprit de la loi, paraissaient sinon inattaquables, du moins irréformables.

Malheureusement pour les huissiers, il n'en a point été ainsi que nous le pensions, et cette fois encore, malgré l'intention du législateur, contre l'avis du célèbre continuateur de Toullier,

M. Duvergier, aujourd'hui bâtonnier de l'ordre des avocats de Paris, ils ont été dépouillés, au profit des avoués, d'un droit qui leur appartient incontestablement.

Espérons toutefois que le dernier mot de cette question n'est pas dit, et que la cour régulatrice, aujourd'hui saisie de la difficulté, tiendra compte des excellentes raisons alléguées en faveur des huissiers, et leur confirmera le droit de composer l'extrait du titre et le tableau des inscriptions, parties intégrantes de l'original de notification.

Sur l'appel interjeté par les avoués de Tours, les huissiers ont produit une consultation délibérée par M. Duvergier et dont voici la discussion sur le point de droit :

« Avant d'examiner les textes sur lesquels peuvent s'appuyer les différentes opinions, dit le savant jurisconsulte, les magistrats ont cherché dans la nature même des fonctions des deux classes d'officiers ministériels, la raison de décider ; ils ont ensuite apprécié les objections fondées sur quelques articles du Code de procédure et du tarif : ainsi, ils ont d'abord rappelé que le droit exclusif que la loi du 27 ventôse an 8, dans son art. 94, accorde aux avoués, est celui de postuler, de prendre des conclusions devant le tribunal près duquel ils sont établis. — De là, ils ont tiré cette conséquence incontestable que les fonctions et le ministère des avoués se circonscrivent dans des actes qui s'adressent immédiatement à la juridiction du magistrat et qui ont pour but de placer sous les yeux d'un juge dont on sollicite la décision, les demandes, les prétentions et la défense des parties. — Sans doute, en dehors de ces attributions générales, les avoués sont investis par des textes spéciaux du droit de faire certaines procédures qui n'ont pas pour but direct et immédiat de provoquer la décision des magistrats sur un litige ; mais ces fonctions exceptionnelles et extraordinaires doivent être ajoutées aux fonctions générales ordinaires : voilà tout, et l'on doit reconnaître que pour que les avoués puissent ainsi donner à leur ministère une extension anormale, il faut qu'une loi formelle les y autorise. — Si donc la confection de l'extrait et du tableau prescrits par l'art. 2183 du Cod. civ. n'est attribuée aux avoués ni par les règles générales de leur profession, ni par des dispositions spéciales, évidemment il est licite pour les huissiers de rédiger l'extrait et de dresser le tableau. — D'abord, il n'est pas besoin d'insister sur cette proposition incontestable que la procédure prescrite par l'art. 2183 du Code civ., les actes et les formalités qui la constituent, sont complètement étrangers à toute idée de litige. Entre l'acheteur qui veut purger et les créanciers inscrits il n'y a point de procès. — Il ne s'agit que de la notification à faire par le premier aux seconds d'une acquisition que ceux-ci ont intérêt de connaître ; cette notification a pour but non d'engager un débat, mais de donner aux créanciers le moyen de surenchir, s'ils le jugent convenable ; tout cela est *extrajudiciaire*, le magistrat n'est point appelé à prononcer : par conséquent, il n'y pas lieu à l'exercice du ministère des avoués. — Il reste à examiner si quelque texte spécial confie à cette classe d'officiers ministériels le soin de faire des actes qui, d'après les principes généraux et en s'attachant à la nature même de leurs fonctions, ne leur appartiennent pas. — On n'en cite aucun qui, d'une manière expresse, leur donne cette attribution extraordinaire. — On n'argumente que des dispositions qui décideraient implicitement la question en leur faveur. — Toutes les fois qu'il faut sortir du droit commun, qu'à côté de la règle on veut placer une exception, il est nécessaire d'avoir une disposition claire, précise et formelle. Les inductions plus ou moins ingénieuses, laborieusement tirées de textes plus ou moins décisifs, doivent être toujours accueillies avec une extrême défiance. — C'est sous l'influence de cette observation que nous allons parcourir les différents articles qui peuvent être invoqués dans l'intérêt des avoués. — Ce sont les art. 832 du Code de proc., et 143 du tarif de 1807. — Le tribunal a, dans ses motifs, démontré de la manière la plus convaincante que ni l'un ni l'autre de ces textes ne conduit à cette conséquence, que les avoués sont exclusivement chargés de préparer l'extrait de l'acte et de dresser le tableau dont il question dans l'article 2183. Il est vrai que l'art. 832 du Code de proc. exige que les notifications soient faites par un huissier commis sur requête, et contiennent constitution d'avoué. Mais le tribunal fait remarquer qu'aux termes de l'art. 61 du Code de proc., les exploits d'ajournement contiennent aussi constitution d'avoué, et que cependant ces actes appartiennent au ministère des huissiers. — Cette réponse est tranchante et ne permet pas de s'arrêter un seul instant à l'induction fondée sur l'art. 832. — L'art. 143 du tarif ne fournit un argument que parce qu'il contient l'allocation d'un salaire pour la composition de l'extrait, et qu'il est placé sous la rubrique des *avoués de première instance*. — La seule conclusion qu'on puisse tirer de ces deux circonstances, c'est que les avoués peuvent, comme mandataires de la partie qui veut purger, composer l'extrait, et que s'ils le composent, il leur sera alloué un honoraire déterminé. — Mais on ne doit pas en conclure que les avoués seuls sont autorisés à composer l'extrait. — En l'absence de toute autre considération, il suffirait de faire remarquer que cette attribution exclusive serait une exception, que les exceptions ne se supposent pas facilement ; que si le législateur avait voulu admettre celle-ci, il ne se serait pas borné à la fait ressortir d'une allocation du tarif, combinée avec la rubrique sous laquelle elle est placée. — Mais le tribunal de Tours a donné une autre raison qui ne permet pas d'hésiter : il a cité plusieurs dispositions qui, classées sous le titre *des avoués de première instance*, contiennent des allocations pour les actes qui éminemment ne sont pas faits par les avoués qui ne doivent rien leur rapporter. — Par là il a invinciblement démontré que ces actes peuvent être tarifés dans des articles compris dans le titre consacré aux avoués sans qu'il en résulte nécessairement que c'est aux avoués qu'appartient exclusivement le droit de faire ces actes. — Le soussigné se borne, on le voit, à analyser les arguments que le tribunal de Tours a donnés pour base à sa décision ; il craindrait de les affaiblir en les développant. — Il n'y a qu'une bonne manière de dire la vérité et de la produire. — Les magistrats, dont la décision est déférée à la Cour d'Orléans, l'ont saisie ; il faut se borner à rendre hommage à la justesse de leurs idées et à l'exactitude de leurs raisonnements. — Au surplus, la question a déjà été traitée par des jurisconsultes qui se sont spécialement occupés de ces matières, et ils ont pensé qu'elle devait recevoir une solution semblable à celle que lui a donnée le tribunal de Tours. On peut notamment consulter le Commentaire du Tarif de M. Chauveau, t. 1er, p. 77 et suiv. — Une dernière considération invoquée par les avoués doit recevoir un mot de réfutation. On a plaidé pour eux que l'importance et la difficulté des actes sont un motif pour en attribuer la confection aux officiers ministériels qui occupent dans la hiérarchie un rang plus élevé, et dont les travaux habituels exigent et supposent plus de lumières. — Le législateur se serait jeté dans une appréciation bien difficile et bien compliquée s'il avait essayé de classer ainsi les actes en raison de leur importance et de leur difficulté ; il s'est évidemment placé à un autre point de vue ; il a senti la nécessité d'établir des formalités de différentes natures, et il a créé pour leur accomplissement des officiers ministériels de différentes espèces — C'est donc par la nature des fonctions et par la nature des actes qu'il faut décider toutes les fois que des contestations semblables s'élèvent entre deux compagnies ; il n'y a que ce procédé qui soit juridique. D'ailleurs il est presque ridicule de prétendre que la confection d'un extrait d'acte ou de donation, et d'un tableau d'inscription, présente des difficultés auxquelles les lumières et la capacité des huissiers ne puissent pas atteindre ; il ne faut pour faire ce travail que savoir copier avec un peu d'intelligence. Chaque jour les huissiers font des actes bien autrement compliqués qui exigent des connaissances bien plus étendues, et le législateur se fie avec raison à leur instruction. — Ainsi et en résumé, le soussigné est d'avis que la question doit être résolue par cette raison capitale et décisive que les actes dont il s'agit sont des actes extra-judiciaires, et par conséquent en dehors des fonctions des avoués. Pour admettre une exception il faudrait qu'un texte l'eût établi ; ce texte n'existe pas. »

ARRÊT.

COUR ROYALE D'ORLÉANS. — 21 NOVEMBRE 1844.

LA COUR ; — En ce qui touche la question de savoir à qui, des avoués ou des huissiers, appartient le droit exclusif de composer et de signer l'original des extraits et du tableau, qui, en exécution de l'art. 2183 Cod. civ., doivent être notifiés à la requête de l'acquéreur à chaque créancier inscrit :

Considérant, d'une part, que les formalités prescrites par les art. 2183 et 2184 Cod. civ. ont pour objet, au regard de l'acquéreur, de faire fixer définitivement son prix et d'obtenir l'affranchissement des charges hypothécaires ; et, au regard des créanciers, de les mettre à même de surenchérir, s'il y a lieu, et d'ouvrir l'ordre et distribution du prix ; — Que c'est pour assurer à chacun d'eux l'exercice de leurs droits respectifs, que les articles précités veulent que l'acquéreur dénonce à chaque créancier inscrit : 1° Un extrait de son contrat d'acquisition ; 2° un extrait du certificat de transcription ; 3° et le tableau des inscriptions, et qu'en même temps il leur fasse l'offre de son prix ; que l'art. 832 Cod. proc. exige que cette notification et cette offre soient faites par un huissier commis sur une requête qui ne peut être présentée que par un avoué, qu'elles contiennent constitution d'avoué, et que s'il y a surenchère, elle ne puisse être notifiée qu'au domicile de cet avoué, et enfin que l'art. 753 du même code dispose que la sommation de produire à l'ordre qui doit être faite à l'acquéreur devra être notifiée au même officier ; — Que de l'ensemble de toutes ces dispositions, il résulte que les formalités de la purge des hypothèques ordinaires constituent une véritable procédure judiciaire dont le premier acte est la présentation de la requête, ladite surenchère, un incident, et l'ordonnance qui prononce la clôture définitive de l'ordre, et ordonne la radiation des inscriptions des créanciers non produisant et non colloqués, la fin ;

Qu'elle ne peut donc être régularisée et mise en état que par le ministère d'un avoué, aux termes de l'art. 3 de la loi du 20 mars 1791, article dont l'exécution a été ordonnée par l'arrêté du 8 fructidor an VIII, *et qui charge exclusivement les avoués de représenter les parties en justice, notamment de faire les actes de forme nécessaires pour la régularité des procédures, et mettre les affaires en état ;* — Qu'en effet, placé sous le titre *des avoués de première instance,* cet article ne peut évidemment concerner que cette classe d'officiers ministériels ; — Qu'il est vrai qu'on voit figurer dans ce même titre, sous les art. 80, 82, 140 et 147, des émoluments qui sont attribués à d'autres qu'à des avoués ; mais que ce sont là des exceptions qui ne peuvent être étendues aux huissiers puisqu'ils n'y sont pas compris.

Considérant d'autre part, qu'aux termes de l'art. 14 du décret du 14 juin 1813, les huissiers n'ont caractère que pour faire les citations, notifications et significations requises pour l'instruction des procès, ainsi que les actes et exploits nécessaires pour l'exécution des ordonnances de justice, jugements et arrêts ; — Que dans l'espèce, il ne s'agit pas d'un acte de cette nature, mais d'un extrait à faire, d'un tableau à composer ; que la composition de cet extrait et de ce tableau ne rentre donc pas dans leurs attributions ; — Qu'ils ne peuvent pas même réclamer, à cet égard, un droit de concurrence avec les avoués, parce qu'avant la nomination du président, ils n'on aucun caractère pour s'immiscer dans la procédure dont il s'agit ; d'où il suit qu'il y a nécessité de s'adresser d'abord à un avoué pour obtenir cette nomination, et qu'une fois saisi des pièces, celui-ci ne peut être tenu de s'en dessaisir en faveur de l'huissier commis ; — Que c'est par ce motif aussi que si le paragraphe 6 de l'art. 29, intitulé de *la taxe des huissiers ordinaires*, leur alloue un salaire pour la notification des extraits et du tableau, objet du litige, il ne leur en accorde aucun pour leur composition ;

En ce qui touche la question de postulation : — Considérant que la postulation ne peut exister que de complicité avec un avoué et qu'autant qu'il y a usurpation habituelle des fonctions d'avoué, deux circonstances qui ne se trouvent pas dans l'espèce ;

En ce qui touche la question de dommages-intérêts : — Considérant qu'en composant et en signant l'original des extraits et du tableau notifié en tête de l'exploit du 19 février dernier, l'huissier G... a fait à la compagnie des avoués de Tours un dommage qu'il doit réparer, en lui restituant les émoluments dont il l'a privée ;

Par ces motifs : Met l'appellation et ce dont est appel au néant ; émendant, décharge les appelants des condamnations contre eux prononcées, ordonne restitution de l'amende consignée ; au principal, disant droit : — Condamne l'huissier G... à payer à la compagnie des avoués de Tours, la somme de 21 fr. 50 c., à titre de dommages-intérêts ; — Déclare le présent arrêt commun avec le syndic de la compagnie des huissiers de Tours, condamne tant le syndic que G... en tous les dépens de première instance et d'appel.

A annoter au mot **Purge des hypothèques**, etc., n° 7.

ART. 200.

QUESTION PROPOSÉE [1].

SAISIE-EXÉCUTION.

SAISIE-GAGERIE ÉTABLIE. — FORMES A OBSERVER. — RECOLEMENT. — SOMMATION DE VENDRE.

Lorsqu'un huissier se présente pour pratiquer une saisie-exécution, et qu'il trouve une saisie-gagerie déjà faite (sans titre bien entendu) et un gardien établi, doit-il se conformer à l'art. 611 du C. procéd. civ. ?

L'art. 825 du C. pr. civ. résout cette question : il exige, en effet, que les règles prescrites pour la saisie-exécution soient observées en matière de saisie-gagerie. Il suit de là qu'il n'est pas

---

[1] Par M. Montaigne, clerc d'huissier à Lille.

possible de ne point tenir compte d'une telle saisie déjà établie, et que, par conséquent, l'huissier qui se présente pour saisir-exécuter ne peut faire qu'un recolement, avec sommation de vendre dans la huitaine, conformément à l'art. 611 du C. pr. — A défaut d'obéir à cette sommation dans le délai qu'elle prescrit, l'huissier peut procéder à la vente. — Telle est, suivant nous, la manière dont doivent être interprétées les dispositions combinées de la saisie-gagerie et de la saisie-exécution.

Une saisie n'établissant aucune préférence, aucun privilége en faveur du saisissant, n'ayant d'autre but que d'arriver à la réalisation en argent du mobilier saisi, pour en faire la distribution à chacun, selon les droits attachés à sa créance, nous ne pensons pas que celui qui a fait saisir-gager puisse prétendre que le second saisissant doive attendre qu'il y ait jugement sur la demande en validité, avant de pouvoir lui faire sommation, par la raison qu'il ne peut vendre avant le jugement, ainsi que le prescrit l'art. 824 du C. pr. — Mais, outre que cet art. 824 ne peut être invoqué contre le second saisissant, dont les droits sont déterminés par les art. 611 et 625, une telle prétention nous paraît formellement rejetée par le texte desdits articles. Nous ne verrions d'ailleurs, dans son adoption, que le désir de conserver, sans aucune nécessité, la poursuite de la vente au premier saisissant qui, au surplus, ne retirerait de là le plus mince bénéfice.

Du reste, il y aurait de graves inconvénients à admettre une telle procédure, et il en résulterait notamment 1° une exception dilatoire, que la loi n'admet pas, et dont le résultat serait de retarder indéfiniment les poursuites d'un créancier ayant titre exécutoire, et, par suite, le payement d'une dette exigible; 2° les plus grandes facilités à un propriétaire et un fermier de mauvaise foi de s'entendre pour nuire aux créanciers de ce dernier, en pratiquant une saisie-gagerie et en n'en demandant pas la validité, ou en laissant traîner en longueur cette demande, le second saisissant n'ayant pas qualité pour intervenir dans l'instance, ni aucun moyen pour contraindre le premier saisissant à former la demande en validité et en activer le jugement.

A annoter au mot Saisie-exécution, n° 120.

ART. 201.

EFFET DE COMMERCE.

BILLET A ORDRE FAUX. — QUITTANCE DONNÉE PAR L'HUISSIER. — RESPONSABILITÉ.

L'huissier qui, recevant le montant d'un billet faux qu'il est chargé de protester, en donne quittance particulière, outre l'acquit mis au dos du billet par le faussaire, se constitue garant et responsable de la somme payée à tort, et doit, par conséquent, la restituer.

JUGEMENT.

TRIBUNAL DE LYON. — 30 JANVIER 1845.

Le Tribunal : — Attendu que pour résoudre la question que soulève la cause, il n'est pas besoin de décider si en thèse générale un huissier doit être tenu de justifier de l'existence du créancier dans l'intérêt duquel il est appelé à dresser un protêt, et si les dispositions de l'art. 562 du Cod. de proc. sont restreintes au cas spécial qu'il prévoit, ou si elles peuvent par voie d'analogie être invoquées dans des espèces différentes, les faits particuliers fournissant au Tribunal d'autres moyens de solution ;

Attendu que le 27 septembre 1844, l'huissier V... substituant l'huissier M...., se présenta chez Motte en vertu d'une reconnaissance de 287 fr. échue la veille, paraissant souscrite par la dame Reillon en faveur d'un nommé Reynaud, et stipulée payable chez le sieur Motte, en annonçant l'intention de dresser un acte de protêt ; qu'en l'absence de son mari la dame Motte solda le montant de cette reconnaissance, mais qu'elle ne se contenta pas de l'acquit du nommé Reynaud, et qu'elle exigea de plus de l'huissier V... une déclaration formelle que les deniers lui avaient été remis ;

Attendu qu'en agissant ainsi contrairement à l'usage, la dame Motte a suffisamment manifesté sa défiance vis-à-vis du nommé Reynaud, et sa volonté d'assurer sa libération par l'intervention de l'huissier V..., ce qui a été accepté par ce dernier ;

Attendu que plus tard il a été reconnu que la dame Reillon était étrangère à la reconnaissance ci-dessus énoncée, et que le nommé Reynaud n'a pu être retrouvé ;

Attendu que l'huissier V... doit être déclaré responsable de cette double circonstance, puisqu'il a adhéré à la garantie spéciale que la dame Motte entendait acquérir contre lui ;

Par ces motifs, le tribunal dit et prononce par jugement en dernier ressort, qu'à titre de dommages-intérêts, l'huissier V... est condamné à rembourser à Motte la somme de 287 fr. ensemble, les intérêts tel que de droit.

OBSERVATIONS.

La décision que nous venons de transcrire, uniquement basée sur les faits de la cause, doit être restreinte au seul cas signalé, celui où un huissier, porteur d'un billet faux acquitté par un bénéficiaire qui ne peut être retrouvé, ne se borne pas à le recevoir et le remettre, et au contraire donne un reçu particulier du montant de l'effet de commerce ; dans cette hypothèse, en effet, le payement a pu être déterminé par ce reçu, et s'il n'est pas rigoureusement juste de dire qu'en donnant une quittance au nom d'un tiers, on garantit la validité du payement, la qualité de propriétaire légitime du porteur, il est au moins équitable d'indemniser d'un fait qu'on a aidé à faire accomplir.

Mais, dans tous les autres cas, soit que l'huissier ait reçu et remis le billet, sans autre formalité que l'acquit mis au dos par le dernier endosseur, soit qu'il l'ait reçu sur un protêt contenant quittance, il ne peut être déclaré responsable de la validité du payement. C'est à celui qui paye à s'assurer si ou non il doit, et si celui au nom duquel le payement est réclamé est véritablement propriétaire de l'effet de commerce.

En effet, en obligeant les huissiers à prêter leur ministère toutes les fois qu'ils en sont requis, la loi ne les a point assujettis, comme les notaires, à connaître les parties au nom desquelles ils agissent, ni, dans le cas contraire, à se faire attester leur individualité. Telle est la règle générale confirmée par l'exception introduite dans l'art. 562 du Code de procédure civile pour le cas de saisie-arrêt.

L'huissier qui, le lendemain de l'échéance, se présente au domicile du souscripteur pour y protester un billet échu la veille, a le droit de faire un protêt contenant quittance, ou peut se borner à recevoir et remettre l'effet de commerce sans frais. Il est évident que, dans les deux cas, il agit en sa qualité d'huissier; seulement, dans le premier cas, l'acte qu'il dresse, en ne laissant aucun doute sur la nature de sa mission, lui produit un bénéfice tarifé par la loi. En agissant ainsi, l'huissier ne fait donc que ce qu'il a le droit de faire, ne commet aucune faute et par conséquent n'engage pas sa responsabilité.

Mais admettons, si l'on veut, qu'en recevant, sans dresser de protêt, l'huissier n'agit que comme simple mandataire, alors encore il ne sera obligé à aucune garantie, car un mandataire qui ne sort pas des bornes de son mandat est irresponsable, à moins que le contraire ne résulte d'un acte émané de lui. C'est précisément à cette dernière circonstance seule, qui s'est rencontrée dans l'affaire jugée par le tribunal de Lyon, que l'huissier doit d'avoir été condamné à des dommages-intérêts.

A annoter aux mots **Effets de commerce**, nº 115; et **Responsabilité des huissiers**, nº 3.

ART. 202.

QUESTIONS PROPOSÉES.

§ I[1].

SAISIE-EXÉCUTION.

RÉCOLEMENT IMMÉDIAT. — ENLÈVEMENT DES MEUBLES. — MENACES DE LES BRISER.

L'huissier qui a procédé à une saisie-exécution peut-il, sur la

---

[1] Par M. Dapremont, huissier.

*menace à lui faite par le saisi de briser ses meubles, procéder im-
médiatement au recolement et ensuite à l'enlèvement des objets
saisis?*

Non, très-certainement.

Les dispositions de la loi touchant la dépossession d'un débiteur, c'est-à-dire la saisie et la vente de ses meubles, quoique
justes, nécessaires, indispensables même, sont cependant trop
rigoureuses pour qu'un créancier, et à plus forte raison l'officier
ministériel qui le représente, puisse les aggraver encore. En
cette matière donc, on doit tenir pour certain que tout ce qui
n'est pas explicitement permis, et qui tend à empirer la position
du débiteur, est défendu.

L'application de ce principe suffirait à lui seul à la solution
de notre question, mais il y a d'autres motifs très-puissants de
décider :

1° L'art. 613 du Code procéd., en exigeant qu'il y ait entre la
saisie et la vente un intervalle de huit jours, n'a eu d'autre but
que d'allouer au débiteur un délai pendant lequel il pût se li-
bérer et arrêter les suites de la saisie. Or, ne serait-ce pas porter une grave atteinte à cette faculté, que de procéder avant
l'expiration de ce délai de huitaine, à l'acte le plus pénible pour
le saisi et sa famille, le plus dur pour eux, leur dépossession
effective d'objets auxquels se rattachent d'anciens souvenirs de
famille, c'est-à-dire l'enlèvement de leurs meubles?

Remarquez, d'ailleurs, que cette opération peut être complètement inutile et devenir dès lors frustratoire, si le saisi paye avant
la vente. Dans ce cas, non-seulement le saisissant deviendrait
passible de dommages-intérêts pour avoir causé un notable préjudice au saisi en achevant de ruiner son crédit, déjà ébranlé
par la saisie, mais encore il devrait supporter les frais d'enlèvement, les frais de dépôt dans un autre local, les frais de réintégration, et le coût des exploits constatant ces divers déplacements ;

2° Il est dans l'esprit de l'article 616 du C. procéd. que le
recolement des effets saisis précède immédiatement l'enlèvement
et la vente. Cet article exige, en effet, qu'il soit fait mention des
objets qui manquent parmi ceux compris au procès-verbal de
saisie, afin de constater : d'une part, s'il y a lieu de recourir
contre le gardien et de lui accorder sa décharge avec ou sans
réserve ; d'une autre part, que les meubles sont remis à l'huissier
pour être vendus, le recolement n'étant autre chose qu'un acte
terminant la mission du gardien, et faisant passer de sa surveillance aux mains de l'huissier les objets destinés à être exposés
en vente. — Or : 1° le recolement fait aussitôt la saisie serait
dérisoire, puisqu'alors il ne peut y avoir aucun déficit, qu'il n'y a

pas eu de garde et qu'il n'y a pas lieu de décharger un gardien, ni de remettre à l'huissier des meubles qui ne doivent être vendus que dans huit jours ; 2° l'enlèvement immédiat exigerait le transport des meubles, leur dépôt, la constitution d'un gardien, enfin un nouveau recolement, toutes choses non prévues par la loi, et par conséquent préjudiciables au débiteur et frustratoires à l'égard de ses créanciers en général ;

3° L'art. 611 du C. procéd. en disposant que l'huissier qui *se présente pour procéder à une saisie* et trouve une saisie déjà faite et un gardien établi, ne doit procéder qu'à un recolement, suppose nécessairement que les meubles saisis doivent rester au domicile du débiteur jusqu'à la vente, car on ne peut *se présenter pour saisir* que là où il y a des meubles et effets en la possession de celui qu'on veut saisir, c'est-à-dire au lieu de son habitation. — Si donc il y avait enlèvement prématuré, les autres créanciers du saisi ne trouvant ni meubles ni gardien, ne pouvant dès lors ni saisir ni recoler, seraient privés du bénéfice que leur accorde l'art. 611, qui déclare que le recolement dressé dans le cas qu'il prévoit vaudra opposition sur les deniers de la vente, et l'art. 612 qui permet à tout opposant de faire vendre, à défaut par le saisissant de procéder lui-même à cette opération ;

4° Enfin l'art. 400 du Code pénal, qui punit la destruction par le saisi des objets saisis dont la garde est confiée à un tiers, sous-entend également que ces objets doivent rester en la demeure du saisi, et pour ainsi dire à la disposition de ce dernier, car autrement il lui serait difficile de les détruire.

Ces raisons nous paraissent péremptoires, et nous conseillons fortement à nos anciens confrères de ne jamais procéder à aucun enlèvement de meubles saisis, si ce n'est immédiatement avant la vente, quels que soient d'ailleurs les menaces de destruction faites par le saisi.

A annoter au mot **Saisie-Exécution**, n° 249.

§ II [1].

TARIF.

TAXE. — FRAIS A LA REQUÊTE DE L'ADMINISTRATION DE L'ENREGISTREMENT. — RECOUVREMENT D'AMENDES ET FRAIS DE JUSTICE.

Comment doivent être taxés les exploits faits à la requête de l'administration de l'enregistrement et des domaines ?

Et spécialement un commandement tendant à contrainte par corps ?

Les actes faits à la requête de l'administration de l'enregistre-

[1] Par M. Gœury, huissier à Verdun.

ment et des domaines dans le but, soit de faire prononcer par un jugement une condamnation à des droits de timbre et d'enregistrement ou à des amendes et doubles droits, dans les cas prévus par les lois fiscales, soit pour recouvrer par voie de contrainte et en vertu de la loi seulement, un droit de timbre, d'enregistrement, ou une amende, doivent incontestablement être taxés suivant le décret du 16 février 1807; ce sont, en effet, des exploits en matière purement civile, non prévus par le Code d'instruction criminelle, ni par le Code pénal, et qui, dès lors, ne peuvent profiter des diminutions de taxe imposées par le décret du 18 juin 1811, dans l'intérêt de l'Etat et de la vindicte publique. L'usage général et constant est conforme d'ailleurs à cette opinion.

Mais, outre les poursuites qu'elle doit exercer en son nom pour la conservation et le recouvrement des droits dont la gestion lui est confiée, l'administration de l'enregistrement est encore chargée du recouvrement : 1° des amendes prononcées dans les cas prévus par le Code d'instruction criminelle et le Code pénal (L. 19 déc. 1790, décr. 18 juin 1811, art 126; ord. 23 déc. 1823); 2° des frais de justice mis à la charge des condamnés en matière criminelle, correctionnelle et de police (L. 18 germinal an VIII, décret 18 juin 1811, ord. 3 nov. 1819). — Les condamnations aux amendes et frais, dans ces divers cas, entraînent de plein droit la contrainte par corps. Code pénal, 52; L. 17 avril 1832, art. 33.

Pour arriver à recouvrer ces amendes et ces frais, l'administration est obligée de faire exercer des poursuites par le ministère d'un huissier. Comment doivent être tarifés les actes indispensables pour contraindre les débiteurs, soit par la vente de leurs meubles, soit par l'emprisonnement de leur personne?

La question n'est pas douteuse en ce qui touche les frais de recouvrement des amendes; l'art. 126 du décret du 18 juin 1811 porte en effet : « Les frais de recouvrement des amendes prononcées dans les cas prévus par le Code d'instruction criminelle et le Code pénal, seront taxés conformément au tarif réglé par les décrets du 16 février 1807 pour la procédure civile. » Ainsi tous les exploits faits pour arriver au recouvrement d'une amende, tels que significations de jugements ou arrêts, commandements de toutes sortes, saisie-exécution, ventes de meubles, capture, écrou, recommandation, doivent être taxés d'après le décret de 1807.

Mais en ce qui concerne les exploits nécessaires au recouvrement des frais de justice en matière criminelle, correctionnelle et de police, la question pourrait souffrir plus de difficultés si, dès l'abord, on ne remarquait la frappante analogie qui existe entre les amendes et les frais de justice, et si par suite on n'éta il conduit naturellement à appliquer à ceux-ci la règle tracée pour ceux-là. D'une autre part, bien que les poursuites dont s'agit aient lieu en vertu d'un jugement émané d'un tribunal de répression, il n'en est pas moins vrai qu'elles constituent une procédure absolument civile, que la forme des actes composant cette procédure est déterminée uniquement par le Code de procédure, et que dès lors ils doivent être taxés suivant les prescriptions du tarif de 1807 se rattachant à ce Code.

Il n'est question nulle part dans le Code d'instruction criminelle, dans le Code pénal, ni dans le décret de 1811, d'exploits tendant à contraindre un condamné au payement des frais. Si le décret de 1811 parle, dans son art. 174, des frais de justice, c'est uniquement pour dire que leur recouvrement sera poursuivi par toutes voies de droit : saisie et vente des biens du débiteur, emprisonnement de sa personne ; or, comme il ne taxe ni saisie ni vente, force est donc d'avoir recours au tarif de 1807, dont les dispositions sont considérées comme étant le droit commun en matière de taxe. — Quant aux droits de capture, le décret du 7 avril 1813, rectificatif de celui de 1811, en parle bien, mais c'est seulement lorsque l'écrou a lieu en vertu d'un jugement ou arrêt emportant saisie de la personne, c'est-à-dire prononçant l'emprisonnement du condamné. Hors ce cas, dans lequel la poursuite exercée au nom du procureur du roi, conserve pour ainsi dire son caractère criminel, l'emprisonnement et le commandement qui le précède doivent être payés à l'huissier comme s'ils avaient lieu en matière commerciale.

On objecterait en vain que l'art. 33 de la loi du 17 avril 1832, en obligeant le procureur du roi, sur le vu du commandement et la demande du receveur de l'enregistrement, d'adresser les réquisitions nécessaires aux agents de la force publique et autres fonctionnaires chargés de l'exécution des mandements de justice, paraît considérer l'exécution du jugement, relativement au payement de l'amende et des frais, comme la poursuite tendant à la condamnation elle-même, et, par suite, s'en référer pour la taxe des exploits au décret de 1811. — Le législateur de 1832 n'a point entendu, par cette disposition, changer la nature des poursuites afin de recouvrement des frais de justice, et leur attribuer un caractère qu'on ne peut revendiquer pour elles, ni modifier les dispositions touchant la taxe de ces poursuites ; il n'a voulu qu'une chose, éviter des frais de capture par un huissier, frais retombant toujours, en définitive, à la charge du trésor, en cas d'insolvabilité du condamné ; et à cet effet, dérogeant au droit commun, suivant lequel la contrainte par corps, comme moyen de payement, ne peut être exercée que par un huissier, il a permis à l'administration de l'enregistrement de requérir du procureur du roi la saisie et l'emprisonnement de la personne du débiteur par les agents de la force publique, ce qui est infiniment plus expéditif et moins coûteux.

En résumé, le décret de 1811 nous paraît tarifer seulement les exploits signifiés à la requête du ministère public, soit pour faire prononcer les peines et amendes applicables aux crimes, délits et contraventions, soit pour l'exécution des jugements et arrêts en tant qu'ils prononcent *saisie de la personne* du condamné.

A annoter au mot **Tarif**, n°s 3 et 12.

§ III [1].
PRISÉE DE MEUBLES.

PROCÈS-VERBAL. — ESTIMATION. — INVENTAIRE. — NOTAIRE.

Les huissiers qui, aux termes de l'art. 37 du décret du 14 juin 1813, ont le droit de procéder concurremment avec les notaires et greffiers aux prisées de meubles, dans des lieux où il n'existe pas de commissaires-priseurs, peuvent-ils dresser procès-verbal de leur opération en l'absence d'un notaire, et dans toutes autres circonstances que lorsqu'il s'agit d'un inventaire?

Oui, sans contredit.

L'exercice du droit concédé aux huissiers par l'art. 37 du décret de 1813, n'est subordonné à la présence d'aucun autre fonctionnaire, ni limité à telle ou telle circonstance; il peut donc être exercé en l'absence d'un notaire et de tout autre officier ministériel, et toutes les fois qu'il y a réquisition, peu importe que ce soit après le décès d'une personne pour constater la nature et la valeur du mobilier dépendant d'une communauté ou d'une succession, ou qu'il s'agisse uniquement d'estimer des meubles appartenant à un particulier. L'huissier requis de procéder à une prisée n'est pas juge d'ailleurs de son utilité et à plus forte raison des motifs qui l'ont déterminée.

L'huissier, soumis à ce principe général que tout officier public quel qu'il soit, procédant à une opération de sa fonction, doit en rédiger acte, non-seulement peut, mais est obligé de dresser un procès-verbal des prisées qu'il fait, d'abord pour constater que la mission dont on l'a chargé a été régulièrement accomplie, et ensuite pour réclamer le juste salaire qui lui est dû. — Autrement comment pourrait-il se faire taxer et payer?

Ce droit ou plutôt cette obligation si naturelle de dresser acte des opérations auxquelles les fonctionnaires se livrent, existe depuis longtemps, du moins en ce qui concerne les prisées de meubles. On lit en effet dans l'art. 6 de la loi du 21-26 juillet 1790, que: « Les procès-verbaux de ventes et de *prisées* faites

---

[1] Par M. Léonard, huissier à Stenay.

par les huissiers et sergents ne seront soumis qu'aux mêmes droits de contrôle que ceux des jurés-priseurs ; » et dans l'art. 8, qu'il ne sera perçu que 1 livre 10 sols par vacation de prisée. Cela prouve qu'avant cette époque comme depuis, il était dressé procès-verbal des prisées de meubles par les huissiers et sergents.

La disposition de la loi de 1790 a été reproduite dans l'art. 68, n° 34, de la loi du 22 frimaire an VII, où il est dit que les prisées de meubles seront enregistrées au droit de 1 fr. Or, qu'entend la loi par *prisée de meubles*, si ce n'est le procès-verbal qui constate la prisée ?

Dans l'usage, lorsque la prisée est constatée par un inventaire dressé en même temps, l'huissier ne rédige point de procès-verbal afin d'éviter des frais ; il se borne à signer l'acte du notaire, mais toutes les fois que l'opération a lieu isolément, il en dresse procès-verbal. C'est ainsi que nous-même, alors que nous étions huissier, avons opéré plusieurs fois, et certes en agissant de la même manière, un huissier ne fera qu'une chose fort régulière et par conséquent à l'abri de toute critique.

Nous ferons, en terminant, une remarque : c'est que le procès-verbal de l'huissier ne doit contenir autre chose que la prisée des meubles et effets estimés par lui ; s'il contenait plus, par exemple des déclarations de dettes ou de créances, une analyse de titres, l'huissier s'écarterait des bornes de son ministère et deviendrait passible de peines disciplinaires.

Il ne faudrait pas non plus attribuer à un tel acte plus d'autorité qu'il n'en a réellement. Dressé hors des cas où il est exigé par la loi, ce n'est qu'un simple renseignement ; il ne peut donc être opposé aux tiers, ni faire foi vis-à-vis d'eux des énonciations qu'il contient. Ainsi, s'il avait lieu après décès il ne pourrait tenir lieu d'un inventaire du mobilier, à moins que toutes les parties ne soient majeures et ne le signent.

A annoter au mot Prisée, n° 4.

§ IV [1].

EXPLOIT.

CITATION. — NULLITÉ. — COMPÉTENCE. — AMENDE.

Une citation en justice de paix, donnée par l'huissier du canton voisin, au défendeur trouvé sur ce canton, est-elle nulle ?

En cas d'affirmative, la nullité peut-elle être prononcée d'office par le juge de paix ?

[1] Par M. Dupuis, huissier à Lassigny (Oise).

En cas de négative, le juge de paix peut-il condamner d'office l'huissier à l'amende prononcée par l'art. 1030 du C. procéd. ?

1. — Avant la loi de 1838, alors que les juges de paix avaient des huissiers ayant le droit exclusif d'instrumenter devant leur juridiction, la question de savoir si la citation notifiée par un huissier qui n'était pas celui de la justice de paix, ou qui n'avait pas reçu de commission à cet effet, ainsi que l'exigeait l'art. 4 du Code de procéd., était valable, fut résolue en sens divers par les auteurs et la jurisprudence. D'une part deux arrêts de la cour de Rennes, l'un du 2 septembre 1808, l'autre du 16 août 1811; un arrêt de la cour de cassation de Bruxelles du 9 juillet 1831, s'étaient prononcés pour la nullité de l'exploit, professée par Carré, Procéd. civile, Quest. 9; Merlin, Quest. et Rep. au mot *Huissier*; Delap. t. 1, p. 16. — D'une autre part, un arrêt de la même Cour de Rennes, du 14 juillet 1813, avait admis la validité de l'acte. — Pigeau, *Comment.*, t. 1, p. 11 : Thom. Desm. *Comment.*, t. 1, p. 54 et 55; Fav. Langl., v° Citat., § 1, n° 4; Augier, *Encyclop. des Juges de paix*, v° Citat. n° 16, avaient également proclamé la validité, en reconnaissant toutefois que l'huissier était passible de l'amende de 5 à 100 fr. prononcée par l'art. 1030 du C. de procéd.

On pouvait encore invoquer en faveur de cette dernière opinion : 1° un arrêt de la cour de cassation, du 24 frimaire an XI, rendu sous l'empire de la loi du 26 octobre 1790, exigeant que les citations des juges de paix fussent signifiées par leurs huissiers, à peine de 6 fr. d'amende. Cet arrêt casse un jugement qui, au lieu de condamner l'huissier à l'amende, annullait l'exploit donné contrairement à la loi de 1790; 2° un autre arrêt de la même cour, du 6 juillet 1814, déclarant valable une opposition à un juge de paix, signifiée par un huissier du canton voisin; 3° un dernier arrêt de la même cour, du 23 mai 1847, qui a validé une citation en simple police, donnée par un huissier autre que celui du juge de paix. Les motifs de cet arrêt sont très-remarquables :

Attendu, y est-il dit, qu'au surplus, l'art. 4 du Code de procédure civile portant « que la citation sera notifiée par l'huissier de la justice de paix du domicile du défendeur, et, en cas d'empêchement, par celui qui sera commis par le juge, » ne dit pas qu'il y a nullité si la notification est faite par un autre huissier que ce juge n'a pas commis; cependant aux termes de l'art. 1030 du même Code, « aucun exploit ou acte de procédure ne pourra être déclaré nul si la nullité n'est pas formellement prononcée par la loi; que quand une citation n'est pas donnée par l'huissier du juge de paix ou un autre huissier commis par ce juge, cette citation ne peut donc pas être annulée, et que l'huissier par qui elle a été notifiée peut seulement être condamné à une amende de 5 à 100 fr. »

Ainsi, on le voit, avant la loi de 1838, la question était presque généralement résolue dans le sens de la validité de l'exploit. Depuis cette loi qui a modifié l'art. 4 du C. procéd. et fait disparaître le privilége qu'il accordait, d'accord en cela avec l'art. 28 du décret du 14 juin 1813, aux huissiers des juges de paix, pour l'attribuer indistinctement à tous les huissiers du canton, on doit, à plus forte raison, reconnaître que l'exploit notifié par l'huissier d'un canton voisin, est valable, sauf à appliquer à ce fonctionnaire l'amende énoncée en l'art. 1030 du Code de procédure, pour contravention à l'art. 4 du même Code et à l'art. 16 de la loi du 25 mai 1838. — Chauveau sur Carré, quest. 9 ; Benech, *des Just. de paix.* p. 441, et Victor Foucher, *Comment. L. 25 mai* 1838, se prononcent également pour la validité de l'exploit.

En effet, n'est-il pas exact de dire qu'en principe, tous les huissiers d'un même arrondissement ayant le même caractère et les mêmes attributions, ont, vis-à-vis des particuliers, qualité pour instrumenter dans toute l'étendue du ressort du tribunal auquel ils sont attachés, et par conséquent pour signifier tous exploits ; que si, dans le but d'éviter des frais de transport et de soumettre les huissiers à une discipline plus sévère, à une surveillance plus active, on n'accorde qu'à ceux résidant dans le canton le droit de citer devant le juge de paix, ce n'est là qu'une mesure introduite dans l'intérêt des parties, qui ne doit pas leur préjudicier, et dont l'infraction, ne pouvant affecter l'acte dans ce qu'il doit avoir d'essentiel, ne peut être punie que de manière à n'atteindre que l'officier public qui a contrevenu aux règles de sa profession, c'est-à-dire par l'amende prévue par l'art. 1030 du Code ?

2. — Mais en admettant que l'exploit soit nul, cette nullité peut-elle être prononcée par le juge de paix ? — Oui, sans nul doute, lorsqu'elle est invoquée par les parties. Toute nullité présente, en effet, une question de forme à décider avant de passer au jugement du fond, et elle peut incontestablement être vidée par le juge saisi du principal dont elle n'est que l'accessoire ; elle n'excède jamais la compétence du juge, puisque dans aucun cas, quand même la nullité de l'acte entraînerait la déchéance de l'action, cette nullité ne représenterait pas un intérêt plus considérable que la demande. Enfin, elle constitue une exception qui doit nécessairement être appréciée par le juge devant lequel elle est introduite comme obstacle à la demande.—Au surplus, la règle *qui veut que le juge de l'action soit le juge de l'exception*, est applicable ici, car, comme nous venons de le dire, l'exception, par la valeur y attachée, rentre dans la limite de la compétence du

juge de paix. C'est dans ce sens que la cour de cassation s'est prononcée, en déclarant, par arrêt de février 1814, que le juge de paix est compétent pour statuer sur l'exception du défendeur invoquant la nullité de l'obligation dont on réclame l'exécution.

Dans le cas où les parties n'invoqueraient pas la nullité, le juge pourrait-il la prononcer d'office? Comme celle qui nous occupe, si elle devait être admise, serait d'ordre public, ne pouvant être basée que sur le défaut de qualité de l'huissier qui aurait signifié l'exploit, le juge pourrait la déclarer d'office, mais seulement dans l'hypothèse où le défendeur ne se présenterait pas, car, s'il se présentait sans invoquer la nullité de l'exploit, il ne nous semble pas que le juge serait en droit de la prononcer. — Conf. Augier, Encyclop. des juges de paix, v° *Except.*, n° 9, Chauveau sur Carré, quest. 748; Dall. Rép. alph. t. 7, p. 608, n° 10.

3. — L'exploit étant valable, le juge de paix serait-il compétent pour condamner l'huissier signataire à l'amende de 5 à 100 fr., prévue par l'art. 1030 du Code de procédure?—Non.— L'art. 73 du décret du 14 juin 1813 s'y oppose formellement en déclarant que toute condamnation des huissiers à l'amende, pour des faits relatifs à leurs fonctions, devra être prononcée par le tribunal de première instance du lieu de leur résidence. L'huissier signataire, ayant sa résidence dans un autre canton, ne serait d'ailleurs, ni comme fonctionnaire, ni comme citoyen, soumis à la juridiction du juge de paix devant lequel l'affaire serait portée.

A annoter aux mots **Citation**, n° 28; et **Compétence**, n° 111.

§ V [1].

EFFET DE COMMERCE.

1.

PROTÊT. — BESOINS INDIQUÉS. — FORMES A OBSERVER.

En cas de besoins, sur un effet de commerce, l'huissier qui ne trouve pas de fonds au domicile indiqué pour le payement, est-il tenu de se transporter aux besoins indiqués avant de dresser l'acte de protêt?

Nous le pensons.

L'usage admis depuis longtemps, et consacré par l'art. 173 du Code de commerce, permet au tireur d'une lettre de change, ou au souscripteur d'un billet à ordre, d'indiquer sous le nom de *besoins* un ou plusieurs domiciles où le porteur de l'effet de commerce devra se présenter pour obtenir son payement, s'il

____

[1] Par M. Nerat, huissier à Châlons-sur-Saône.

n'est pas désintéressé par le tiré lui-même, ou s'il n'y a pas de fonds au domicile principal indiqué dans le titre. Cette formalité n'a d'autre but que d'éviter un protêt, ou du moins de ne permettre cet acte, et les conséquences qui en résultent pour un commerçant, qu'autant qu'il ne se trouve d'argent pour payer à aucun des domiciles indiqués, soit directement, soit au besoin.

Tous les lieux énoncés, sans distinction, étant, selon nous, liés ensemble, et ne formant, réunis, qu'un seul et même tout, dont chacun n'est isolément qu'une partie, il n'est pas possible de faire un protêt faute de payement, avant d'avoir présenté l'effet partout ; tel nous paraît être, d'ailleurs, le vœu de l'article 173, qui exige que le protêt soit fait par un seul et même acte à tous les domiciles, d'où cette conséquence que copie entière de l'acte doit être laissée à chaque domicile. Il serait donc irrégulier de protester au premier domicile, et de laisser copie du protêt, en ce qui concerne le refus de payement qui y aurait été fait, puis d'en faire autant à chaque besoin, et cela afin d'éviter la perte d'un temps précieux à l'huissier, un jour d'échéance surtout ; de telles copies, en effet, ne consteraient pas que le protêt a été fait, ainsi que l'exige l'art. 173, à tous les domiciles énoncés. Il s'ensuivrait, dès lors, que, la copie tenant lieu de l'original à celui qui la reçoit, le tiré pourrait argumenter de la nullité du protêt, ainsi que les endosseurs.

Telle est la seule forme de procéder régulièrement, quels que soient d'ailleurs les inconvénients qui en découlent. Il est permis, au surplus, à l'huissier qui ne peut en un jour protester à tous les lieux énoncés, de renvoyer son opération au lendemain, afin de l'achever ce jour-là. Mais cela se rencontrera rarement, par suite de la jurisprudence de la cour de cassation, qui, dans le dessein d'éviter les inconvénients qui s'attachent, pour le porteur, à l'indication d'un grand nombre de besoins, ne reconnaît d'obligatoires que ceux indiqués par le tireur.

Mais de ce qu'un huissier ne peut être contraint de prêter son ministère que pour protester un effet de commerce le lendemain de l'échéance et par suite du refus de payement fait la veille au porteur, lors de sa présentation (art. 161 et 162 C. comm.), et de ce qu'un huissier, accomplissant un acte de sa fonction, doit en dresser un procès-verbal, ce fonctionnaire ne pourrait-il pas protester au premier domicile, laisser copie, sauf ensuite à constater le payement, s'il était effectué à l'un des domiciles indiqués au besoin ? — Non. — Dans ce cas, comme dans celui indiqué ci-dessus, où il n'y a payement à aucun domicile, il ne doit y avoir qu'un seul acte contenant les refus faits et le payement effectué, et copie entière de cet acte doit être remise à tous ceux contre lesquels il y a protêt. Autrement, le tiré ignorerait ce qu'il est important qu'il sache, à savoir si sa lettre de change, dont il a pu déposer les fonds à l'un des *besoins*, prévoyant une absence, a été ou non acquittée, et si ou non il est sous le coup de poursuites de nature à nuire à son crédit.

2.

INTERVENTION.—PROTÊT.—COPIE AU DOMICILE DE PAYEMENT.

Doit-il être laissé copie au domicile de payement, tant du protêt que du payement par intervention ?

Les interventions et le payement pouvant être constatés soit par l'acte de protêt lui-même, soit à la suite de cet acte (C. com. 158), nous pensons que, dans le premier cas, copie entière du protêt (y compris l'intervention qu'il contient) doit être laissée au lieu indiqué pour le payement ; mais que, dans le second, il suffit de laisser seulement copie du protêt, l'intervention n'ayant lieu que lorsque cet acte est consommé. Il importe peu, au surplus, au tiré, qu'il doive à l'un ou l'autre des endosseurs, car dans un cas comme dans l'autre il doit s'attendre à des poursuites, s'il ne se hâte de payer.

A annoter au mot Effet de commerce, n° 169, et § 9, sect. 1.

§ VI [1].

SAISIE-EXÉCUTION.

En cas de saisie conservatoire, ou foraine, ou gagerie, faite en vertu d'ordonnance et non validée, le second saisissant, en vertu d'un titre authentique qui ne peut, conformément à l'art. 611 du Code de procédure civile, que faire un recolement et sommation au premier saisissant, de vendre dans la huitaine, peut-il, si ce dernier ne donne pas suite à sa saisie en la faisant valider, procéder à la vente sans faire lui-même valider la première saisie ?

Oui. Cette question est résolue dans ce sens sous l'article 200 ci-dessus.

A annoter au mot Saisie-exécution, n° 120.

ART. 203.

HUISSIER.

GREFFIER DE PAIX. — AVERTISSEMENT AUX PARTIES. — SALAIRES.

(Observations du rédacteur et de M. Aug. Louis, huissier à Ay, Marne.)

Extrait de l'exposé des motifs et du projet de loi sur la suppression des droits et vacations alloués aux juges de paix.

___

[1] **Par mondit sieur Nerat.**

Intention du gouvernement d'accorder aux greffiers de paix, moyennant rétribution, le droit de donner aux parties les avertissements exigés dans le cas de l'art. 17 de la loi du 25 mai 1838.

1° *Extrait de l'exposé des motifs.*

Cet extrait seul intéressant les huissiers, nous nous abstenons de publier le surplus, qui leur est complétement étranger.

D'après l'art. 3 du projet, le traitement des greffiers continuera d'être réglé conformément à la loi du 21 prairial an 7, sans égard à l'augmentation accordée aux juges de paix.

Ce traitement est fixé au tiers de celui que reçoivent annuellement les juges de paix. Ainsi il est de 800 fr. à Paris, 533 fr. 33 cent. dans les villes de 100,000 habitants, 400 fr. dans les villes de 50,000 habitants et au-dessus, 333 fr. 33 cent. dans les villes de 30,000 habitants, et 266 fr. 66 cent. partout ailleurs.

Les greffiers des juges de paix recevront, en outre, des droits et vacations déterminés par un tarif qui, aux termes du paragraphe 2 de l'art. 4 du projet, devra être fait avant le 1er janvier 1846, époque à laquelle la loi deviendra exécutoire.

Le chap. 2 du tarif du 16 février 1807 alloue aux greffiers des juges de paix des droits ou vacations pour chaque rôle d'expédition qu'ils délivrent, pour l'expédition du procès-verbal constatant que les parties n'ont pu être conciliées, pour transport sur les lieux contentieux, pour transmission au procureur du roi de la récusation et de la réponse du juge, pour assistance aux opérations des experts, lorsque la minute de leur rapport est écrite par le greffier, pour assistance aux conseils de famille, aux appositions, reconnaissances et levées de scellés, aux référés, aux actes de notoriété; pour déclaration de l'apposition de scellés sur le registre du greffe du tribunal de première instance, dans les villes où elle est prescrite; pour chaque opposition aux scellés, formée par déclaration sur le procès-verbal de scellés, et pour chaque extrait des oppositions aux scellés.

Les greffiers sont en outre dans l'usage de percevoir par analogie des droits et vacations pour assistance aux actes d'adoption, de tutelle officieuse et d'émancipation, aux actes portant autorisation à un mineur émancipé de faire le commerce, à une femme mariée, de consentir une réduction dans son hypothèque sur les biens de son mari, aux actes de nomination d'un tuteur, de nomination, par le père d'enfants mineurs, du conseil de leur mère tutrice, ou à ceux contenant bail à nourriture, et pour toute opération qui peut être assimilée aux scellés, comme procès-verbal de carence, description de mobilier avec prisée, inventaire d'objets naufragés, etc.

Il n'est rien dû aux greffiers des juges de paix pour l'inscription des causes sur les registres d'audience, pour le visa d'une opposition ou de toute autre signification, pour la déclaration des parties qui demandent à être jugées par le juge de paix, pour les actes de réception de caution, de prestation de serment des experts, de rédaction de la déclaration des tiers saisis, etc. Ils sont encore tenus de délivrer, sans frais, les billets d'avertissements adressés aux parties que le juge de paix croit devoir appeler devant lui, et d'assister gratuitement le juge de paix, lorsqu'il préside le jury de révision de la garde nationale, ou lorsqu'il règle l'indemnité due aux propriétaires riverains des chemins vicinaux.

On voit qu'il est nécessaire, ainsi que l'a reconnu, dans la séance de la chambre des députés du 12 mars 1842, la commission des pétitions, de régulariser la position des greffiers des justices de paix, en rétribuant ceux de leurs travaux qui ne se trouvent pas énumérés dans le tarif du 16 février 1807, soit que ces travaux aient été omis, soit qu'ils résultent de lois postérieures. Tel est l'objet du paragraphe 2 de l'art. 4 du projet.

Le nouveau tarif sera fait par une ordonnance royale portant règlement d'administration publique. Le droit que demande le gouvernement lui a déjà été conféré dans des circonstances analogues, notamment en matière d'expropriation pour cause d'utilité publique et de vente judiciaire de biens immeubles.

2° Extrait du projet de loi.

ART. 3.

Le traitement actuel des greffiers de paix est maintenu, sans égard à l'augmentation du traitement accordé aux juges de paix par l'article précédent.

ART. 4.

La présente loi sera exécutée, et les chap. 1 et 2 du livre premier du tarif du 16 février 1807 demeureront abrogés à dater du 1er janvier 1846.

Avant cette époque, il sera fait, par ordonnance royale rendue dans les formes des règlements d'administration publique, un tarif des droits et vacations des greffiers des juges de paix.

OBSERVATIONS.

Le tarif des droits à allouer aux greffiers des juges de paix ne devant avoir lieu que par ordonnance, et en vertu de la loi proposée, nous attendrons que cette loi soit adoptée par les deux chambres pour présenter au garde des sceaux, des observations, dans l'intérêt des huissiers, afin de faire modifier l'intention exprimée dans le projet que nous venons de rapporter, de rétribuer les avertissements à donner aux justiciables, et d'attribuer cette rétribution aux greffiers des juges de paix.

Il nous semble que le ministre est tombé dans l'erreur en déclarant que les greffiers des justices de paix étaient tenus de délivrer gratuitement les avertissements qu'il plaît au juge de paix de prescrire dans le cas de l'art. 17 de la loi du 25 mai 1838. Cet article, en effet, en permettant au juge de paix d'interdire aux huissiers de sa résidence de donner aucune citation en justice sans qu'au préalable il n'ait appelé, sans frais, les parties devant lui, en ne réglant pas dans quelle forme l'appel aura lieu et en n'obligeant pas le greffier à accomplir cette formalité au préjudice de son temps et de son papier, sous-entend nécessairement que ce sera le juge de paix personnellement qui avertira les parties, lorsqu'il croira devoir user du bénéfice que lui accorde ledit article 17. — Les droits ou les devoirs des greffiers nous paraissent donc ne recevoir aucune augmentation par suite des dispositions de cet article.

Cette proposition se vérifiera complétement si l'on veut se reporter à ce qui se pratiquait avant la loi de 1838, et particulièrement à ce qui a donné naissance à l'art. 17. Alors qu'aucune disposition de loine permettait aux juges de paix d'interdire l'appel en justice avant d'avoir averti, ces magistrats, dans des vues qu'on ne peut que louer, s'étaient entendus avec leurs huissiers— qui, on doit le signaler ici, les avaient secondés de la meilleure grâce du monde, bien que leurs intérêts pécuniaires dussent en souffrir — afin que, dans certaines circonstances prévues à l'avance, ces derniers écrivissent avant de citer. Cette mesure, qui n'était pas générale, avait produit de bons résultats dans la plupart des localités où elle était en vigueur ; ils furent signalés, et malgré le tort qui pouvait en résulter pour les huissiers, on s'empressa d'investir à cet égard les juges de paix d'un pouvoir purement arbitraire par l'art. 17 de la loi de 1838. Ainsi, si, dans l'origine, les huissiers n'avaient pas voulu se prêter à l'essai tenté par les juges de paix, cet article 17 n'aurait pas été promulgué ; car il ne serait pas venu à l'idée du gouvernement ni d'aucun membre de la chambre d'insérer, dans une loi une disposition dont les résultats eussent été entièrement inconnus.

Mais on doit le dire, depuis cette loi les choses se sont à peu près passées comme auparavant : les huissiers continuent d'écrire les lettres eux-mêmes en les faisant viser ou signer par les juges de paix, et, à peu d'exceptions près, les greffiers ne s'occupent pas plus de donner des avertissements qu'avant 1838. Les justiciables ont donc toujours été en rapport direct avec l'huissier, et un tiers intéressé n'a été placé entre eux jusqu'à ce jour, ni par le législateur, ni, en général, par le juge de paix, en vertu de la loi de 1838, dont, en pareil cas, l'interprétation serait forcée pour ne pas dire vicieuse.

En se proposant d'accorder par ordonnance aux greffiers de paix une rétribution pour les avertissements, c'est reconnaître implicitement qu'ils ont le droit exclusif de les délivrer, et violer dès lors l'art. 17 de la loi de 1838, qui exige que les avertissements soient donnés par le juge de paix sans frais. — Cette proposition, si elle est réalisée, portera en outre, sans aucun intérêt pour le public, une grave atteinte aux droits des huissiers en détournant les justiciables de leurs cabinets, en les mettant en rapport, dès l'origine d'une difficulté, avec un greffier souvent avide de rechercher, en dehors de sa profession, des bénéfices que celle-ci lui refuse ; en les contraignant de donner leur confiance, expliquer leur affaire à un homme qu'ils ne peuvent choisir et au sujet duquel ils peuvent éprouver une certaine répulsion. Dans la plupart des circonstances, si ce n'est dans toutes, le greffier suivra les parties devant le juge ; si elles s'arrangent, il les entraînera dans son cabinet et fera une transaction ; si, au contraire, il y a procès, il se chargera de la rédaction des exploits, sollicitera des remises de certains huissiers, et deviendra un véritable agent d'affaires placé tout exprès pour nuire aux huissiers.

Non-seulement l'intérêt des justiciables n'exige pas qu'il y ait un changement dans ce qui existe, mais au contraire en n'opérant aucune innovation, on le respectera davantage : en effet, n'est-il pas cent fois préférable pour une personne qui a une réclamation à faire de s'adresser à un huissier qui possède sa confiance et de charger celui-ci de recevoir si on paye, ou de poursuivre si on ne paye pas, en s'entendant, dans ce dernier cas, avec le juge de paix sur ce qu'il convient de faire au préalable, plutôt qu'à un greffier qu'il ne connaît pas?

A quelles démarches n'exposerait-on pas les parties? Aujourd'hui elles s'adressent à l'huissier qui en réfère au juge de paix; dans le cas où ce magistrat juge la comparution utile, l'huissier en avertit son client, qui se présente, reçoit ou fait citer. — Au lieu d'expliquer ainsi son affaire une fois, si la proposition est adoptée, la partie devra d'abord aller trouver le juge de paix et lui expliquer son affaire. — Ensuite elle ira chez le greffier faire écrire ; — puis chez l'huissier pour le prier de recevoir, si on paye dans l'intervalle de la lettre au jour fixé pour comparaître; — puis une seconde fois chez le juge pour y attendre son débiteur et tenter une conciliation ; — puis, à defaut de conciliation, chez l'huissier pour faire donner la citation; — puis enfin chez l'huissier, pour recevoir les fonds si on paye après la citation. C'est ainsi que *régulièrement* les faits devront s'accomplir, le greffier ne pouvant recevoir l'argent des parties et n'ayant d'autre mission avouée que celle d'écrire.

N'a-t-on pas à craindre, au surplus, que l'avertissement aujourd'hui facultatif ne devienne de fait obligatoire par suite de l'ascendant que certains greffiers exerceront auprès de leurs juges de paix, et ceux-ci n'auront-ils pas le plus grand intérêt à ce qu'il en soit ainsi? En tous cas, leurs obsessions à cet égard placeront les juges de paix dans une position fort désagréable.

(A ces observations nous joignons celles pleines de sens, qui nous ont été transmises par M. Louis, huissier à Ay, Marne.)

Le projet de loi sur le traitement des juges de paix, dit-il, promet un nouveau tarif aux greffiers, et laisse entrevoir dans l'exposé des motifs que le gouvernement serait disposé à accorder aux greffiers le droit, *dorénavant rétribué*, de donner les invitations aux personnes qui les demandent, pour faire comparaître les adversaires, sans citation, devant le juge de paix, qui, d'après la loi de 1838, devait donner lui-même ces invitations lorsqu'il le croyait utile et sans frais.

Les huissiers, et notamment ceux des cantons ruraux, par la nature de leurs fonctions, ont droit à la préférence sur les greffiers ; en effet, l'invitation obligée ou facultative à **comparaître** devant le juge, n'est-elle pas une injonction comme la **citation** qu'elle remplace ?

On conçoit très-bien que dans les villes qui comportent une ou plusieurs justices de paix, les occupations du juge ne lui permettent pas de donner lui-même les invitations, aussi les greffiers de ces villes sont dans l'usage, depuis comme avant la loi de 1838, de les donner ; mais il n'en est pas de même pour les cantons ruraux : c'est l'usage contraire ; lorsque le juge de paix ne donne pas les invitations lui-même, les huissiers sont chargés de les donner, ces derniers au nombre de deux ou plus grand nombre, et presque toujours à des résidences différentes, sont, en effet, plus à la convenance des justiciables.

Une autre considération se présente en faveur des huissiers, c'est principalement sur eux qu'a pesé la réduction de procédure de vente judiciaire d'immeuble ; on leur a supprimé les trois procès-verbaux d'affiches préalables à l'adjudication préparatoire et les copies de pièces aux maires et aux greffiers, des commandements et saisies immobilières.

Si, à toutes fins, le gouvernement voulait qu'un seul fonctionnaire fût chargé de donner, dans chaque justice de paix, les invitations à comparaître devant le juge, ne serait-il pas juste, pour les cantons ruraux, que l'huissier du chef-lieu qui avait le monopole des citations en 1838, ait la préférence sur le greffier, par compensation du préjudice que lui a fait cette loi ?

L'innovation de la loi de 1838 touchant les invitations ne paraît pas heureuse : les invitations obligées nécessitent des démarches, des pertes de temps incalculables pour les habitants des cantons ruraux en les obligeant à venir souvent plusieurs fois au chef-lieu avant de pouvoir traduire le débiteur.

Avant cette loi, l'huissier du juge de paix des cantons ruraux, toujours révocable, agissait selon l'esprit de conciliation du magistrat dont il avait la confiance et sous sa surveillance, et les citations étaient toujours précédées d'un avertissement donné par l'huissier, sans frais ; il évitait en outre au magistrat l'embarras de bien des affaires qu'il parvenait le plus souvent à concilier. Le tarif des justices de paix, aujourd'hui insuffisant pour les huissiers comme pour les greffiers, notamment pour les huissiers, à l'endroit des transports, suffisait alors à cause du monopole des citations ; ils étaient indemnisés par le plus grand nombre d'actes.

Aujourd'hui, si le gouvernement, frappé du trop grand embarras que donne aux juges de paix les invitations qu'ils sont obligés de donner et sans frais, veut faire quelque chose, il vaudrait mieux revenir à l'ancienne loi, qui respectait la liberté de tous avec les garanties désirables, l'huissier du juge de paix étant révocable par lui et sous sa surveillance.

A annoter au mot Citation, n° 4.

ART. 204.

QUESTIONS PROPOSÉES.

FAUX.

HUISSIER. — EXPLOIT. — CITATION SANS MANDAT. — DÉSAVEU.

Un huissier commet-il le crime de faux, tel qu'il est défini par les art. 145 et 146 du Code pénal, lorsqu'il signifie une citation à la requête d'un individu qu'il n'a jamais vu?

Cette question nous est soumise dans les circonstances suivantes, de nature à écarter par elles-mêmes, et sans qu'il soit besoin de recourir à d'autres éléments, toute intention frauduleuse du fait reproché à l'huissier; ainsi ce fait présentât-il les autres caractères constitutifs du faux, qu'il ne saurait être qualifié ainsi (C. pén. 146), et par conséquent autoriser des poursuites criminelles.

Les enfants de deux personnes A. et B. possédant chacune pour un tiers, indivisément avec un troisième individu, C..., une métairie, aperçurent trois individus chassant, sans permission, sur la propriété commune de leurs parents, et en rendirent compte à ceux-ci.

A. et B. se présentèrent chez un huisser afin de faire citer les délinquants; mais comme ils n'avaient d'autres témoins que leurs enfants, et qu'en se portant parties civiles, ils n'auraient pu produire en justice le témoignage de ceux-ci, ils engagèrent l'huissier à procéder au nom de C., intéressé comme eux à la répression du délit.

Sur la demande à eux faite par l'huissier, s'ils avaient pouvoir de C. pour poursuivre en son nom un délit de chasse, ils affirmèrent être autorisés verbalement à agir en cette circonstance. Par suite, ce fonctionnaire assigna en police correctionnelle.

Le ministère public, croyant voir dans ce fait si simple d'un huissier, signifiant une citation à la requête d'une personne qui ne lui en avait pas donné l'ordre directement, les conditions exigées par la loi pour constituer le crime de faux, poussuivit l'huissier criminellement.

Était-il en droit de le faire? Nous ne le pensons pas, surtout dans les circonstances que nous venons de signaler.

En principe il n'y a *crime de faux* en écriture publique que là où il y a suppression ou altération de la vérité par l'un des moyens énoncés dans les art. 145 et 146 du Code pénal. C'est en conséquence de ce principe que la cour de cassation, par arrêt du 7 septembre 1810, a décidé qu'il y avait tentative de vol et non faux, dans le fait par un huissier d'avoir supposé certaines opérations au lieu d'autres, et même des actes qu'il n'avait point faits, afin d'augmenter la somme de ses salaires au préjudice du trésor, dans un état de dépenses et honoraires qu'il avait fait signer par le président du tribunal.

Toute allégation mensongère, tout fait inexact, toute supposition contraire à la vérité, ne rentrant pas dans la catégorie établie par les art. 145 et 146, ne saurait donc constituer le crime de faux. Voyons maintenant si la signification d'un exploit à la requête d'une personne que l'huissier n'a jamais vue est comprise dans cette catégorie.

Suivant les art. 145 et 146, un fonctionnaire public pent commettre un faux en écriture publique de cinq manières : 1° par fausses signatures ; 2° par altération des actes, écritures ou signatures ; 3° par supposition de personnes ; 4° par des écritures faites ou intercalées dans des actes publics depuis leur clôture ; 5° enfin en dénaturant frauduleusement, lors de la rédaction d'actes de son ministère, la substance ou les circonstances, soit en écrivant des conventions autres que celles tracées ou dictées par les parties, soit en constatant comme vrais des faits faux, ou comme avoués, des faits qui ne l'étaient pas (art. 146). Or l'hypothèse qui nous occupe n'est comprise dans l'une ni dans l'autre de ces définitions.

En effet, l'huissier, en agissant simplement au nom d'une personne qui ne lui en a pas donné mandat, n'a point fabriqué de fausse signature, ni commis aucune altération, ni supposé que la personne qui s'est présentée devant lui en est une autre, ni fait aucune intercallation ou augmentation, ni enfin dénaturé la substance ou les circonstances d'un acte, car la *substance* et les *circonstances* d'un exploit introductif d'instance ne peuvent s'entendre que des faits que l'huissier a mission d'attester, et qui font foi jusqu'à inscription de faux, tels que l'énonciation de la date du jour et du lieu, de la personne qui a remis la copie, et de celle à qui elle a été laissée. Toutes les autres énonciations d'un tel acte, et notamment celle du nom du demandeur, ne pouvant préjudicier à autrui, fussent-elles cent fois fausses, qu'elles seraient insuffisantes pour constater le crime de faux de la part d'un huissier.

Au surplus, en admettant que l'on considère le nom du demandeur comme faisant partie des circonstances de l'exploit, dans le sens de l'article 146, il faudrait, pour qu'il y eût faux,

9

suivant cet article (l'art. 145 ne pouvant évidemment être invoqué dans la discussion), que l'huissier eût agi frauduleusement, et que l'acte attaqué ait causé ou pu causer un préjudice. Or, dans l'espèce qui nous occupe, les circonstances démontrent que l'huissier a agi de bonne foi, et, d'une autre part, le fait incriminé ne peut préjudicier ni à celui au nom duquel l'huissier a agi sans mandat, ni au cité, puisque l'exploit étant désavoué de fait, n'a pu produire aucun effet nuisible.

S'il pouvait rester quelques doutes sur la manière dont l'article 146 doit être interprété au point de vue qui nous occupe, il suffirait de se reporter aux art. 352 et suiv. du Code de proc., au titre du *désaveu*, pour les faire disparaître complétement. Il résulte, en effet, de ces articles, de l'opinion des auteurs et de la jurisprudence, que le fait par un huissier (ou avoué) d'agir au nom d'un individu, sans en avoir reçu l'ordre, ou de faire des offres ou aveux, ou de donner un consentement sans pouvoir spécial, ne donne ouverture qu'à une action purement civile, c'est-à-dire au désaveu de l'officier ministériel. Or, dès qu'une disposition légale a clairement et très-spécialement défini et réprimé un fait, il n'est pas permis de lui attribuer un autre caractère et de le soumettre à d'autres conséquences infiniment plus graves, en vertu d'une disposition très-générale qu'on prétend lui être applicable.

Il est vrai de dire que l'art. 360 du C. procéd. civ. déclare qu'en cas d'admission du désaveu, le désavoué sera puni d'interdiction, ou poursuivi extraordinairement, *suivant la gravité du cas et la nature des circonstances*. Mais il est à remarquer que la poursuite extraordinaire, c'est-à-dire par la voie criminelle, ne peut avoir lieu : 1° qu'autant que l'acte désavoué a été accompagné d'un crime, par exemple la corruption d'un fonctionnaire (Boitard, t. 2, p. 40); 2° qu'après le jugement du désaveu. — Dans notre hypothèse, il n'y a point eu désaveu, et conséquemment, *en tout cas*, les poursuites criminelles seraient prématurées.

Enfin les dispositions combinées du Code de procédure au titre *du désaveu* établissent — que l'huissier, considéré comme le mandataire de la partie au nom de laquelle il agit, ne doit compte qu'à celle-ci de la manière dont il accomplit son mandat; — qu'il n'est responsable que vis-à-vis d'elle et dans le cas seulement où il a agi sans pouvoir ou excédé les ordres à lui donnés; — que les actes par lui signifiés sont réputés autorisés par la partie, aux yeux de tous, jusqu'à désaveu; — que les cas de désaveu ne constituant ni crime ni délit, l'action à laquelle ils donnent ouverture ne peut être intentée que par la personne au nom de laquelle l'huissier a agi; — que cette action ne peut être portée que devant les tribunaux ordinaires et non devant les tribunaux de répression; — d'où cette conséquence rationnelle que les cas de désaveu ne sont point des faux en écriture authentique et dès lors ne peuvent être poursuivis comme tels.

S'il en était autrement, si le fait d'agir au nom d'un individu, sans pouvoir, constituait un crime, il dépendrait du premier bandit venu de perdre un fonctionnaire irréprochable; pour cela, il n'aurait qu'à lui donner l'ordre verbal d'agir, et ensuite qu'à le dénoncer, comme ayant exploité en son nom sans en avoir reçu l'ordre. Qui donc, à ce prix, voudrait être huissier ou avoué?

A annoter aux mots **Huissier**, nº 150; et **Désaveu**, § 1.

ART. 205.

—

HUISSIER.

CANDIDAT. — FONCTIONS DE NOTAIRE. — CONSIDÉRATION DU CORPS NOTARIAL.

Un huissier peut devenir notaire, malgré l'opinion émise par la chambre de discipline que, pour la considération du corps notarial, les fonctions de notaire ne devraient pas être confiées à un ancien huissier.

DÉCISION.

GARDE DES SCEAUX. — 20 DÉC. 1844.

Nous, garde des sceaux, ministre de la justice et des cultes. Vu la délibération prise par la chambre de discipline de l'arrondissement de Cosne, département de la Nièvre, le 36 septembre dernier, sur la demande de M. Bondeville, à l'effet d'être nommé notaire à Beaumont la Ferrière, canton de la Charité-sur-Loire;

Vu la lettre de M. le procureur général près la cour royale de Bourges, du 29 novembre dernier;

Sur le rapport de M. le conseiller d'état, secrétaire général de notre ministère;

Considérant que l'opinion émise dans ladite délibération, que pour la considération du corps notarial, les fonctions de notaire ne devraient pas être confiées à un ancien huissier, est contraire au principe en vertu duquel tous les citoyens sont également admissibles aux emplois publics, et qu'elle porte atteinte à la considération qui doit environner une institution créée par la loi, et une classe de fonctionnaires nommés par le roi;

Considérant que cette délibération est un acte administratif dont il nous appartient de connaître;

Avons arrêté et arrêtons ce qui suit :

ARTICLE PREMIER.

La délibération prise par la chambre de discipline des notaires de Cosne, le 26 septembre dernier, est annulée en ce qu'elle peut avoir d'injurieux pour l'institution des huissiers.

Art. 2.

Le procureur général près la cour royale séant à Bourges est chargé de l'exécution du présent arrêté, qui sera transcrit sur le registre de la chambre, en marge de la délibération précitée.

A annoter au mot **Huissier**, n° 210.

ART. 206.

—

VENTE DE FRUITS ET RÉCOLTES.

HUISSIER. — NOTAIRE. — CONCURRENCE.

Il est utile, dans l'intérêt public, que les huissiers rentrent dans le droit, que la loi leur accorde, de vendre les récoltes pendantes par racines concurremment avec les notaires.

DÉLIBÉRATION

CONSEIL GÉNÉRAL DE L'EURE. — 1er SEPTEMBRE 1841.

Le conseil, déterminé par l'intérêt des propriétaires non moins que par celui des officiers ministériels, émet le vœu qu'une loi maintienne aux huissiers et greffiers de justice de paix le droit et l'usage dont ils ont toujours été en possession, de vendre aux enchères, concurremment avec les notaires, des meubles et récoltes pendantes par racines.

A annoter au mot **Huissier**, n° 234.

ART. 207.

—

VENTE DE RÉCOLTES.

HUISSIER. — NOTAIRE. — EXCLUSION.

Les notaires ont le droit, à l'exclusion des huissiers, de procéder hors le cas de saisie brandon, aux ventes de récoltes sur pied.

ARRÊT.

COUR ROYALE DE ROUEN. — 10 AOUT 1844.

LA COUR ; — Attendu, au fond, que d'après l'art. 10 de la loi du 26 juillet 1790, l'art. 1er de la loi du 26 septembre 1793, et l'art. 37 du décret du 14 juin 1813, les huissiers ont le droit de faire les ventes de meubles et effets mobiliers ; que ce droit ne peut s'étendre aux récoltes sur pied, à moins qu'elles n'aient été mobilisées par la saisie-brandon ;

Qu'en effet les récoltes pendantes par racines sont déclarées immeubles (art. 520 Code civil) ; qu'il n'y a point de distinction à faire, par rapport au droit des huissiers, entre les récoltes appartenant au propriétaire du fonds et celles du fermier ; qu'il importe peu que le droit de recueillir les récoltes, lorsqu'elles appartiennent au fermier, soit un droit mobilier ; qu'il n'en est pas moins vrai qu'avant leur séparation réelle du sol ou avant leur séparation fictive par la saisie-brandon, elles sont inhérentes à ce sol ; qu'elles participent donc de sa nature ; que sans doute, le fermier ne peut les considérer comme immeubles, en ce qui le concerne, parce que, pour entrer dans son domaine, elles devront être détachées du sol et mobilisées ; mais que ce n'est pas une raison pour décider que cette circonstance est importante en ce qui concerne la capacité des huissiers ;

Que le législateur, pour déterminer cette capacité, n'a pas pu avoir l'intention de prendre une base aussi mobile que celle qui résulte des circonstances du fait et des conventions des parties ; qu'il s'est arrêté à une considération générale ; qu'ainsi Orléans, huissier, en vendant des récoltes sur pied, a excédé ses pouvoirs, encore que lesdites récoltes appartinssent à des fermiers ;

Attendu qu'en agissant ainsi, il a causé un préjudice à Langlois, notaire du canton ; que ce préjudice doit être réparé ; que dans la fixation des dommages-intérêts, le tribunal gardera, au surplus, une sage mesure, la détermination du droit des parties étant l'objet principal de la contestation ;

Attendu que le premier chef de la demande de Langlois ne peut être admis, les tribunaux ne devant pas statuer par voie de mesure générale et sur des intérêts qui ne sont pas nés ;

Sans avoir égard à la fin de non-recevoir proposée, juge que c'est sans droit qu'Orléans, huissier, a procédé aux ventes de récoltes sur pied, énoncées dans l'exploit d'action, lesquelles ventes n'avaient point été précédées de saisie-brandon ; le condamne pour le fait en 200 fr. de dommages intérêts, juge qu'il n'y a lieu d'accorder le surplus des conclusions demandées.

Auteurs. — Pour : Merlin, *Rép.* v° *Vente*, § 8 ; Roll. de Vill. v° *Vente de récolte*, n° 5.

Jurisprudence. — Résumé de la jurisprudence sur cette importante question.

ARRÊTS CONTRE LES HUISSIERS.

Décide : 1° que les fruits et récoltes sur pied n'étant pas des meubles, mais bien des objets immobiliers, les notaires ont le droit de procéder à leur vente, à l'exclusion de tous autres officiers ministériels. — Cass. 18 juillet 1826 ;

2° Que les ventes publiques et volontaires de récoltes sur pied sont dans les attributions des notaires et non dans celles des commissaires priseurs, qui n'ont droit de vendre aux enchères que les choses mobilières par leur nature ou par la détermination de la loi, avant la vente et au moment de la vente, et non celles qui ne sont mobilisées que par la vente. — Cassation, 1er juin 1822 ;

3° Que les commissaires priseurs, et, dans les lieux où il n'en existe pas, les huissiers n'ont pas le droit de procéder aux ventes publiques de coupes de bois ou arbres ; qu'ils ne peuvent vendre que les meubles susceptibles de tradition manuelle. — Cass. 5 déc. 1827 ;

4° Que les huissiers ne peuvent procéder, concurremment avec les notaires, aux prisées et ventes de récoltes et autres fruits pendants par les racines, bois non coupés, matières à extraire des mines ou minières. — Cass. 10 déc. 1828 ; Paris, 3 avril 1832 ;

5° Que les huissiers n'ont pas le droit de concourir avec les notaires pour les ventes aux enchères des récoltes, telles que luzerne et trèfle, pendantes par racines, lesquelles récoltes sont immeubles ; que l'exception qui permet de les vendre comme meubles, dans les six semaines qui précèdent leur maturité, ne saurait être étendue. — Cass. 8 avril 1829 ;

6° Que les huissiers ne peuvent procéder, concurremment avec les notaires, à la vente publique de bâtiments à démolir et des fruits pendants par racines (Paris, 8 juin 1831). sauf néanmoins le cas de saisie-brandon ;

7° Que les notaires ont seuls le droit de vendre les récoltes sur pied, les huissiers ne pouvant faire de telles ventes concurremment avec eux, encore que le prix en doive être payé comptant. — Cass. 4 juin 1834, 11 mai 1837, chambres réunies ; 28 août 1838, 30 mai 1842 ; Paris, 1er juin 1838, 25 juin 1840 ;

8° Qu'il en est de même, à plus forte raison, lorsque les ventes ont lieu à terme.—Tribunal de Schelestadt, 21 mars 1838 ;

9° Que les greffiers ne peuvent procéder à de telles ventes sans distinction des récoltes appartenant aux fermiers, de celles appartenant aux propriétaires.—Caen, 9 déc. 1839 ;

10° Que ce droit exclusif rentre dans les attributions des notaires avec d'autant plus de motifs, qu'une semblable vente comporte d'ordinaire des stipulations que les notaires seuls ont qualité pour constater. — Paris, 1er juin 1840.

ARRÊTS EN FAVEUR DES HUISSIERS.

Jugé : 1.° que les ventes publiques de récoltes sur pied appartiennent aux commissaires priseurs, exclusivement dans le chef-lieu de leur établissement, et concurremment avec les autres officiers ministériels, dans le surplus de leur arrondissement —Cass. 8 mars 1820.

2° Que les huissiers ont le droit de concourir avec les notaires aux ventes publiques des récoltes et autres fruits pendants par branches ou racines, des bois taillis et arbres de haute futaie non coupés, des bâtiments à démolir, des fouilles à faire dans les mines et carrières.—Rouen, 18 févr. 1826 ;

3° Que les huissiers peuvent procéder, concurremment avec les notaires, à la vente aux enchères des récoltes pendantes par racines. — Cass. 3 décembre 1827 ;

4° Qu'ils ont le droit, en concurrence avec les notaires, de vendre les fruits pendants par racines, destinés à être séparés du sol, mais au comptant seulement.—Paris, 16 mai 1829 ;

5° Qu'ils ont le même droit quant aux récoltes sur pied, autant qu'elles sont susceptibles toutefois d'être payées au comptant. — Paris, 29 février 1832 ;

6° Qu'ils peuvent procéder, concurremment avec les notaires, aux ventes publiques des bâtiments à démolir et des fruits pendants par racines. — Orléans, 8 mars 1833.

A annoter au mot **Huissier**, n° 234.

—

ART. 208.

—

QUESTIONS PROPOSÉES[1].

VISA.

EXPLOIT. — COUT. — FRAIS. — TERMES DES ART. 68 ET 1039
DU CODE DE PROCÉDURE.

Nonobstant les dispositions des art. 68 et 1039 du Code de procéd. : Lequel visera sans frais, visées par elles sans frais, *le droit de*

---

[1] Par M. Pauge, aspirant huissier.

75 cent. pour visa est-il dû à l'huissier et doit-il être compris dans le coût de son exploit, lorsque, ne se trouvant personne au domicile, et aucun voisin ne voulant se charger de la copie, il se transporte chez le maire et fait viser son original?

Nous ne comprenons pas que cette question puisse être l'objet d'un doute.

Ainsi que le pense la personne qui nous la soumet et qui apparemment a rencontré un contradicteur peu éclairé; ainsi d'ailleurs que nous l'avons enseigné dans notre *Encyclopédie des huissiers*, au mot *Visa*, le droit de 75 centimes (ou 1 fr.) est dû et doit faire partie du coût de l'exploit, toutes les fois qu'un huissier est obligé de faire viser l'original de son exploit par une personne quelconque, en vertu d'une disposition de la loi; car si le visa était réclamé et donné sans nécessité, le droit ne serait pas dû.

Toutefois le droit de 75 cent. ou 1 fr. ne peut être exigé que dans le cas où le visa est donné sur un exploit autre que ceux faits en justice de paix; pour ces derniers, en effet, l'art. 23, § 2 du Tarif, le refuse de la manière la plus formelle lorsque la formalité est accomplie par le greffier du juge de paix ou le maire. — Si, à leur refus, le visa était donné par le procureur du roi (art. 1039) le droit sera alloué, et même doublé, comme pour un exploit devant le tribunal de première instance. Tarif, art. 66, § 4.

Les expressions des art. 68 et 1039, en ce qui touche les honoraires attachés au visa, s'interprètent par l'art. 66 du tarif. Combinés ensemble, les textes de ces articles démontrent invinciblement que les mots *sans frais* s'appliquent aux fonctionnaires qui donnent le visa, et non à ceux qui le requièrent; les premiers n'ont aucune raison d'obtenir un salaire; les seconds, au contraire, y ont droit par le surcroît de besogne qui, dans ce cas, leur est imposé par la loi.

A annoter au mot Visa, n⁰ˢ 2 et 3.

ART. 209.

—

QUESTIONS PROPOSÉES[1].

1.

ENREGISTREMENT.

ACTE EN CONSÉQUENCE D'UN AUTRE. — EXÉCUTION NON-

[1] Par M. Dorize, huissier au Mans.

OBSTANT OPPOSITION ET APPEL. — ORDONNANCE — DISPENSE D'ENREGISTRER AVANT D'AGIR.

Le président d'un tribunal de commerce peut-il ordonner l'exécution, avant l'enregistrement, d'une ordonnance permettant de saisir conservatoirement, aux termes de l'art. 417 du C. de pr. ?

L'huissier qui agit en vertu d'une telle décision et avant son enregistrement, encourt-il une amende?

Nous ne pensons pas qu'il soit au pouvoir d'un tribunal, et à plus forte raison d'un juge, de dispenser un huissier de l'obligation que lui impose l'art. 41 de la loi du 22 frimaire an VII, lequel défend, à peine d'une amende, réduite à 10 fr. par la loi du 16 juin 1824, de faire aucun acte en conséquence d'un autre, avant que ce dernier ait été enregistré. Ce ne serait donc pas parce qu'un président lui aurait permis d'agir avant l'enregistrement de son ordonnance, qu'un huissier serait à l'abri de l'amende prononcée par la loi du 22 frimaire an VII, s'il avait contrevenu à cette loi.

Mais en procédant à une saisie conservatoire avant l'enregistrement du titre qui la permet — c'est-à-dire en faisant un acte qui requiert la plus prompte célérité et au sujet duquel le législateur a conféré à un juge le pouvoir le plus exorbitant : le droit de permettre, par une sentence exécutoire provisoirement et nonobstant toute opposition ou appel, une saisie sans titre, sur un commerçant, de nature à faire déclarer ce dernier en faillite; un acte qui pour produire quelque effet doit être exécuté à l'instant même, sans quoi les marchandises seront soustraites à l'action du créancier — l'huissier a-t-il réellement contrevenu à l'esprit de l'art. 41 de la loi de l'an VII? Nous ne le pensons pas.

En effet, l'intention du législateur, en émettant cette disposition, intention dont l'utilité se comprend moins aujourd'hui que toutes les administrations fonctionnent avec une régularité admirable, qu'en l'an VII où elles s'établissaient avec peine, n'a été autre que d'assurer plus intimement l'enregistrement des actes et par suite la perception des droits. Or n'est-il pas évident qu'une ordonnance relatée dans un exploit dont une copie a été délivrée, ne peut échapper à l'enregistrement? Sous ce point de vue donc, l'administration est parfaitement désintéressée.

Il est une autre considération beaucoup plus grave et qui doit faire décider la question en faveur de l'huissier, c'est l'urgence. A quoi servirait le pouvoir de saisir immédiatement, accordé par le législateur en dehors des règles ordinaires et sous la simple condition d'obtenir une ordonnance, s'il n'était pas possible d'agir avant l'enregistrement? Il y a vingt circonstances sur trente où une heure de retard compromettra le bénéfice de la saisie. Et remarquez que l'ordonnance peut être rendue après la fermeture du bureau, ou un samedi soir ; il faudra donc dans ce cas attendre au lendemain à neuf heures, ou au lundi suivant. Ne serait-ce pas retirer à un créancier la faculté que lui donne l'art. 417, et en quelque sorte permettre la fraude ?

Est-il possible de penser qu'en se fondant sur la célérité et l'urgence pour permettre un acte d'une telle importance, le législateur ait subordonné son exécution à une simple mesure fiscale ? Il dépendrait du receveur, en retenant l'ordonnance plusieurs heures (et qui pourrait l'en empêcher ?), de retarder ou faire manquer la saisie. Certes, si une objection de cette nature se fût présentée à l'esprit du législateur, elle eût été levée immédiatement.

L'administration, du reste, a compris la nécessité de se relâcher de la rigueur de la loi de l'an VII, et dans des circonstances analogues à celle qui a donné lieu à notre question, elle a décidé que l'huissier n'a encouru aucune amende pour avoir agi en vertu d'un acte non enregistré. C'est ainsi qu'elle a admis :

1° Que l'ordonnance du juge de paix prescrite par l'art. 781 du C. proc., pour parvenir à l'arrestation d'un débiteur, peut être présentée à l'enregistrement en même temps que le procès-verbal de cette arrestation ; que *l'ordonnance du président du tribunal*, dans le cas prévu par les art. 786 et 787 du même Code, *peut être consignée dans le procès-verbal de l'huissier et mise à exécution sans enregistrement préalable*, sauf à la faire revêtir de la formalité avec le procès-verbal d'emprisonnement.—Déc. min. fin. 2 et 23 oct. 1810 ; inst. 9 nov. 1840 ;

2° Qu'un huissier n'a pas encouru d'amende pour avoir signifié le dimanche une ordonnance du président du tribunal , conformément à l'art. 63 du C. pr., sans que cette ordonnance ait été préalablement enregistrée. — Décis. min. fin. 1er juin 1813 ;

3° Qu'un huissier peut, sans contravention, ne présenter à l'enregistrement une vente mobilière qu'avec *l'ordonnance qui l'a autorisée* ou qui en a levé la suspension. Décis. min. fin. 24 oct. 1818. Délib. rég. 26 déc. 1818 ;

4° Qu'il peut aussi ne présenter à l'enregistrement, qu'avec le *procès-verbal de saisie d'un débiteur forain, l'ordonnance qui, aux termes de l'article 822*, permet cette saisie. Sol. de l'adm. 1er mars 1832.

Ces décisions, la dernière surtout , nous paraissent parfaitement applicables à l'hypothèse qui nous occupe, et nous n'hésitons pas à décider que l'amende n'a pas été encourue par l'huissier qui a agi avant l'enregistrement de l'ordonnance permettant une saisie conservatoire. Si donc l'amende a été perçue, il faut réclamer, et certainement la restitution sera ordonnée.

A annoter au mot **Enregistrement**, n° 100.

2.
SAISIE IMMOBILIÈRE.

COMMANDEMENT. — DÉLAI ENTRE LE COMMANDEMENT ET LA SAISIE. — OPPOSITION. — INTERRUPTION.

Le délai de trente jours qui, aux termes de l'art. 674 du C. de pr., doit exister entre le commandement et la saisie immobilière ; est-il seulement interrompu par l'opposition pour ne reprendre son cours qu'après le jugement de débouté ?

En d'autres termes, peut-on . par suite d'un commandement signifié le 1ᵉʳ mars . auquel une opposition, dont il y a eu débouté le 4 avril, a été formée le 28 mars, saisir immobilièrement sans faire un nouveau commandement ni attendre un nouveau délai de trente jours à compter du jugement qui déboute de l'opposition ?

L'opposition à un jugement par défaut, suivie d'un jugement de débouté, paraîtrait n'avoir d'autre effet que de frapper d'inertie, à partir de sa date jusqu'au jugement qui la déclare irrégulière en la forme ou mal fondée au fond, le premier jugement, et tout ce qui en a été la suite, et ne pouvoir soit anéantir ce jugement ni les actes qui ont été faits en conséquence, ni les délais qui ont commencé à courir en faveur du créancier, soit laissera ccomplir, faute d'acte d'exécution impossible dans ce cas, les prescriptions ou déchéances des poursuites commencées au moment de l'opposition ; en un mot il serait rationnel d'admettre que l'opposition arrête les choses et que le jugement de débouté les reprend en l'état où elles étaient au moment de l'opposition.

On devrait d'autant plus le décider ainsi, que les art. 159 et 162 du Code de pr. permettent de ne pas suspendre l'exécution commencée avant l'opposition, lorsque cette opposition est irrégulière en la forme ou tardive, et qu'on ne voit pas trop par quel motif le législateur aurait attaché plus de faveur à une opposition mal fondée au fond qu'à une opposition nulle en la forme ou tardive.

Toutefois, Carré et Chauveau *(quest. 661, L. pr. c.)* n'admettent l'opinion qui selon nous devrait prévaloir dans toutes les circonstances, que dans le cas où l'opposition est irrégulière en la forme ou formée après l'expiration des délais prescrits par la loi. « L'opposition, dit le premier, est un obstacle à l'exécution du jugement par défaut ; si donc l'opposition est rejetée par suite d'une fin *de non recevoir*, l'obstacle est levé et le jugement attaqué reprend tout son effet par sa propre vertu. » — « Toutes les fois, dit le second, qu'un jugement par défaut aura déclaré une opposition nulle comme tardive ou irrégulière, elle sera censée n'avoir jamais existé. Ainsi, si des inscriptions ont été prises, des mesures conservatoires ou d'exécution commencées, la force des uns sera incontestable et la continuation des autres aura lieu de droit. »

Dans le cas où l'opposition est recevable en la forme, elle est considérée non comme l'introduction d'un nouveau procès, mais comme la continuation du premier, comme un redressement des qualités incomplètes de la première instance (Boncenne, t. III, p. 123 ; Poncet, *Des jugements*, t. II, p. 417) ; alors le jugement par défaut n'est n'est plus considéré que comme un des actes de la procédure (Chauveau sur Carré, *quest.* 661) ; d'où ressort cette conséquence, qu'au fond l'opposition fût-elle rejetée, le jugement par défaut doit être considéré comme anéanti, et que les poursuites commencées doivent être renouvelées.

Appliquant ces principes qui sont admis au palais, c'est-à-dire dans la pratique, aux questions qui nous sont posées, nous déciderons que les poursuites doivent être recommencées si l'opposition déclarée recevable en la forme a été rejetée au fond, et que dans le cas où elle aurait été déclarée non recevable en la forme ou signifiée tardivement, le délai de trente jours aura été interrompu du jour de l'opposition au jugement définitif.

A annoter au mot Jugement par défaut, n° 109.

3.

ABUS DE CONFIANCE.

HUISSIER. — BILLETS DE COMPLAISANCE. — DÉFAUT DE PAYÉMENT.

L'huissier qui s'est fait souscrire plusieurs fois des billets de complaisance et qui ne les paye pas, commet-il le délit d'abus de confiance ?

Trois conditions sont requises pour qu'il y ait abus de confiance et, par suite, lieu à l'application de l'art. 408 du Code pénal ; il faut :

1° Que des effets, deniers, marchandises, billets, quittances ou tous autres écrits contenant ou opérant obligation ou décharge, aient été remis à titre de *louage*, de *dépôt*, de *mandat*, ou *pour un travail salarié* ou *non salarié*, à la charge de les rendre ou représenter, ou d'en faire un usage ou emploi déterminé. C. pén. 408.

2° Il faut que ces objets aient été *frauduleusement* (Morin, *Dict. de droit criminel*, v° Abus de conf. p. 9 ; Cass. 22 mai 1835) détournés ou dissipés. C. pén. 408.

3° Il faut enfin que le détournement ait eu lieu au préjudice du *propriétaire*, *détenteur* ou *possesseur* (C. pén. 408). Par application de cette règle, il a été décidé (Cass. 16 mai 1829) qu'il n'y avait point abus de confiance dans le fait, par un individu chargé de négocier un billet qui, à cet effet, avait été régulièrement passé à son ordre, ne l'avait point négocié, l'avait reçu et en avait retenu le montant, l'endossement lui en ayant transmis la propriété.

Ces conditions essentielles, qui doivent être réunies pour imprimer à un fait le caractère de l'abus de confiance, se rencontrent-elles dans la souscription d'un billet de complaisance qui à son échéance n'est pas payé par celui au profit duquel il a été souscrit ? Nous ne le pensons pas.

Mais qu'entend-on par un billet de complaisance ? Le voici,

selon nous : Une personne ayant besoin de contracter un emprunt immédiatement, et ne trouvant pas à se faire prêter sur sa seule signature, se fait souscrire par un tiers, auquel il n'en remet pas le montant, un billet en son nom et qu'il s'oblige verbalement acquitter à l'échéance. Muni du titre, il l'endosse et l'escompte à son profit. Voilà le billet qualifié billet de complaisance et qui, comme on le voit, n'est autre chose que la remise d'une valeur qui par sa nature ne peut être employée qu'au profit de celui qui la reçoit.

Il n'y a donc là — ni remise à titre de louage, de dépôt, de mandat, — ni remise pour un travail quelconque, ni par conséquent charge de rendre ou représenter le billet, puisqu'il n'a été signé qu'afin qu'il en fût fait usage en faveur de celui au profit de qui il a été souscrit, — ni détournement frauduleux, car en escomptant le billet, le porteur n'a fait qu'en user selon l'intention du souscripteur, et dès lors, sans dessein de lui nuire, — ni détournement au préjudice du propriétaire, car le véritable propriétaire du billet est le porteur et non le souscripteur.

Ainsi celui qui a souscrit un billet de complaisance et qui est obligé de le payer à son échéance, n'a qu'une action purement civile pour se faire rembourser, à moins toutefois qu'il ne résulte des circonstances qui ont accompagné la souscription et la remise du billet qu'il y ait eu escroquerie à son préjudice.

À annoter au mot Abus de confiance, n° 6.

ART. 210.

—

COPIES DE PIÈCES.

HUISSIERS. — AVOUÉS. — RÉDACTIONS DES COPIES DE PIÈCES. — CONTRAVENTION.

Délibérations de la communauté des huissiers de l'arrondissement du Mans (Sarthe) au sujet de la rédaction des copies de pièces et les droits y attachés.

PREMIÈRE DÉLIBÉRATION.

DU 8 NOVEMBRE 1844.

La communauté des huissiers de l'arrondissement du Mans, réunie en l'une des salles du palais de justice, sur lettres de convocation adressées individuellement à chacun de ses membres par le syndic : étaient présents, MM. Haloppé, syndic; Pohu, rapporteur; Flesselle, trésorier; Lefort, secrétaire; Abot, membre, composant la chambre de discipline; et MM. Bouteillé, Piard, Cullier, Dorize, Denieau, D'huy, huissiers à la résidence du Mans; Després, huissier à Loué; Denis, huissier à Conlie; Habert, huissier à Montfort; Brière, huissier à Ecommoy; Portais et Gandon, huissiers à Sillé-le-Guillaume, et Couasnon, huissier à la Suze.

Sur la délibération à prendre eu égard aux copies de pièces et aux remises d'émoluments.

La communauté des huissiers de l'arrondissement du Mans, après avoir entendu à ce sujet l'exposé de M. le syndic, plusieurs membres dans leurs observations et les conclusions de M. le rapporteur;

Vu les décrets des 14 juin 1813, 16 février 1807 et 18 juin 1811 ; vu également divers jugements et arrêts rendus par plusieurs tribunaux et cours royales, ainsi que par la cour de cassation, notamment ceux des 22 mars et 5 décembre 1832, 9 février 1833 et 19 janvier 1836 ;

Vu enfin l'ordonnance royale du 10 octobre 1841, portant règlement du tarif des frais et dépens en matière de ventes judiciaires ;

Considérant que, depuis longtemps, les huissiers de l'arrondissement signifient des copies de pièces qui ne sont point dressées par eux ou leurs clercs, et laissent percevoir par MM. les avoués ou autres, les émoluments de ces copies de pièces, qui appartiennent aux huissiers aussi légitimement que les droits de rédaction des originaux et copies d'exploits ; qu'il est temps de mettre fin à ces abus ;

Considérant qu'aux termes des tarifs et d'après la jurisprudence constante de la cour suprême, les émoluments des copies de pièces signifiées en tête des exploits, sauf ceux qui ont lieu au cours d'une instance, appartiennent exclusivement aux huissiers ; eux seuls étant responsables des erreurs commises, non-seulement dans les exploits, mais encore dans les copies de pièces signifiées ;

Considérant que le moyen le plus sûr d'obtenir le résultat que se propose la communauté, est de déterminer les actes dont les copies de pièces qui les précèdent doivent être dressées par les huissiers seuls ; sans pour cela chercher à empiéter sur les droits de MM. les avoués, qui ne doivent voir de la part des huissiers que le désir et le but de rentrer et se maintenir dans un émolument qui leur appartient à juste titre;

Arrête à la majorité de quinze voix contre trois.

ARTICLE PREMIER.

A compter de l'époque qui sera ultérieurement fixée par la communauté, les huissiers de l'arrondissement du Mans dresseront, soit par eux-mêmes, soit par leurs clercs travaillant dans leurs études, toutes les copies de pièces qui devront être signifiées en tête des exploits, sauf les exceptions ci-après.

ART. 2.

Sont exceptées : 1° Les copies de pièces faites chez MM. les avoués pour des exploits relatifs à une instance depuis la constitution d'avoué jusqu'au jugement;

2° Celles également dressées par MM. les avoués concernant un acte d'urgence et qu'il y aurait péril à remettre au lendemain;

3° Celles adressées par des huissiers d'un autre arrondissement, et qui seront certifiées par eux.

ART. 3.

A partir de la même époque, aucun huissier de l'arrondissement ne pourra dresser ou faire dresser des copies de pièces sans s'être préalablement fait remettre les titres ou papiers qui doivent servir de base aux poursuites dont il sera chargé, la remise des titres étant le seul pouvoir qu'il reçoive de la partie.

ART. 4.

Il est formellement interdit de consentir aucune remise, soit sur les copies de pièces, soit sur les droits d'exploits.

Art. 5.

Tout contrevenant aux articles précédents sera passible d'une amende de vingt francs; en cas de récidive, l'amende sera double.

Art. 6.

Chacun des membres de la communauté s'oblige à verser ces amendes entre les mains du trésorier de la communauté, dans la quinzaine de la constatation de la contravention.

Art. 7.

Les contraventions seront constatées par la représentation des copies signifiées ou par la preuve que des copies auraient été certifiées par un huissier qui ne les aurait pas préparées ou fait préparer dans son étude.

Art. 8.

Chaque huissier prend l'engagement formel d'indiquer de suite à M. le syndic toute contravention qui parviendra à sa connaissance, en lui transmettant les pièces et renseignements qu'il aura recueillis sur cette contravention.

Art. 9.

En cas de contestation sur la contravention, la chambre de discipline est chargée de décider, en dernier ressort, s'il y a lieu ou non à l'application de l'amende, après avoir entendu ou reçu les explications de l'huissier contrevenant.

Art. 10.

S'il s'élevait quelques difficultés sur l'exécution des présentes, entre un tiers et l'un des huissiers de l'arrondissement du Mans, celui-ci en donnera aussitôt avis à la chambre, qui décidera s'il doit ou non être donné suite à la demande de l'huissier; et, dans le cas de l'affirmative, les frais de l'instance seront à la charge de la communauté.

Art. 11.

Les copies de pièces qui doivent être exclusivement dressées par les huissiers sont :

1° Celles relatives aux procédures devant les tribunaux de paix, de conciliation et de commerce, ainsi que celles concernant la justice criminelle, correctionnelle et de simple police ;

2° Celles qui précèdent tous les actes extra-judiciaires, tels que sommations, commandements, procès-verbaux, appositions, saisies, arrêts, etc. ;

3° Celles qui doivent accompagner les significations faites par suite de commission spéciale d'huissier ;

4° Celles de l'acte de dépôt pour parvenir à la purge des hypothèques légales ;

5° Celles de transports de créances et autres actes, dont les copies ne sont réellement authentiques que par suite de la signature de l'huissier.

ARRÊTS.

COURS ROYALES.

Besançon, 24 juin 1826. — Metz, 2 juillet 1819. — 22 nov. 1830. —23 novembre 1830. — Rouen, 20 janv. 1830. — Amiens, 24 nov. 1836. — Paris, 29 mai 1837.

COUR DE CASSATION.

23 mars 1830, 21 février, 31 août 1831, 22 mai et 5 décembre 1832, 9 fév. 1833, 19 janvier 1836.

Art. 12.

Les copies de pièces au cours des instances civiles, soit de premier ressort, soit d'appel ou de cassation, continueront à être faites concurremment avec MM. les avoués seulement.

Art. 13.

Tout huissier qui adressera des copies de pièces préparées pour être signifiées hors sa juridiction, devra les certifier, afin de s'en conserver les émoluments. Il devra autant que possible exiger la même formalité de ses correspondants, qui le chargeront de notifications à faire dans son ressort.

Art. 14.

La présente délibération sera imprimée aux frais de la communauté; des exemplaires en seront adressés à MM. les président et juges, procureur du roi et substituts près le tribunal de première instance du Mans, à MM. les avoués, notaires, huissiers et autres officiers ministériels de l'arrondissement du Mans, et aux chambres de messieurs les avoués, notaires et huissiers des arrondissements voisins.

Fait et délibéré au Mans, les jour, mois et an que dit est, et ont, tous les membres, signé après lecture. Le registre est signé : Lefort, secrétaire; Brière, D'huy, Denieau, Cullier, Pohu, rapporteur; Piard, Portais, Bouteillé, R. Habert, Gandon, Denis, Després, Flesselle, trésorier; Dorize, Abot, membre; Couasnon, et Haloppé, syndic.

DEUXIÈME DÉLIBÉRATION.

DU 7 NOVEMBRE 1842.

La communauté des huissiers de l'arrondissement du Mans, réunie en l'une des salles du palais de justice du Mans, étaient présents : MM. Haloppé, Pohu, Denis, Habert, Brière, Després, Portais, Gandon, Piard, Couasnon, Dorize, Lefort, Cullier, D'huy, Denieau et Flesselle.

M. Haloppé, syndic, a exposé que, dans sa séance du 8 novembre 1841, la communauté des huissiers avait pris une délibération à l'égard des droits de copies de pièces et d'exploits ; qu'il y est dit que ladite communauté fixera ultérieurement l'époque à laquelle cette délibération devra recevoir son exécution, et qu'il pense qu'il est de l'intérêt général de fixer cette époque.

Lecture ayant été donnée par le syndic de la délibération dudit jour 8 novembre 1841, après avoir entendu les observations de plusieurs huissiers et le rapporteur en ses conclusions :

La communauté arrête à l'unanimité, qu'à partir du 1er février 1843, ladite délibération du 8 novembre 1841 recevra son exécution pleine et entière, et que tous les huissiers de l'arrondissement du Mans seront tenus de s'y conformer ; en conséquence, elle invite M. le syndic à faire imprimer des exemplaires de cette délibération, et à les faire distribuer à qui de droit, et ce dans le plus bref délai.

Fait et délibéré au Mans, les jour, mois et an qui précèdent, et ont, tous les membres présents, signé après lecture. Le registre est signé : Lefort, secrétaire; Haloppé, syndic ; Flesselle, trésorier ; Pohu, rapporteur; Denis, Cullier, D'huy, Portais, Dorize, Couasnon, Gandon, Després, Brière, Piard, Denieau et Habert.

Pour copie conforme.

<table>
<tr><td>Le Secrétaire,
A. LEFORT.</td><td>Le Syndic,
HALOPPÉ.</td></tr>
</table>

— V. les observations que nous avons faites sous les art. 79, 166, 168, 169, 170, 195, 196, 197, 198 de ce journal, lesquelles s'appliquent à ces délibérations qui attestent que les huissiers du Mans n'ont pas été les derniers à comprendre et défendre contre les avoués les droits que la loi leur accorde et que ces derniers usurpent sur toute la surface de la France.

A annoter au mot **Copies de pièces**, n° 61.

ART. 211.

COPIE DE PIÈCES.

HUISSIERS. — AVOUÉS. — DROIT EXCLUSIF. — CONCURRENCE. — ACTES CONTRAIRES A LA PROFESSION D'HUISSIER.

PREMIÈREMENT.

Délibération de la chambre de discipline des huissiers de Valenciennes sur la rédaction des copies de pièces, les honoraires y attachés, les actes contraires à la profession d'huissier.

DEUXIÈMEMENT.

Lettre du syndic contenant copie de celle par lui adressée au président de la chambre des avoués de Valenciennes; succès des huissiers dû à la fermeté de leur chambre.

TROISIÈMEMENT.

Des copies de pièces en général; questions proposées :

1° Les huissiers ont-ils le droit exclusif de faire les copies de pièces des significations de jugements et d'arrêts après l'année de leur obtention ?

2° Les mêmes ont-ils ce droit exclusif de rédiger les copies de pièces des commandements préalables à toutes voies d'exécution ?

3° En matière d'enregistrement l'avoué a-t-il le droit de faire la copie du mémoire contenant la défense de la partie?

DÉLIBÉRATION.

Du 18 septembre 1843.

Le 18 septembre 1843, la chambre de discipline des huissiers de l'arrondissement de Valenciennes;

Vu le tarif des frais et dépens du 16 février 1807;

Le décret du 14 juin 1843 ;

— 145 —

Les circulaires de M. le garde des sceaux, des 19 février, 15 octobre 1821 et 4 janvier 1830;

Le rapport au roi, sur le tarif du 10 octobre 1841 relatif aux ventes judiciaires, et la circulaire du 20 août 1842 concernant l'exécution de ce tarif;

Les arrêts de plusieurs cours et entre autres de la cour de cassation, des 24 août 1831, 22 mai et 5 décembre 1832, 22 mai 1834, 19 janvier 1836, 28 novembre 1837 et 22 mai 1838;

Enfin le jugement du tribunal de Condom. (*V. art.* 79, 2e *partie de ce Journal.*)

Oui le rapporteur;

Et après en avoir délibéré;

Attendu qu'il est du devoir de la chambre de veiller à ce que les huissiers jouissent de tous leurs droits et prérogatives;

Et que, si contrairement à iceux, quelques-uns, soit par suite d'usages abusifs, soit à l'effet d'attirer des clients, ne perçoivent pas tout ce qui leur est dû, ou transigent sur les émoluments qui leur sont attribués, notamment à l'égard des copies de pièces, il est urgent, afin de maintenir à la corporation la dignité et l'indépendance qu'elle doit toujours conserver, de prendre des mesures pour arrêter les abus qui, non-seulement lui enlèvent la considération dont elle doit toujours être environnée et qui est si nécessaire à son bien-être; mais lui sont encore si nuisibles, tant sous les rapports moraux et pécuniaires, que sous celui des peines qui peuvent résulter d'une infraction quelconque aux lois et règlements de la matière, en présence surtout dudit jugement du tribunal de Condom, suspendant trois huissiers de leurs fonctions pendant huit jours, pour avoir signifié des copies de pièces qui leur revenaient, sans en avoir perçu les droits;

Attendu qu'il n'est pas moins précieux pour la communauté que les huissiers ne sortent jamais des limites de leur ministère, qu'ils ne se livrent pas à des actes contraires à leur profession, tels qu'opérations de banque, acquisitions de créances litigieuses, garanties de leur recouvrement, moyennant indemnité déterminée à l'avance, ou consentement de ne réclamer ni frais ni honoraires, en cas de non recouvrement de ces mêmes créances, vu que ces actes sont réprouvés par la loi et la délicatesse, et peuvent compromettre en outre leur position.

EST D'AVIS:

1° Que l'abandon fait par un huissier, de tout ou partie des droits de copie de pièces, lorsqu'il n'y a aucune concurrence reconnue par la loi, d'après le tableau dressé à la suite de la présente délibération, est un manquement à l'ordre et à la discipline qui doit être réprimé;

2° Qu'il y a aussi manquement grave à l'ordre et à la discipline, en se livrant aux actes ci-devant analysés, comme étant en opposition avec les fonctions d'huissier;

En conséquence les huissiers de l'arrondissement de Valenciennes exigeront et percevront à leur profit tous les droits qui leur sont dus, en ce qui touche nommément les copies de pièces signifiées par eux; lorsque ces copies leur sont attribuées exclusivement, selon les bases établies audit tableau, encore bien qu'elles soient proposées par des tiers avec ou sans caractère public, ou sans qualité;

Et ils s'abstiendront désormais de tous actes contraires à leur profession.

Quant aux faits de nature à éluder ces dispositions, ils seront poursuivis disciplinairement, conformément au décret du 14 juin 1813, sans préjudice de l'action en dommages intérêts qui sera intentée par le syndic au nom de la communauté, sur l'avis émané de la chambre.

Et pour la pleine exécution de cette délibération, chacun des membres de la communauté fera connaître, à la chambre de discipline, ce qui parviendrait à sa connaissance contrairement aux dispositions ci-dessus, prises dans l'intérêt général.

Fait et délibéré, etc.

Ont signé :

TOURNAY, syndic ; LEFLAN, rapporteur ; PILLION, trésorier ; BERQUET, secrétaire, et VALLEZ.

TABLEAU

Dressé pour faciliter l'exécution de la délibération qui précède, en ce qui concerne les copies de pièces.

CHAPITRE I.

Actes avec lesquels les copies de pièces appartiennent exclusivement aux huissiers.

1. — JUSTICE DE PAIX ET DE SIMPLE POLICE.

Tous actes devant ces justices ou y ressortissant.

2. — CONSEILS DES PRUD'HOMMES.

Tous actes devant cette juridiction, jusques et y compris le jugement définitif.

3. — TRIBUNAL DE COMMERCE.

Tous actes à signifier en cette matière.

4. — ARBITRAGE.

Tous actes et sentences en matière civile ou commerciale.

5. — EXPROPRIATION POUR CAUSE D'UTILITÉ PUBLIQUE.

Tous exploits y relatifs.

6. — POLICE CORRECTIONNELLE ET COURS D'ASSISES.

Tous actes à signifier en ces matières, tant au nom du ministère public qu'en celui des administrations de douanes, de contributions indirectes et des particuliers.

7. — TRIBUNAL CIVIL.

Significations de jugements de tribunal civil ou d'arrêts de cour royale, si elles ont lieu après l'année de l'obtention ; commandements préalables à toutes voies d'exécution.

Sommation aux tiers-détenteurs de payer ou délaisser, et toutes autres sommations en dehors d'une instance civile;

Sommations, procès-verbaux d'offres réelles, saisies-arrêts en vertu de titres, notifications de procès-verbaux de saisie-exécution, et autres en dehors d'une instance;

Consignations et notifications d'icelles, transports;

Demandes et réponses en matières d'enregistrement,

Et généralement tous actes où le ministère d'avoué n'est pas exigé.

CHAPITRE II.

Actes pour lesquels la concurrence existe entre les huissiers et les avoués.

1. — TRIBUNAL CIVIL ET COUR ROYALE.

Ajournements et tous actes à signifier pendant l'instance, y compris les significations des jugements ou arrêts par défaut, si elles ont lieu dans l'année de l'obtention; actes extrajudiciaires se rattachant à une instance civile; référés, assignations et significations d'ordonnances.

2. — ACTES EXTRA-JUDICIAIRES PARTICULIERS.

Notifications aux créanciers inscrits de l'extrait du titre du nouveau propriétaire, de la requête et du tableau prescrit par la l'art. 2183 du Code civil. Significations d'ordonnance, d'ouverture d'ordre, sommations de produire, significations de bordereaux de collocations dans l'ordre ou la contribution; saisie-arrêt ou opposition en vertu d'ordonnance et quand il n'y a pas de titre, dénonciation de procès-verbaux de saisie immobilière.

Et ont signé :

TOURNAY, syndic; LEFLAN, rapporteur; PILLION, trésorier; BERQUET, secrétaire, et VALLEY.

Vu et approuvé par les huissiers de l'arrondissement, présents à l'assemblée générale du 15 octobre 1843.

Ont signé :   .

CARLIEZ, DUCRET, COCHINART, BONILLY, DUPONT, TEACQAT, BÉTHUNE, NUGUES et HORNIE.

2.

LETTRE DE M. TOURNAY, SYNDIC, AU RÉDACTEUR.

Valenciennes, 13 avril 1845.

MONSIEUR ET ANCIEN COLLÈGUE,

Je vous adresse copie du règlement que nous avons pris (c'est celui dont le texte est ci-dessus transcrit); m'étant aperçu qu'on ne l'observait pas entièrement, j'ai écrit en ces termes à M. le président de la chambre des avoués :

« 19 février 1845.

» MONSIEUR,

» Un usage abusif s'était introduit à l'égard des copies de pièces que des tiers sans qualité, ainsi que plusieurs de vos collègues ou leurs clercs, préparaient et voulaient s'attribuer dans divers cas où elles sont la propriété exclusive des huissiers.

» Pour éteindre cet abus et le rendre à jamais impossible, des règlements particuliers ont été pris par la généralité des huissiers de France.

» Le nôtre, l'un des premiers, en date du 18 septembre 1843, vous a été transmis, ainsi qu'aux membres du tribunal de première instance de Valenciennes, et à la commission centrale des huissiers à Paris, laquelle l'a approuvé.

» J'avais pensé que cette communication suffirait pour que chacun ne sortît plus de ses limites.

» Cependant quelques empiétements nouveaux, rares il est vrai, ont encore lieu de la part de votre compagnie ; aussi, est-ce pour éviter qu'ils se renouvellent, afin de ne pas compromettre nos droits acquis ou vous soumettre à des peines disciplinaires, que j'ai l'honneur de vous rappeler notre règlement, et de vous faire connaître que tout sera désormais employé pour son entière exécution.

» Mais j'ose espérer que reconnaissant la légitimité de nos prétentions, votre seule intervention suffira pour atteindre ce but, qui aura à la fois l'avantage de conserver nos bonnes relations, et de contribuer à donner plus de force et d'indépendance à nos corporations.

» Je suis, etc. »

Le Syndic,
TOURNAY.

Sur cette lettre les avoués se sont réunis, et m'ont remis, par l'entremise de leur président, ces observations :

« 1° Sur quoi est fondé *le droit exclusif* de faire les significations de jugements ou d'arrêts, si elles ont lieu après l'année de l'obtention.

» 2° On doit distinguer : lorsque les commandements, préalables à toutes voies d'exécution, sont faits en vertu de jugements obtenus par un avoué, celui-ci a certainement le droit de faire copie de ce jugement.

» 3° En matière d'enregistrement, le ministère de l'avoué n'étant pas exclu, l'avoué a certainement le droit de faire les mémoires et copies, lorsqu'il est chargé d'une affaire de cette nature. »

Nous opposons à ces observations :

Sur le n° 1, l'art. 1038 du Code de proc. ;

Sur le n° 2, qu'il ne peut y avoir de distinction, le ministère de l'avoué n'étant pas ici nécessaire, — et un arrêt de la cour d'Amiens du 24 nov. 1838 ;

Sur le n° 3, que l'avoué mandataire de la partie peut, comme elle, faire le mémoire, mais non la copie.

Veuillez, dans un de vos prochains numéros, nous donner votre opinion.

Ici nous sommes heureux, sous le rapport des remises de droits de copies, qu'ont abandonnées certains individus par suite de notre fermeté, et nous espérons avec votre concours vaincre la faible résistance qu'on nous oppose.

Recevez, etc.

TOURNAY, Syndic.

3.

DES COPIES DE PIÈCES EN GÉNÉRAL. — QUESTIONS PROPOSÉES (SOLUTION DES). — OBSERVATIONS DU RÉDACTEUR PRINCIPAL.

Avant de passer à l'examen des questions qui nous sont soumises, nous devons constater ce fait, que, dans l'arrondissement de Valenciennes, les huissiers, grâce à la fermeté de leur chambre de discipline et surtout à l'heureuse union qui existe entre eux, sont parvenus, à très-peu de chose près, à se maintenir dans le droit que leur reconnaît la jurisprudence, de percevoir les émoluments attachés à la plupart des copies de pièces qu'ils signifient. C'est un résultat encourageant et que nous enregistrons d'autant plus volontiers, qu'il prouve que les huissiers peuvent se suffire à eux-mêmes, et que, s'ils doivent attendre quelque amélioration, c'est de leur chambre de discipline qu'elle viendra et non de ces assemblées générales qui n'ont aucun pouvoir, font cependant un peu de bruit et n'aboutissent le plus souvent, comme d'ailleurs presque toutes les réunions officieuses, qu'à un *toast* plus ou moins pétillant d'esprit.

Faisons remarquer surtout et recommandons la *forme tout à fait légale* de la délibération du 18 septembre 1843 : Les chambres de discipline ont le droit de donner des *avis*, afin de diriger dans le sentier du devoir les membres de la communauté qu'elles représentent, mais nous ne pensons pas qu'elles puissent promulguer des règlements de nature à les *lier* et à *lier légalement* les huissiers, signataires ou non. C'est donc comme une *règle morale* de conduite et non comme une loi que les délibérations des chambres doivent être considérées. Nous démontrerons ce principe dans un article que nous publierons sous le n° 212 ci-après.

Passons maintenant à l'examen de l'importante question des copies de pièces.

Les procureurs furent supprimés dans toute la France par la loi du 29 janvier—20 mars 1791 ; mais en opérant cette suppression, cette même loi ordonna, par son art. 3, qu'il y aurait auprès des tribunaux de district, des officiers ministériels ou *avoués* dont la fonction sera exclusivement de représenter les parties, d'être chargés et responsables des pièces et titres des parties, de faire les actes de forme nécessaire pour la régularité de la procédure et mettre l'affaire en état.

Supprimés à leur tour par la loi du 3 brumaire an II, les avoués ne furent rétablis que par la loi du 27 ventose an VIII, dont l'art. 93 est ainsi conçu : — Les avoués auront exclusivement le droit de *postuler* et *prendre des conclusions* dans le tribunal pour lequel ils seront établis.

La suppression des avoués en l'an II entraîna de plein droit l'abrogation de la loi du 29 janvier-20 mars 1791, mais un arrêté des consuls du 18 fructidor an VIII remit cette dernière loi en vigueur ; d'où il suit qu'aujourd'hui la loi de l'an VIII s'interprète, en ce qui concerne la postulation et les conclusions à prendre, par celle de 1791.

Ainsi les avoués sont institués pour postuler et conclure seulement. — *Postuler* c'est remplir les formalités nécessaires à l'instruction d'un procès et mettre le juge en état de prononcer sur la difficulté qui lui est soumise. Par formalités on doit entendre ici celles qui rentrent, par leur nature, dans les fonctions des avoués et qu'ils doivent accomplir suivant les prescriptions de la loi, du Code de procédure, par exemple, et non celles comprises expressément ou par voie de conséquence forcée dans les attributions d'autres fonctionnaires.

Quant aux huissiers, le décret de 1813 les a institués pour faire toutes citations, notifications et significations requises pour l'instruction des procès, ainsi que tous actes et exploits pour l'exécution des ordonnances, jugements et arrêts. — Les huissiers concourent donc aussi à l'instruction des procès; c'est la loi qui le dit, et c'est d'ailleurs un fait incontesté.

Mais entre le concours de l'avoué et celui de l'huissier, il y a cette différence que le premier s'exerce en quelque sorte sous les yeux du juge et au moyen d'actes s'adressant directement au tribunal et signifiés à un autre avoué, jamais à la partie; au lieu que le second n'a lieu que par des actes adressés directement à la partie, dans le but soit de l'appeler en justice, soit de porter à sa connaissance personnelle la décision du tribunal. — Il résulte de là que le concours de l'avoué n'est requis par la loi et ne commence qu'à partir de sa constitution, car avant l'acte de constitution il n'y a pas d'avoué légalement parlant, pour se terminer par la mise en état de l'affaire. Dès l'instant où l'affaire est prête à recevoir solution, la *postulation* cesse et devient d'ailleurs inutile, tandis que le concours de l'huissier est indispensable avant qu'il y ait et lorsqu'il n'y a plus postulation et même pendant qu'il y a postulation pour les actes notifiés à la partie.

Comme nous l'avons déjà fait remarquer, l'huissier et l'avoué sont deux officiers ministériels dont les fonctions sont distinctes, peuvent et doivent être accomplies par chacun d'eux isolément, sans le concours de l'autre. Nulle part, en effet, la loi n'a subordonné l'huissier à l'avoué; nulle part le concours de l'avoué n'est exigé pour la validité d'un exploit. Au contraire, ne serait-il pas choquant et ridicule qu'un exploit puisse être l'œuvre de deux fonctionnaires dont l'un aurait, sans responsabilité, l'émolument principal, et l'autre la responsabilité avec les honoraires les plus faibles? C'est cependant ce que les avoués réclament en demandant les honoraires des copies de pièces qui figurent en tête des exploits.

Mais qu'est-ce donc que les copies de pièces données en tête des exploits? Il est évident qu'une copie de pièces donnée en tête d'un exploit, en vertu d'une disposition de la loi, n'est autre chose que l'accessoire de cet exploit, et cela est si vrai que, dans la plupart des cas, le défaut de cette copie entraîne la nullité de l'acte. Or, qui donc a qualité pour certifier et délivrer l'accessoire? L'officier qui tient de la loi le droit de rédiger le principal, l'huissier en un mot qui, par sa signature, donne vie à la copie, l'authentique, et la remet à destination. Nul autre que lui ne peut prétendre à une pareille faculté.

Cependant l'avoué la réclame. Quelle loi la lui accorde? il n'en existe pas; la nature de ses fonctions la lui refuse également. Est-ce postuler auprès d'un tribunal que de rédiger et signer la copie de pièces signifiées en tête d'un ajournement? Non assurément, car avant l'ajournement il n'y a point lieu à postulation, point lieu de mettre en état une instance qui n'existe pas encore. — Les avoués se fondent sur ce que la loi exige, dans certains cas, la constitution d'avoué, pour réclamer le droit de rédiger les copies de pièces. Mais qu'a voulu la loi dans ces différentes circonstances? Changer les attributions des avoués et des huissiers, modifier les lois organiques de ces professions, retirer des unes pour augmenter les autres? Personne ne le prétendra assurément. En exigeant la constitution d'un avoué dans certains exploits, le législateur a entendu que le demandeur portât de suite à la connaissance du défenseur, et sans autres frais, le nom du mandataire qui doit le représenter devant le tribunal, afin que l'affaire pût s'instruire sans délai et que le défendeur sût à qui s'adresser pour faire rejeter une demande insensée, ou réduire une demande exorbitante, ou acquiescer à une demande juste. Il n'a pas voulu autre chose, il n'a pas dit surtout qu'il y aura postulation d'une affaire avant qu'elle soit née, ni après qu'elle sera terminée par un jugement.

Ce n'est pas tout : la loi a attaché un émolument à la copie de pièces, un émolument à l'original et à la copie de l'exploit. En principe incontestable et incontesté l'émolument n'appartient qu'à celui qui accomplit l'acte auquel il est attaché, de manière à lui faire produire l'effet, prévu d'avance, qu'en attend le législateur. Admettez le système des avoués : l'un d'eux rédige dans son cabinet et certifie une copie de pièces destinée à être mise en tête d'un ajournement. Voilà tout ce qu'il fait, et, suivant lui, c'est assez pour avoir droit à l'émolument. Mais cette copie ainsi rédigée a-t-elle quelque valeur, quelque effet, tant qu'elle reste sur le bureau de l'avoué? le but de la loi est-il atteint complétement par ce qui a été fait par l'avoué? que manque-t-il? Il manque le concours de l'huissier qui, de morte qu'elle était, de sans effet qu'elle restait, vivifie et fructifie cette copie en la signifiant, en la portant et remettant à la partie. Et pour cela l'huissier, le fonctionnaire véritable, n'aura rien; le scribe, car dans ce cas l'avoué n'est qu'un scribe puisqu'il ne peut, seul, authentiquer la copie, aura tout. Quel texte donc donne à l'avoué le droit de se servir ainsi de l'huissier gratuitement? quelle loi impose donc à l'huissier l'obligation, la charge, de porter, sans indemnité, à la partie, la copie rédigée par l'avoué ?

Ce n'est pas tout encore : le fonctionnaire qui signifie un acte nul est responsable. Cette responsabilité le soumet à des dommages-intérêts, à une peine disciplinaire fort grave, la suspension (C. pr. art. 1031). Dans certains cas l'irrégularité d'une copie, l'omission dans cette copie d'une pièce essentielle, de la non-conciliation, par exemple, peut entraîner la nullité de l'exploit. Qui sera responsable de cette nullité envers la partie ? l'huissier, sauf son recours contre l'avoué (il en est ainsi lorsqu'il s'agit d'amende pour défaut de correction et de lisibilité de la copie. Cass. 11 août 1835, 29 février, 21 avril, 8 novembre 1836). Ainsi en admettant le système des avoués, l'huissier est responsable d'une faute qu'il n'a pas commise ; il est frappé dans son honneur de fonctionnaire, dans sa réputation d'officier ministériel capable, dans sa fortune. Son avenir sera perdu ; la flétrissure morale que lui aura imprimée sa suspension sera désormais la compagne obligée de son existence. Il aura son recours, dites-vous ? Eh ! qui lui rendra son honneur ! Et si l'avoué est insolvable ? A quelles étranges erreurs peut conduire l'application d'un principe faux ! Est-il possible, est-il juste de pouvoir ainsi enchaîner la responsabilité d'un fonctionnaire en lui enlevant sa liberté d'action, liberté sans laquelle toute responsabilité est immorale ?

Ce n'est pas tout : si vous admettez qu'un avoué a le droit de rédiger une copie de pièces et d'en percevoir l'émolument, vous devez nécessairement admettre aussi qu'en sa seule qualité d'officier ministériel et sans justifier d'aucun pouvoir, il aura le droit de contraindre l'huissier à signifier cette copie, afin qu'elle ne reste pas stérile. Si vous admettez ces choses, vous contraignez l'huissier d'agir au nom d'une partie qui ne lui en a pas donné mandat et alors vous le soumettez à un *désaveu;* si vous les rejetez, vous convenez que le ministère de l'avoué est inutile en ce cas, vous faites agir la partie, et dès lors, comme celle-ci ne peut retenir aucun émolument, comme elle ne peut contraindre l'huissier de signifier des copies portant une signature qu'il n'est pas tenu de connaître, qui peut être fausse ; des copies qui peuvent être irrégulières, il exigera les originaux, fera les copies et percevra les honoraires y attachés. Il n'y a pas moyen d'échapper à l'un ou l'autre de ces résultats.

Le Code de procédure doit être, suivant nous, le seul document à consulter lorsqu'il s'agit de déterminer une ligne de démarcation entre les attributions des avoués et des huissiers. Il détermine, en effet, quels actes sont du ministère des avoués et quels du ministère des huissiers ; et là seulement doivent être puisées les distinctions à admettre. S'il ne parle pas des copies de pièces c'est que cela était inutile, car elles suivent le sort de la partie principale. Ses dispositions mises en regard des lois régissant les fonctions des avoués et des huissiers, doivent éclairer les discussions qui peuvent s'élever à ce sujet, et c'est en se fondant sur leur texte que nous décidons que les copies de pièces appartiennent aux huissiers toutes les fois qu'elles sont en tête d'un exploit, sans distinction de celles signifiées avant, pendant ou après une instance.

Quant au tarif de 1807, il n'a eu en vue que de déterminer les droits attachés aux actes prévus par le Code de procédure et non d'établir un règlement d'attributions. Ses dispositions en ce qu'elles seraient contraires à la nature des fonctions d'huissier ou d'avoué, ne pourraient produire l'effet de dépouiller les uns au profit des autres, et devraient être, dès lors, considérées comme anéanties, par cela même que leur exécution donnerait ouverture à des inconvénients sans nombre et d'une gravité incontestable.

Deux seules dispositions de ce décret dont l'inconstitutionnalité a été avec raison, quoique en vain, critiquée plusieurs fois, paraissent favoriser les prétentions des avoués contre les huissiers ; ce sont les § 2 de l'art. 28 et § 3 de l'art. 72, ainsi conçus :

Art. 28, § 2. « Le droit de copie de toute espèce de pièces et de jugements appartiendra à l'avoué quand les copies de pièces seront faites par lui ; l'avoué sera tenu de signer les copies de pièces et de jugements, et sera garant de leur exactitude.

Art. 72, § 3. Les copies de tous actes ou jugements qui seront signifiés avec les exploits des huissiers appartiennent à l'avoué, si elles ont été faites par lui, à la charge de les certifier véritables et de les signer.

De deux choses l'une : ou les dispositions des art. 28 et 72 du tarif ont force de loi et doivent être complétement exécutées, ou elles sont contraires aux droits reconnus aux huissiers, par le décret du 14 juin 1813, et doivent être retranchées. Dans le premier cas, il y aura concurrence pour toutes les copies de pièces sans distinction, signifiées en tête des exploits ou dans une instance, car le tarif, lui, ne fait aucune distinction; dans le second, toutes les copies appartiennent à l'huissier ; il n'y a pas de transaction possible entre l'une ou l'autre de ces interprétations. Si vous rejetez le droit de concurrence pour un seul exploit, il n'y a pas de raison pour ne pas le refuser à l'égard de plusieurs ; car dès l'instant où vous restreignez l'application du tarif, vous reconnaissez qu'il porte atteinte aux attributions des huissiers, et dès lors vous admettez ce principe que les dispositions de ce tarif, en ce qu'elles attribuent à certains fonctionnaires une compétence en dehors de leurs fonctions et qu'aucune loi ne leur accorde, ne peuvent produire aucun effet.

Et véritablement, la main sur la conscience, ces dispositions sont nulles, comme ayant été édictées par le pouvoir en dehors des prescriptions de l'art. 1042 du Code de procédure qui lui donnait le droit, non de régler les attributions des avoués et des huissiers, mais de tarifer les actes du ministère des uns et des autres prévus par le Code de procédure. Il y a loin de là à une disposition législative dépouillant un ordre tout entier de fonctionnaires et l'assujettissant en faveur d'un autre ordre moins utile (il n'y a pas eu d'avoués de l'an ii à l'an viii et les choses n'en ont pas été plus mal), et mieux rétribué, à une dépendance et une rançon qui n'ont jamais été dans nos mœurs, et que réprouve d'ailleurs une sage administration de la justice.

Nous comprenons la concurrence lorsque son objet est de permettre à différents fonctionnaires de rédiger et consommer un même acte, par eux-mêmes, et sans qu'ils aient besoin de recourir à un autre officier public : mais nous ne la comprenons plus dès qu'elle ne s'applique qu'à un acccessoire et que l'un de ceux auxquels elle doit profiter n'a pas qualité pour produire le principal. C'est le pouvoir de créer le corps sans la tête, un mécanisme sans moteur. Il y a là assurément une déplorable erreur, une confusion qui ne peut qu'entraver la marche de la procédure, et que la jurisprudence devrait faire disparaître à tout jamais.

En admettant pour un instant que le législateur de 1807 ait eu sérieusement l'intention d'accorder un droit de concurrence à l'avoué au sujet des copies de pièces mises en tête des exploits, il ne l'a fait assurément que dans l'intérêt des parties, afin de leur permettre de s'adresser soit à un avoué, soit à un huissier. Comment expliquer alors la différence de la taxe d'une copie faite par un huissier d'avec celle faite par un avoué, si ce n'est qu'en abaissant la taxe de l'huissier à 20 centimes du rôle au lieu des 25 centimes accordés à l'avoué, le législateur a excité les parties, eu égard à l'infériorité des honoraires à débourser, à s'adresser à l'huissier de préférence à l'avoué, et retiré d'une main en partie ce qu'il avait accordé de l'autre. Or, une telle intention n'étant pas admissible, le droit de 25 centimes étant le seul que puisse réclamer l'avoué, ce droit ne s'appliquant qu'aux copies d'actes d'avoué à avoué, on doit en conclure qu'aucune taxe n'étant allouée à l'avoué pour les copies de pièces des exploits, il ne peut y prétendre.

Une signification d'avoué à avoué est sans contredit un *exploit*, car cette qualification appartient à tout acte du ministère d'huissier. Que diraient donc les avoués si les huissiers, invoquant les art. 28 et 72 du tarif, venaient prétendre à la concurrence des copies de pièces signifiées d'avoué à avoué ? Leur prétention serait tout aussi raisonnable que celle des avoués, car l'art. 72, pris isolément, se prête également aux deux interprétations, lesquelles, nous le reconnaissons, ne rentrent ni l'une ni l'autre dans l'esprit du législateur. N'est-ce pas une raison de plus de décider que les art. 28 et 72 n'accordent aux avoués les droits de copies de pièces qu'autant qu'elles sont signifiées comme accessoires d'actes d'avoué à avoué? C'est là la seule interprétation rationnelle, équitable, à donner auxdits articles; la seule qui ne froisse aucun intérêt, n'engendre aucun inconvénient, rentre parfaitement dans le sens des attributions des avoués et des huissiers.

Les avoués, conséquents avec les droits qu'ils prétendaient faire résulter en leur faveur des art. 28 et 72 du tarif, ont commencé à réclamer le droit de concurrence pour *toute espèce de copie de pièces* signifiées en tête des exploits. Leurs prétentions, soutenues par une consultation délibérée par M. de Vatimesnil (Dalloz, t. 32, 1re part., p. 223), furent d'abord admises par trois arrêts de la Cour royale de Paris.

PREMIER ARRÊT.

9 FÉVRIER 1833.

MOTIFS. — Considérant que l'avoué Pothier ne réclame pas le droit exclusif de faire les copies de pièces dans les actes et significations qui précèdent et suivent l'instance, mais simplement le droit de concurrence avec l'huissier; — Considérant que l'art. 28 du tarif, relatif aux actes des huissiers, porte expressément que le droit de copie de toute espèce de pièces et des jugements appartiendra à l'avoué, quand elles auront été faites par lui; que l'art. 29, spécial aux huissiers admet également les avoués à faire, concurremment avec les huissiers, les copies de pièces; qu'enfin l'art. 72, après avoir parlé des copies de pièces dans le cours d'une instance, ajoute que les copies de tous actes et jugements qui seront signifiés avec les exploits d'huissier appartiendront à l'avoué, si elles ont été faites par lui; considérant qu'il résulte des art. 492, 548 et 1038 du C. pr. que l'avoué a un caractère légal hors de l'instance et sans faire d'acte de postulation.

NOTA. — Cet arrêt rejette, en outre, le moyen tiré de l'inconstitutionnalité du décret de 1807, en ce qu'il contient des dispositions législatives, par la raison qu'il n'a point été attaqué; qu'au contraire il a toujours été exécuté; qu'il a toujours été et est encore la règle unique à suivre en matière de taxe.

DEUXIÈME ET TROISIÈME ARRÊTS.

5 AOUT 1834.

Ces deux arrêts, par les mêmes motifs que le premier, décident que les avoués ont concurrence pour faire les copies de pièces à signifier en tête des exploits, et le droit d'en percevoir l'émolument, quoique ces copies ne se rattachent pas à une instance et soient relatives à des actes du tribunal de commerce, à un commandement tendant à une saisie-exécution, à un acte de dépôt en matière de purge légale et à une signification de transport.

On doit le reconnaître, ces arrêts ont au moins pour eux le mérite de la franchise: considérant le tarif du 16 février 1807 comme un règlement des attributions des huissiers et des avoués, règlement auquel le caractère de ces officiers ministériels ni la nature de leurs fonctions, tels qu'ils résultent des lois constitutives de leur ministère, n'ont pu apporter aucune modification, ils ont appliqué le texte des art. 28 et 72 dans le sens de la concurrence générale ; application que ces articles, vus isolément, peuvent assurément permettre, car, ainsi que nous l'avons dit — ou ils dominent la matière — ou ils sont dominés eux-mêmes par des considérations tirées des lois régissant spécialement les fonctions des avoués et des huissiers. — Dans le premier cas, celui adopté par les trois arrêts de la Cour de Paris, on doit admettre qu'il y a concurrence entre les avoués et les huissiers pour *toutes les copies de pièces* signifiées en tête de *tous les exploits*, les art. 28 et 72 ne faisant aucune distinction entre les *exploits ordinaires* et ceux connus sous le nom de *signification d'avoué à avoué*. — Dans le second cas, on ne doit accorder à chacun que les copies prescrites pour la validité ou la régularité d'un acte de son ministère.

Quoi qu'il en soit, la jurisprudence de la Cour de Paris, combattue par d'autres Cours royales, fut bientôt rejetée par la Cour de cassation. Des distinctions, évidemment contraires, selon nous, à l'esprit des lois spéciales à la question qui nous occupe, furent faites entre les copies de pièces se rattachant à des actes extra-judiciaires ou à des instances devant les tribunaux où les avoués ne peuvent postuler, — et celles qui se rattachent en même temps à un exploit d'huissier et à un acte de postulation. — Pour les premières, on a reconnu le *droit exclusif des huissiers ;* pour la secondes, on a *admis la concurrence.*

Ce système mixte, *transactionnel,* que n'admet pas le tarif, que repousse la nature des fonctions des huissiers, qui tend à jeter la confusion et l'anarchie dans des attributions clairement définies, à ruiner le bien-être et l'indépendance des huissiers, énerver leur institution essentiellement utile à l'administration de la justice, à reconnaître aux avoués un droit de suprématie qu'aucune loi ne leur accorde ; ce système contre lequel nous ne pouvons protester trop énergiquement résulte des décisions que nous allons rapporter.

En effet, jusqu'à présent la jurisprudence a admis le *droit exclusif* des huissiers aux copies de pièces données en tête :

1° D'une *citation en conciliation.* Cass. 22 mai 1832 : L'huissier peut se refuser à la signifier si elle n'a pas été rédigée par lui. L'émolument de la copie de pièces transcrite en tête de cet acte lui appartient exclusivement lors même qu'elle aurait été faite par un avoué.

Motifs. — Attendu, en fait, qu'il s'agit dans la cause, non pas de l'exploit introductif d'instance portant constitution d'avoué, mais d'une citation en conciliation, rédigée et transcrite dans l'étude de l'avoué Milard en quatre originaux et cinq copies, citation tellement étrangère au ministère de l'avoué, qu'elle est une tentative prescrite par la loi pour prévenir le procès.— Attendu, en droit, que l'huissier ayant seul le droit d'imprimer, comme officier public, le caractère d'authenticité à l'exploit qu'il signifie, la règle générale est que l'exploit et les copies des pièces signifiées avec l'exploit sont *l'œuvre de l'huissier, et que l'émolument lui en appartient ; c'est par exception, et seulement pour les actes signifiés pendant le cours du procès, que la faculté de s'immiscer dans un acte d'huissier par une copie de pièces à signifier en tête de cet acte; mais en dehors de l'instance dans laquelle il est constitué, l'avoué n'est plus qu'un simple particulier qui ne peut avoir ni droit ni qualité de s'interposer entre la partie et l'huissier, et de restreindre l'émolument que le tarif accorde aux huissiers pour les actes de leur ministère.*

2° Des assignations devant les tribunaux de commerce. — Des significations des jugements par défaut ou contradictoires rendus par ces tribunaux. — Des commandements tendant à contrainte par corps, saisie-exécution ou saisie immobilière. — Des significations en matière de purge légale. — Des significations de transport. Cass. 22 mai 1838.

Motifs. — Attendu que si le tarif des frais et dépens, dans la fixation qu'il fait des émoluments attachés aux divers actes de procédure, a statué, quant aux copies de pièces, que leur émolument appartiendrait soit à l'huissier, soit à l'avoué, selon que la copie aurait été faite soit par l'un, soit par l'autre, cette concurrence entre les deux professions ne peut être entendue que subordonnément aux principes organiques de chacune d'elles, tels qu'ils ont été établis, savoir : pour les avoués, par la loi du 27 ventôse an VIII, et pour les huissiers, par le décret législatif du 14 juin 1813. — Que de la combinaison de ces deux lois organiques, il résulte 1° que le droit d'authentiquer par leurs signatures les copies de pièces signifiées avec les exploits faits par les huissiers, et d'en percevoir l'émolument, n'est jamais pour les avoués qu'une exception ; tandis que, par la nature même des choses, ce droit appartient primitivement à l'huissier, qui a seul caractère légal à l'effet de signifier l'acte dont les pièces annexées ne sont que l'accessoire; 2° que par suite du principe qui veut que toute exception soit ressrrée dans de justes limites, la concurrence de l'avoué avec l'huissier ne peut être admise qu'autant que les copies de pièces se rattacheront à des actes qui feront partie intégrante de l'instance dans laquelle l'avoué a le droit exclusif de postuler et de conclure, soit des fonctions spéciales que la loi attribue exclusivement à l'avoué dans certains cas déterminés ; — Attendu que l'instance commence par la demande qui en est le principe , et se termine par le jugement qui en est le complément et qui n'existe lui-même, à l'égard de la partie adverse, que par la signification; d'où il suit 1° que la demande et la signification d'un jugement étant les deux termes de l'instance, toutes les copies de pièces à signifier accessoirement aux actes compris entre les deux extrêmes sont, suivant le vœu du tarif, dans les attributions communes des deux professions; que c'est dans ce sens seulement que la disposition alternative du tarif doit être appliquée; en telle sorte que l'émolument des copies accessoires à ces actes appartiendra à celui par lequel cette copie a été faite et que, par rapport à ces mêmes actes, l'avoué sera regardé comme revêtu exceptionnellement du même caractère que l'huissier, pour faire concurremment avec lui les copies de pièces et les authentiquer par sa signature ; 2° que dans tous les autres actes qui ne sont pas, soit partie intégrante d'une instance, soit la matière d'une attribution que la loi ait formellement fait à l'avoué, l'exception cesse et la règle générale reprend son empire en faveur de l'huissier.

Nota.—La cour a ensuite attribué à l'huissier l'émolument total des copies données en tête des actes énoncés sous le n° 2 ci-dessus.

Conf. Paris, 19 janvier et 29 mai 1837, qui décident que toutes les copies de pièces signifiées dans les instances devant les tribunaux de commerce appartiennent exclusivement aux huissiers.

3° *D'un commandement tendant à saisie immobilière.* Cass. 5 décembre 1832.

Motifs. — La cour, après un long délibéré en sa chambre du conseil ;

Attendu que les articles invoqués du tarif (28, 29, 72), exactement analysés, se réduisent à dire que le droit de copie de pièces ou (pour s'exprimer avec plus de précision) l'émolument qui y est attaché, appartient soit à l'avoué, soit à l'huissier, selon que cette copie a été faite par l'un ou par l'autre ; mais que la question à résoudre, qui est celle de savoir dans quel cas l'avoué a, privativement à l'huissier, qualité pour faire cette copie de pièces, n'est pas décidée par les articles et *doit être résolue d'après les principes dérivant de la nature des choses et de celle des actes dont la copie de pièces est le complément;*

Attendu qu'un principe fondé sur la nature même des choses est que l'accessoire suive la nature du principal, et, par conséquent, que l'officier ministériel, à qui la loi confère le droit exclusif de faire un acte, ait exclusivement aussi le droit de faire la copie des pièces que la loi déclare partie intégrante, ou qu'on doit considérer comme complément de ce même acte;

Attendu qu'un commandement tendant à saisie immobilière est un acte d'exécution qui appartient au ministère exclusif de l'huissier, seul responsable de sa validité, et dans les mains duquel la remise de l'acte ou du jugement qu'il s'agit d'exécuter vaut pouvoir, aux termes de l'art. 556 du Code de procédure ; que par une conséquence nécessaire, doit entrer dans les attributions de l'huissier, le droit de faire la copie de cet acte ou de ce jugement, puisque, suivant les art. 673 et 717 du même Code, la copie entière doit, à peine de nullité, en être donnée en tête de ce commandement, dont elle est ainsi déclarée partie intégrante ;

Attendu qu'il s'agissait, dans l'espèce de la cause, non pas de la simple signification à faire d'un jugement portant condition à payer, mais bien d'un commandement tendant à saisie immobilière, acte de pure exécution et appartenant (comme on l'a déjà dit) au ministère exclusif de l'huissier, et qu'en déboutant, dans cette circonstance, les sieurs Génin, Manil et Bourgerie de leur demande, tendant à ce que l'huissier Denis fût tenu de signifier, avec un commandement de cette nature, les copies du jugement de condamnation, préparées et certifiées par l'avoué Bourgerie, le tribunal de Charleville et la cour royale de Metz n'ont violé ni pu violer aucune loi.

Conf. Amiens, 24 nov. 1836; ord. 10 oct. 1841, art. 3, § 3.

Mais le droit de concurrence a été admis pour les copies de pièces données en tête :

1° *D'un ajournement devant le tribunal civil et de significations de jugements par défaut, rendus par le même tribunal.* Cassation, 22 mai 1838.

Motifs. Attendu, en droit, que, du rapprochement des art. 29 et 72 du tarif de l'art. 94 et 27 vent. an VIII, et du décret du 18 fructidor même année, il résulte que, pendant l'existence et la durée du procès, c'est-à-dire du moment que l'instance commence et tant qu'elle n'est pas terminée, les avoués, investis par la loi du droit de postuler, tiennent encore d'elle le caractère officiel, pour faire, cumulativement avec les huissiers, les copies de pièces qui doivent être signifiées avec les exploits relatifs à la même instance, et d'en percevoir l'émolument y attaché ;

Attendu que l'instance commence par la demande qui, en l'introduisant, en est le principe et la tête, et qu'elle se termine par le jugement qui en est le complément et la fin ; attendu qu'à l'égard notamment de la partie adverse, le jugement n'est censé exister qu'après qu'il lui a été signifié, puisque *paria sunt non esse et non significari*, d'où il suit que la demande et le jugement signifié étant parties non-seulement intégrantes, mais principales et essentielles de l'instance, l'avoué, quant à elles, loin de pouvoir être considéré comme en dehors de l'instance et comme un simple particulier, doit, au contraire, être regardé du même caractère officiel que l'huissier, pour faire, cumulativement avec lui, les copies à signifier avec l'exploit qui introduit la même instance, et avec l'exploit de signification qui la termine ;

Et attendu qu'il est constant et reconnu en fait, qu'il s'agissait, dans l'espèce, de trois exploits dont le premier introduisait l'instance et les deux autres signifiaient deux jugements par défaut ; qu'ainsi, en décidant que l'avoué Didelot avait eu le droit de faire, cumulativement avec les huissiers demandeurs en cassation, les copies de pièces à signifier avec les trois exploits, et d'en percevoir les émoluments y attachés, l'arrêt attaqué a fait une juste application.

Conf. Amiens, 24 nov. 1836.

2° *D'un exploit de saisie-arrêt* (Amiens, 24 nov. 1836. — Contrà : trib. de Meaux, 28 mai 1832) ; *d'une assignation en référé* lorsqu'il y a constitution d'avoué (Amiens, 24 nov. 1836, cass. 22 mai 1838.)

Relativement aux copies de pièces en matière de purge des hypothèques, V. art. 199 ci-dessus.

En résumé il résulte de la jurisprudence de la Cour de cass. :

Qu'en principe les copies de pièces signifiées avec les exploits appartiennent aux huissiers ;

Que c'est par exception seulement et pour les actes signifiés dans le cours de l'instance, qu'elles appartiennent concurremment aux huissiers et aux avoués ; — Que l'instance commence par la demande et se termine par la signification du jugement.

De là cette conséquence : 1° Qu'avant la demande comme après la signification, toutes les copies de pièces appartiennent aux huissiers ; 2° que celles données en tête de la demande et de la signification et des autres exploits signifiés dans l'intervalle de l'un de ces actes à l'autre, appartiennent à celui de l'avoué ou de l'huissier qui les a rédigés et signés ; 3° que dans les affaires où ils n'ont pas le droit de postuler et de conclure, les avoués ne peuvent prétendre à aucune copie de pièces.

Les motifs sur lesquels cette jurisprudence s'appuie sont réfutés par les observations qui précèdent ; il est toutefois encore une dernière objection à faire. La Cour reconnaît en *principe le droit exclusif de l'huissier.* Or, il ne peut être dérogé à ce droit, qui résulte d'une loi, que par une une autre loi. Où donc est cette loi ? le tarif ? mais la Cour déclare que ses dispositions s'interprètent par la nature des attributions des huissiers et des avoués, et certes le droit de *postuler* et de *conclure* ne peut s'étendre à la rédaction de partie d'un acte attribué spécialement aux huissiers. La Cour l'a senti ; aussi, pour *créer* un droit de concurrence a-t-elle été obligée de déclarer *que l'avoué sera revêtu exceptionnellement du même caractère de l'huissier.* Ne croirait-on pas que c'est là une plaisanterie qui n'a pas même le mérite de la nouveauté ?

MAÎTRE JACQUES. Est-ce à votre cocher, monsieur, ou bien à votre cuisinier que vous voulez parler ? car je suis l'un et l'autre.

HARPAGON. C'est à tous les deux.

— Mais à qui des deux le premier ?

— Au cuisinier.

— Attendez donc, s'il vous plaît.

Maître Jacques ôte sa casaque de cocher et paraît vêtu en cuisinier.

(MOLIÈRE, *l'Avare*, acte 3, scène 5.)

Nous le demandons à tout homme sérieux, exempt d'intérêt dans la question qui nous occupe, a-t-il jamais pu entrer dans la pensée du législateur de dépouiller les huissiers de leur caractère en ce qui touche l'accessoire d'un exploit pour en revêtir, même exceptionnellement, les avoués ? Que l'on nous cite non par un texte, mais un mot, un seul qui autorise à émettre une telle pensée, et alors nous donnerons gain de cause aux avoués. Est-ce postuler et conclure que de copier des titres ? Ne voit-on pas d'ailleurs que d'évêques qu'ils se prétendent, on fait descendre les avoués au rôle de meuniers, afin de leur procurer le plaisir de mouturer la procédure confiée aux huissiers ? Mais puisqu'on en fait des huissiers, pourquoi ne signifient-ils pas les copies de pièces qu'ils rédigent et signent ? En vérité, quand on voit un voit un tribunal composé d'hommes aussi éminents tomber dans une erreur aussi choquante, on arrive à douter de soi-même dans les circonstances les plus décisives.

Suivant nos principes, les trois questions posées en tête de notre article doivent être résolues dans le sens de l'intérêt des huissiers ; mais suivant la jurisprudence on doit distinguer et décider :

La première par la négative. Dès qu'il est reconnu que la signification du jugement est la fin de l'instance, il importe peu que cette signification ait lieu dans tel ou tel délai. L'avoué tire son droit de l'instance terminée et non de l'exécution à faire ; l'art 1038 n'est donc d'aucune influence ici.

La deuxième par l'affirmative, un commandement n'étant pas le commencement ni la fin d'une instance.

La troisième par la négative, les avoués ne pouvant ni *postuler* ni *conclure* en matière d'enregistrement (Cass. 26 mars 1827) et ne pouvant, par conséquent, dans cette circonstance, couvrir la robe de l'avoué du manteau de l'huissier.

A annoter au mot Copie de pièces, nº 64.

ART. 212.

—

CHAMBRE DE DISCIPLINE.

COMPÉTENCE. — MESURES PROTECTRICES. — HUISSIERS. — DIS-
POSITION RÉGLEMENTAIRE.

*Les Chambres de discipline ne peuvent statuer par voie de dispo-
sition générale et réglementaire.*

DÉCISION.

GARDE DES SCEAUX. — 21 AVRIL 1845.

Ministère de la justice. — Direction du personnel.

Nous garde des sceaux, ministre secrétaire d'Etat au département de la
justice et des cultes,

Vu la délibération en date du 26 novembre 1844, par laquelle la chambre
de discipline des huissiers du tribunal de Roanne *a statué par voie de disposition générale et réglementaire sur des intérêts de communauté;*

Vu les observations de M. le procureur général de Lyon, sur cette délibération, en son rapport du 5 février dernier;

Considérant que la chambre de discipline des huissiers du tribunal civil
de Roanne a excédé ses pouvoirs en cette circonstance;

Nous avons arrêté et arrêtons ce qui suit :

ARTICLE PREMIER.

La délibération du 26 novembre 1844, prise par la chambre de discipline
du tribunal de Roanne (Loire), est et demeure supprimée.

ART. 2.

Le procureur général près la cour royale de Lyon est chargé de l'exécution
du présent arrêté, qui sera transcrit sur le registre de la chambre de discipline des huissiers de l'arrondissement de Roanne.

Fait en l'hôtel de la chancellerie, le 21 avril 1845.

Signé MARTIN (du Nord).

Pour copie conforme. — Le directeur du personnel,

Signé CAULLET.

OBSERVATIONS.

Cette décision est grave, d'autant plus grave qu'elle atteint
un nombre considérable de délibérations, prises toutes dans le
même forme que celle du 26 nov. 1844, rapportée art. 170 de
notre journal; et cependant, hélas! nous sommes forcés d'en
convenir, elle applique un principe élémentaire incontestable,
écrit dans l'art. 6 du Code civil, à savoir, que nul juge, nul
tribunal, ne peut disposer par voie générale et réglementaire
sur des objets qui sont de sa compétence.

Nous avons rapporté dans notre journal (années 1843, 1844 et

commencement de 1845) plusieurs délibérations disposant, presque toutes, par voie réglementaire; Nous les avons examinées et même approuvées, si ce n'est en la forme, au moins au fond, sauf dans certaines parties que nous avons fait connaître. Si nous n'avons pas alors révoqué en doute le pouvoir des Chambres de discipline à cet égard, c'est que nous avions pour cela des raisons majeures : — La première était que ces délibérations, prises, pour la plupart, d'accord avec les procureurs du roi et les tribunaux de chaque arrondissement, avaient en vue de mettre un frein aux abus monstrueux qui s'accomplissent au préjudice des huissiers et paraissaient devoir être exécutées sans réclamation, fortifiées qu'elles étaient de l'approbation des magistrats ; — la seconde, qu'il ne nous appartenait pas, à nous, dont la mission est de poursuivre à outrance les usurpations dont les huissiers sont victimes, de nous montrer plus difficiles que les parquets et les tribunaux, et de crier aux récalcitrants : *persévérez, les mesures prises ne peuvent vous atteindre*. — Les Chambres de discipline ont déjà trop peu de pouvoirs pour que nous cherchions jamais à détruire ceux que l'usage et la tolérance voudront leur laisser prendre dans l'intérêt de l'honneur et de la considération du corps qu'elles représentent.

Est-ce à dire que les délibérations sont complétement inefficaces? nous ne le croyons pas. Annulées comme dispositions réglementaires, anéanties en tant qu'obligatoires comme des lois, elles doivent rester cependant comme des *avis* donnés par les chambres, — *pouvoir, par sa nature, essentiellement préventif et dirigeant*, — dans le but de tracer une règle de conduite morale compatible avec les intérêts pécuniaires des huissiers en général. Prises de ce point de vue, elles sont de la compétence des chambres de discipline, et serviront, dans l'appréciation des faits qui leur seront déférés, à apprécier le degré de culpabilité des infracteurs, et, par suite, à déterminer quelle peine devra être appliquée.

Bien que les Chambres de discipline n'aient que le droit d'appliquer la loi aux cas particuliers qui leur sont soumis, et qu'il leur est interdit de dire : *telle chose sera faite, sous telle peine*, elles ne sont pourtant pas impuissantes à réprimer le mal, comme on pourrait le croire. Si, d'une part, elles ne peuvent prononcer que des peines assez légères, d'une autre part elles ont le droit de provoquer l'application de peines plus graves. Leur procédure est d'ailleurs on ne peut plus favorable à la répression : elles décident, en effet, souverainement et sans être astreintes à d'autres règles que celles du for intérieur, ce qui est ou non contraire à l'honneur et à la considération du corps; elles prononcent sur renseignements, sans être tenues d'administrer de preuves, et selon leur conviction, comme jury plutôt que comme tribunal; enfin leurs sentences sont irréformables. Une seule chose est à regretter, c'est que les Chambres ne puissent prononcer d'amende ou de peine pécuniaire.

En outre, l'huissier qui trafique de son ministère causant un préjudice pécuniaire à ses confrères, les Chambres de discipline peuvent, par leurs syndics, former contre ceux de leurs membres qui font des remises d'honoraires, des actions en dommages-intérêts, ainsi que nous l'avons démontré sous l'article 165 de ce journal.

Les huissiers n'ont donc qu'à persévérer pour arriver au but qu'ils se proposent. La marche à suivre pour ramener les récalcitrants à l'observation de ces règles salutaires est on ne peut plus simple. Que tout huissier qui fait des remises, ou qui reçoit des effets causés sans frais, ou qui commet toute autre faute, soit cité à la Chambre; que celle-ci applique une peine disciplinaire, et, en cas de récidive, provoque une peine plus grave en dénonçant officiellement les faits au procureur du roi; qu'immédiatement elle autorise le syndic à poursuivre le contrevenant en dommages-intérêts; que cette action soit suivie avec soin, et nous sommes convaincus que dans l'arrondissement où une telle action aura été intentée il ne se rencontrera plus un seul huissier capable de risquer sa considération et sa bourse au mince intérêt que lui procure les remises qu'il effectue.

Du reste il faut convenir d'une chose et rendre, dans cette circonstance, la justice qui est due aux membres du ministère public, toujours trop disposés d'ailleurs à traiter les huissiers avec sévérité. Ici, la cause de ceux-ci est trop juste pour qu'ils ne la soutiennent pas, et partout ils prennent la défense des intérêts légitimes de ces fonctionnaires; ils ont au surplus senti que laisser usurper par les avoués les fonctions des huissiers, ce serait ruiner une institution indispensable à l'administration de la justice, et chasser du corps des huissiers tous les citoyens capables et voulant remplir leurs fonctions avec intégrité et indépendance.

La lettre écrite par le procureur du roi de Roanne à l'honorable et courageux syndic des huissiers de cet arrondissement, témoigne de la protection dont le parquet entend entourer ces officiers ministériels. Cette lettre est trop importante pour que nous ne la transcrivions pas ici :

PARQUET DU TRIBUNAL CIVIL SÉANT A ROANNE (LOIRE).

Roanne, le 28 avril 1845.

MONSIEUR LE SYNDIC DES HUISSIERS,

Sous ce pli, je vous transmets un arrêté de M. le garde des sceaux, en date du 21 avril courant, qui supprime la délibération de votre chambre de discipline. Vous aurez soin de transcrire cet arrêté sur le registre de votre chambre, et de me le renvoyer.

Je vous engage à me dénoncer TOUS LES FAITS DE FRAUDES *qui auront lieu entre les huissiers et les avoués, pour les* REMISES ABUSIVES DE SALAIRES, et ce, chaque fois qu'ils viendront à votre connaissnce.

Recevez, monsieur le syndic, etc.

Pour le procureur du roi en congé,
Signé BRYON, *substitut.*

Comme on le voit, la délibération annulée a au moins produit cet effet qu'elle a donné l'éveil au ministère public, qui surveillera désormais et réprimera, sur le seul rapport du syndic, les remises qui seront faites dorénavant aux avoués. N'eût-elle obtenu que ce résultat, la chambre de discipline devrait encore se féliciter de la voie dans laquelle elle est entrée, et s'honorer d'avoir porté à la connaissance du procureur général et du ministre des faits qui, sans sa délibération, leur seraient restés inconnus.

A annoter au mot Chambre de discipline des huissiers, § 2, art. 3.

ART. 213.

QUESTION PROPOSÉE [1].

SIGNIFICATION.

JUGEMENT PAR DÉFAUT. — ACQUIESCEMENT.

Peut-on éviter la signification d'un jugement par défaut en le faisant acquiescer par la partie condamnée?

L'affirmative de cette question ne nous paraît pas douteuse, dès que l'acquiescement n'a d'autre objet que de faire acquérir au jugement la force d'une obligation authentique exécutoire, et, par suite, d'éviter la signification, par *huissier commis,* exigée par la loi dans le but de faire courir les délais d'opposition et d'appel.

En effet, la signification par un huissier commis d'un jugement par défaut, n'a été prescrite par le législateur qu'en vue de faire parvenir plus sûrement à la connaissance de la partie condamnée, la sentence prononcée contre elle et de la mettre en demeure de la faire réformer dans les délais indiqués par la loi. Comme on le voit, cette formalité n'est exigée que dans l'intérêt du débiteur, et, dès lors, il peut y renoncer s'il le juge à propos, aucun intérêt d'ordre public n'étant d'ailleurs impliqué dans une telle renonciation, laquelle, en définitive, n'a d'autre but que d'éviter des frais et des lenteurs préjudiciables au créancier et au débiteur.

---

[1] Par M. Tournay, huissier à Valenciennes.

Mais l'acquiescement ne peut jamais produire cet effet d'empêcher la signification du jugement (par un huissier non commis, sauf le cas de contrainte par corps), lorsque cette formalité est prescrite comme préliminaire d'une voie d'exécution. Dans ce cas, le défaut de signification entraînerait la nullité du commandement et de la saisie.

Bien que nous ne soyons pas partisan du droit accordé aux tribunaux de commettre tel huissier qui leur convient pour la signification des jugements par défaut, droit qui tend à déplacer la clientèle et à la transporter en partie du cabinet des huissiers de canton dans ceux des huissiers audienciers, nous devons toutefois faire remarquer qu'il est peu loyal, dans l'état actuel des choses, d'ôter à un confrère une signification, par des démarches aboutissant à un acquiescement. Si un fait de cette nature était répété plusieurs fois et prouvé, il deviendrait très-certainement passible d'une peine disciplinaire.

A annoter au mot Jugement par défaut, nº 41.

ART. 214.

ENREGISTREMENT.

§ I.

OFFICE. — PRIX. — CESSION DE CRÉANCE. — DÉLÉGATION.

La délégation, contenue dans une cession à un tiers, du prix de l'office, faite par l'ancien titulaire au profit de son prédécesseur, d'une somme redue à ce dernier sur sa charge, sans énonciation d'acte enregistré, n'est passible que du droit d'un pour cent.

FAITS.

26 juin 1838, cession par Delangle aux sieurs Royer, père et fils, de 40,000 fr. dus à Delangle pour le prix de l'office d'avoué dont il était titulaire et qu'il a cédé au sieur Chaumont. — Délégation sur le prix de la cession fixée à même somme de 40,000 fr., de celle de 19,000 fr., restant due au sieur Bertrand, précédent titulaire, pour restant du prix de l'office qu'il avait transmis à Delangle.

Lors de l'enregistrement de cet acte, il fut perçu 1 pour cent sur les 40,000 fr., prix de la cession faite aux sieurs Royer. — Plus tard l'administration a réclamé un supplément de droit, prétendant que le droit de 2 pour cent était dû sur les 40,000 francs. — 2 janvier 1840, jugement du tribunal de Châlons-sur-Saône, qui accueille les prétentions de la régie. — Pourvoi, et, 25 janvier 1843, arrêt qui casse ce jugement, par la raison qu'il ne fait pas connaître suffisamment les conclusions des parties et l'objet du litige.

Devant le tribunal de Louhans, auquel l'affaire a été renvoyée, la régie a réclamé un droit de 2 pour cent, mais seulement sur les 19,000 fr. délégués à Bertrand, et *subsidiairement* un droit de délégation de 1 pour cent sur cette dernière somme, outre le droit de transport perçu sur les 40,000 francs. Ces conclusions subsidiaires ont seules été accueillies par le jugement ci-après.

JUGEMENT.

TRIBUNAL DE LOUHANS. — 13 DÉCEMBRE 1844.

Attendu qu'il est évident que l'acte du 26 juin 1838, dans la disposition relative à Bertrand, contient à son profit la délégation d'une somme de 19,000 fr. qui devait lui être payée par Royer père et fils, cessionnaires de Delangle;

Que du défaut de présence de Bertrand à l'acte du 26 juin, on arguerait vainement qu'il ne lui confère aucun droit;

Que la loi permet de stipuler au profit d'un tiers;

Que la reconnaissance en faveur de Bertrand, d'un privilége garantissant une créance mobilière et préexistante, a nécessairement produit des effets civils, tels que l'interruption de la prescription, la faculté de poursuivre en justice, la répétition de la somme due, alors même que le créancier n'aurait pu représenter un titre primitif;

Que l'administration de l'enregistrement est donc bien fondée à réclamer un supplément de droit non perçu sur l'acte du 26 juin 1838;

Considérant, d'autre part, que pour asseoir la perception d'un droit d'enregistrement, il faut faire une juste interprétation et du titre qui lui est soumis, et des lois sur la matière;

Que l'acte du 26 juin, en ce qui concerne Bertrand, n'a pas été translatif de propriété à titre onéreux d'un droit nouvellement ouvert;

Qu'il n'a fait que reconnaître un droit préexistant, portant sur une chose mobilière, et créer le mode de payement par délégation au profit du créancier;

Que la disposition invoquée de l'art. 69, § 5, n° 1, de la loi du 22 frim. an 7 (1er déc. 1798), qui ne parle que des actes translatifs de propriété, à titre onéreux, de choses mobilières, ne peut recevoir d'application à l'espèce, puisque l'administration de l'enregistrement, dans son mémoire signifié le 9 novembre 1844, reconnaît que la créance de 19,000 fr., sur laquelle porte le litige, a pour cause la cession faite en 1828 à Bertrand par Delangle de son étude d'avoué;

Que le contrat litigieux du 26 juin rentre évidemment sous l'empire de l'art. 69 de la loi précitée, § 3, n° 3, qui soumet au droit d'un pour cent les délégations de prix stipulées dans un acte pour acquitter des créances à terme envers un tiers, sans énonciation de titre enregistré, sauf pour ce cas la restitution dans le délai prescrit, s'il est justifié d'un titre précédemment enregistré;

Que l'administration de l'enregistrement pose en fait, mais ne justifie nullement qu'il n'existe pas un titre enregistré ou non qui constate la cession consentie en 1828 par Bertrand à Delangle;

Que, n'existât-il pas de titre enregistré, il n'en résulterait pas la nécessité de d'application du § 5 de la loi déjà précitée, avec d'autant plus de raison, que l'art. 23 de la même loi n'assujettit pas à la formalité de l'enregistrement, dans un délai déterminé, les actes sous seing privé qui ont pour objet une transmission de meubles, et que les cessions d'office sont généralement consenties par actes de cette nature ;

Que l'administration de l'enregistrement a bien compris la critique qui pourrait être faite de ses conclusions principales, puisqu'elle a conclu subsidiairement à la condamnation au droit d'un pour cent pour le cas où le titre légitime serait considéré comme reconnaissance d'une dette non établie par titre enregistré ;

Considérant que les dépens sont à la charge de la partie qui succombe ;

Par ces motifs, le tribunal déclare le sieur Delangle mal fondé dans son opposition, et, faisant droit aux conclusions subsidiaires de l'administration de l'enregistrement, condamne ledit Delangle à payer à ladite administration la somme de 209 fr. pour supplément de droit à l'acte litigieux du 26 juin 1838, lequel a stipulé au profit d'un tiers, le sieur Bertrand, la reconnaissance d'une dette non établie par titre enregistré, et passible dès lors du droit d'un pour cent, suivant les dispositions de l'art. 69, § 3, de la loi du 22 frim. an 7 ;

Condamné en outre ledit sieur Delangle aux dépens.

A annoter aux mots Office, n° 27 ; et Transport-Cession, n° 20.

§ 11.

EXPLOIT. — SIGNIFICATION DE TRANSPORT. — RECONNAISSANCE DE DETTE.

Lorsque, sur la signification du transport d'une somme due en vertu d'un titre non enregistré, l'un des débiteurs déclare qu'il n'existe entre ses mains aucune saisie-arrêt qui puisse empêcher l'effet du transport, le droit proportionnel peut-il être perçu ?

Oui. La déclaration de l'un des débiteurs emporte, en ce qui le concerne, acceptation du transport, et tout à la fois reconnaissance de la dette. En effet, déclarer que le transport d'une somme peut produire son effet, c'est reconnaître que cette somme est due, et lorsque, comme dans l'espèce, la créance transportée ne résulte pas d'un titre enregistré, la reconnaissance du débiteur donne ouverture au droit proportionnel. — (*Journal de l'Enregistrement*, art. 13,643.)

A annoter au mot Transport-Cession, n° 20.

ART. 215.

—

POIDS ET MESURES.

OFFICIER PUBLIC. — MOT PIÈCE. — CONTRAVENTION. — VENTE DE MEUBLES.

L'officier public qui, procédant à une vente de meubles aux enchères, s'est servi de la dénomination pièces de vin, a-t-il contrevenu à la loi du 4 juillet 1837 ?

Non. Ainsi décidé par jugement du tribunal de Châtellerault, du 14 novembre 1844, conforme à un jugement du tribunal d'Avesnes du 8 août précédent, par les motifs suivants :

« Attendu qu'il ne s'agit point, dans l'espèce, d'une vente de vin à livrer où le mot *pièce* aurait été employé pour désigner une contenance locale, ce qui constituerait une contravention à la loi de 1837, qui ne permet de désigner une contenance quelconque que par les termes qu'elle indique; qu'il s'agit simplement de deux pièces de vin mises sous les yeux des enchérisseurs, vendues sans garantie de contenance, telles qu'elles sont présentées; que ce n'est donc pas une quantité déterminée de vin qui a été vendue, mais seulement la quantité, quelle qu'elle soit, contenue dans les deux pièces exposées en vente; que le notaire s'est en conséquence borné à vendre à forfait le vin contenu dans les deux pièces que les acheteurs avaient devant les yeux; que le mot *pièce* employé dans une pareille vente en bloc ne constitue pas plus une contravention que s'il avait vendu un monceau de bois, un cent de bouteilles, un monceau d'étoffe, exposés aux yeux des acheteurs, sans que ces ventes eussent pour objet d'obliger le vendeur à livrer une quantité appréciable en mesure usuelle, mais seulement les cent bouteilles, le monceau d'étoffe exposé en vente, mis sous les yeux de l'acheteur.

A annoter au mot Poids et mesures, n° 15.

ART. 216.

—

PATENTE.

§ I.

PATENTE DE L'ANNÉE PRÉCÉDENTE. — ÉNONCIATION. — ACTE PUBLIC. — CONTRAVENTION.

Un officier public ne commet pas une contravention à la loi du 25 avril 1844, lorsque dans un acte de son ministère passé avant l'émission du rôle des patentes, il énonce la patente délivrée pour l'année précédente.

JUGEMENT.

TRIBUNAL CIVIL DE SAINT-OMER. — 15 MARS 1845.

LE TRIBUNAL; — Considérant que la mention imposée par l'art. 29 de la loi du 25 avril 1844, ne peut, d'après les détails exigés à cet égard, s'appliquer qu'à une patente régulière et définitive;

Qu'en reconnaissant donc en l'art. 24 que le rôle des patentes pourrait n'être émis qu'après le 1er mars, le législateur a implicitement reconnu que la mention dont il s'agit ne pouvait s'appliquer jusque-là qu'à la patente de l'exercice terminé;

Que telle est, à défaut de dispositions plus explicites, plus complètes, l'interprétation que la force des choses et l'usage, d'ailleurs, viennent donner à l'art. 29 précité ;

Considérant que si l'article 30, en vue principalement des personnes qui désirent se faire patentables, a octroyé aux agents des contributions directes la faculté d'accorder des patentes avant l'émission du rôle, il est à remarquer encore qu'il ne l'a permise, suivant le texte, qu'après toutefois que les requérants auront acquitté entre les mains du percepteur les douzièmes échus ou la totalité des droits selon les cas ;

Que ces droits n'étant exigibles ni déterminés même qu'à l'heure de l'émission du rôle, et la perception en restant par suite impossible jusque-là, il s'ensuit, comme conséquence ultérieure, l'impossibilité de toute délivrance de patente, et l'inapplication, dès lors, aux patentables dudit article 30 ;

Considérant qu'il en est de même *à fortiori* de l'art. 31, qui est évidemment créé pour un tout autre cas ;

Considérant d'ailleurs qu'en admettant, par hypothèse, que le contrôleur des contributions directes fût, d'après les circulaires ministérielles rendues en explication et développement de la législation antérieure, autorisé à délivrer des certificats de patentes ou des visas sur patentes de l'exercice expiré, toujours est-il qu'il ne résulte formellement d'aucune disposition de la loi nouvelle que, dans l'impossibilité légale où se trouve le patentable de mentionner, jusqu'à l'émission du rôle, sa patente de l'année, il y ait pour lui défense de mentionner celle de l'année antérieure, obligation de la remplacer par un certificat ou un visa du contrôleur, obligation, même pour ce dernier, de délivrer l'un ou l'autre, et, pour le percepteur, de recevoir et quittancer le payement de douzièmes qui ne sont point encore réglés ;

Considérant qu'en matière de pénalité tout doit être exprès et formel dans le texte même de la loi ;

Que les circulaires, ignorées du reste du patentable, sont sans influence pour ajouter surtout à une disposition de rigueur ; que ce qui peut se rencontrer dans la loi d'incertain ou d'incomplet, doit évidemment profiter au contrevenant ;

Considérant que le sieur Leurs, en mentionnant la patente de l'année, a satisfait, autant qu'il était en lui, au prescrit de la loi du 25 avril 1844 ;

Qu'il n'y a cause, dès lors, de lui appliquer la double amende requise par le ministère public.—Déboute, etc.

(*Jurisprudence.* — Aucun précédent.)

A annoter au mot **Patente**, n° 20.

§ II.

HUISSIER. — MENTION. — AGENT DE COMPAGNIE D'ASSURANCE. — ACTES A LA REQUÊTE DE CETTE COMPAGNIE.

Les huissiers doivent faire mention de la patente délivrée à une compagnie d'assurances, dans les actes signifiés pour le compte de cette compagnie à la requête de l'un de ses agents.

ARRÊT.

COUR ROYALE DE DOUAI. — 11 FÉVRIER 1845.

LA COUR ; —Vu les art. 37 de la loi du 1er brumaire an VII, 1 et 2 de l'ordonnance du 23 décembre 1814, et 29 de la loi du 25 avril 1844 ;

Attendu qu'aux termes de ces lois et ordonnance, aucune demande en justice ne peut être formée par un patentable, pour cause relative à son commerce, sans qu'il soit fait mention, en tête de l'exploit, de la patente prise, avec désignation de la classe, de la date, du numéro, de la commune où elle aura été délivrée, à peine, tant contre le particulier sujet à patente, que contre l'huissier qui aurait formé la demande, d'une amende qui, primitivement fixée à 500 fr., a été successivement réduite à 50 fr., puis à 25 fr.;

Attendu, en fait, que Dhennin, huissier à Laventie, a signifié en 1844, à Coussemaker, un exploit à la requête de Pierre-François-Louis-Joseph Baron, propriétaire à Armentières, agent général de la compagnie d'assurances contre l'incendie dite la *France*, établie à Paris, ayant pour objet la demande en payement d'une prime d'assurance, sans qu'il soit fait mention de la patente prise par ladite compagnie;

Que pour dispenser de l'amende Baron et Dhennin, les premiers juges se sont fondés sur le motif erroné que ledit Baron n'était pas imposé au rôle des patentes de la commune d'Armentières pour l'année 1844, et que même, après y avoir été compris en 1840, il avait été déchargé de cet impôt;

Mais que la contravention consistait dans le défaut de mention, non de la patente à laquelle on aurait prétendu que Baron était personnellement soumis, mais de celle à laquelle était sujette la compagnie au nom de laquelle il agissait pour obtenir le payement de la prime d'assurance;

Que cette compagnie était patentée pour l'année 1844, sous le n° 2170 du rôle des contributions directes du 4e arrondissement de perception de la ville de Paris;

Que dès lors la contravention est prouvée et l'amende doit être prononcée tant contre l'huissier Dhennin que contre Baron, sauf son recours, s'il y a lieu, contre la compagnie dont il est l'agent général;

Met le jugement dont est appel au néant, déclare bien et dûment établie la contravention reprochée à Dhennin et Baron, etc., etc.

Jurisprudence. — Aucun précédent.

A annoter au mot **Patente**, n° 14.

ART. 217.

ACTION POSSESSOIRE.

PASSAGE. — CHEMIN. — COMMUNE. — SERVITUDE DISCONTINUE. — FAITS ACQUISITIFS DE POSSESSION ET DE PROPRIÉTÉ.

A la différence du cas où ils sont exercés par un particulier, des faits de passage, pratiqués sur un chemin, par les habitants d'une commune, peuvent devenir acquisitifs de possession et de propriété au profit de la commune, bien qu'elle n'ait aucun titre constitutif d'un droit de passage.

FAITS.

Le sieur Dulau d'Allemans ayant fait planter des arbres sur un chemin conduisant à un château dont il est propriétaire, et en même temps à l'église et au cimetière de la commune de la Chapelle-Gauthier, fut attaqué au possessoire par cette commune, qui articula, entre autres faits de possession, 1° que ses habitants passaient constamment, depuis un grand nombre d'années, sur la rue dont s'agit, pour se rendre à leurs propriétés privées et surtout à l'église et au cimetière; 2° qu'une porte avait été ouverte du cimetière sur le terrain continuant le chemin de la rue du château à l'église. — Le sieur Dulau répondit que la rue était sa propriété privée; que le passage invoqué n'avait été exercé qu'à titre de tolérance et qu'en l'absence de titre, ne pouvait servir de base à l'acquisition de la propriété par prescription, mais ne fondait qu'une servitude discontinue, non susceptible de donner lieu à une complainte.

25 mars 1841, sentence du juge de paix qui maintient la commune en possession du chemin contesté, en se fondant sur le passage qu'y avaient exercé les habitants, notamment pour aller à l'église et au cimetière. —« Attendu, porte la sentence, que pour pouvoir décider si ce passage existe comme droit ou simplement à titre de tolérance, dans lequel dernier cas la possession ne serait pas utile, il convient d'examiner la situation des lieux, les faits de possession allégués et les renseignements fournis par les parties; — Considérant que l'église et le cimetière sont établis dans l'enceinte des anciens fossés du château; que lors de leur construction on a dû concéder un passage pour y arriver; que s'il n'est pas exact de dire que la rue en question soit la seule voie qui y conduise, il est cependant certain qu'elle est la plus courte et la plus à portée des habitants; que, par l'autre, qui mène en face le portail, prend son origine à la rue Blée et fait suite au chemin de Traveteau, le chemin considéré comme chemin de l'église et du cimetière, eût été impraticable pendant une partie de l'année; — Que, dans d'anciens titres, et notamment dans la vente faite en 1791, par M. de Mauperche, qui était alors propriétaire de tout le domaine de la Chapelle-Gauthier, à M. Cousni, des bâtiments de la ferme de la basse-cour, il est dit que ces bâtiments tiennent à la rue conduisant au château et à l'église; qu'au contraire, dans d'autres, la seconde rue ci-dessus mentionnée n'est indiquée que comme ruelle et même comme un sentier; — Que pour faire considérer la rue en contestation comme sa propriété privée, c'est en vain que M. le comte Dulau allègue qu'il y a trois ans il l'a fait réparer seul et à ses frais; qu'en effet cette rue étant la plus directe et la plus convenable pour arriver au château, il paraît naturel, surtout à raison de sa position de fortune et du peu de ressources de la commune, que M. le comte Dulau l'ait fait mettre en bon état, ainsi que le pratiquent, dans un grand nombre de villages, la plupart des propriétaires pour la partie de la voie publique qui donne accès à leur habitation. »

Appel par le sieur Dulau, et le 29 juin 1841, jugement du tribunal de Melun qui infirme en ces termes : — « Attendu que la commune de la Chapelle-Gauthier, pour établir son droit à la possession du terrain dit la rue du Château, invoque : 1° l'usage qu'en auraient fait les habitants pour aller à leurs propriétés, et principalement pour se rendre à l'église et au cimetière; 2° l'ouverture d'une porte donnant du cimetière sur le terrain continuant le chemin de la rue du château à l'église; — Que de tels actes de jouissance, en l'absence de titres, ne sauraient fonder qu'une servitude discontinue de passage; que, sous l'empire du droit ancien comme sous l'empire du Code civil, la possession, même immémoriale, ne pouvait donner droit à une servitude discontinue; — Sans avoir égard à l'articulation, etc. Pourvoi par la commune de la Chapelle-Gauthier, pour violation de l'art. 637 du Code civ. et fausse application de l'art. 691, en ce que le jugement attaqué a considéré comme faits de servitude discontinue non susceptibles de fonder une possession efficace, des actes de passage pratiqués par les habitants d'une commune sur un chemin servant d'accès à un édifice public.

ARRÊT.

COUR DE CASSATION. — 2 DÉCEMBRE 1841.

LA COUR (après avoir délibéré en la chambre du conseil); — Vu les articles 637 et 691, Code civil; — Attendu que l'action intentée par le maire de la commune de la Chapelle-Gauthier au comte Dulau d'Allemans, avait pour objet de faire cesser le trouble apporté à la jouissance des habitants de ladite commune, de la *rue du Château*, qui conduit à leur église et au cimetière;

Attendu que les faits articulés à l'appui de cette action et ceux relevés dans le jugement du juge de paix du canton de Mormant qui les accueillit, étaient de nature, s'ils étaient prouvés, à établir en faveur de la commune de la Chapelle-Gauthier une possession annuale, publique, paisible et à titre non précaire, de la rue du Château;

Attendu qu'une semblable possession n'avait pas le caractère d'une servitude discontinue ou d'un simple passage sur un fonds en faveur d'un autre fonds, et qu'elle pouvait donner lieu à une complainte pour faire rétablir provisoirement la circulation publique interrompue par le fait du comte Dulau d'Allemans;

Attendu, dès lors, qu'en réformant le jugement du juge de paix de Mormant, par l'unique motif, qu'en droit, l'action possessoire de la commune de la Chapelle-Gauthier *ne saurait fonder qu'une servitude discontinue de passage*, dont l'existence devrait être justifiée par titre et ne pouvait être prouvée par témoins, ni au pétitoire, ni au possessoire, le tribunal civil de Melun a faussement appliqué et expressément violé les art. 637 et 691, Code civil; — Casse.

Auteurs. —Contre : Pardessus, *Des servitudes*, n° 216; Dalloz, t. 12, p. 1005; Garnier, *Traité des Chemins*, p. 291 et suiv.

Jupisprudence. —Pour : Bourges, 30 janvier, 1826; Dijon, 30 juillet 1840. Cassation, 2 juin 1830; 14 février 1842. — Contre : Cassation, 27 mai 1834.

A annoter au mot **Action possessoire,** n° 314.

ART. 218.

—

EXPLOIT.

DÉLAI. — SUPPUTATION. — APPEL.

Est régulier et valable l'acte d'appel contenant assignation à huitaine, à la forme de la loi, sans exprimer de combien de jours ce délai se trouve augmenté à raison des distances.

ARRÊT.

COUR DE CASSATION. — 20 NOVEMBRE 1844.

LA COUR; — Vu l'art. 1030 Code proc. civ.; — Attendu qu'aux termes de l'art. 61 Code proc. civ., l'exploit d'ajournement devant un tribunal inférieur doit, à peine de nullité, contenir l'indication du délai pour comparaître, mais que l'art. 456 du même Code, exclusivement relatif aux délais et aux formalités de l'appel, dit seulement que l'acte d'appel contiendra assignation dans les délais de la loi; que l'art. 1033 veut que le délai indiqué pour comparaître soit augmenté d'un jour à raison de trois myriamètres de distance, mais que cet article ne prononce pas la peine de nullité pour l'omission d'une indication qu'il serait souvent impossible à l'appelant de déterminer, par l'exploit, d'une manière exacte et précise;

Attendu, dans l'espèce, que l'acte d'appel dont il s'agissait contenait assignation à Ricou, demeurant à Labastie-Rolland (Drôme), à comparaître devant la cour royale de Grenoble *à huitaine, à la forme de la loi;* — Que si, dans cet acte d'appel, il n'est pas fait mention expresse de l'augmentation d'un jour par trois myriamètres de distance, la loi, à laquelle l'exploit se référait spécialement, y suppléait par une disposition dont elle ne laisse à la décision des juges du fait que le soin de vérifier l'application;

Attendu qu'en annulant un acte d'appel ainsi formulé, la cour royale de Grenoble a prononcé une nullité que l'art. 1030 Code proc. lui défendait expressément d'admettre, et qu'elle a, en cela, formellement violé ledit article; — Casse l'arrêt de cette cour, du 2 décembre 1841.

Auteurs. — Pour : Fav. Langl., t. 1, p. 140; Thom. Desm., t. 1, p. 159 et 160; Dalloz, t. 7, p. 757. — Contre : Boncenne, t. 2, p. 173; *Pratic. franc.*, t. 3, p. 208; Boitard, t. 1, p. 249; Pig. Commen., t. 1, p. 182; Chauveau sur Carré, *Quest.* 314 *bis.*

Jurisprudence. — Pour : Bourges, 14 mars 1809; Liége, 30 mai 1809; Cassation, 21 nov. 1810, 8 et 18 mars 1811, 6 mai 1812, 24 juin 1812, 27 avril 1813, 20 avril 1814; Bordeaux, 24 juin 1839; Limoges, 31 mars 1838. — Contre : Besançon, 12 février 1810; Colmar, 31 août 1818; Turin, 9 août 1808.

À annoter au mot Ajournement, n° 24.

ART. 219.

PLACARDS.

VENTE JUDICIAIRE D'IMMEUBLES. — NOTAIRE. — AVOUÉ.

Les avoués ont le droit, à l'exclusion des notaires, de dresser les placards et de faire l'annonce dans les journaux, des ventes d'immeubles renvoyées devant les notaires.

ARRÊT.

COUR DE CASSATION. — 18 NOVEMBRE 1844.

LA COUR (après délibéré en la chambre du conseil); — Vu les art. 94 de la loi du 27 ventôse an VIII, 957, 964 Code proc. nouv., et 14 de l'ordonnance royale portant tarif, du 10 octobre 1841; — Attendu, en droit, que la vente des biens immeubles appartenant à des mineurs ne peut être faite qu'en justice, en vertu de jugement, et avec les formalités déterminées par la loi, devant le tribunal qui l'a ordonnée, ou devant le notaire qu'il a commis pour la recevoir;

Attendu, dès lors, que, quoique faite devant le notaire qui a été délégué, cette vente ne doit pas moins être considérée comme étant la suite et le complément de la poursuite intentée pour y parvenir;

Attendu que, lorsqu'il est procédé à la vente devant le tribunal qui l'a ordonnée, toutes les formalités dont la loi exige l'accomplissement sont nécessairement du ministère des avoués, qui seuls peuvent y représenter les parties intéressées;

Attendu que, dans le cas où elle doit être reçue par un notaire commis à cet effet par le tribunal, à la différence de l'ancien art. 951 Code proc., qui ne s'expliquait pas sur le point de savoir lequel de ce notaire ou de l'avoué poursuivant la vente, devait pourvoir à la rédaction du cahier des charges, l'art. 957, qui lui a été substitué par la loi du 2 juin 1841, déclare expressément que cet acte est dressé par le notaire;

Attendu que du soin que la loi a pris de désigner ainsi le notaire pour le rédacteur du cahier des charges, du silence qu'elle a gardé à son égard sur les actes subséquents, nécessaires cependant pour arriver à la vente, et de ce que les formalités qu'ils constituent ne sont que la suite de la procédure commencée; on doit en conclure que tous les actes qu'elle a exigés, et pour lesquels elle n'a pas établi la même exception que pour le cahier des charges, et notamment la rédaction des affiches et leur insertion dans les journaux, sont demeurés attribués au ministère de l'avoué poursuivant;

Attendu que l'exception relative au cahier des charges était commandée par l'utilité qu'il y avait de confier à l'officier public, qui devait recevoir la vente, la rédaction des conditions qui y étaient attachées, et que cette considération n'existait pas pour des formalités de simple publication, en dehors des fonctions de cet officier;

Attendu que cette interprétation de la loi se trouve justifiée encore par le nouvel art. 964, § 2 Code proc., dans lequel elle a cru devoir déclarer, d'une manière positive, que si la vente est reçue par le notaire commis, les enchères pourront être faites par toutes personnes, sans ministère d'avoué;

Attendu, enfin, que c'est dans ce sens que les dispositions de l'art. 14 de l'ordonnance royale du 10 octobre 1841, rendue pour l'application de la loi du 2 juin précédent, et dans les formes voulues, ont été conçues;

Que cette ordonnance, insérée au Bulletin des lois, après avoir dans l'article visé, déterminé l'émolument revenant aux notaires commis par le tribunal, à raison de la rédaction du cahier des charges qui leur a été spécialement confiée, et des enchères qu'ils doivent recevoir, déclare en termes formels que c'est moyennant ces allocations qu'ils sont chargés de cette rédaction et de la réception des enchères, et que les avoués restent chargés des autres actes de la procédure, avec droit aux émoluments fixés pour ces actes;

Attendu que, dans l'espèce, où le demandeur avait, en sa qualité d'avoué, poursuivi la vente d'immeubles appartenant aux mineurs de Spitz, et où un jugement avait ordonné que cette vente aurait lieu devant le notaire Zæpffel, l'arrêt attaqué a décidé que ce dernier avait pu, à l'exclusion du demandeur, rédiger les affiches, procéder à leur insertion dans les journaux, et toucher les émoluments attachés à la confection de ces actes, par l'ordonnance royale du 10 octobre 1841, sous le prétexte que ni cette ordonnance ni la loi du 2 juin précédent, n'attribuent l'accomplissement de ces formalités de publication exclusivement, soit à l'avoué poursuivant la vente, soit au notaire commis par le tribunal pour la recevoir, et laissent, en conséquence, ce qui serait contraire aux intérêts des mineurs, les parties libres de les confier à un mandataire de leur choix;

Attendu qu'il résulte de tout ce qui précède, qu'en statuant ainsi, cet arrêt a violé les art. 94 de la loi du 27 ventôse an VII, 957 et 964, § 2 de la loi du 2 juin 1841, et l'art. 14 explicatif de cette loi, de l'ordonnance royale portant tarif, du 10 octobre suivant; — Casse.

Auteurs et Jurisprudence. — V. art. 26, 2ᵉ partie de ce journal. L'arrêt que nous venons de rapporter est contraire à l'arrêt de la même cour du 25 juin 1838, et à nos observations insérées sous ledit art. 26 de notre journal.

A annoter au mot Vente judiciaire d'immeubles, n° 27.

ART. 220.

EFFET DE COMMERCE.

PERTE. — ORDONNANCE DU JUGE. — DEMANDE EN PAIEMENT. — PROTESTATION.

En cas de perte d'un effet de commerce, l'acte de protestation prescrit par l'art. 153 du Code de commerce doit, à peine de nullité, être précédé d'une demande de paiement autorisée par ordonnance, ainsi que l'exige l'art. 152 du même Code.

Toutefois cette obligation cesse lorsqu'un événement de force majeure ne permet pas d'obtenir l'ordonnance avant l'expiration du délai fixé pour la protestation, et qu'il ne peut d'ailleurs s'élever aucun doute sur la propriété de l'effet perdu.

FAITS.

Un billet à ordre de 1,550 fr., payable le 6 novembre 1842, fut souscrit par Dubus-Bonel au profit de Fillion, et transmis successivement à Desprat et à plusieurs autres personnes. Le jour de l'échéance, qui était un dimanche, il était en la possession de la maison Laffitte, qui, n'ayant pu en obtenir le paiement du souscripteur, le retourna immédiatement à son endosseur, qui le remboursa et se fit lui-même rembourser le lundi 7 novembre, par les sieurs OEger-Rauch et compagnie, ses précédents endosseurs.

Ces derniers remirent le billet à un de leurs employés, pour le présenter à Desprat; mais dans le trajet ce titre fut perdu. Il était alors, suivant OEger-Rauch et compagnie, plus de quatre heures après midi, et d'après Desprat, trois heures seulement. Aussitôt la maison OEger-Rauch fit déclarer par un exploit, au souscripteur, qu'elle était propriétaire de l'effet égaré qu'elle avait remboursé la veille, le sommant en conséquence d'en payer le montant sous caution. En même temps, et par un autre exploit dressé sur le refus de paiement, l'huissier rédigea un acte de protestation qu'il signifia le 12 aux sieurs Fillion et Desprat, avec assignation en payement moyennant caution.

Ces derniers opposèrent devant le tribunal que l'acte de protestation était nul, comme n'ayant point été précédé de l'ordonnance exigée par les art. 151 et 152 du Code de com. — Mais on leur répondit que le porteur, vu l'imminence de l'expiration du délai, avait été dans l'impossibilité matérielle de remplir cette formalité.

29 nov. 1842, jugement du tribunal de commerce qui déclare la maison OEger-Rauch déchue de son recours par les motifs suivants : — « Attendu qu'il résulte des faits de la cause que le billet dont s'agit…. ayant été égaré le lendemain de son échéance par les demandeurs, ceux-ci firent le même jour signifier une opposition et un acte de protestation contre les mains des souscripteurs du titre, pour en empêcher le payement et conserver leur recours contre les endosseurs; — Attendu que les endosseurs prétendent les demandeurs déchus de tout recours, faute de s'être conformés aux dispositions prescrites par l'art. 153 C. de comm.; — Attendu qu'aux termes des art. 151 et 152 du Code, le propriétaire d'une lettre de change perdue peut obtenir payement par ordonnance du juge, en donnant caution et justifiant de la propriété par ses livres : — Qu'il résulte de la combinaison de ces deux articles, qu'au cas de perte du titre, la première condition qu'il doit remplir, c'est de fournir la preuve de sa propriété au magistrat chargé de rendre l'ordonnance de payement, au moyen de laquelle formalité le titre adiré se trouve remplacé par un nouveau qui donne au porteur les mêmes droits et priviléges contre les débiteurs; — Attendu qu'aux termes de l'art. 153, en cas de refus de payement sur la demande formée en vertu des deux articles précédents, le propriétaire de la lettre de change perdue conserve tous les droits par un acte de pro-

testation, d'où il suit évidemment que le porteur doit d'abord remplir les conditions imposées par les deux articles qui précèdent, avant de passer à l'acte de protestation qui ne doit être fait qu'en cas de refus de payement, et sur la demande formée en vertu des deux articles précités; — Attendu que, par ordonnance du juge, il faut attendre la décision rendue sur requête par un juge de commerce, et non un jugement du tribunal; que c'est à tort que les demandeurs prétendent que cette marche est impossible; qu'il est aussi facile d'obtenir cette ordonnance que de dresser un acte de protestation; — Attendu que, dans l'espèce, on ne justifie d'aucun cas exceptionnel de force majeure qui aurait empêché de se conformer à la règle prescrite par la loi, et que par suite du non-accomplissement de la formalité, les demandeurs ont perdu leur recours contre les endosseurs; — Attendu que toutes les dispositions applicables aux lettres de change sont applicables aux billets à ordre, aux termes de l'art. 187 C. comm. »

Mais, sur l'appel de la maison OEger-Rauch et compagnie, arrêt infirmatif de la Cour royale de Paris, du 7 déc. 1843, ainsi motivé : — « Considérant que si, en règle générale, l'ordonnance du juge exigée par l'art. 152 du C. de comm., doit être obtenue par le propriétaire de l'effet perdu avant le protêt, la loi ayant statué pour le cas le plus ordinaire, celui où l'effet a été perdu avant l'échéance, cette règle, dont l'observation n'est pas prescrite à peine de nullité, doit souffrir exception dans le cas où la perte ayant eu lieu après l'échéance, il est impossible au propriétaire de l'effet de remplir cette formalité dans le délai pendant lequel le protêt doit avoir lieu à peine de déchéance; — Considérant qu'il résulte des pièces et documents de la cause que l'effet dont s'agit a été perdu le lendemain de l'échéance et depuis que la présentation en avait été faite le jour même de l'échéance au souscripteur, qui n'avait pu payer; — Que, dans ces circonstances, OEger-Rauch et compagnie, redevenus propriétaires de l'effet après remboursement par eux fait, ont été dans l'impossibilité absolue d'obtenir avant ce protêt l'ordonnance du juge; que, dès lors, ils ont suffisamment satisfait aux prescriptions de la loi pour conserver leur recours contre les endosseurs, lesquels n'ont éprouvé aucun préjudice par suite de ce défaut d'ordonnance du juge.... »

Pourvoi en cassation par les sieurs Fillion et Desprat, pour violation des art. 150, 151, 152, 153, Cod. comm.; des art. 162, 174 et 175, 168, 169 et 170 du même Code. — Les demandeurs soutiennent, en développant les arguments employés par le jugement du tribunal de commerce, qu'en matière de lettres de change ou de billets à ordre perdus, l'ordonnance du juge justificative de la propriété de l'effet perdu, est un préalable nécessaire à la validité de l'acte de protestation ; et que la prétendue impossibilité dont on a argumenté dans l'espèce ne pouvait être admise, parce qu'il s'agissait seulement d'obtenir une ordonnance du juge, sans qu'il fût nécessaire de mettre en cause la partie intéressée.

ARRÊT.

COUR DE CASSATION. — 17 DÉCEMBRE 1844.

LA COUR ; — Attendu, en droit, que le protêt a pour objet de constater la présentation régulière du titre et le refus de payer, art. 162 et 164, et que l'acte de protêt doit même contenir la transcription littérale du titre, article 174 ; nul acte ne peut suppléer le protêt hors le cas de perte du titre, art. 175 ; mais en cas de perte d'un effet de commerce, il ne suffit pas d'alléguer le fait pour pouvoir en demander le payement, sans justifier de la propriété par les livres et en donnant caution, art. 152 ; c'est seulement en cas de refus de payement sur la demande formée aux termes de l'art. 152, que le propriétaire de l'effet perdu conserve ses droits par un acte de protestation, acte qui doit être fait le lendemain de l'échéance de l'effet perdu, et notifié aux tireurs et endosseurs dans les formes et délais prescrits pour la notification du protêt ;

Attendu qu'il résulte clairement des art. 162, 174, 175, 152 et 153, que la justification de la créance est indispensable pour la validité du protêt et de la protestation ; que, dès lors, il en est de la protestation comme du protêt, relativement aux conséquences rigoureuses de l'observation des formes prescrites ;

Attendu que la rigueur de ces règles est néanmoins sans application, dans le cas où, comme dans l'espèce, la créance a été justifiée sans que l'acte de protestation ait pu être précédé de l'ordonnance du juge, exigée par l'art. 152, ce qui constitue un cas de force majeure ;

Attendu qu'il a été reconnu en fait que le jour de l'échéance, qui était un dimanche, le billet dont il s'agit fut présenté au souscripteur et ne fut pas acquitté ; que la maison Laffitte le retourna à son endosseur, qui le remboursa et le retourna lui-même le lundi aux défendeurs éventuels, qui le remboursèrent aussi, et chargèrent leur commis de le présenter au sieur Desprat, précédent endosseur, l'un des demandeurs en cassation ; ce fut le commis qui perdit l'effet avant d'arriver chez ledit sieur Desprat ; mais qu'alors, il ne restait pas le temps nécessaire pour obtenir l'ordonnance du juge qui doit précéder la protestation ;

Attendu que, dans ces circonstances, la cour royale de Paris a pu, sans violer les dispositions du Code de commerce, faire produire effet à l'acte de protestation, quoique non précédé de l'ordonnance prescrite par l'art. 152, Code commerce ; — Rejette.

Auteurs. — Pour : Horson, *Quest. Cod. comm.*, n°s 1 et 102. — Contre : Nouguier, *des Lett. de change*, t. 1, p. 336.

Jurisprudence. — Pour : Toulouse, 15 mars 1826 ; Cassation, 3 mars 1834. — Contre : Toulouse, 29 avril 1829 ; Cassation, 10 nov. 1828.

A annoter au mot **Effet de commerce**, n° 126.

ART. 221.

TARIF.

AVERTISSEMENTS AUX PARTIES. — GREFFIERS DES JUSTICES DE PAIX. — HUISSIERS. — RÉTRIBUTIONS.

Les avertissements à donner aux parties, en vertu de l'art. 17 de la loi du 25 mai 1838, ne seront ni attribués exclusivement aux greffiers des juges de paix, ni rétribués.

Cette solution ressort de l'amendement adopté par la chambre des députés dans sa séance du 24 mai 1845, et nous dispense de la pétition que nous devions adresser au garde des sceaux, dans l'intérêt des huissiers, ainsi que nous l'avions promis dans notre numéro d'avril dernier.

On sait que le gouvernement proposait de maintenir le traitement actuel des greffiers des justices de paix, et de faire un nouveau tarif, par ordonnance royale, de leurs droits et vacations, en y comprenant, entre autres objets non rétribués jusqu'à ce jour, les avertissements aux justiciables dans le cas de l'art. 17 de la loi du 25 mai 1838. — *V. art.* 203 *de notre Journal.*

La commission de la chambre des députés avait adopté le projet du gouvernement ; seulement elle avait ajouté par une disposition formelle qu'en ce qui touche les avertissements il était dérogé à la loi de 1838. — Ainsi que nous l'avions fait observer dans notre art. 203, il y avait dans ce système du projet primitif dérogation par ordonnance à la loi de 1838, ce qui était illégal ; la commission a admis le principe de notre observation et a inséré dans la loi un texte précis de nature à faire disparaître toute espèce d'inconstitutionnalité.

L'art. 3 du projet de la commission était ainsi concu :

Art. 3.

La présente loi sera exécutée, et les chap. 1 et 2 du livre 1er du tarif du 16 février 1807 demeureront abrogés à dater du 1er janvier 1846.

Avant cette époque, il sera fait par une ordonnance royale, rendue dans la forme des règlements d'administration publique, un tarif des droits et vacations des greffiers des juges de paix, dont le traitement actuel est maintenu, sans égard à l'augmentation de traitement accordée aux juges de paix.

Le tarif comprendra le coût des billets d'avertissement, nonobstant la disposition de l'art. 17 de la loi du 25 mai 1838.

La même ordonnance déterminera le montant de l'indemnité de transport établi par l'art. 1er.

Devant la chambre, un autre système a été produit et adopté en ces termes :

Le traitement actuel des greffiers de justices de paix est porté à 500 francs dans les cantons où il est inférieur à cette somme, et est maintenu dans les autres cantons.

Il résulte de là que rien n'est changé, ni à la loi de 1838 sur les avertissements qui continueront à être délivrés gratuitement par les juges de paix, ni au tarif de 1807 en ce qui concerne les droits et vacations alloués aux greffiers. — Quant aux juges de paix, une ordonnance déterminera l'indemnité de transport que la loi leur accorde par son art. 1er.

Aussitôt qu'elle sera adoptée par la chambre des pairs, nous donnerons en entier le texte de la loi.

A annoter an mot **Citation**, n° 4.

ART. 222.

QUESTION PROPOSÉE [1].

PRUD'HOMMES.

JUGEMENT PAR DÉFAUT. — EXÉCUTION. — PÉREMPTION.

La péremption établie par l'art. 156 du Code de procédure civile, faute d'exécution, dans les six mois, des jugements par défaut est-elle applicable aux jugements par défaut rendus par les conseils de prud'hommes?

Nous ne le pensons pas.

Ainsi que l'a décidé, avec raison, un arrêt de la cour de cassation du 13 septembre 1809, rendu sur les conclusions de M. le procureur général Merlin, sur la question de savoir si l'art. 156 était applicable aux justices de paix, la loi a séparé très-distinctement la manière de procéder devant les différentes juridictions. C'est donc dans les dispositions spéciales à chacune d'elles qu'il faut chercher les règles de décision propres aux questions soulevées à leur égard, et non dans des textes qui leur sont étrangers et qu'aucune analogie n'autorise à invoquer.

Or, de même que celle devant les justices de paix, la procédure devant les conseils de prud'hommes est toute spéciale; de plus elle est tracée non par le Code de procédure, mais par un document particulier, le décret du 20 février 1810, qui indique une forme de procéder toute spéciale et ne se rattache par aucune disposition au Code de procédure en vigueur depuis trois ans lors de sa promulgation. — On ne peut donc, en l'absence d'un texte précis, réunir la procédure prescrite par le Code devant les tribunaux d'arrondissement à celle du décret de 1810, fondre ensemble ces deux modes particuliers et tirer de cette fusion des conséquences applicables à telle ou telle circonstance.

[1] Par M. Lefebvre, huissier à Bapaume.

Le but de l'art. 156, en exigeant que les jugements rendus par défaut contre une partie n'ayant pas d'avoué, fussent exécutés, a été de contraindre cette partie ou à former opposition sur les actes d'exécution ou à accepter le jugement en connaissance de cause : aussi comme corollaire du principe posé par ledit art. 156, l'art. 158 vient-il permettre l'opposition jusqu'à l'exécution et autoriser la réformation du jugement : invoquer l'art. 156 c'est donc rendre nécessaire l'application de l'art. 158. On ne concevrait pas en effet la rigueur du premier de ces articles sans la faveur accordée par le second. À quoi bon, dans quel intérêt, exigerait-on sous peine de nullité l'exécution d'un jugement contre lequel aucune voie de réforme ne serait plus permise ? Si les juges des conseils de prud'hommes étaient soumis à la péremption faute d'exécution dans les six mois, il s'ensuivrait qu'ils seraient passés en force de chose jugée avant l'expiration des délais fixés pour cette exécution.

En effet l'art. 42 du décret de 1810 n'accorde que trois jours à compter de la signification faite par l'huissier du conseil pour former opposition aux jugements par défaut, et l'art. 38, trois mois à partir de la même signification pour former appel, sans aucune distinction, ni augmentation de délai (sauf toutefois le cas prévu par l'art. 43). D'où il suit que ces délais expirés, le jugement est irréformable, et que dès lors toutes poursuites dans le but de le faire connaître à la partie, sont inutiles et frustratoires.

Au surplus, si la procédure des conseils de prud'hommes se rapproche de celle d'un autre tribunal, c'est assurément des formes en usage dans les justices de paix. Or, il est décidé par la jurisprudence et tous les auteurs que les jugements par défaut rendus par les tribunaux de paix ne sont pas soumis à la péremption de six mois. Cass., 13 sept. 1809 ; Orléans, 14 avril 1809 ; Carré et Chauv. sur Carré, quest. 642 ; Foucher, *Jurid. des juges de paix*, t. 4, p. 61 ; Favard, v° Jugt. ; Pigeau, *Comment.*, 1, p. 39 ; Augier, *Encyclop. des juges de paix*, v° Jugt., sect. 3, n° 14.

À annoter au mot Prud'hommes (Conseil de), n° 18.

ART. 223.

—

SAISIE IMMOBILIÈRE.

PROPRIÉTÉ INDIVISE. — DÉFENSE DE SAISIR. — RETRAIT D'INDIVISION. — SURSIS.

1.

La prohibition inscrite dans l'art. 2205 du C. civ., de mettre en vente la part indivise d'un débiteur dans les immeubles d'une suc-

cession, s'oppose à la saisie ou à tous autres actes de poursuite des-
tinés à parvenir à l'adjudication.

2.

L'immeuble indivis avec la femme, acquis par le mari pendant le
mariage, et par conséquent soumis, en vertu de l'art. 1408 du Code
civil, au retrait de la femme après la dissolution de l'union conju-
gale, ne peut être exproprié sur le mari. — Par suite, si la femme le
requiert, le sursis aux poursuites doit être ordonné jusqu'à la dis-
solution du mariage.

FAITS.

24 août 1842, jugement du tribunal civil de Clermont, ainsi
conçu :

« Attendu que l'art. 2205 du C. civ. ne prohibe que la vente
des indivis avant partage, dans le cas ou un cohéritier le réclame ;
que par conséquent il n'annule pas la saisie, mais seulement en
soumet la solidité aux éventualités du partage, puisque le partage, étant déclaratif, la saisie peut se trouver avoir frappé
utilement, si l'immeuble saisi tombe au lot du débiteur du saisissant ;

» En ce qui touche le sursis réclamé par Françoise Viallefont ;

» Attendu que l'art. 1408 du Code civ. accorde à la femme la
faculté, à la dissolution du mariage, de retraire l'immeuble indivis acquis par le mari en son nom personnel, lequel lui devient
propre, et indirectement à la communauté ;

» Attendu que cette disposition est commune au régime de la
communauté, qui en a puisé le bénéfice dans la loi 78, ff. *de jure*
dotium, qui avait en vue principalement le régime dotal ; que
cette disposition a eu pour objet de garantir la femme, qui ne
peut agir sans le consentement de son mari, de l'influence que
sa volonté peut exercer pendant le mariage sur son esprit ; que
c'est là le motif qui a déterminé le législateur à ajourner jusqu'à
la dissolution du mariage l'option à suivre par la femme ; que
peu importe dès lors que l'immeuble acquis par le mari pro-
vienne d'une succession dotale ou paraphernale à la femme,
puisque celle-ci ne peut agir sans le consentement de son mari,
puisque sa condition n'est pas plus favorable que celle de la
femme commune, qui pourrait aussi s'engager sur ses propres
avec le consentement de son mari, que celle de la femme même
dont la part indivise serait dotale ; puisque la portion acquise
par le mari lui serait toujours paraphernale, et qu'on pourrait
dire aussi qu'elle a pu traiter de suite sur un bien paraphernal ;
— Attendu, dès lors, que le bénéfice de l'option, jusqu'à la
dissolution du mariage, doit être appliqué à la demanderesse ;
— Attendu que, relativement à cette acquisition, le mari n'est
que le représentant de la femme et son mandataire jusqu'à

l'option; que, du jour que ce mandat est accepté, les effets doivent en remonter au jour de l'acquisition; qu'en conséquence les hypothèques dont ces biens ont été grevés, sont éventuellement soumises à l'option que peut faire la femme jusqu'au jour où ce droit est ouvert; — Par ces motifs, le tribunal sursoit, jusqu'à la dissolution du mariage de la demanderesse, à la vente des immeubles saisis à la requête du défendeur sur Joseph Pélissier. » — Appel.

ARRÊT.

COUR ROYALE DE RIOM. — 29 MAI 1843.

LA COUR; — En ce qui touche le moyen de nullité des poursuites en saisie immobilière du sieur Roux-Laval, sur le motif de l'indivision de l'immeuble saisi : — Attendu que si, d'après l'art. 2204, le créancier peut poursuivre l'expropriation des biens immeubles de son débiteur, il faut que les biens appartiennent en propriété à celui-ci; — Attendu que si cet article donnait au créancier Roux-Laval le droit de poursuivre l'expropriation des biens de son débiteur, Joseph Pélissier, il ne pouvait le faire que sur les biens dont il aurait eu la propriété. Or ce dernier n'était pas propriétaire de la totalité du domaine de Ribes, saisi par le créancier; et Pélissier, débiteur, n'avait à exercer sur ce domaine que les droits héréditaires à lui cédés par Antoine Viallefont, son beau-frère, le 24 février 1842, lesquels droits, suivant l'acte, étaient d'un quart dans la succession, et pouvaient seulement donner droit au cédataire à un quart au domaine de Ribes; — Attendu que, si le droit de la propriété du quart dudit domaine pouvait paraître certain, les immeubles qui devaient le composer n'étaient ni déterminés ni distincts; ils n'auraient pu l'être que par le résultat d'un partage qui aurait fait cesser l'indivision, et déclaré la part de chacun des copartageants; — Attendu que, d'après l'art. 2205, la part indivise d'un cohéritier dans les immeubles d'une succession, ne peut être mise en vente, par ses créanciers personnels, avant le partage; — Attendu que par ces mots *mise en vente*, le législateur a décidé que ce n'est pas seulement l'adjudication de l'objet saisi qu'il a voulu subordonner au partage préalable, mais il a voulu empêcher tous les actes de poursuites pour y parvenir, parce que les actes doivent indiquer et porter sur des immeubles certains, fixes et déterminés, et que, s'il les eût autorisés, il l'aurait déclaré, en les indiquant comme dans l'art. 2213, où il distingue la mise en vente et l'adjudication; — Attendu que c'est ainsi que l'a décidé formellement la cour de cassation, par son arrêt du 3 juillet 1826; — Attendu que les premiers juges ont repoussé le moyen de nullité des poursuites et en ont soumis la validité aux éventualités du partage, par suite duquel la saisie aurait pu avoir frappé, si l'immeuble saisi tombait au lot du débiteur saisi; c'est le cas de réformer la décision;

En ce qui touche le sursis réclamé par Françoise Viallefont, pour exercer l'option que lui accorde l'art. 1408 Code civ. : — Adoptant les motifs qui ont déterminé les premiers juges, à l'exception du dernier, qui considère le mari comme le représentant de la femme et comme mandataire jusqu'à l'option; — Par ces motifs, dit qu'il a été bien jugé par le jugement du 24 août 1842, en ce qu'il a reconnu que Françoise Viallefont avait le droit, jusqu'à la cessation du mariage, d'exercer sur les immeubles que pourrait comprendre la cession du 24 février 1842, l'option que lui accorde l'art. 1408 C. civ.; mal jugé, en ce qu'il s'est borné à prononcer un sursis, n'a pas déclaré nulles les poursuites en saisie immobilière, et les a subordonnées à l'éventualité du partage; bien appelé, émendant, déclare nulles toutes les poursuites faites par le sieur Roux-Laval, pour la mise en vente de l'entier domaine de Ribes, à partir et non compris le commandement de payer, fait à la requête du créancier, le 13 mai 1842, etc.

Auteurs. — Première question. Pour : Berriat, p. 563 ; Dalloz, *Jurisp. gén.*, t. 11, p. 688, n°ˢ 7 et 8 ; Merlin, *Rép.*, v° Saisie immobilière, § 3 ; Pigeau, t. 2, p. 211 et 216 ; Persil, t. 2, p. 195 ; Thom. Desmaz., t. 2, p. 198 ; A. Dall., Dict. gén., n° 24.

Jurisprudence. — Première question. Pour : Cass., 3 juill. 1826 ; Besançon, 21 juin 1810 ; Nîmes, 10 fév. 1823 ; Pau, 10 déc. 1832 ; Lyon, 9 janv. 1833. — Contre : Cass., 14 déc. 1819, 22 juillet 1822 ; Grenoble, 14 juillet 1812 ; Poitiers, 20 août 1835 ; Nîmes, 15 mai 1828.

Deuxième question. — Contre : 20 juill. 1843 ; Arg. Cassation, 25 juil. 1844.

À annoter au mot Saisie immobilière, n° 32.

ART. 224.

VICE RÉDHIBITOIRE.

DÉLAIS A RAISON DES DISTANCES. — MANIÈRE DE LES CALCULER.

L'augmentation de délai fixée par l'art. 4 de la loi du 20 mai 1838, à un jour par cinq myriamètres de distance du lieu du domicile du vendeur au lieu où l'animal se trouve, doit se calculer du lieu du domicile du vendeur au lieu où l'animal se trouve au moment où l'action a été intentée, et non au lieu où l'animal a été conduit immédiatement après la livraison.

FAITS.

26 mars 1842, vente par Truchon, domicilié à Fontaine, à la foire de Revigny, au sieur Godard, d'un cheval que ce dernier revendit de suite au sieur Colas, demeurant à Montuis. Le cheval ayant été conduit à Bar-le-Duc *s'y trouvait* au moment de la commission de l'expert pour le visiter et s'assurer si le cheval était atteint de la boiterie intermittente et au moment de l'assignation donnée à Truchon, en résolution de la vente.

Celui-ci opposa la tardiveté de la demande, prétendant que l'action devait être intentée dans les neuf jours et qu'il s'en était écoulé douze de la vente à l'assignation. — Colas répondit qu'aux neuf jours on devait ajouter les délais de distance calculés de Fontaine, domicile du vendeur, à Bar-le-Duc, où se trouvait le cheval ; que ce délai fournissait plus de dix myriamètres, ce qui donnait lieu à une augmentation de trois jours, en sorte que l'assignation pouvait être donnée valablement le 7 avril.

23 mai 1842, jugement du tribunal de commerce de Bar-le-

Duc, qui accueillit en ces termes la fin de non-recevoir proposée par Truchon : — « Attendu, en fait, que le cheval dont s'agit a été vendu et livré à Revigny (Meuse), le 26 mars dernier ; — Qu'il a été conduit à Moutiers, commune de Ponerre (Marne), puis amené à Bar-le-Duc, où il a été vérifié le 3, en vertu d'une ordonnance de M. le juge de paix, du 3 dudit mois d'avril, enregistrée le 4 ; — Attendu, en droit, qu'aux termes de l'art. 3 de la loi du 20 mai 1838, le délai, pour intenter l'action rédhibitoire, est, pour le cas de boiterie intermittente, de neuf jours, non compris le jour fixé pour la livraison ; — Attendu que l'art. 4 de la même loi porte que, si la livraison de l'animal a été effectuée, ou s'il a été conduit hors du lieu du domicile du vendeur, les délais seront augmentés d'un jour par cinq myriamètres de distance du domicile du vendeur au lieu où l'animal se trouve ; — Attendu que, pour connaître si les principes de droit consacrés par la loi ont été rigoureusement observés par le sieur Colas, il s'agit de savoir si l'action a été intentée dans le délai de neuf jours francs, c'est-à-dire non compris le jour de la livraison et celui de l'exploit introductif d'instance, plus un jour par cinq myriamètres de distance du domicile du vendeur au lieu où l'animal a été conduit ; — Attendu que la ville de Bar-le-Duc, où le cheval a été conduit, ne peut être le point de départ pour le calcul des distances, puisqu'il est constant que le cheval, après avoir été vendu et livré à Revigny, a été conduit à Moutiers ; que si on admettait que toute autre localité où le cheval aurait été emmené ensuite, pût servir de point de départ pour le calcul des distances, il pourrait en résulter les plus graves inconvénients, en ce qu'en forçant la marche d'un cheval on pourrait le conduire à une distance éloignée pour augmenter les délais expirés par le fait de la distance du lieu où le cheval aurait d'abord été amené ; — Attendu que le cheval dont est question ayant tout d'abord été conduit à Moutiers, qui est le domicile de l'acheteur, c'est Moutiers qui doit servir de point de départ pour calculer les distances ; — Attendu que la distance légale de Moutiers à Fontaine-lès-Reims, qui est le domicile du vendeur, est, d'après le tableau des distances arrêté par M. le préfet du département de la Marne, de six myriamètres deux kil., ce qui augmente le délai accordé par la loi d'un jour, les fractions ne comptant pas ; — Attendu que les neuf jours accordés par l'art. 3 déjà cité, et celui accordé pour raison des distances, composent un total de dix jours ; — Attendu que l'intervalle du 26 mars 1842, jour de la livraison du cheval, au 7 avril suivant, jour de l'action en résolution de vente, se compose de onze jours francs ; — Qu'ainsi l'action a été tardivement intentée. »

Pourvoi du sieur Colas (admis au rapport de M. le conseiller F. Faure, sur les conclusions de M. l'avocat général Delangle), pour violation des art. 3 et 4 de la loi du 20 mai 1838, en ce que le délai de distance, applicable aux actions pour vice rédhibitoire, doit être calculé, non du lieu où l'animal a été immédiatement conduit après livraison, mais de celui où le vice rédhibitoire a été régulièrement constaté.

ARRÊT.

COUR DE CASSATION. — 13 JANVIER 1845.

LA COUR ; — Vu les art. 3 et 4 de la loi du 20 mars 1838 ; — Attendu que le délai de droit, comme le délai de distance, en matière d'action rédhibitoire, sont déterminés d'une d'une manière claire et précise par la loi du 20 mai 1838 ; que, d'après l'art. 3, le délai de droit, sauf quelques cas d'exception, est de neuf jours ; que, d'après l'art. 4, ce délai doit être augmenté d'un jour par cinq myriamètres de distance *du domicile du vendeur au lieu où l'animal se trouve*, et qu'il résulte évidemment de ces expressions que la distance à considérer pour la fixation du délai est celle qui existe entre le domicile du vendeur et le lieu où l'animal se trouve au moment où l'action est intentée ;

Attendu que, dans l'espèce, les parties n'ont contesté que sur le point de savoir quelle serait la manière de calculer la distance, c'est-à-dire le point de départ et celui d'arrivée, et que, dès lors, en décidant que le délai de distance devait être mesuré sur celle qui existait entre le domicile du vendeur et le lieu où l'animal *avait été conduit immédiatement après la livraison*, le tribunal a ouvertement violé l'art. 4 de la loi précitée. — Casse.

Jurisprudence. — Aucun précédent.

A annoter au mot **Vice rédhibitoire**, n° 7.

ART. 225.

OFFICE.

PRIX. — TRANSPORT. — ANTICIPATION. — VALIDITÉ.

Le prix d'un office peut être cédé par le titulaire et saisi par ses créanciers, dans l'intervalle de la présentation à la nomination.

Par suite, dans le cas de cession sans fraude, les opposants postérieurs ne sont pas fondés à critiquer cette cession.

FAITS.

Le jugement du 5 avril 1843, rapporté 2e partie, art. 68, p. 28 de notre Journal, ayant été frappé d'appel, fut confirmé par arrêt de la cour royale de Paris du 23 déc. 1843, conçu en ces termes :

« Considérant que le prix stipulé pour la cession éventuelle d'un office, ne pouvant être dans aucun cas saisi par les créanciers du titulaire avant la nomination du successeur, ne saurait être assimilé à une créance conditionnelle ordinaire, sur laquelle les créanciers peuvent faire valoir leurs droits, même avant l'événement de la condition ; qu'il y aurait donc les plus graves inconvénients à permettre au titulaire de faire disparaître à l'avance une valeur importante qui peut constituer le seul gage de ses créanciers, alors que ceux-ci n'ont aucun moyen de connaître l'état des choses ; — Que de pareilles cessions doivent donc être prohibées dans un intérêt d'ordre public, même alors que, comme dans l'espèce, aucun soupçon de dol et de fraude ne peut s'élever à l'égard des cessionnaires ; — Adoptant, au surplus, les motifs des premiers juges. — Confirme.

Pourvoi du sieur Goudard, pour excès de pouvoir, fausse application de l'art. 1128 du C. civ. ; violation des art. 537, 1122, 1134, 1168 et 1179 du même code.

ARRÊT.

CASSATION. — 15 JANVIER 1845.

LA COUR (après délibéré en la chambre du conseil) ; — Vu les art. 537, 1134, 1168, 1179 et 1690 Code civ. ; — Attendu, en droit, qu'en permettant aux titulaires des offices qu'elle désigne de présenter leurs successeurs à l'agrément du gouvernement, la loi du 28 avril 1816 leur a nécessairement conféré la faculté de traiter du prix de ces offices ;

Attendu que, si la transmission des offices intéresse essentiellement l'ordre public, et si, par cette raison, le gouvernement reste libre, malgré les traités consentis, de rejeter le successeur proposé ou de l'accepter, d'admettre les conditions stipulées entre les parties, de les modifier ou de leur en imposer d'autres, il n'en existe pas moins à l'égard de celles-ci, dans leur intérêt privé, une convention dépendant d'un événement futur et incertain, de la nature de celles qui sont définies par les art. 1168 et suiv. Code civil ;

Attendu, en effet, que la loi spéciale du 28 avril 1816 s'est bornée, en donnant à certains titulaires d'offices l'autorisation de présenter leurs successeurs à l'agrément du roi, à déclarer qu'il serait pourvu à l'exécution de cette faculté par une loi particulière qui n'est point intervenue ; que, n'ayant point réglé entre les parties intéressées, la nature et les effets de la transmission qu'elle permet, elle en a, par cela même, laissé la détermination sous l'empire du droit commun ;

Attendu qu'aucune disposition de ce droit ne déclare hors de commerce, incessible ou insaisissable le prix convenu pour la transmission d'un office, pendant le temps qui s'écoule entre la présentation du successeur et sa nomination ;

Attendu qu'une obligation, pour être soumise à l'accomplissement d'un événement futur et incertain, n'en est pas moins une véritable obligation, dont la personne en faveur de laquelle elle a été consentie peut librement disposer comme de ses autres biens ;

Attendu que toute la conséquence à tirer de ce que la réalisation de cette obligation ne peut s'effectuer qu'après l'accomplissement de la condition dont elle dépend, c'est que la cession qui pourra en être faite sera soumise à la même condition ; mais qu'aux termes de l'art. 1179 Code civil, une fois que cette condition aura été accomplie, il s'opérera, en faveur du cessionnaire, un effet rétroactif qui, de conditionnelle qu'elle était, la rendra définitive, à compter du moment où elle aura été contractée ;

Attendu, en fait, que l'arrêt attaqué constate que Me Féau, avoué au tribunal civil de la Seine, ayant transmis son office au sieur Dromery, a, par acte sous seing privé du 27 juillet 1840, enregistré le 29 et signifié le 30 du même mois à cet acquéreur, qui n'a été nommé par le gouvernement qu'au mois de novembre suivant, délégué aux demandeurs en cassation, sur le prix stipulé pour la transmission de l'office, une somme de 22,000 fr., dont il était eur débiteur;

Attendu que, dans un pareil état de choses, il résulte de ce qui précède que ce transport, à l'égard duquel l'arrêt attaqué déclare expressément que nul soupçon de dol et de fraude ne peut s'élever contre les cessionnaires, signifié par ceux-ci au débiteur, avant toute opposition de la part du créancier du cédant, les avait saisis, vis-à-vis les tiers, aux termes de l'art. 1690 Code civil, et leur avait assuré, pour la somme qui leur était cédée, la préférence sur le prix de l'office;

Attendu néanmoins que l'arrêt attaqué a décidé le contraire, sous le prétexte que le prix stipulé pour la transmission d'un office était, avant la nomination de l'acquéreur de cet office, hors de commerce, incessible et insaisissable;

Attendu qu'en statuant ainsi, en créant une prohibition que la loi n'a pas établie, cet arrêt a commis un excès de pouvoir et a, en outre, violé les dispositions du Code civil précitées; — Casse.

Auteurs et Jurisprudence. — V. art. 68, 2ᵉ partie de ce Journal.

La jurisprudence paraît fixée dans le sens de l'arrêt que nous venons de rapporter. — En effet, outre les autorités citées *suprà,* art. 68, on peut encore compter l'arrêt de la cour royale de Rouen, du 14 mai 1845, rendu par suite du renvoi contenu en l'arrêt de cassation du 15 janvier dernier, et qui, adoptant la jurisprudence de la cour de cassation et par les mêmes motifs, a maintenu le transport fait à Goudard et Geniez par Féau.

A annoter au mot **Office,** n° 27.

ART. 226.

—

TAXE.

NOTAIRE. — OPPOSITION. — APPEL.

Comment doit-on se pourvoir contre la taxe faite par le président du tribunal civil des frais et honoraires dus à un notaire?
Est-ce par la voie de l'opposition ou par celle de l'appel?

PREMIÈRE ESPÈCE.
ARRÊT.

COUR ROYALE DE ROUEN. — 20 DÉCEMBRE 1844.

LA COUR; — Attendu que du texte de l'art. 173 du décret du 16 février 1807, il résulte que l'art. 51 de la loi du 25 ventôse an XI a été abrogé, en ce sens que c'est au président du tribunal, et non au tribunal, à régler actuellement, en cas de difficultés, les honoraires et les vacations des notaires;

Attendu, néanmoins, que les dispositions de ces articles ne sont pas tellement impératives qu'il faille en conclure que le président ait le pouvoir de statuer souverainement en premier ressort;

Que faute par la loi d'établir positivement cette juridiction exceptionnelle, il y a lieu d'interpréter l'art. 173 du décret du 16 février 1807 par l'art. 6

du décret du même jour, relatif aux dépens en matière sommaire, et de décider que le droit d'attaquer, par voie d'opposition devant le tribunal, la taxe du président ou du juge qui le remplace, appartient aussi bien à la partie, lorsqu'il s'agit de la taxe des honoraires des notaires, que lorsqu'il s'agit de celle des autres officiers ministériels ;

Réformant, dit que le tribunal civil de Neufchâtel était compétent pour statuer sur l'opposition faite à la taxe du président par Varnier, et, pour être statué au fond, renvoie les parties devant le tribunal civil de Dieppe, etc.

DEUXIÈME ESPÈCE.

ARRÊT.

COUR ROYALE DE ROUEN. — 6 JANVIER 1845.

LA COUR ; — Attendu que, d'après les principes du droit commun, l'ordonnance d'un juge exerçant le pouvoir confié habituellement par la loi à un tribunal entier, ne peut être réformée que par la voie d'appel ;

Attendu que c'est seulement dans les cas exceptionnels où la décision de ce juge n'est que provisoire et rendue sur la demande d'une seule partie, qu'il est permis aux tiers qui auraient à en souffrir de l'attaquer, par la voie de l'opposition, devant le tribunal même dont le juge est membre ;

Qu'alors, en effet, la décision ne portant pas un caractère définitif, et n'ayant pas été rendue en pleine connaissance de cause, le droit d'opposition doit être ouvert, pour qu'on puisse faire statuer sur une question devenue contentieuse par un jugement contradictoire qui épuise le premier degré de juridiction ;

Que, dans ces circonstances, le même juge qui n'a ordonné qu'une mesure provisoire et sur la requête d'une seule des parties intéressées, peut, sans inconvénient pour sa dignité comme pour son impartialité, être appelé à juger définitivement avec ses collègues une question qui ne peut être justement appréciée que sur un débat contradictoire ;

Attendu que les principes généraux du droit doivent surtout régir l'espèce particulière de la cause, car il est évident que l'art. 173 du décret du 16 février 1807 a accordé au président du tribunal civil les mêmes droits que ceux que l'article 51 de la loi du 25 ventôse an XI avait d'abord attribués au tribunal entier pour taxer les honoraires des notaires ;

Attendu, d'ailleurs, que le règlement des difficultés qui peuvent s'élever sur cette taxe est définitif, et n'est fait par le président que contradictoirement entre les parties intéressées ; qu'on ne peut donc avoir recours, pour faire réformer ce jugement, à la voie de l'opposition, qui suppose toujours une décision rendue en l'absence de la partie qui croit avoir à s'en plaindre :

Attendu qu'on ne peut, contrairement aux principes généraux du droit, et en l'absence d'un texte spécial à la matière, se prévaloir des dispositions exceptionnelles de l'art. 6 du décret du 16 février 1807 ;

Qu'en effet cet article, exclusivement applicable à la liquidation des dépens en matière sommaire, réclamés par les avoués pour les procédures faites dans le cours d'une instance en justice, est tout à fait étranger à la taxe des honoraires des notaires pour les actes extrajudiciaires qui sont l'objet spécial des prévisions de l'art. 173 du premier décret du 16 février 1807 ;

Attendu, d'ailleurs, que l'art. 6 du décret invoqué suppose un état de choses et exige des formes de procéder incompatibles avec la procédure tracée par la loi pour parvenir à la taxe des honoraires des notaires ;

Confirme le jugement sur la question d'incompétence.

Auteurs. — Pour la voie de l'opposition : Rolland de Vill., Rép. v° hon., n° 83.

Jurisprudence. — Pour la voie de l'opposition : Rennes, 28 juin 1821 ; Poitiers, 10 mai 1833. — Contre : Paris, 22 déc. 1832 ; Rennes, 28 nov. 1840.

A annoter au mot Honoraires, n° 12.

ART. 227.

—

OFFICE.

RÉSERVE. — DROIT PERSONNEL. — FAILLITE. —TRANSACTION.

La réserve, par le cédant d'un office, du droit, pour lui et ses héritiers, de rentrer dans la propriété de l'office pendant un temps déterminé et en remboursant une somme fixée, n'est pas tellement personnelle qu'elle ne puisse être l'objet d'une transaction entre le cessionnaire et les créanciers du cédant tombé en faillite.

FAITS

M. Fresson, notaire, céda son office le 1er janvier 1830, à M. Carpeza, moyennant 95,000 francs. Une contre-lettre ou acte supplémentaire du même jour, stipula que le cédant se réservait, pour lui ou pour ses héritiers, jusqu'en 1850, le droit de rentrer en possession de l'office, le sieur Carpeza devant, dans ce cas, donner sa démission au profit du sieur Fresson lui-même ou de l'un de ses successeurs, sous la condition du remboursement des 95,000 fr. payés pour prix de l'office.

Le sieur Fresson, qui s'était livré à des opérations de banque, tomba en faillite. Son successeur traita avec ses créanciers, et, par acte du 31 juillet 1841, versa 13,400 fr. dans la caisse de la faillite, pour s'affranchir de la condition de remettre l'étude, insérée au traité.

Cette transaction fut soumise à l'homologation prescrite par l'art. 487 du C. com.; le sieur Fresson, appelé en cause, résista et soutint que le droit qu'il s'était réservé était purement personnel et ne pouvait dès lors être l'objet d'une transaction de la part de ses syndics.

10 nov. 1841, jugement du tribunal de Péronne, qui, rejetant ce système, homologue la transaction en ces termes : — « Attendu que les syndics d'une faillite sont au lieu et place du failli et qu'ils ont droit de faire ce qu'il aurait pu faire lui-même; — Qu'aux termes de l'art. 535, Cod. comm., les syndics définitifs d'une faillite peuvent transiger sur toute espèce de droits appartenant au failli, nonobstant toute opposition de sa part; — Attendu que la réserve faite en 1830 par Fresson, à l'égard de Carpeza son successeur, de reprendre ses fonctions de notaire,

n'est pas un droit attaché à la personne du sieur Fresson, puisqu'elle est faite au profit dudit Fresson et de ses ayant-cause; — Attendu que la transaction intervenue le 31 juillet dernier entre les syndics définitifs de la faillite dudit Fresson et Carpeza, a été accompagnée de l'accomplissement de toutes les formalités prescrites par l'art. 487 dudit code pour sa validité; — Attendu que cette transaction est avantageuse aux intérêts de la masse des créanciers.... »

Appel par le sieur Fresson. — Si, a dit l'appelant, l'action en retrait contenue en l'acte supplémentaire du 1er janv. 1830, devenait jamais une spéculation pécuniaire et se transformait en un paiement fait par Me Carpeza en dehors de son prix, cette clause est totalement illicite et ne saurait, sous quelque forme qu'elle y fût présentée, soutenir les regards de la justice; — Si, au contraire, M. Fresson a entendu seulement se réserver pour lui et pour les siens le droit de rentrer personnellement en possession de l'étude en obtenant, dans un intérêt de famille et d'avenir, la démission de son successeur, cette stipulation toute honorable et qui n'est défendue par aucune loi, est complétement admissible; — C'est dans le sens où la clause serait illicite que les premiers juges lui ont fait avoir effet, puisque le résultat de la convention homologuée est évidemment le paiement par M. Carpeza d'une somme d'argent en dehors de son prix. — Il a été implicitement reconnu par le tribunal que si les syndics d'une faillite pouvaient transiger sur toute espèce de droit, ils ne le pourraient pourtant pas s'il s'agissait de droits attachés à la personne; mais il n'a pas considéré, dans l'espèce, le droit de M. Carpeza comme étant personnel. Cependant ce droit est réellement personnel, puisque, stipulé pour Fresson ou ses héritiers, et non pas pour ses ayant-cause, comme l'a énoncé par erreur le jugement dont est appel, il ne peut être exercé qu'à la condition que M. Carpeza aura pour successeur ou M. Fresson lui-même ou un des siens, et que l'un d'eux dans les trois mois qui suivraient le 1er janv. 1850 se sera fait régulièrement investir des fonctions de notaire.

ARRÊT.

COUR ROYALE D'AMIENS. — 6 JANVIER 1842.

LA COUR; — Attendu que la réserve faite par Fresson lors de la vente de son office de notaire, dont il s'agit, à Carpeza, soit qu'on la considère comme personnelle à lui-même, à ses héritiers ou autrement, était, dans tous les cas, de nature à donner matière à une transaction entre lui et ledit Carpeza;

Adoptant, au surplus, les motifs énoncés au jugement dont est appel; — Confirme, etc.

Jurisprudence. — Aucun précédent.

A annoter au mot **Office**, n° 27

ART. 228.

OFFICE.

CESSION. — RÉVOCATION DE MANDAT. — RETRAIT DE DÉMISSION.

Le titulaire qui, par un mandataire non révoqué, a traité de son office, ne peut, en retirant sa démission, mettre obstacle à l'exécution du traité ;

Toutefois l'administration, si elle le juge à propos, peut ne pas passer outre à la nomination du cessionnaire.

PREMIÈRE ESPÈCE.

ARRÊT.

COUR ROYALE DE PARIS. — 14 JANVIER 1845.

LA COUR ; — En ce qui touche le déclinatoire : — Considérant que la question de validité de traité intervenue entre le mandataire de Lemarquière et Pouret-Bretteville est évidemment de la compétence exclusive de l'autorité judiciaire ;

En ce qui touche le fond : — Considérant qu'aux termes de l'art. 1998. Code civil, le mandant est tenu d'exécuter les obligations contractées par le mandataire, conformément au pouvoir qui lui a été donné ;

Considérant, en fait, que, le 19 octobre 1839, Lemarquière a donné pouvoir au doyen de l'ordre des avocats aux conseils du roi et à la cour de cassation de traiter, aux prix et conditions qui seraient fixés par le conseil de l'ordre, de la cession de sa charge d'avocat à la cour de cassation, ainsi que de toutes les affaires, papiers et recouvrements en dépendant, et qu'à ladite procuration était jointe la démission de son titre et de ses fonctions ;

Considérant que le prix et les conditions de la cession ayant été fixés, conformément à la procuration donnée, par le conseil de l'ordre, il est intervenu, le 2 avril 1844, entre le fondé de pouvoir de Lemarquière et Pouret-Bretteville, un traité par lequel celui-ci s'est rendu acquéreur de la charge de Lemarquière, moyennant la somme de 40,000 fr. ; — Que ce traité a été soumis au conseil de l'ordre, qui l'a approuvé par une délibération en date du même jour; qu'il a été également porté à la connaissance des nombreux créanciers de Lemarquière, qui ont fait saisir le prix entre les mains de Pouret-Bretteville, pour la somme de 142,000 fr., montant en capital de leurs créances ;

Considérant que Bretteville a obtenu, le 2 mai suivant, l'admittatur du conseil de l'ordre, et que la cour de cassation, par une délibération des chambres réunies, l'a autorisé à poursuivre sa nomination ;

Considérant que la procuration donnée par Lemarquière n'avait été par lui ni modifiée, ni révoquée avant la date de la cession de sa charge, et qu'il résulte de sa correspondance qu'il a eu connaissance, le 30 mars 1844, de l'usage que le conseil de son ordre se disposait à en faire ;

Considérant que le prix de 40,000 fr. fixé par le conseil et porté au traité. est en rapport avec la valeur réelle de la charge de Lemarquière, qui, à cette époque, était en état de déconfiture et poursuivi disciplinairement;

Que vainement Lemarquière prétendrait, pour se soustraire à l'exécution du traité, que le titulaire d'un office peut, tant qu'il n'a pas été remplacé, retirer la démission par lui donnée ; — Que la solution de cette question, qui n'est pas dans les attributions de l'autorité judiciaire, ne peut mettre obstacle à l'exécution d'un traité consenti par un mandataire, en vertu d'une procuration régulière et non révoquée ;

Par ces motifs, sans s'arrêter au déclinatoire, met l'appellation et ce dont est appel au néant; déclare valable et obligatoire, pour Lemarquière, le traité du 2 avril 1844. En conséquence, le déclare mal fondé dans sa demande et l'en déboute.

SECONDE ESPÈCE.

JUGEMENT.

TRIBUNAL D'AMIENS. — 12 AOUT 1844.

LE TRIBUNAL; — Attendu que, d'après le traité fait entre les parties, Me Desguingattes entend donner sa démission en faveur de Camus et le présenter à l'agrément du roi, d'où résulte à sa charge une obligation de faire qui doit se résoudre en dommages-intérêts en cas d'inexécution;

Qu'en effet, aux termes de la loi du 28 avril 1816, la présentation d'un successeur emportant démission volontaire et facultative, elle ne peut jamais perdre ce caractère dans les rapports du titulaire avec l'autorité publique, quelle que soit d'ailleurs la cause qui la détermine; qu'autrement elle équivaudrait à une révocation;

Que si la présentation d'un successeur devient obligatoire par suite de conventions légalement formées, elle n'est soumise au lien de droit qui résulte de ces conventions, qu'eu égard aux intérêts respectifs des parties; mais que l'obligation, quelque étroite qu'elle soit entre les parties, n'engage pas le titulaire envers le gouvernement, et ne saurait en aucun cas tenir lieu de la démission avec présentation d'un successeur; que, conséquemment, il ne saurait résulter une action en justice pour contraindre précisément le titulaire au fait même de la démission avec présentation; qu'un jugement ne pourrait pas y suppléer plus que l'obligation qui aurait pour but d'en assurer l'exécution; et que nul ne pourrait la faire au refus du titulaire, en son lieu et place, de manière à satisfaire au vœu de la loi et du gouvernement, à l'égard duquel la démission avec présentation ne peut jamais cesser d'être personnelle et volontaire;

Attendu que la présentation rétractée avant l'ordonnance de nomination doit être considérée comme non avenue, et que Desguingattes ayant persisté dans sa rétractation, sans motifs valables, au mépris d'un traité librement consenti, et qu'il devait exécuter de bonne foi, se trouve obligé d'indemniser Camus du préjudice que cette rétractation lui a fait éprouver jusqu'à ce jour;

En ce qui touche les conclusions subsidiaires : attendu que les dommages-intérêts moratoires qui en forment l'objet sont réclamés pour réparation du préjudice éventuel du retard que Desguingattes pourrait ultérieurement apporter à l'exécution de son obligation;

Qu'elles comprennent, par l'étendue illimitée de leur objet, le refus indéfini d'exécution équivalant à résolution;

Attendu que sur ce point, comme sur les autres, le tribunal peut dès maintenant arbitrer les dommages-intérêts auxquels Camus a droit;

Par ces motifs, le tribunal déclare insuffisantes et nulles les offres réelles faites par Desguingattes; sans y avoir égard, le condamne à payer à Camus la somme de 2,000 fr. pour réparation du préjudice que doit éprouver Camus, si mieux n'aime Desguingattes, dans la quinzaine de la notification du présent jugement, retirer la rétractation dont s'agit, et faire disparaître l'obstacle qu'elle a apporté à la nomination de Camus; sinon, et ce délai passé, sera, Desguingattes, déclaré déchu de l'option.

Auteurs. — Pour : Dard, *Traité des offices*, p. 235 et suiv.

Jurisprudence. — Décidé que le titulaire qui a promis sa démission et qui la refuse peut être condamné, non pas à la donner, mais seulement à des dommages-intérêts s'il y a lieu, pour inexécution du traité. Décis. min., 5 mai 1834; Aix, 5 janvier 1830; Montpellier, 20 juillet 1832; Agen, 6 et 18 avril 1836.

A annoter au mot **Office**, n° 30.

ART. 229.

COPIES DE PIÈCES.

HUISSIER. — AVOUÉ. — DROIT EXCLUSIF. — PURGE DES HYPOTHÈQUES LÉGALES. — REMISE D'HONORAIRES. — PRÉSOMPTIONS. — PEINE DISCIPLINAIRE. — OBSERVATIONS.

En matière de purge des hypothèques légales, le droit de copies de pièces appartient à l'huissier à l'exclusion de l'avoué. — En conséquence, l'avoué qui fait préparer ces copies de pièces, et l'huissier qui les signifie, même en en percevant les honoraires, manquent à leurs devoirs et sont passibles d'une peine disciplinaire.

Cette préparation de copies d'une part, et cette signification de l'autre, font présumer qu'il y a accord blâmable entre l'huissier et l'avoué, et remise à ce dernier, par l'huissier, d'une partie des honoraires que la loi lui attribue.

FAITS.

Deux avoués et trois huissiers en exercice près le tribunal civil de Charolles ont été poursuivis disciplinairement à la requête du procureur du roi, les premiers pour avoir fait préparer dans leurs études et par leurs clercs, les seconds pour avoir signifié des copies de pièces en matière de purge des hypothèques légales.

Les avoués ont reconnu que les faits qui leur étaient reprochés étaient exacts; mais ils ont soutenu 1° que le tribunal, jugeant disciplinairement, était incompétent; 2° que nul texte de loi n'interdit aux huissiers de signifier des actes préparés par les avoués; qu'il était d'ailleurs d'usage général que les avoués préparassent les copies de pièces et les exploits à signifier en matière de purge; que cela tenait à la plus grande somme de connaissances que l'on supposait aux avoués; et qu'enfin les huissiers ayant, dans l'espèce, perçu la totalité des émoluments, il n'y avait lieu à l'application d'aucune peine disciplinaire.

Les huissiers inculpés ont également reconnu comme vrais les faits à eux imputés; mais ils ont prétendu que n'ayant fait aucune remise, ils devaient être renvoyés de la poursuite.

Le ministère public a répondu en invoquant la loi du 27 ventôse an VIII, le décret du 14 juin 1813, et la jurisprudence qui accorde aux huissiers le droit exclusif aux émoluments des copies de pièces signifiées en tête des exploits, hors d'une instance.

Spécialement, en ce qui touche les copies données en tête des exploits de notification, il a pris les conclusions suivantes : « Attendu qu'en matière de purge légale, ni l'article 2194 du C. civ., ni l'avis du conseil d'Etat du 1er juin 1807, ni même le tarif de 1807, ne font mention des avoués, et qu'aucune disposition législative n'indique que leur ministère dût être employé dans les formalités toutes extra-judiciaires à remplir pour la purge des hypothèques légales ; que dans ce cas l'avoué n'agit que comme tout mandataire pourrait le faire ; que par conséquent la copie desdits actes ne peut être certifiée par l'avoué. »

Enfin il a dit que l'huissier doit faire rédiger sous sa direction et sa responsabilité les actes qu'il signifie ; qu'en souffrant que l'avoué s'immisce dans cette rédaction, l'huissier manque à ses devoirs et devient passible d'une peine disciplinaire ; que nonobstant l'affirmation des avoués et des huissiers, il est naturel de supposer qu'il y a eu remise, le travail devant profiter à celui qui le fait.

Il a demandé en conséquence qu'injonction fût faite aux avoués et aux huissiers d'être plus circonspects à l'avenir.

JUGEMENT.

TRIBUNAL DE CHAROLLES. — 4 JUILLET 1844.

LE TRIBUNAL ; — Attendu que la question d'incompétence, dans les termes où elle a été posée par les avoués inculpés, se lie entièrement à la question du fond ; que cette dernière devenant même préjudiciable, puisque sa solution doit entraîner celle de l'autre, il y a nécessité de les joindre pour les examiner et les décider en même temps.

En ce qui concerne le premier grief reproché aux avoués V... et D..., celui d'avoir, dans trois affaires relatives à des purges d'hypothèques légales, préparé des copies de pièces données en tête des notifications prescrites en cette matière, et en avoir retiré l'émolument au préjudice de l'huissier ;

Attendu que le moyen de justification présenté par lesdits avoués est tiré de ce qu'ils auraient droit à l'émolument de ces copies, et par conséquent à celui de les préparer et rédiger, ne saurait être admis.

En effet, si entre la profession des avoués et celle des huissiers appelés à coopérer, dans un ordre différent, à l'administration de la justice, il existe divers points de contact et d'affinité qui peuvent faire admettre, dans un seul et même acte, le concours de l'huissier et de l'avoué, cette règle ne peut recevoir son application qu'au cas où la signification, qui est le droit exclusif de l'un, doit la naissance à la postulation, qui est le droit exclusif de l'autre ;

Qu'imprimer par sa signature le cachet d'authenticité à une copie de pièces, accessoire à un acte, qui est l'œuvre d'un autre officier, est l'effet d'un privilége que l'avoué tient, non pas de sa profession, mais de la faveur d'une loi toute spéciale ;

Qu'il faut donc reconnaître que c'est par une faveur dont le principe est dans la postulation, et par une exception, qu'il est permis à l'avoué de s'immiscer dans un acte qui n'avait pas besoin de son concours pour être complet, et que, dans tous les autres cas, il est sans qualité pour le faire, parce que la postulation cessant, l'avoué n'est plus qu'un simple particulier dont la certification et la signature n'ont rien d'authentique;

Attendu que les principes qui dérivent de la nature des choses et de celles des attributions respectives des avoués et des huissiers reçoivent, dans l'espèce, une application d'autant moins contestable, que l'acte en tête duquel est la copie de pièces dont les avoués V... et D... prétendent s'approprier l'émolument, se rattache à une procédure d'une nature toute particulière, pour laquelle le ministère des avoués n'est aucunement requis et tellement en dehors de toute postulation, que lorsque les avoués sont chargés des formalités à remplir, ce n'est ni en leur qualité d'avoué ni comme exerçant leur ministère qu'ils agissent;

Attendu que si, en cette matière, la limite des droits des avoués et des huissiers a pu être un instant incertaine, toute controverse n'est plus possible en présence de l'opinion des auteurs les plus recommandables et des décisions géminées et toujours conformes de la cour suprême;

Que remettre en question ce qui ne peut plus être l'objet d'un litige accuse une persistance qui est loin de trouver une excuse dans la cause qui l'a fait naître, et que le tribunal ne peut approuver.

En ce qui concerne le second grief reproché aux avoués V... et D..., celui d'avoir préparé et rédigé dans leurs études les originaux et les copies des exploits dont il a été parlé tout à l'heure, ainsi que la copie des pièces transcrites en tête desdits exploits;

Attendu, d'abord, que la loi conférant aux huissiers le droit d'exploiter, a voulu que ce droit ne consistât pas seulement dans la faculté de notifier des copies d'exploits, des copies de pièces toutes préparées, dans le cas où l'émolument leur est attribué, mais encore dans celle de rédiger et préparer eux-mêmes ces exploits et ces copies;

Que la signification par les huissiers d'actes et de copies, rédigés et préparés par les avoués ou dans leurs études, trahit entre l'huissier et celui dont il accepte les notes et les écritures un accord par suite duquel l'huissier consent à la remise d'une partie de son salaire;

Que si cet accord n'est ni avoué ni établi, il est au moins possible, parce qu'on doit raisonnablement supposer que le salaire profite à celui qui fait le travail;

Attendu, en second lieu, que, lors même qu'on écarterait toute idée de pacte et de transaction, la prétention des avoués au droit de rédiger ou préparer tous les exploits, les copies de ces exploits, ainsi que les copies de pièces, n'en serait pas mieux fondée, parce qu'elle aurait pour effet de placer les avoués et les huissiers dans cette position indigne les uns des autres, à savoir : que l'huissier ne considérant pas comme légitimement acquis le prix d'un travail auquel il n'aura pas concouru, n'osera pas, sans faire violence à un sentiment que la délicatesse et l'honneur ne peuvent qu'approuver, accepter l'offre qui lui serait faite, et l'avoué, par un moyen détourné, et sur lequel il a compté d'avance, parviendrait ainsi, en empiétant sur les devoirs et les attributions de l'huissier, à s'approprier, au préjudice de celui-ci, un émolument dont la loi a voulu que ce dernier profitât sans partage;

Que c'est en vain que, pour maintenir ces abus, les avoués allèguent l'intérêt de leurs clients et la prompte expédition de leurs affaires;

Que s'il peut, en effet, se présenter quelquefois des cas où il sera permis à l'avoué de venir en aide à l'huissier, ces cas doivent former l'exception, et loin que le tribunal les considère alors comme une contravention, ils seront au contraire, pour lui, une preuve que la règle générale a recouvré son empire et que l'abus qu'il veut éteindre a cessé d'exister;

Attendu, au surplus, que les considérations articulées par les avoués n'existent pas; qu'elles ne sont et ne peuvent pas même être invoquées dans l'espèce particulière; que dès lors elles ne sauraient être offertes comme excuse du fait qui leur est reproché.

En ce qui concerne la plainte du ministère public en tant qu'elle regarde les huissiers D..., B... et J...

D'abord, quant au premier chef relatif à la remise par eux consentie au profit des avoués V... et D... des émoluments qui leur revenaient à raison de la copie de pièces donnée en tête des notifications dont s'agit;

Attendu que de tels accords constituent un abus grave, non moins préjudiciable à celui qui les souscrit qu'à la communauté dont il est membre; qu'ils tendent à diminuer et à éteindre parmi les huissiers la concurrence, l'émulation et les moyens d'existence; qu'à de telles conditions, le travail n'est plus le prix de l'intelligence et de la confiance, mais qu'il devient plus particulièrement la récompense de l'officier ministériel qui enfreint ses devoirs ou est incapable de les remplir;

Que ces déplorables résultats peuvent d'autant moins être révoqués en doute, qu'ici même et sous les yeux du tribunal, plusieurs huissiers, dont le tort est d'avoir voulu remplir leurs devoirs, ont été frappés d'interdit et repoussés des études qui les employaient ordinairement;

Attendu que la concession faite par les huissiers inculpés constitue une contravention aux yeux de la loi et aux règles fondamentales de l'institution des huissiers.

Quant au second chef de la plainte :

Attendu qu'en acceptant tout préparés et rédigés des exploits, des copies d'exploits et des copies de pièces pour en faire la signification, et en se condamnant ainsi au rôle de porteurs de copies, les huissiers inculpés ont manqué à leurs devoirs et à leur caractère d'officiers publics, et dégradent les fonctions dont la loi les a investis; et à supposer qu'on leur ait fait état de la rétribution entière attachée à ces exploits, à ces copies d'exploits et à ces copies de pièces, ils ont à se reprocher de recevoir un émolument à raison d'un travail auquel ils sont restés entièrement étrangers, et pour lequel ils n'ont consacré ni peine ni déboursés.

Par ces motifs, vu l'art. 102 du décret du 30 mars 1808,

Enjoint aux avoués V... et D... et aux huissiers D..., B... et J... d'être plus circonspects à l'avenir, et les condamne solidairement aux dépens.

OBSERVATIONS.

Cette décision, toute importante qu'elle soit, ne nous surprend cependant pas; elle n'est en effet que l'application à une question spéciale, de la jurisprudence de la cour de cassation sur les honoraires des copies de pièces; jurisprudence qui, refusant aux huissiers une partie de leurs légitimes prétentions, leur reconnaît néanmoins le droit exclusif aux copies de pièces données en tête des exploits qui ne se rattachent pas à une instance. — V. nos observations, art. 211 de ce Journal.

Or, il est incontestable que les formalités prescrites par la loi pour la purge des hypothèques légales ne constituent pas une instance; bien plus, *le ministère des avoués n'est pas nécessaire pour l'accomplissement de ces formalités.* Cette proposition, qui intéresse vivement les huissiers dans la lutte engagée entre eux et les avoués, a été consacrée de la manière la plus formelle par un arrêt de la cour de cassation du 31 mars 1840, rendu dans les circonstances suivantes, qu'il importe de constater ici :

M. Aubert, huissier, avait fait et certifié la copie collationnée d'un acte de vente du 18 nov. 1838, par les époux Perron aux époux Petré. Le greffier ayant refusé de recevoir cette copie, sommation lui fut faite, requète des époux Petré. Nouveau refus du greffier, fondé sur ce que la copie était signée par un huissier et que le dépôt devait être fait par le même, sans l'assistance d'un avoué.

Assignation du greffier en référé; intervention du président de la chambre des avoués; 14 fév. 1839, jugement du tribunal de Senlis, statuant au principal, qui déclare les époux Petré mal fondés en leur demande.

Appel. Arrêt infirmatif de la cour d'Amiens, du 3 mai 1839, ainsi conçu : — Considérant qu'aucune disposition du Code civil, du Code de procédure civile et du tarif, ne suppose la nécessité du concours de l'avoué pour la purge des hypothèques légales; — Que dès lors la partie peut faire par elle-même ou par un mandataire le dépôt de l'acte translatif de propriété, sauf au greffier à prendre les mesures nécessaires pour s'assurer de l'individualité du déposant; — Que l'art. 2194 du C. civ., en exigeant que la copie de l'acte translatif de propriété soit collationné, ne détermine pas par qui cette collation doit être faite; que le mode le plus naturel d'en assurer la régularité consiste dans l'appréciation des formalités nécessaires à la perfection de l'acte lui-même; qu'il suit de là que la copie d'un acte authentique doit être certifiée par le notaire qui l'a reçue, et celle d'un acte sous seing privé par la signature de toutes les parties qui y ont figuré; que c'est ainsi que, dans une matière analogue, les extraits des actes de société reçoivent le caractère de certitude nécessaire pour être mis à la connaissance des tiers. — Considérant que ce n'est que par les conclusions prises devant la cour que les époux Petré ont offert de déposer une expédition authentique de leur contrat d'acquisition. — Par ces motifs, la Cour, faisant droit au principal, ordonne au greffier du tribunal de Senlis de recevoir de Petré ou de son mandataire dépôt d'une expédition du contrat de vente fait à leur profit le 18 nov. 1838, devant M⁰ Menesson, notaire à Villers-Coterets; d'en dresser acte pour parvenir à la purge des hypothèques légales, et d'en délivrer expédition aux appelants; condamne les époux Petré aux dépens jusqu'à l'arrêt.

Pourvoi en cassation et arrêt de rejet du 31 mars 1840, par les motifs suivants : Attendu que l'article 2194 du C. civ., qui astreint l'acquéreur à déposer son contrat d'acquisition volontaire au greffe pour purger les hypothèques légales non inscrites, n'exige pas qu'il emploie le ministère d'un avoué pour faire ce dépôt, et qu'aucun article du Code de procédure n'impose cette obligation. — Attendu que le tarif qui énonce tous les droits dus aux avoués pour leur comparution au greffe, soit qu'il s'agisse des cas prévus par l'art. 2185, soit qu'il y ait lieu d'assister les parties lors des renonciations aux successions en communauté, n'a pas parlé d'un droit qui serait dû pour assister au dépôt du contrat afin d'arriver à la purge légale. — Attendu cependant que ce tarif accorde un droit au greffier pour rédiger l'acte de dépôt; d'où suit qu'en parlant de celui-ci et ne disant rien de l'avoué, il en résulte que c'est avec raison que la cour royale d'Amiens a décidé que le greffier serait tenu de recevoir le dépôt de l'acte d'acquisition que lui présenteraient les époux Petré, sans qu'ils fussent forcés de recourir au ministère d'un avoué, et qu'en le décidant ainsi elle n'a pu violer aucune loi.

L'opinion que cet arrêt confirme était déjà adoptée par un arrêt de la cour royale d'Amiens du 24 nov. 1836; par Bioche et Gouget, Dict. procéd. civ. et com., v° *Purge*, n° 84; par N. Carré, *De la taxe en matière civile*. p. 462. L'art. 2194 du C. civ., dit ce dernier auteur, prescrit les formalités à remplir pour parvenir à la purge légale. Le ministère des avoués n'est pas nécessaire, et le tarif ne contient l'allocation d'aucun droit à leur profit.

Ainsi voilà un point bien établi : le ministère des avoués n'est pas nécessaire en matière de purge légale; conséquemment les copies de pièces à signifier en ce cas appartiennent aux huissiers à l'exclusion des avoués.

Nonobstant cette jurisprudence, nonobstant l'approbation donnée par le garde des sceaux le 3 sept. 1844 à la décision disciplinaire du tribunal de Charolles, il est certain que les avoués continueront à s'emparer des copies de pièces que les tribunaux leur refusent, s'ils ne rencontrent une énergique résistance de la part des huissiers.

Voici, selon nous, la conduite que ces derniers doivent tenir : — Ou l'avoué sera chargé de la purge, — ou ce sera l'huissier lui-même que le client choisira. — Dans le premier cas, l'huissier devra exiger la remise des pièces, afin de préparer son exploit et les copies de pièces à donner en tête, et si on ne voulait pas lui remettre les originaux, refuser son ministère. — Dans le second, il devra déposer lui-même, ou faire déposer par la partie, une expédition de l'acte au greffe, et remplir les autres formalités de la purge. De la sorte on mettra les avoués dans l'impossibilité de nuire aux huissiers, et cette fois au moins on les contraindra à se renfermer dans les bornes de leur ministère.

A annoter aux mots **Copies de pièces**, n° 57; et **Purge des hypothèques légales**, etc. n° 3.

ART. 230.

—

QUESTION PROPOSÉE [1].

SURENCHÈRE.

VENTE D'IMMEUBLES DÉPENDANT DE FAILLITE. — DÉLAIS. — FORMALITÉS.

Le créancier hypothécaire inscrit sur des immeubles appartenant à une faillite, peut-il, après l'expiration du délai de quinzaine fixé par l'art. 573 du C. de com., faire sommation à l'adjudicataire de notifier, et, par suite, surenchérir dans les délais (40 jours) de l'article 2185 du C. civ.?

Le délai de quinzaine de l'art. 573 du C. de com. n'est-il pas applicable aussi bien au créancier inscrit qu'à toute autre personne?

Ces questions nous paraissent résolues par le texte même de l'art. 573 du C. de com., ainsi conçu :

« La surenchère après adjudication des immeubles du failli, sur la poursuite des syndics, n'aura lieu qu'aux conditions et dans les formes suivantes :

» La surenchère devra être faite dans la quinzaine;

» Elle ne pourra être au-dessous du dixième du prix principal de l'adjudication. Elle sera faite au greffe du tribunal civil, suivant les formes prescrites par les art. 710 et 711 du Code de pr. civ.; toute personne sera admise à surenchérir;

» Toute personne sera également admise à concourir à l'adjudication par suite de surenchère. Cette adjudication demeurera définitive et ne pourra être suivie d'aucune autre surenchère. »

La faillite est un état exceptionnel qui modifie profondément les droits des créanciers et les soumet, dans l'intérêt de tous, à des prescriptions en dehors du droit commun. C'est ainsi, par exemple, qu'en matière de surenchère, le législateur a tracé une forme spéciale et des délais particuliers :

Ainsi il n'y a lieu à aucune notification pour faire courir le délai dans lequel la surenchère devra être formée; ce délai part de l'expiration du jour de l'adjudication. — Le délai, au lieu d'être de 40 jours, comme dans le cas d'aliénation volontaire, est réduit à 15 jours. — Le droit de surenchérir est accordé à toute personne, créancière ou non. — Enfin la forme est celle tracée pour les surenchères par suite d'aliénations forcées.

La disposition de l'art. 573 est absolue et ne fait aucune distinction entre les personnes qu'elle admet à surenchérir, d'où il suit que le délai de quinzaine qu'elle établit est applicable aux créanciers comme aux individus qui n'ont pas cette qualité. — Cet

[1] Par M. Pizet, huissier à Roanne (Loire).

article, au surplus, déroge aux articles 2183 et 2185 du C. civ., et aux articles 832 et suiv. du C. de proc. civ., qui d'ailleurs ne s'occupent que des formalités à remplir en cas *d'aliénation volontaire*: il retire aux créanciers du failli le bénéfice de ces derniers articles pour les soumettre à sa propre autorité, et substitué à ces dispositions du C. civ. et du C. de proced., il les remplace et les efface complétement. — On ne pourrait donc soutenir qu'en matière de faillite il y a deux délais pour surenchérir : l'un fixé par l'art. 573 du C. de com., l'autre par l'article 2185 du C. civ. — Ce serait étendre au delà de toute mesure et de toute raison des délais que le législateur a eu l'intention d'abréger, et admettre deux procédures dissemblables là où il y a identité de droits, l'art. 573 n'accordant aucun privilége à la qualité de créancier lorsqu'il s'agit de surenchérir, et plaçant les non-créanciers sur la même ligne.

Nous pensons donc que l'art. 573 du C. de com. est le seul qui règle la surenchère en cas de faillite, et qu'une fois que le délai qu'il fixe est expiré, *nul* ne peut être admis à requérir une surenchère.

A annoter aux mots Surenchère, n° 61 ; et Faillite, n° 190.

ART. 231.

—

QUESTION PROPOSÉE [1].
CHEMIN VICINAL.

TRANCHÉES. — EXTRACTIONS. — AMAS DE TERRE. — ACTION
POSSESSOIRE. — INDEMNITÉ.

Est-ce judiciairement, devant le juge de paix, ou administrativement, devant le conseil de préfecture, que doit se pourvoir le propriétaire non exproprié, ni indemnisé, et troublé dans sa possession par des tranchées, extractions et amas de terre faits pour l'établissement d'un chemin vicinal de grande communication?

Ne s'agit-il que d'extraction de matériaux ou d'occupation temporaire d'un terrain à l'occasion de l'établissement d'un chemin vicinal?

Ou bien de l'établissement même de ce chemin, sur le sol du réclamant ?

Et dans ce dernier cas il faudrait distinguer entre l'ouverture et le redressement du chemin, et son simple élargissement.

Dans toutes ces circonstances l'action possessoire nous paraît complétement inutile; car elle ne pourrait produire cet effet prin-

---

[1] Par M. Lambert, principal clerc d'huissier.

cipal de faire rentrer l'ancien possesseur dans la possession dont un acte administratif l'aurait évincé. — Toutefois, si l'action possessoire n'avait d'autre but que de faire constater, pour établir ultérieurement l'indemnité, l'étendue du terrain dont la commune s'est emparée et qu'elle considère comme sa propriété, on pourrait intenter cette action, en ayant soin toutefois de ne pas réclamer une maintenue possessoire qui ne pourrait être accordée.

S'il s'agit d'*extraction, enlèvement de terre* ou *occupation temporaire*, dix jours après la notification de l'arrêté du préfet qui les autorise, la commune ou ses agents a le droit de s'emparer des terrains désignés (L. 22 mai 1836, art. 17); s'il s'agit de *l'élargissement d'un chemin*, l'arrêté du préfet qui fixe la largeur attribue définitivement au chemin le sol qu'il détermine (L. *id.* art. 15), et la commune ou ses agents peut, avant le payement de toute indemnité, en prendre possession. Cass., 27 nov. 1843, *Journ. encyclop. des huiss.*, art. 126.

Dans ces deux cas, l'indemnité due au propriétaire dépossédé doit être réglée par le conseil de préfecture d'après le rapport d'experts nommés, l'un par le sous-préfet, l'autre par le propriétaire. En cas de discord, un troisième expert est nommé par le conseil de préfecture. L. *id.*, art. 15 et 17.

A cet effet le propriétaire présente une pétition au sous-préfet, dans laquelle il expose les faits, désigne son expert, et demande que l'administration désigne le sien. Les experts font leur rapport, et le conseil de préfecture fixe l'indemnité, sauf recours au conseil d'état.

S'il s'agit au contraire d'*ouverture ou de redressement d'un chemin*, c'est-à-dire si l'emplacement du chemin est pris tout entier sur le sol du propriétaire, ce dernier ne peut être dépossédé avant d'avoir été exproprié et préalablement indemnisé (L. *id.*, art. 16; Charte, art. 20; cass., 28 janv. 1834). — Si donc dans ce cas des travaux étaient entrepris, il suffirait de notifier une défense à l'entrepreneur, et s'il n'y obéissait pas, de l'assigner en dommages-intérêts devant les tribunaux civils.

L'indemnité en cas d'ouverture ou de redressement est fixée par un jury spécial composé de quatre personnes choisies par le tribunal civil, et présidé par le juge de paix du canton, ayant voix délibérative en cas de partage. — L. *id.*, art. 16.

L'action en indemnité des propriétaires se prescrit par le laps de deux ans (L. *id.*, art. 18). — Si ce délai approchait sans que l'indemnité eût été réglée, il serait utile de déclarer au maire de la commune, par acte extrajudiciaire, que le propriétaire entend réclamer l'indemnité, et qu'au besoin il proteste contre l'accomplissement de toute prescription.

A annoter au mot Chemins, n° 8.

ART. 232.

LOI

RELATIVE AU TRAITEMENT DES JUGES DE PAIX ET DE LEURS GREFFIERS.

Du 21 juin 1845.

ARTICLE PREMIER.

Les droits et vacations accordés aux juges de paix sont supprimés.

Il ne leur sera alloué d'indemnité de transport que quand ils se rendront à plus de cinq kilomètres du chef-lieu du canton.

ART. 2.

Dans les villes où siégent les tribunaux de première instance, le traitement des juges de paix sera le même que celui des juges de ces tribunaux.

A Paris, les juges de paix recevront en outre une somme de 1,500 francs par an, à titre d'indemnité pour un secrétaire.

Dans les cantons composant les arrondissements de Saint-Denis et de Sceaux, le traitement des juges de paix sera de 3,000 francs.

Dans les villes de vingt mille âmes et au-dessus, et à Mézières, chef-lieu de département, le traitement des juges de paix sera de 1,800 francs.

Dans les chefs-lieux d'arrondissement où ne siége pas de tribunal de première instance, et dans les villes ou communes de trois mille âmes et au-dessus de population agglomérée, le traitement des juges de paix sera de 1,500 francs.

Il sera de 1,200 francs dans les autres communes du royaume.

ART. 3.

Le traitement actuel des greffiers des juges de paix est porté à 500 francs dans les cantons où il est inférieur à cette somme; il est maintenu dans les autres cantons.

ART. 4.

La présente loi sera exécutée à partir du 1er janvier 1846.

Avant cette époque, une ordonnance royale portant règlement d'administration publique déterminera le montant de l'indemnité de transport établie par l'art. 1er.

A annoter au mot Tarif.

ART. 233.

—

HUISSIER.

COPIE D'EXPLOIT. — INSCRIPTION DE FAUX. — ADMISSION DES MOYENS DE FAUX.

Sont pertinents et admissibles en matière d'inscription de faux contre un exploit, les faits tendant à prouver :

1° Que l'huissier n'a pas été dans la commune indiquée le jour de la signification de l'exploit ; qu'il a reconnu ce fait et déclaré que la copie a été remise par son clerc ;

2° Que la date de l'exploit et le parlant à ne sont pas écrits de la main de l'huissier ;

3° Que ce dernier n'a pas remis la copie à la personne dénommée en l'exploit.

L'obligation imposée aux huissiers de remettre personnellement la copie de leurs exploits, et l'impossibilité où se trouvent ceux chez qui la clientèle afflue en raison de la confiance qu'ils inspirent, d'exécuter rigoureusement la loi, donnent lieu à des difficultés qui, pour être la plupart du temps de mauvaise foi, n'en mettent pas moins la responsabilité de ces fonctionnaires à de dures épreuves.

M. Salleneuve, huissier à Paris, a signifié par exploit de son ministère, du 11 mai 1844, à la requête du sieur Psalmon, au sieur David, un jugement du tribunal de commerce du 23 avril précédent, rejetant une demande de 17,626 fr. formée par ce dernier contre Psalmon.

Le 19 août, c'est-à-dire huit jours après l'expiration du délai de trois mois accordé par la loi, David interjeta appel du jugement du 23 avril. Psalmon opposa la fin de non recevoir résultant de la tardiveté de l'appel ; David, de son côté, prétendit n'avoir jamais reçu de signification du jugement, et fit sommation de déclarer à son adversaire s'il entendait ou non se servir de l'original de signification qui figurait à son dossier.

Réponse affirmative de la part de Psalmon. Inscription de faux par David, qui prétendait et offrait de prouver :

1° Que l'huissier Salleneuve n'avait pas mis le pied, le 11 mai 1844, dans la commune de Bercy, habitée par lui David ;

2° Qu'il avait reconnu ce fait et l'avait déclaré personnellement en disant que c'était un de ses clercs qui avait été chargé de porter la copie de l'exploit de signification du jugement ;

3° Que la date de cet exploit, les mots *parlant à une femme à son service ainsi déclarée*, et la désignation entière de l'immatricule, n'avaient point été écrits de sa main, comme la loi lui faisait l'obligation de le faire au moment où il déposait sa copie;

4° Qu'il n'avait pas remis la copie dont s'agissait à une femme à son service et à son domicile, sur le port de Bercy, n° 8.

L'avocat de Salleneuve, mis en cause pour soutenir la régularité de son acte, a contesté les faits articulés, en soutenant qu'au surplus ils n'avaient pas la pertinence nécessaire pour être admis en preuve.

M. Berville, premier avocat général, sans incriminer en rien la moralité de l'officier ministériel, a pensé que tant que le législateur n'aurait point été appelé soit à augmenter le nombre des huissiers, *soit à leur adjoindre des auxiliaires assermentés*, il fallait faire abstraction des difficultés et des impossibilités, et voir les choses à leur point de vue légal. Il a donc conclu à ce que la preuve offerte fût ordonnée.

La Cour, conformément à ces conclusions, et après un long délibéré, considérant que les moyens de faux étaient pertinents, en a autorisé la preuve par titres et par témoins. — C. roy. de Paris, audience du 11 juin 1845.

L'idée émise par M. l'avocat général d'adjoindre aux huissiers des auxiliaires assermentés n'est pas aussi neuve qu'on pourrait le croire. En effet, malgré des défenses réitérées, il est certain que jusqu'au commencement du XVIe siècle les huissiers ont eu la faculté de faire des aides ou sous-sergents; l'ordonnance de mars 1498, qui, par son art. 55, leur défend à l'avenir de faire aucuns aides, témoigne qu'à cette époque les sous-sergents étaient encore tolérés.

A annoter au mot **Huissier**, n° 135.

ART. 234.

—

ENREGISTREMENT.

EXPLOITS EN JUSTICE DE PAIX. — DÉLIBÉRATIONS DES CONSEILS DE FAMILLE. — ÉMANCIPATIONS. — APPOSITION ET LEVÉE DE SCELLÉS.

Augmentation des droits d'enregistrement sur les exploits en justice de paix, les délibérations des conseils de famille et les émancipations, les appositions et levées de scellés.

L'art. 5 du budget des recettes pour 1846, voté par la chambre des députés dans sa séance du 2 juillet 1845, est ainsi conçu :

A partir du 1er janvier 1846, le droit d'enregistrement d'un franc établi par l'art. 68, § 1, n° 30 de la loi du 22 frimaire an VII, pour les exploits relatifs aux procédures en matière civile devant les juges de paix, jusques et compris les significations des jugements définitifs, sera porté à 1 fr. 50 cent. en principal.

Le droit de 2 fr. établi par l'art. 68, § 2, nos 3 et 4 de la loi du 22 frim. an VII et par l'art. 43, n° 4 de la loi du 22 avril 1816 pour les avis de parents, les procès-verbaux de nomination de tuteurs et curateurs et les procès-verbaux d'apposition, de reconnaissance et de levée de scellés, sera porté à 4 fr. en principal.

Le droit de 5 fr. établi par l'art. 68, § 4, n° 2 de la loi du 22 frim. an VII, pour les actes d'émancipation, sera porté à 10 fr. en principal.

Nous rendrons compte, en son temps, de l'adoption ou du rejet de cette disposition par la chambre des pairs.

A annoter aux mots **Citation**, n° 92; **Conseil de famille**, n° 63; et **Scellés**, n° 17.

ART. 235.

—

OFFICE.

DESTITUTION. — CESSION. — ADMISSION. — GARANTIE. — PRODUITS ANNONCÉS. — RÉDUCTION. — COMPÉTENCE. — TRAITÉ SECRET. — RÉPÉTITION.

L'officier ministériel révoqué et dont le successeur, par lui désigné, a néanmoins été nommé aux conditions du traité, est garant de l'office vendu. — Par suite, le prix de la cession doit être réduit si les produits ont été exagérés.

Les tribunaux sont compétents pour connaître, dans un intérêt privé, de l'exécution des conventions arrêtées entre le cessionnaire et le titulaire révoqué; et dans ce cas ils ne sont pas réputés porter atteinte à l'ordonnance de révocation, ni empiéter sur les droits de l'administration.

Le supplément de prix payé en vertu d'une contre-lettre est imputable sur ce qui reste à payer du prix stipulé dans le traité ostensible.

FAITS.

Le 13 avril 1838, M. Poisson, avoué à Paris, céda son office à M. Pantin, moyennant 200,000 fr., plus 5,000 fr. stipulés par une contre-lettre, au total de 205,000 fr.

Peu après M. Poisson fut révoqué, et nonobstant cette destitution, le successeur par lui désigné fut nommé par ordonnance du 18 juin, « à la charge par le sieur Pantin, dit l'ordonnance, de payer à qui de droit la somme de 200,000 fr , moyennant laquelle il a acquis le titre du sieur Poisson par traité du 13 avril dernier. »

Des difficultés survinrent : le cessionnaire réclama une dimi-
nution sur la clientèle, dont la valeur avait été de beaucoup
exagérée, et sur les recouvrements, qui entraient dans le prix
pour 15,000 fr., et dont la valeur réelle n'était que de 1,528 fr.
40 c., puis l'imputation des 5,000 fr. du traité secret sur le prix
du traité produit devant l'administration. — Le cédant demanda,
au contraire, l'exécution du traité, prétendant que c'était le
gouvernement et non lui qui avait mis l'office à prix.

16 janvier 1844, jugement du tribunal de la Seine qui rejette
la demande en réduction et ordonne la restitution des 5,000 fr.,
par les motifs ci-après : — « Attendu que Pantin oppose une demande reconventionnelle en déduction du prix de l'office, de sa
clientèle, de ses recouvrements, en dommages-intérêts pour dé-
préciation des titres, et en restitution d'une somme de 5,000 fr.
qu'il prétend avoir indûment payée à Poisson ; — Attendu que
l'ordonnance ayant fixé une indemnité de 200,000 fr. pour prix
de la nomination, le pouvoir judiciaire ne pourrait examiner et
réviser les éléments constitutifs de cette indemnité sans empiéter
sur les attributions du pouvoir administratif ; que si ladite ordonnance a visé le traité antérieurement intervenu entre Poisson
et Pantin, fixant lui-même à 200,000 fr. le prix de la cession,
c'est seulement par voie de nomination de ce prix qu'elle adoptait
elle-même à titre d'indemnité, mais non pour habiliter un traité
qui tombait devant la révocation du précédent titulaire ; d'où il
suit que le tribunal ne peut toucher à l'ordonnance en aucun
point, mais qu'il doit seulement en ordonner l'exécution ; — Attendu que les parties sont divisées sur la quotité des sommes actuellement exigibles à la charge de Pantin ; que Poisson les
porte à 28,003 fr. 55 c., tandis que, suivant Pantin, elles ne
doivent s'élever qu'à 21,995 fr. 26 c. ; que cette différence pro-
vient de ce que les parties ne sont pas d'accord sur le point de
départ des intérêts et sur certaines imputations ; que le tribunal
n'a pas, quant à présent, les documents suffisants pour trancher
ces difficultés et appurer définitivement le compte ; qu'en cet
état il y a lieu seulement de prononcer la condamnation de la
somme non contestée et de renvoyer les parties à le faire régler
définitivement.

» En ce qui concerne la demande en restitution de 5,000 fr. :
— Attendu que les conditions touchant la transmission des offices
sont d'ordre public, et que l'ordre public est fortement intéressé
à ce que les cessionnaires de ces offices, en s'imposant des charges
trop pesantes, ne soient pas conduits à commettre des abus plus
ou moins graves dans l'exercice de leurs charges, et attendu
qu'il est reconnu par les parties que Poisson a reçu de Pantin
une somme de 5,000 fr. en dehors de l'indemnité de 200,000 fr. ;
qu'il résulte des pièces et documents produits, que cette somme

a été payée comme supplément de prix ; qu'aucun fait ne lui ôte ce caractère ; que, dépassant le prix véritable et jugé légitime de l'office, elle doit être restituée.... » — Appel.

ARRÊT.

COUR ROYALE DE PARIS. — 24 FÉVRIER 1845.

LA COUR ; — En ce qui touche les 5,000 fr. payés par Pantin à Poisson en exécution du traité secret ; — Considérant que le payement de ces 5,000 fr., n'étant point imputable sur le traité secret frappé de nullité, est un à-compte sur le prix véritable ; qu'ainsi, les premiers juges auraient dû autoriser Pantin à imputer cette somme sur le prix du traité ostensible ;

Considérant que, par acte du 13 avril 1838, Poisson a vendu à Pantin son titre d'avoué, sa clientèle et ses recouvrements, moyennant 200,000 fr. de prix principal, dont 120,000 fr. pour le titre, 65,000 fr. pour la clientèle et 15,000 fr. pour les recouvrements ; que, par ordonnance royale du 18 juin de la même année, Pantin a été nommé avoué en remplacement de Poisson, dont la nomination a été révoquée, à la charge, porte cette ordonnance, par ledit Me Pantin, de payer à qui de droit la somme de 200,000 fr., moyennant laquelle il a acquis le titre dudit Poisson par le traité du 13 avril précédent ;

Considérant que cette ordonnance, en révoquant Poisson, l'a privé du droit de présenter un successeur, et par conséquent de transmettre son office, mais qu'en même temps elle reconnaît la vente qu'il avait faite à Pantin, qu'elle conserve le bénéfice de ce traité à l'acquéreur et en consacre l'exécution à son profit ; qu'il en résulte que cette vente est restée soumise à toutes les règles du droit commun, et, par conséquent, à la garantie que le vendeur doit à l'acheteur ; que Pantin, actionné par Poisson en payement de son prix, est fondé à lui opposer par voie d'exception toutes les réclamations qu'il peut avoir à former contre lui ; que, s'il en était autrement, Poisson, avoué révoqué, se trouverait dans une position plus favorable que s'il eût conservé le droit de présenter son successeur et de transmettre son office ;

Considérant que la demande en réduction de prix et en dommages-intérêts formée par Pantin ne tend point à modifier l'ordonnance royale et à le soustraire aux obligations qui sont la condition de son investiture ; que cette demande ne porte que sur des intérêts privés et sur l'exécution des conventions arrêtées entre les parties, sur le prix et les époques de payement dont l'existence a été maintenue par l'ordonnance elle-même ; qu'ainsi elle rentre dans les attributions des tribunaux civils ordinaires, et que c'est à tort que les premiers juges ont décidé qu'ils ne pourraient en connaître sans empiéter sur les attributions du pouvoir administratif ; sans s'arrêter à la fin de non-recevoir opposée à l'appel de Pantin, a mis et met les appellations et ce dont est appel au néant, en ce que les premiers juges, en condamnant Poisson à restituer à Pantin la somme de 5,000 fr., l'ont renvoyé à en poursuivre le recouvrement ainsi qu'il aviserait, et en ce qu'ils se sont déclarés incompétents pour statuer sur la demande en réduction de prix et en dommages-intérêts de Pantin ;

Émendant quant à ce, décharge l'appelant des condamnations contre lui prononcées ; au principal, ordonne que Pantin imputera sur le prix du traité ostensible la somme de 5,000 fr., qu'il a payée en exécution du traité secret, dit que le tribunal était compétent pour prononcer sur la demande reconventionnelle de Pantin, et attendu que la matière est disposée à recevoir une décision définitive ;

Évoquant le fond conformément à l'art. 473 C. pr. civ. et y faisant droit ; — Considérant qu'en principe le vendeur est tenu de la garantie des faits qui lui sont personnels, même lorsqu'il a été stipulé que le vendeur ne serait tenu à aucune garantie; que celui qui vend une créance ou un droit incorporel doit en garantir l'existence au temps du transport, quoiqu'il soit fait sans garantie;

Considérant que Poisson a faussement annoncé que la clientèle de son étude produisait annuellement 30,000 fr., tandis qu'il est établi que depuis plusieurs années ce produit était environ du tiers de cette somme; que, pour établir ce chiffre, il a déclaré que les dépenses de l'étude pendant les dernières années s'étaient élevées à 10,000 fr. annuellement, lorsqu'il résulte d'un registre tenu par lui que ces dépenses ne montaient pas au delà de 5,500 francs; que les recouvrements annoncés n'existaient pas, pour la plupart;

Considérant qu'il est juste d'accorder à Pantin une réduction pour défaut d'existence de la clientèle et des recouvrements que Poisson avait vendus et qu'il n'a point livrés;

Considérant que la cour a tous les documents nécessaires pour apprécier le préjudice éprouvé par Pantin et pour fixer le montant de la réduction qu'il convient de prononcer;

Réduit à la somme de 180,000 fr. le prix de vente fixé à 200,000 fr. par le traité du 16 avril 1838;

Ordonne en conséquence que, sur les sommes consignées en vertu des précédentes décisions et sur celles restant encore à consigner pour compléter les 200,000 fr. et les intérêts jusqu'à ce jour, Pantin prélèvera et retiendra, à titre de réduction sur le prix, et ce, indépendamment des 5,000 fr., montant du traité secret, la somme de 20,000 fr.

Jurisprudence. — Première question. La garantie est incontestable : Paris, 26 déc. 1832; Rouen, 2 juill. 1841; Caen, 22 juill. 1837; Aix, 26 janv. 1838. Toutefois, aucune décision n'est intervenue jusqu'à présent dans le sens spécial de notre première question.

Deuxième question. — Pour : Cass., 28 fév. 1828; Rennes, 29 juin 1833; circul. min., 27 juillet 1835.

Troisième question. — V. art. 162, 194 et 237 de ce Journal.

A annoter au mot Office, n°s 27 et 44.

ART. 236.

—

SAISIE IMMOBILIÈRE.

MEUBLES. — IMMEUBLES. — CONSTRUCTIONS PAR LE PRENEUR. — RÉSERVE PAR LE BAILLEUR DE LES RETENIR. — INDEMNITÉ.

Les constructions édifiées par le preneur sur le sol qu'il tient à bail, en vertu d'une clause du contrat de louage qui autorise le bailleur à les conserver, deviennent, par incorporation, l'accessoire du sol sur lequel elles sont assises.

En conséquence, elles ne peuvent être l'objet d'une saisie immobilière de la part des créanciers et du preneur, lequel, ne pouvant réclamer qu'une indemnité, ne possède qu'un droit purement mobilier.

FAITS

Ils sont suffisamment expliqués dans le jugement du tribunal de Lons-le-Saulnier, du 8 mars 1845. ainsi conçu :—« Considérant qu'aux termes des art. 2204 et 2169 du Code civil, la saisie immobilière ne peut être poursuivie que sur les immeubles dont le débiteur est propriétaire ou usufruitier, soit qu'il en ait conservé la propriété, soit qu'il l'ait transmise à un tiers entre les mains duquel les créanciers hypothécaires peuvent la suivre; que les codéfendeurs Thurel et Mondragon ne sont point les débiteurs personnels du sieur Berger, créancier poursuivant; que l'expropriation n'aurait donc pu être valablement poursuivie contre eux qu'autant qu'ils pourraient être réputés tiers-détenteurs des biens sur lesquels porte la saisie, et que cette qualité ne peut leur être reconnue qu'autant qu'il serait préalablement décidé que le sieur Simonin, débiteur dudit Berger, avait lui-même la propriété de ces immeubles, lorsque, par l'effet du jugement rendu en ce siége le 12 janvier 1841, le sieur Pianet a été subrogé à des droits qu'il a dès lors cédés auxdits Thurel et Mondragon;

» Considérant que les objets saisis sont des constructions faites par Simonin sur un sol qu'il tenait à bail du sieur Salomon; qu'il avait été stipulé dans ce bail qu'après son expiration ce dernier conserverait lesdites constructions en en payant la valeur d'après l'estimation qui en sera faite par experts; qu'aux termes de l'article 551 du Code, elles sont devenues par incorporation l'accessoire du sol sur lequel elles sont édifiées; qu'elles ont donc, au fur et à mesure qu'elles s'élevaient, fait partie de la propriété de Salomon, et que s'il fût venu à décéder, même avant la fin du bail, le droit de mutation aurait dû être perçu, non pas seulement pour le sol, mais aussi pour les accessoires qui en font partie intégrante;

» Considérant qu'il ne s'agit pas de savoir si les constructions étaient ou n'étaient pas immeubles, soit à l'époque où Simonin en avait la jouissance, soit au moment où cette jouissance a passé sur la tête du sieur Pianet et sur celle de ses cessionnaires; que dès lors les arrêts de cassation, invoqués par le saisissant, notamment ceux des 4 nov. 1835, 26 juill. 1843 et 26 août 1844, ne paraissent devoir être d'aucun emport dans la cause actuelle; qu'en effet ces arrêts, qui pour la plupart sont intervenus dans des espèces où le constructeur avait droit de démolir et d'enlever les matériaux de sa construction à la fin de sa jouissance, n'ont décidé qu'une chose évidente, à savoir, que si la chose était vendue ou cédée en état de bâtiment, il y avait lieu de percevoir

le droit pour vente d'immeubles, ce qui n'entraîne pas la conséquence que le vendeur ou le cédant était propriétaire de la chose
vendue, puisque la vente même de la chose d'autrui donne lieu
à la perception du droit; que dans la cause actuellement soumise
au Tribunal, un seul point est à examiner, celui de savoir qui,
de Salomon ou de Simonin, avait la qualité de propriétaire;

» Considérant, à cet égard, que la propriété, d'après la défi-
nition de la loi, est le droit de jouir et de disposer d'une chose
de la manière la plus absolue;

» Que Simonin n'a jamais été investi de ce droit, puisqu'il n'aurait pas pu, sans violer la clause de son bail, faire disparaître
tout ou partie des constructions sans le consentement de Salomon; qu'on argumente en vain de la circonstance que l'indemnité que devra ce dernier n'étant pas encore fixée, et ne
devant l'être qu'à la fin du bail, les risques sont restés et restent
encore à la charge dudit Simonin ou de ceux qui le représentent,
ce qui, d'après la maxime *res perit domino*, exclut l'idée que
Salomon puisse être considéré comme propriétaire d'une chose
dont la perte ne retomberait pas sur lui; qu'il ne s'agit pas ici
d'une vente qui se serait opérée entre le preneur et le bailleur,
et qui n'aurait été parfaite qu'après que les parties étant d'accord sur la chose et sur le prix, l'acheteur serait devenu passible des chances de perte; que telle n'est pas la convention
intervenue entre eux; qu'ils ont pu valablement stipuler que les
constructions à faire par Simonin, tout en demeurant acquises
à Salomon par le seul fait de l'exécution des travaux, ne seraient
cependant payées par lui que suivant leur valeur à une époque
déterminée, ce qui laissait à la charge du constructeur l'éventualité des sinistres; qu'une telle convention est d'autant moins
illicite, que la loi même en offre un exemple, même en matière
de vente, dans le cas de l'art. 1585 du Code.

» Considérant que si, par ses arrêts des 1er avril 1840 et 24 juillet 1843, la cour de cassation a admis en principe que le preneur
à bail emphytéotique pouvait aliéner et hypothéquer les constructions par lui élevées sur les terrains compris dans son bail,
c'est que, d'après une jurisprudence constante, il était reconnu
dans l'ancien droit que l'emphytéose transmettait au preneur
une vraie propriété temporaire, d'où il résultait qu'il pouvait
vendre et hypothéquer même le sol appartenant au bailleur, sauf
les droits de celui-ci; que ces arrêts sont précisément motivés
sur la différence qui existe entre l'emphytéose et le bail ordinaire, qui transmet si peu au fermier les droits attachés à la propriété, qu'il ne peut pas même soutenir l'action possessoire;

Considérant que Simonin n'a jamais eu qu'une possession
précaire; que même, relativement aux constructions par lui
faites, il n'avait qu'un privilége pour la répétition du prix; que,

dans les rapports respectifs des parties, ce droit était purement mobilier, et que, quelle que soit la manière dont Simonin et les sieurs Thurel et Mondragon aient envisagé et qualifié ce droit dans les traités auxquels Salomon serait resté étranger, il est certain que ces traités n'auraient pu changer l'origine et la nature des droits de Simonin, qui n'aurait pu les transmettre que tels qu'ils existaient pour lui; qu'il suit de ces diverses considérations qu'aucune saisie immobilière ne pouvait être dirigée contre lesdits Thurel et Mondragon sur les constructions dont il s'agit au procès;

» Considérant qu'aucune des parties de la cause ne prend des conclusions contre le défendeur Salomon; que cela seul suffit pour démontrer qu'il a été inutilement et frustratoirement appelé dans l'instance; que la tierce-opposition formée par Berger, dans le cours de l'instance, aux jugements obtenus par Pianet, n'ayant pour objet que de faire prévaloir la saisie immobilière sur les créances cédées par ledit Pianet à Thurel et Mondragon, il devient inutile d'y statuer;

» Considérant enfin qu'il n'échet d'allouer de dommages-intérêts aux défendeurs;

» Par ces motifs, le Tribunal, licenciant en tant que besoin de l'instance le sieur Salomon, déclare nulle et non-avenue la saisie immobilière faite à la requête du sieur Berger contre les sieurs Thurel et Mondragon par exploit de l'huissier, en date du 23 janvier 1845; en fait main-levée en faveur des demandeurs, et condamne ledit sieur Berger à tous les dépens des poursuites de l'opposition et de l'instance, à l'exception des dépens faits contre le sieur Salomon ou par lui, lesquels resteront à la charge de ceux qui l'ont mis en cause, au moyen de quoi, etc. »

Appel.

ARRÊT.

COUR ROYALE DE BESANÇON. — **22 mai 1845.**

LA COUR; — Adoptant les motifs des premiers juges, — Confirme.

Jurisprudence. — Aucun précédent.

La décision que nous venons de transcrire est à l'abri de toute critique. En effet, il est certain, d'une part, que les immeubles seuls peuvent être frappés de saisie immobilière, et d'une autre part, que les constructions faites par un preneur sur le sol qu'il tient à ferme, n'ont jamais à son égard, et par conséquent à l'égard de ses créanciers, qu'un caractère purement mobilier, alors même que le propriétaire ne se serait pas réservé le droit de les conserver.

Dans la circonstance donnée par notre arrêt, on ne pouvait

que saisir le droit à l'indemnité, ou autrement pratiquer sur la somme qui pouvait en provenir une saisie-arrêt.

A annoter au mot Saisie immobilière, n° 27.

ART. 237.

OFFICE.

TRAITÉ SECRET. — SUPPLÉMENT. — RÉPÉTITION. — PRESCRIPTION DE DIX ANS.

En matière de cession d'office, le payement d'un supplément de prix stipulé dans une contre-lettre est sujet à restitution, sans qu'on puisse invoquer, pour s'y soustraire, la prescription de dix ans.

JUGEMENT.

TRIBUNAL DE LA SEINE. — 3 JUIN 1845.

LE TRIBUNAL ; — En ce qui touche les prétentions réciproques de Couchies et Pitois :

Attendu que, le 9 septembre 1843, Couchies a introduit contre Pitois une demande en condamnation de 98 000 fr., à laquelle Pitois a répondu par une demande reconventionnelle de 63,000 fr. que celui-ci prétend lui être dus, toutes compensations et déductions faites de ce que lui-même aurait pu devoir ; que les parties sont contraires en fait, et demandent à être renvoyées à compter en justice ; qu'il y a lieu d'ordonner ce renvoi ;

Que, néanmoins, dès à présent, le tribunal est appelé à statuer sur un article du compte général présenté par Couchies, lequel se compose d'une somme de 60,000 fr. dont celui-ci réclame la restitution comme ayant été par lui indûment payée le 10 novembre 1822, et ayant fait le complément secret du prix de l'office à lui vendu par Pitois ;

Que, sans avoir aucunement à examiner ce qu'une semblable répétition peut avoir de blâmable au point de vue de la morale, de la loyauté et de l'honneur, il doit suffire de considérer qu'au point de vue de l'ordre public elle doit être admise si, en fait, elle est réellement établie ;

Qu'à l'appui de sa demande, Couchies représente une quittance écrite, signée, longuement motivée par Pitois au moment même où a été rédigé et signé le traité ostensible par lequel l'office a été vendu ;

Que cette quittance très-formelle, très-explicite dans ses termes, ne permet aucun doute sur le payement effectif des 60,000 fr. aujourd'hui réclamés, ni sur la cause dudit payement ;

Que cette clause, essentiellement illicite, ne pouvait produire aucun effet d'après l'art. 1131 du Code civil, et que, par conséquent, l'effet qu'elle a produit ne saurait subsister, puisque la convention en vertu de laquelle il a pu exister était et est encore entachée d'une nullité radicale ;

Que vainement, pour repousser une répétition aussi tardive, le défendeur invoque le silence gardé pendant vingt-deux ans, les transactions nombreuses intervenues entre les parties, sans qu'aucune compensation ait jamais été opposée ; l'exercice tout entier, comme notaire, de Couchies, qui a cessé ses fonctions ; l'avantage, enfin, que celui-ci a pu avoir de revendre sa charge avec bénéfice ;

Que toutes ces considérations doivent demeurer sans application à la cause, puisque les admettre serait faire descendre au niveau des intérêts privés des principes dont la rigueur ne s'explique que par des considérations d'ordre social et d'intérêt public;

Que Pitois ne peut pas davantage se retrancher derrière la prescription de dix années, assignée par l'art. 1304 du Code civil aux actions en nullité ou rescision des conventions;

Qu'aucun rapport, en effet, ne peut exister entre l'action dite *condictio indebiti*, qui n'exige que la preuve du payement effectué, et de l'indue perception, et l'action en nullité des conventions ayant pour objet de faire rompre en justice *un lien de droit*, formé par un contrat apparent et licite en lui-même, qui doit se soutenir jusqu'à démonstration des vices qui peuvent en motiver l'annulation;

Qu'il ne s'agit, dans l'espèce, que de la révélation et de la constatation d'un fait en quelque sorte matériel, qui ressort tout entier de la quittance produite, sans que pour sa manifestation il soit aucunement besoin de supposer même l'existence d'une contre-lettre ou d'un traité qui a pu ne jamais exister;

Que cette contre-lettre ou ce traité ne pourrait, dans tous les cas, être invoqué que par la défense à laquelle on serait toujours à temps d'opposer la nullité;

Renvoie les parties à compter devant M. Cadet-Gassicourt, juge, que le tribunal commet à cet effet;

Ordonne, dès à présent, que Pitois sera tenu de tenir compte à Couchies de la somme principale de 60,000 fr. à lui indûment payée le 10 novembre 1822, avec les intérêts du jour de la demande;

Ordonne que la quittance présentée par Couchies, et faisant son titre, sera déposée au greffe, pour être enregistrée avec le présent jugement.

Jurisprudence. — Conforme. — V. art. 162 et 194 de ce Journal.

A annoter au mot **Office**, n° 27.

ART. 238.

TAXE.

NOTAIRE. — OPPOSITION. — APPEL. — COMPÉTENCE.

La taxe des actes d'un notaire, faite par le président du tribunal, n'est point une décision judiciaire qu'on doive attaquer par la voie de l'appel.

En conséquence, si les parties n'acceptent pas cette taxe, elles peuvent recourir directement au tribunal pour faire juger la contestation, sans même qu'il soit besoin de former opposition.

FAITS.

La cour royale de Rennes, par une décision du 28 novembre 1840, ayant jugé que la taxe des honoraires d'un notaire était de la compétence exclusive du président du tribunal civil, et qu'en cas de contestation, les parties ne pourraient pas déférer cette taxe au tribunal lui-même, un pourvoi fut dirigé contre son arrêt.

Dans l'intérêt du demandeur, on a dit : — Après avoir réglé dans le tarif la taxe de divers actes énoncés dans le Code civil et le Code de procédure, l'art. 173 ajoute que : « Tous les autres actes du ministère des notaires seront taxés par le président du tribunal de première instance de leur arrondissement, suivant leur nature, et les difficultés que leur rédaction aura présentées, et sur les renseignements qui lui seront fournis par les notaires et les parties. » Tout ce qui résulte de là, c'est que le président est appelé à faire le règlement de la taxe. Si ce règlement est accepté par les parties, tout est consommé sans instance et sans contradiction ; mais si l'une ou l'autre des parties est mécontente du règlement, alors la contestation commence, et chacune d'elles a le droit incontestable de soumettre le jugement de sa prétention aux juges civils. Ce que veut seulement l'art. 173, c'est qu'on ne puisse se présenter devant le tribunal qu'après avoir épuisé la conciliation du président. Si l'on admettait le système contraire consacré par l'arrêt attaqué, le président exercerait une juridiction contentieuse qui devrait être mise sur la même ligne que les référés, par exemple ; en sorte que le règlement proposé par lui constituerait une décision judiciaire, un véritable jugement attaquable par voie d'appel, s'il était rendu en premier ressort, et par voie de recours en cassation s'il était rendu en dernier ressort. Mais, pour qu'il en fût ainsi, il faudrait que l'art. 173 s'en fût expliqué formellement, car ce serait une juridiction contentieuse d'une nature nouvelle qui ne rentre pas dans le cercle naturel de notre organisation judiciaire, et qui aurait par conséquent besoin d'être régie par des dispositions précises. Or, l'art. 173 ne suppose rien de semblable ; tout ce qui en résulte, c'est que lorsque l'acte soumis à la taxe sort des mains du président, il est taxé ; mais il n'y a pour cela rien de jugé : et comme il n'y a d'autre juge que le tribunal de première instance, c'est à lui qu'il faut nécessairement recourir pour faire vider la contestation. En jugeant le contraire, la cour royale a donc tout à la fois consacré un déni de justice et violé les lois invoquées.

Pour le défendeur, on a soutenu que l'attribution faite au président par l'art. 173 du tarif, en matière de taxe des actes des notaires, excluait l'intervention du tribunal, avec d'autant plus de raison, que l'art. 51 de la loi du 25 vent. an XI avait d'abord investi le tribunal du droit de faire la taxe, et qu'en transportant ce pouvoir du tribunal au président seul, l'art. 173 du tarif avait manifestement abrogé l'art. 51 de la loi de l'an XI, et établi pour cette matière spéciale un ordre particulier de juridiction.

La seule voie permise pour faire réformer la décision du président est donc l'appel devant la cour royale, et non le tribunal lui-même, qui n'a aucune juridiction sur les ordonnances que rend le président comme juge, et comme constituant à lui seul un tribunal. Ces principes sont ceux de la loi, et en les consacrant, la Cour royale n'a pu encourir aucune censure.

ARRÊT.

COUR DE CASSATION. — 21 AVRIL 1845.

LA COUR (après délibéré en la chambre du conseil); — Vu l'art. 51 de la loi du 25 vent. an xi; — Attendu que l'art. 51 de la loi du 25 vent. an xi attribue au tribunal civil de l'arrondissement où le notaire a sa résidence, la connaissance des contestations relatives aux frais des actes notariés de la nature de celui dont il s'agit au procès;

Attendu que l'art. 173 du décret de 1807, en chargeant le président du tribunal de taxer lesdits frais, n'a en cela abrogé ni explicitement ni implicitement l'art. 51 de la loi de vent. an xi, et n'a aucunement modifié l'attribution de compétence que cette loi faisait au tribunal, en cas de contestation judiciaire entre les parties;

Attendu que le règlement de la taxe dont le président est chargé n'a point le caractère d'un jugement, et qu'il laisse aux parties, dans les cas où elles n'acquiescent pas à ce règlement, le droit de recourir au tribunal sous la juridiction duquel la loi de l'an xi a placé le notaire;

D'où il suit que l'arrêt attaqué, en déclarant que la réclamation contre la taxe du président du tribunal de Châteaulin avait été incompétemment portée devant ce tribunal, et en s'abstenant, par suite, de statuer sur les moyens du fond tirés tant de l'allégation d'une convention amiable exécutée entre les parties, que de l'insuffisance de la taxe, a faussement appliqué l'art. 173 du décret du 16 février 1807 et violé l'art. 51 de la loi du 25 vent. an xi; — Casse, etc.

OBSERVATION.

La question de compétence, au sujet des difficultés qui peuvent s'élever sur la taxe des actes, a donné lieu à deux systèmes : — le premier consiste à considérer la taxe comme une décision judiciaire, et, cela posé, ses partisans se divisent en deux parties : l'un prétend que la voie de l'opposition est la seule qui soit admise contre la taxe; l'autre soutient au contraire qu'il n'y a que la voie de l'appel à laquelle on puisse recourir. — V. la jurisprudence sur ce point, art. 226 de ce journal, où deux arrêts en sens contraire de la cour de Rouen sont rapportés.

Le second système est celui de notre arrêt; il regarde la taxe du président, non comme une sentence assimilée à un jugement, mais comme un acte devant amener une conciliation; il permet dès lors à la partie contre laquelle la taxe a été obtenue d'en demander la réduction directement au tribunal, sans qu'il soit nécessaire de se pourvoir d'une manière spéciale contre l'ordonnance du président.

Ce dernier système, le plus simple et le moins coûteux, déjà adopté par un autre arrêt de la cour de cassation du 11 novembre 1833, a été enseigné dans notre *Encyclopédie des huissiers*, au mot *Honoraires*, n° 12.

A annoter au mot **Honoraires**, n° 12.

ART. 239.

OFFICE.

MODE DE TRANSMISSION. — VENTE AUX ENCHÈRES. — PROHIBITION.

Un office ministériel ne peut être vendu aux enchères publiques.

ARRÊT.

COUR ROYALE D'AMIENS.—24 AVRIL 1845.

LA COUR ;—Considérant que, le 12 août 1844, les veuve et héritiers Flers ont cédé à Crépin la charge d'huissier à Rosière, devenue vacante par la mort du titulaire ;

Que l'acte constatant cette cession a été signé le même jour par Crépin et deux des héritiers ; qu'il l'a été par les autres parties intéressées peu de temps après, et avant que Crépin eût fait connaître son refus de donner effet à la convention ; qu'il est donc lié par elle, mais que sa résistance à l'exécuter ne saurait avoir pour conséquence la vente de cette charge aux enchères et par voie de concurrence ;

Que la nature d'un office ministériel répugne en effet à l'emploi d'une telle mesure ; que si les titulaires peuvent présenter leurs successeurs à l'agrément du roi, cette faculté est soumise à des règles spéciales qui ne permettent pas de l'assimiler au droit de propriété tel qu'il est réglé par les principes généraux ;

Qu'ainsi il appartient à l'autorité supérieure de rendre sans effet la convention relative à la transmission d'un office, si elle reconnaît que le cessionnaire n'a pas les qualités propres à son exercice, ou que, parmi les conditions de la cession, il en est qui peuvent compromettre l'intérêt public ;

Qu'il suit de là qu'un office ministériel n'est pas au nombre des choses qui sont dans le commerce, et que l'on peut vendre aux enchères publiques ; que s'il devient l'objet d'un traité que l'un des contractants refuse d'exécuter, ce refus ne saurait le rendre passible que de dommages-intérêts envers l'autre ;

Considérant que la cour trouve dans la cause les éléments nécessaires pour fixer l'importance de ceux dus par Crépin aux héritiers Flers ;

Met l'appellation et le jugement dont est appel au néant, en ce que, pour le cas où Crépin n'exécuterait pas, dans le délai qu'il lui a imparti, le traité du 14 août 1844, il a autorisé les héritiers Flers à faire la cession de l'office, objet de ce traité, aux enchères publiques et par voie de concurrence ; en ce qu'il a ordonné que les dommages-intérêts seraient donnés par état ; au principal, dit que, dans la quinzaine du présent arrêt, Crépin sera tenu de faire les diligences nécessaires pour l'exécution dudit traité précité ; sinon, et ce délai passé, le condamne à payer aux héritiers Flers 2,000 fr. à titre de dommages-intérêts ; ordonne qu'au résidu le jugement sortira effet.

Auteurs.. — Pour : Debelleyme, ord. de référé, 2, p. 254 et 255 ; Mollot, Encyclop. du droit, v° Agent de change, p. 321 ; Roll. de Vill. v° Office, n° 149.

Jurisprudence. — Pour : édit de 1683 ; déclar. 17 juin 1703 ; Bordeaux, 30 mai 1840 ; Caen, 12 juillet 1827 ; Limoges, 10 nov. 1830 ; délib. chamb. des députés, 22 fév. 1840.

A **annoter** au mot **Office**, n°s 10 et 27.

ART. 240.

ENREGISTREMENT.

SAISIE-ARRÉT. — DÉCLARATION DU TIERS-SAISI. — CESSION VERBALE. —OFFICE.—RECOUVREMENT.

§ I.

La déclaration faite au greffe du tribunal par le tiers-saisi, qu'il est cessionnaire verbal des recouvrements de l'office par lui acquis, suivant traité enregistré, donne ouverture au droit de 2 pour cent sur le montant de la cession non écrite.

FAITS.

Le 10 décembre 1841, Brun a cédé son office d'avoué à Simonnet, moyennant 10,000 fr., et s'est expressément réservé les recouvrements ; lors de l'enregistrement du traité, il fut perçu 2 pour cent sur 10,000 fr.

28 août 1842, Simonnet, par suite d'une saisie-arrêt pratiquée entre ses mains, déclara, au greffe du tribunal d'Ussel, qu'outre les 10,000 fr., prix de l'office, il devait à Brun 3,500 fr. pour les recouvrements que ce dernier lui avait cédés verbalement.

17 mars 1843, contrainte signifiée à Simonnet et tendant à avoir payement du droit de 2 pour cent exigible sur les 3,500 fr., en vertu des art. 6 et 7 de la loi du 25 juin 1841.—Opposition, par exploit du 22 du même mois.

JUGEMENT.

TRIBUNAL CIVIL D'USSEL. — 12 AVRIL 1843.

LE TRIBUNAL ; — Attendu qu'aux termes de l'art. 6 de la loi du 25 juin 1841, tout traité ou convention ayant pour objet la transmission d'un office, de la clientèle, des minutes, répertoires et recouvrements, doit être constaté par écrit et enregistré ; qu'il suit de là que, lorsqu'il intervient des conventions sur des objets de cette nature, sans qu'on ait rempli les formalités prescrites, il y a fraude faite à la loi ;

Attendu que Me Simonnet, acquéreur de l'office de Me Martin Brun, avoué, suivant acte sous seing privé du 10 décembre 1841, enregistré à Ussel, volume 15. f° 5, v°, c. 2, au droit de 200 fr., a acquis postérieurement les recouvrements que Me Brun avait à exercer contre ses clients; que ce fait est constaté par une déclaration sur saisie-arrêt faite entre les mains dudit Simonnet au greffe de ce tribunal, le 28 août 1843;

Attendu qu'ensuite de cette même déclaration, et le 17 mars dernier, le receveur de l'enregistrement au bureau d'Ussel a décerné une contrainte contre Me Simonnet pour avoir le payement de la somme de 70 fr. en principal et de 7 fr. pour décime; que cette contrainte est motivée sur l'acquisition déclarée par Me Simonnet des recouvrements à opérer dans l'étude de Me Brun;

Attendu que l'acquéreur s'est pourvu par opposition contre cette contrainte; qu'il a soutenu 1° que le droit auquel la déclaration du 28 août 1843 avait donné ouverture n'était autre que celui qui a été perçu, c'est-à-dire le droit fixe; 2° que ce n'était que sur le jugement de validité des saisies que le droit qui revenait à l'administration à raison de la convention verbale devenait exigible, parce que la déclaration faite par le tiers saisi était forcée, et que d'ailleurs elle n'avait été acceptée ni contestée par les créanciers, et qu'en outre elle n'avait point reçu la sanction de la justice;

Attendu que la convention verbale dont il est parlé dans la déclaration du 28 août 1843 donnait ouverture à un droit proportionnel déterminé par l'article 7 de la loi précitée du 25 juin 1841, puisqu'elle est de même nature que celle qui a fait l'objet de l'acte sous seing privé du 10 déc. 1841; que, pour le recouvrement de ce droit, la régie n'était point dans l'obligation d'attendre que le tribunal eût prononcé sur la validité des saisies-arrêts faites entre les mains dudit Me Simonnet, parce que cette convention profite seule à l'acquéreur, et que les saisissants et le saisi ne sont aucunement passibles de ce droit; que la circonstance prise de ce que la déclaration dont s'agit n'a pas été acceptée ni contestée par les créanciers, ni sanctionnée par la justice, est sans influence au respect de l'administration, qui ne voit que le droit à recouvrer;

Déboute Simonnet de son opposition et ordonne l'exécution de la contrainte.

A annoter au mot **Saisie-arrêt** n° 151.

§ II.

ACTE EN CONSÉQUENCE D'UN AUTRE. —EXPLOIT.—FACTURE. — AMENDE.

Lorsqu'en tête d'un exploit se trouve la copie, signée ou non signée de l'huissier, d'une facture, et que ni la copie ni la facture n'ont été enregistrées, l'huissier a-t-il contrevenu à l'art. 42 de la loi du 22 frim. an VII?

D'après le Code de commerce, art. 174, les protêts doivent contenir la transcription littérale des lettres de change, et, par suite, des billets à ordre et autres effets de commerce de nature à être protestés. Un usage paraît s'être établi dans quelques villes, lorsque l'on forme une demande en payement de marchandises ou de fournitures, de transcrire en tête de l'exploit la facture ou le mémoire que le demandeur produit pour titre. Nous croyons que cette transcription, qui est censée faire partie de l'exploit, ne constitue point de contravention ; mais il est indispensable que la facture ou le mémoire, s'ils peuvent tenir lieu de titre, aient été préalablement enregistrés ; à défaut de quoi l'huissier aurait contrevenu à l'art. 42 de la loi du 22 frimaire an VII, et encouru l'amende.— *Journ. enreg.*, art. 13,737.

Nous ajouterons à cela que le mémoire ou la facture ne peut tenir lieu de titre qu'autant qu'il est signé de l'adversaire et produit en justice ; que, sans cette signature, la facture ne constitue qu'une note et non un acte sous seing privé ; que dès lors, en copiant cette note, on n'agit pas en vertu d'un acte, et qu'ainsi on échappe à l'application de l'art. 42, L. 22 frimaire an VII, qui ne prononce d'amende qu'au cas où l'officier public a instrumenté en vertu d'un *acte non enregistré*.

A annoter au mot Enregistrement, n° 104.

ART. 241.

TAXE.

NOTAIRES. — HONORAIRES. — RÈGLEMENT AMIABLE. — RÉCLAMATION. — COMPÉTENCE.

Bien qu'il y ait eu règlement amiable des honoraires dus à un notaire, pour raison d'actes de son ministère, la partie n'en a pas moins le droit de faire taxer ces mêmes honoraires.

La demande, par un notaire, en payement d'un billet ou reconnaissance causée pour honoraires, est de la compétence du tribunal civil et non de celle du juge de paix, encore que le montant de l'action soit inférieur à 200 fr.

FAITS.

21 mars 1839, billet à ordre souscrit par Audiger au profit d'Auger, notaire, de 80 fr. pour frais d'acte.—A défaut de payement, citation devant le juge de paix de Chatellerault. Audiger oppose l'incompétence de ce magistrat.

8 février 1841, sentence de ce dernier, qui se déclare compétent :—Considérant que l'exception déclinatoire présentée par Audiger ne repose sur aucune loi ; qu'aux termes de l'art. 51 de la loi du 25 vent. an XI, les honoraires et vacations des notaires peuvent être réglés à l'amiable entre les parties ; que, d'après l'art. 173 du décret du 16 février 1807, le président ne doit taxer que lorsque ce règlement amiable n'a pas eu lieu ; — Que, dans l'espèce, le règlement amiable résulte formellement de la recon-

naissance donnée par ce dernier ; —Que l'action intentée est purement personnelle et mobilière...

Appel par le sieur Audiger ; et le 17 mai 1841, jugement du tribunal de Châtellerault qui infirme en ces termes : —« Attendu que le billet du 21 mars 1839 dont Auger poursuit le payement, est causé pour reste de frais d'un acte du 16 août 1835 ; qu'ainsi, c'est pour obtenir le payement d'honoraires et frais relatifs à un acte qu'il a reçu comme notaire, que la demande d'Auger est formée ; — Attendu qu'aux termes de l'art. 60, Code proc., les demandes formées pour frais par les officiers ministériels doivent être portées au tribunal où les frais ont été faits ; — Attendu que cette règle générale, applicable à tous les officiers ministériels, loin d'avoir reçu en faveur des notaires une exception particulière, est, au contraire, confirmée par la loi du 25 vent. an XI et le décret du 16 fév. 1807, qui viennent démontrer que l'action des notaires en payement des honoraires de leurs actes, ne peut être formée que devant le tribunal civil de l'arrondissement ; — Attendu, en effet, que l'art. 51 de la loi du 25 vent. an XI attribue d'une manière formelle aux tribunaux de première instance les demandes en règlement d'honoraires, lesquelles devaient, sous l'empire de cette loi, être jugées sur simples mémoires et sans frais ; — Que l'art. 173 du décret du 16 fév. 1807 attribue encore aux présidents des tribunaux de première instance le règlement des honoraires ; qu'ainsi l'action d'Auger a été incompétemment formée. »

Pourvoi.

ARRÊT.

COUR DE CASSATION. — 21 AVRIL 1845.

LA COUR (après délibéré en la chambre du conseil) ; —Attendu que la demande portée par Auger contre Audiger, devant le juge de paix de Châtellerault, avait pour cause unique le solde des honoraires et frais d'un acte de vente passé devant Auger père, notaire, et sur lesquels un à-compte avait été payé au moment même dudit acte ;

Attendu que la défense d'Audiger a consisté à alléguer que lesdits frais et honoraires n'avaient pas été taxés par le président, comme ils auraient dû l'être, aux termes de l'art. 173 du décret du 16 février 1807, et à soutenir qu'aux termes de l'art. 51 de la loi du 25 vent. an XI, la demande en payement de frais et honoraires ne pouvait être régulièrement portée que devant le tribunal civil de la résidence du notaire, et que, par suite, le juge de paix ne pouvait en connaître ;

Attendu qu'en décidant, dans cet état des faits et des conclusions respectives des parties, que le juge de paix de Châtellerault était incompétent pour connaître d'un litige dont l'art. 51 de la loi du 25 vent. an XI attribue la connaissance exclusive au tribunal civil, le jugement attaqué n'a violé aucune des lois invoquées, et a fait au contraire une juste application des art. 51, L. 25 vent. an XI, et 60 C. pr. — Rejette.

Auteurs. — Première question. Contre : Roll. de Vill. Rép., v°
Honoraires, n° 17.

Deuxième question. — Pour : Roll. de Vill. Rép. v° *Hon.*,
n° 241 ; Loret, *Science not.*, t. 1, p. 116 ; Annales du notariat,
t. 8, p. 128. — Contre : Lepage, *Quest. procéd.*, p. 107 ; Chauveau, *Comment. tarif*, t. 1, p. 127.

Jurisprudence.—Première question. Pour : Cassation, 1er déc.
1841. — Contre : Paris, 21 avril 1806, 13 avril 180), 4 déc.
1822, Cass., 17 mars 18.9, arg. cass., 12 février 1838, 7 mai
1839.

Deuxième question. — Pour : Toulouse, 7 août 1819 ; Orléans,
15 mars 1832. — Contre : Poitiers, 7 déc. 1830.

A annoter au mot Honoraires, n°s 9, 10 et 17.

ART. 243.

OFFICE.

VENDEUR. — PRIVILÉGE. — FAILLITE. — DESTITUTION.

*La faillite d'un officier ministériel destitué ne fait pas obstacle à
l'exercice du privilége du vendeur sur l'indemnité imposée au successeur par le gouvernement, pourvu néanmoins que la cession de
l'office soit antérieure à la promulgation de la loi du 28 mai 1838
sur les faillites, dont l'art. 550 est prohibitif de tout privilége en cas
de vente.*

FAITS.

2 juin 1825, vente par Cazes à Lehon de son office de notaire
à Paris, moyennant 400,000 fr., recouvrements compris.—Cautionnement par Declercq jusqu'à concurrence de 250,000 fr.

23 juin 1825, payement par Declercq à Cazes des 250,000 fr.
sur le prix du traité et pour le premier terme à écheoir le
25 juillet suivant.

1844, destitution de Lehon ; son successeur fut obligé, par l'ordonnance de sa nomination, de payer à qui de droit une indemnité de 400,000 fr.—Mise en faillite de Lehon.

La veuve et les représentans Declerc produisirent à la faillite
et réclamèrent le privilége accordé par l'art. 2102 4° du Code
civil, à raison des 250,000 fr. à eux dus et de leurs accessoires.

Cette demande fut contestée par les syndics qui opposèrent,
1° la destitution de Lehon, qui avait fait cesser la possession de
l'objet mobilier ; 2° l'art. 550 de la loi du 28 mai 1838.

Ces moyens ont été repoussés, et la demande des représentants Declercq accueillie, suivant jugement du tribunal de commerce de la Seine du 7 octobre 1844.

Appel de la part du syndic. — Dans l'intérêt de la faillite, Mᵉ Berryer a dit : — La condition nécessaire pour que, aux termes du n° 4 de l'art. 2102 du Code civil, il y ait lieu à l'exercice du privilége de vendeur, c'est que la chose vendue ou le prix qui en est la représentation soit encore en la possession du débiteur. Cette condition essentielle manque complétement dans l'espèce.

En effet, les offices ne sont devenus un objet vénal, dans notre législation actuelle, qu'aux termes et sous les conditions exprimées par l'art. 91 de la loi du 28 avril 1816. Ce droit se résume dans la faculté concédée aux titulaires de présenter un successeur à l'agrément du chef de l'Etat, et partant d'imposer à ce successeur des conditions pécuniaires proportionnées à l'importance de l'office, et sujettes aussi, dans un intérêt d'ordre public, au contrôle de l'autorité. Mais ce droit de présentation est interdit par la loi à l'officier ministériel qui a encouru la destitution. Ainsi, la destitution prononcée judiciairement contre le notaire Lehon a eu pour effet d'éteindre en sa personne le droit de transmission, par voie de présentation, de l'office dont il était pourvu. Il a donc perdu la possession de la chose sur laquelle ou sur le prix de laquelle le privilége aurait pu s'exercer, d'après la jurisprudence aujourd'hui consacrée ; l'extinction de son droit à l'office a conséquemment entraîné l'extinction du privilége.

Mais, dit-on, l'indemnité de 400,000 fr. est la représentation de la valeur de l'office. Tel ne saurait être, en droit, le caractère de l'indemnité, au point de vue de l'exercice du droit exorbitant réclamé aujourd'hui par un vendeur à l'encontre d'une masse de créanciers. La nomination d'un nouvel officier ministériel, dans le cas de vacance de l'office, par suite de la destitution du titulaire, pourrait évidemment être faite sans qu'aucune charge ou condition pécuniaire fût imposée au nouveau titulaire nommé. Que si, par des considérations de bienveillance et même de justice, l'administration impose au nouveau titulaire qu'elle nomme d'office, la condition de payer à qui de droit une somme déterminée, c'est par un acte de propre mouvement, de libre et pleine autorité, et à titre purement gracieux, qu'elle agit ainsi dans l'intérêt, non de l'officier ministériel destitué, mais dans celui de sa famille ou de ses créanciers. Il n'y a pas eu présentation, il n'y a pas eu de vente, il ne peut y avoir de prix : dès lors l'indemnité n'est pas la représentation de l'office, dans le sens rigoureux de l'art. 2102.

Par une conséquence de ces principes, Mᵉ Berryer soutient que l'indemnité de 400,000 fr. ayant été acquise, à titre de pur don, à la masse des créanciers de la faillite Lehon, à une époque postérieure à la loi du 28 mai 1838, dont l'art. 550 prohibé tous priviléges de vendeurs d'objets mobiliers, doit être distribuée entre tous les créanciers, suivant les règles du droit commun.

ARRÊT.

COUR ROYALE DE PARIS. — 8 JUIN 1845.

En ce qui touche la subrogation aux droits de Cazes, au profit de Declercq, comme caution de Lehon ;

Considérant que, par l'inventaire fait en 1838, après le décès de Declercq, il demeure établi qu'à une époque non suspecte, quittance avait été donnée sous la date du 23 juin 1825, par Cazes à Declercq, de la somme de 250,000 fr., et qu'ainsi le payement de ladite somme avait été, dès 1825, opérée par Declercq, comme caution ; d'où il résulte que, dès cette époque, Declercq avait été subrogé aux droits et priviléges de Cazes ;

En ce qui touche l'application de la loi de 1838, au payement par privilége demandé par la veuve Declercq, d'une créance échue avant 1838, et dont le terme de payement avait été prorogé à une époque postérieure ;

Considérant que le privilége réclamé par la veuve Declercq prend sa source dans les actes de 1825, intervenus sous l'empire des dispositions de l'ancien Code de commerce, et que les dispositions nouvelles de la loi de 1838 sur les faillites sont inapplicables à la cause ; qu'en effet, les délais accordés pour le payement par le créancier au débiteur n'ont pas changé la nature de la créance et les droits privilégiés qui y étaient attachés dès l'origine ;

Adoptant, au surplus, les motifs des premiers juges, confirme.

Jurisprudence. — Pour : Paris, 16 janvier 1843, art. 23, 2me partie de journal.

A annoter au mot **Office**, n° 89.

ART. 243.

—

QUESTIONS PROPOSÉES[1].

JUGE DE PAIX.

CITATION. — COMMANDEMENTS ET SAISIE-GAGERIE. — CONGÉS. — SIGNIFICATIONS DE JUGEMENTS. — DÉFENSES.

1.

La défense de citer devant lui, prononcée par le juge de paix, contre un huissier, en vertu de l'art. 19 de la loi du 25 mai 1838, pour infraction aux art. 16, 17 et 18 de ladite loi, ou à l'un d'eux, comprend-elle d'autres actes que les citations ?

Spécialement comprend-elle — les commandements tendant à

---

[1] Par M. Démarquet, huissier à Moyenneville (Somme).

saisie-gagerie en vertu de l'art. 819 du C. procéd. civ ;— les saisies-gageries avec ou sans permission de justice; — les significations de congé dans le cas où le juge de paix est compétent pour connaître de la validité des saisies-gageries et des difficultés relatives aux congés ?

2.

Quel est celui, du propriétaire ou du locataire, qui doit supporter le coût d'un exploit contenant à la fois congé et commandement de payer ?

3.

Devant quel tribunal la demande en payement des frais d'un tel acte devra-t-elle être portée ?

1.

L'art. 19 de la loi du 25 mai 1838, introductif d'un droit nouveau, permet aux juges de paix de défendre aux huissiers qui ont enfreint les art. 16, 17 et 18 de la même loi, de *citer* devant lui pendant un délai de 15 jours à 3 mois. C'est là une peine assez grave, surtout dans beaucoup de cantons où il n'y a presque pas d'autres affaires que celles en justice de paix, pour ne pas l'étendre au delà des termes de l'art. 19, et par conséquent pour en restreindre l'application, suivant cet axiome de notre droit qu'en matière de pénalité tout est de droit étroit, au seul cas prévu, c'est-à-dire aux demandes introductives d'instances.

Telle, au surplus, nous paraît avoir été l'intention du législateur de 1838. En effet, le mot *cité* employé dans l'art. 19 a sa signification propre, connue de tous, non susceptible d'équivoque : il s'entend de l'exploit qui commence l'instance et soumet immédiatement la difficulté au juge de paix, et non d'actes précédant l'introduction de l'instance, tels que sommations, commandements, congés ; ni d'actes suivant le jugement, tels que significations, commandements, saisie-exécution, vente. Vouloir que le mot *cité* comprenne ces actes dans son acception, c'est lui attribuer la valeur du mot *instrumenter*, dont le sens est infiniment plus étendu, et assurément, si le législateur avait voulu interdire tous les actes en justice de paix, il se serait servi de ce dernier mot et non d'un mot qui ne désigne qu'un seul exploit. — Cette proposition devient évidente si l'on rapproche l'expression *citer* de l'art. 19, du premier paragraphe de l'art. 16, qui permet aux huissiers non-seulement de faire *toutes citations*, mais encore *tous autres actes* devant la justice de paix ; il en résulte certainement que le mot *citer, citation*, a été inséré dans la loi de 1838 avec l'idée du sens restrictif consacré par la pratique et que nous lui attribuons ici.

Il y a encore une raison non moins décisive à l'appui de notre opinion : l'art. 19 se réfère aux art. 16, 17 et 18 ; or, ces trois articles sont destinés — à assurer le service de l'audience (art. 16) — et l'exercice de la faculté accordée au juge de paix d'appeler les parties devant lui avant de les laisser citer (art. 17), — enfin à l'instruction de l'affaire à l'audience, hors le concours de l'huissier (art. 18). — L'infraction à l'une de ces dispositions ne portant atteinte qu'au droit de citer et à l'instruction qui suit la citation, ne pouvait donc raisonnablement être réprimée que par l'interdiction de la faculté dont l'huissier a abusé : aller au delà, ce serait appliquer l'art. 19 à des actes non prévus par l'art. 17, et d'ailleurs accorder aux juges de paix, seuls chargés de l'exécution de la défense qu'ils peuvent faire en vertu de l'art. 19, le pouvoir de prononcer une peine qui deviendrait illusoire en tant qu'elle comprendrait des actes autres que la citation. Supposez un commandement, une saisie-gagerie suivie d'arrangement, un congé sans difficultés, une signification de jugement : le juge de paix, n'ayant aucun moyen de connaître ces actes, ne pouvant surtout les annuler puisqu'ils ne seraient pas produits devant lui, les verrait échapper à son interdiction. — Il n'en est pas de même d'une citation : d'une part cet acte ne peut être signifié sans la permission du juge, d'une autre part il doit être produit en justice, et dès lors il peut être ou défendu ou annulé d'office, comme émané d'un officier interdit. Il suit de là qu'en ce qui concerne la citation seulement, la défense de l'art. 19 peut recevoir une sanction complète, sanction à laquelle les autres exploits échapperont forcément dans la plupart des circonstances.

Nous pensons donc qu'un huissier, qui se trouve atteint par cette sorte d'interdiction, peut signifier tous actes se rattachant à une instance en justice de paix, autres que la citation.

2.

L'exploit contenant un congé étant à la charge du propriétaire et un commandement tombant à la charge du débiteur, ne doit être supporté exclusivement ni par l'un ni par l'autre ; l'équité veut que chacun profite de l'économie résultant de la signification par un même acte du congé et du commandement, et paye, le propriétaire, la moitié de l'enregistrement, 35 centimes de timbre, la moitié du coût de l'original et de la copie, et le débiteur le surplus, notamment les copies de pièces s'il y en a. Quant au transport, il sera également partagé par moitié entre les parties. Toute autre base que celle ci-dessus serait injuste et mettrait sur le compte de l'un ou de l'autre une dette à la charge de son adversaire.

3.

Il nous semble que la demande en payement des frais d'un tel acte doit être portée devant le juge de paix, si le congé et le commandement ont été donnés dans des circonstances entraînant la compétence de ce magistrat aux termes de l'art. 3 de la loi du 25 mai 1838; car alors ils doivent être considérés comme frais faits devant lui, puisqu'ils auraient été, en cas de difficultés, le préliminaire d'une instance qu'il eût pu juger, et qu'alors il les eût taxés et compris dans les dépens du procès, du moins le commandement considéré comme mise en demeure. — Autrement la demande serait de la compétence du tribunal civil.

A annoter au mot Tribunal de paix, nº 6.

ART. 244.

QUESTIONS PROPOSÉES [1].

EXÉCUTION PROVISOIRE.

§ I.

JUGEMENT PAR DÉFAUT. — MATIÈRE COMMERCIALE. — OPPOSITION. — TITRE. — CAUTION.

Les tribunaux de commerce peuvent-ils, dans le cas de l'art. 439 du Cod. de procéd., ordonner l'exécution provisoire de leurs jugements, nonobstant opposition, avec ou sans caution?

On dit pour l'affirmative adoptée par Pigeau, *Comment.*, t. 1, p. 731 et 733, et par deux arrêts, l'un de la cour royale de Douai du 11 janvier 1813, et l'autre de la cour suprême du 9 février 1813, — que l'art. 643 du Cod. de comm. a déclaré applicables aux jugements par défaut les art. 156, 158 et 159 du Code de procéd. civ.; — que ce dernier article, ordonnant que l'opposition ne suspend l'exécution que dans le cas où cette exécution n'a pas été ordonnée nonobstant opposition, renvoie implicitement à l'art. 155, 2ᵉ alinéa, qui permet, en cas de péril en la demeure, d'ordonner l'exécution, nonobstant opposition, avec ou sans caution. — D'où cette conséquence, dit-on, que l'art. 155 est applicable en matière commerciale aussi bien qu'en matière civile.

Mais on réplique pour la négative professée par Thom. Desmasures, t. 1, p. 659; par Chauveau sur Carré, quest. 1549 *bis*, et par deux arrêts de la cour de Turin, des 1ᵉʳ février et 14 septembre 1813, — que l'art. 643 du Cod. de comm. n'a rendu communes aux jugements par défaut rendus par les tribunaux

---

[1] Par M. Goguet, huissier à Saint-Martin-de-Ré (Charente Inférieure).

de commerce que les dispositions des articles 156, 158 et 159; que si le législateur eût voulu que ces tribunaux pussent ordonner l'exécution provisoire de leurs jugements, nonobstant opposition, il eût également déclaré l'article 155 applicable à leurs jugements; — que, loin de là, l'art. 439, placé sous le titre : *De la Procédure devant les Tribunaux de commerce*, n'autorisait uniquement l'exécution provisoire que nonobstant appel, et prohibait tacitement la même exécution, nonobstant opposition; que l'art. 438 déclarait l'opposition suspensive de l'exécution du jugement; — enfin, qu'en renvoyant aux articles 156, 158 et 159, l'art. 643 du C. de com. n'a eu en vue que de lever les difficultés qu'avaient fait naître les art. 436 et 438 du C. de procéd.

Nous adoptons cette dernière opinion. Les raisons qui militent en sa faveur nous paraissent décisives; elles détruisent d'ailleurs complétement les motifs erronés de l'arrêt de la cour de cassation du 9 février 1813; nous sommes donc convaincus que si la question était de nouveau soumise à cette cour, elle recevrait une solution conforme à celle que nous adoptons. Comment supposer, en effet, que si le législateur eût voulu rendre l'art. 155 du Cod. de procéd. civ. applicable aux jugements des tribunaux de commerce, il n'eût pas expressément renvoyé à cet article par l'article 643 du C. de comm., et qu'il se fût borné au renvoi à l'art. 159, lequel, remarquons-le ici, ne se rattache à l'art. 155 par aucune disposition formelle, et n'oblige à recourir à ce même article que pour déterminer si ou non l'opposition est suspensive, cas réglé en matière commerciale par l'art. 438 du C. de proc. civ.

Il n'est donc pas utile ni convenable de conclure, dans des assignations en matière commerciale, à ce que le jugement à intervenir, s'il est par défaut, soit exécutoire nonobstant opposition, alors même qu'il y aurait titre et péril en la demeure. En pareil cas, d'ailleurs, l'art. 417 du Cod. de procéd. civ. fournit un meilleur moyen pour empêcher le divertissement du gage du créancier; c'est l'obtention d'une ordonnance exécutoire nonobstant opposition ou appel, et permettant la saisie des effets mobiliers du débiteur, raison qui, à elle seule, nous paraîtrait suffisante pour dénier l'exécution provisoire des jugements commerciaux nonobstant opposition.

A annoter au mot **Exécution provisoire**, n° 16.

§ II.

SAISIE-EXÉCUTION.

OPPOSITION. — MAIN-LEVÉE DE LA SAISIE. — DOMMAGES-INTÉRÊTS.

Le saisissant qui, au mépris d'oppositions faites conformément à l'article 609 du Cod. de procéd., donne main-levée de la saisie, est-il passible de dommages-intérêts?

Nous le pensons.

La saisie est une opération qui consiste à placer le mobilier du saisi sous la main de la justice, dans l'intérêt non-seulement du saisissant, mais encore de tous les autres créanciers du saisi qui se feront connaître par des oppositions; le gage appartenant à tous ne peut être saisi et vendu que dans l'intérêt de tous, du moins de tous ceux qui réclament.

Cette proposition est tellement vraie, qu'il ne peut jamais être établie qu'une saisie contre un même débiteur et sur les mêmes effets mobiliers; dès qu'elle est pratiquée à la requête d'un créancier, les autres, qu'ils aient titre ou non, ne peuvent en établir une nouvelle; mais, en échange de cette prohibition, le législateur leur a permis de prendre part à celle pratiquée, soit en procédant à un recolement, soit en formant opposition sur les deniers à provenir de la vente. — Aucune autre poursuite n'est permise au créancier opposant *sur les objets saisis :* cela serait d'ailleurs complétement inutile.

Par son opposition, l'opposant s'approprie la saisie et s'identifie aux droits qui en découlent en faveur du saisissant, même malgré la volonté de ce dernier; d'où résulte cette conséquence que le saisissant, averti par l'opposition, n'est plus maître de se départir de la saisie sans le consentement de l'opposant; s'il le fait et que celui-ci en souffre, il est en droit de réclamer des dommages-intérêts, autrement il dépendrait toujours d'un créancier saisissant de nuire impunément aux opposants, et les dispositions protectrices des droits de ceux-ci resteraient sans sanction.

Les articles 609 et 610 du C. de procéd. supposent au surplus qu'il y aura vente et distribution; dès lors ils imposent au saisissant l'obligation de suivre jusqu'à ce que ces opérations soient accomplies, ou du moins ils lui interdisent, alors même qu'il serait désintéressé, de faire quoi que ce soit qui puisse les empêcher au préjudice des opposants, qui, nous l'avons dit, ont droit à la saisie comme le saisissant lui-même. — L'art. 612 est d'ailleurs formel, et en accordant aux opposants qui ont titre exécutoire le droit de vendre, il prohibe de la manière la plus positive la main-levée de la saisie dès qu'il y a opposition.

La marche à suivre pour obtenir des dommages-intérêts nous paraît être celle-ci : si l'opposant n'a pas de titre exécutoire, il en obtiendra un, ainsi que l'art. 610 le lui permet; il fera ensuite sommation, aux termes de l'art. 612, et constatera, au moment du recolement, qu'il y a eu main-levée de la saisie précédente; puis il formera, contre le saisissant qui a donné main-levée, sa demande en réintégration des objets détournés par la saisie, ou en paiement de...... pour leur valeur.

Lorsqu'un créancier saisissant est désintéressé et qu'il existe des opposants qui ne sont pas payés, il serait prudent qu'il leur déclarât, par un exploit, qu'il est payé de sa créance et que dès lors il ne poursuivra point la vente ; qu'en conséquence c'est aux opposants à s'arranger comme ils l'entendront, soit pour payer le gardien, soit pour pourvoir à son remplacement s'il l'exige. — Si, par suite, les opposants éprouvaient un préjudice quelconque, ils ne pourraient l'imputer qu'à leur négligence.

A annoter au mot **Saisie-exécution**, n° 277.

§ III.

PRESCRIPTION.

COMMANDEMENT. — INTIMATION. — TITRE RÉCOGNITIF. — PÉREMPTION.

Pour interrompre la prescription trentenaire d'une créance, le commandement doit-il contenir intimation de fournir titre nouvel ? Non.

Par quel laps de temps un commandement se périme-t-il, en tant qu'interruptif de la prescription ? Il se prescrit par trente ans.

Ces deux questions sont résolues dans le sens que nous venons d'indiquer, au mot *prescription*, n° 50, de notre *Encyclopédie des huissiers*. — Nous ajouterons seulement ici que l'article 2244 n'exige qu'un commandement pour l'interruption de la prescription, et qu'une intimation ne serait utile qu'autant qu'on voudrait obtenir un titre récognitif, c'est-à-dire une nouvelle et autre interruption de prescription.

ART. 245.

—

EFFETS DE COMMERCE.

PROTÊT. — BUREAUX FERMÉS. — HEURE — DROIT D'EXPLOITER. — RESPONSABILITÉ.

Un effet de commerce est valablement présenté et protesté après la fermeture des bureaux d'un banquier, conformément à l'usage établi dans les grandes villes, pourvu que la présentation et le protêt aient lieu avant l'expiration du temps fixé par l'art. 1037 du C. de proc.

Celui à qui un tel protêt est imputable est passible, envers le souscripteur qui lui avait remis les fonds du billet, de dommages-intérêts que les tribunaux doivent fixer suivant les règles de l'équité.

FAITS.

18 janvier 1843, jugement du tribunal de commerce de Rouen,

ainsi conçu : Attendu qu'il est constant, en fait, que le 29 décembre dernier, Marie s'est présenté chez Grenet et lui a donné commission de faire payer pour son compte, à Paris, deux mandats échéant le 31 déc., l'un de 996 fr., l'autre de 839 ; — que Grenet reconnaît avoir accepté cet ordre, débité Marie de ces 1827 fr. et avoir pris l'engagement de faire acquitter les effets par le sieur Calon jeune, son correspondant, qu'il avait lui-même indiqué à Marie : — Que cependant ces deux valeurs sont revenues impayées, l'une d'elles après protêt ; — Attendu que Marie prétend que ces refus de payement lui ont causé préjudice et en demande réparation ; que Grenet, repoussant l'action de Marie, conclut subsidiairement à un recours contre Calon ; — Attendu que, dès le 29 déc., conformément à l'engagement pris par lui, Grenet a donné avis à Calon des deux dispositions dont s'agit ; qu'il lui en a remis la couverture ; — Que Calon ne méconnaît pas les faits, mais soutient que la lettre d'avis, par suite d'une erreur du bureau de la poste, ne lui est parvenue que le 30, à six heures du soir, après présentation des mandats ; — Attendu que cette circonstance, même admise, ne peut être d'aucune valeur dans l'espèce, dès là que les délais légaux n'étaient pas expirés, et qu'il restait à Calon la possibilité d'éviter le protêt ; — Que le protêt n'ayant été fait, selon la loi, que le 2 janvier, Calon a eu le temps nécessaire pour remplir son obligation ; — Que vainement il vient alléguer que l'huissier s'est présenté après la fermeture des bureaux ; que cette circonstance se trouve contredite par le protêt lui-même ; que si cet acte mentionne l'absence de Calon et de son caissier, il constate aussi la présence d'un de ses commis ; — Attendu que de tous les faits de la cause naît la preuve que Calon a omis, par une simple négligence, d'accomplir son obligation ; que rien ne justifie que le refus du payement ait été déterminé par une malveillance coupable ; — Attendu, néanmoins, que toute obligation, en cas d'inexécution, se résout en dommages-intérêts (art. 1152, Code civil ; que les dommages-intérêts doivent être de la perte faite (art. 1149) ; — Attendu que Calon, en faisant répondre au protêt qu'il n'avait aucuns fonds pour payer, qu'il n'était pas en rapport avec le tireur, a, par une inexactitude aussi déplorable, exposé Marie à toutes les fâcheuses conséquences qui dérivent de la perte du crédit ; — Qu'il est parfaitement établi que Marie avait pris toutes ses mesures pour l'acquit de ses mandats ; que Calon avait aux mains les fonds nécessaires pour faire honneur à la signature de Marie ; que c'est par l'unique faute de Calon que le protêt a eu lieu ; que Calon a à se reprocher d'avoir, par la circulation de ces valeurs impayées, autorisé la propagation de bruits contraires à la considération commerciale de Marie ; — Attendu que, s'il apparaît au tribunal que Marie a éprouvé un préjudice moral, ce préjudice ne s'appuie pas sur des preuves assez saisissables pour que le tribunal puisse l'apprécier pécuniairement ; — Attendu que les frais du protêt et tous ceux qui en ont été la suite ont été causés par le fait de Calon ; que Marie a payé intégralement, en capital, intérêts et frais, le montant des deux mandats dont s'agit ; — Dit que Grenet devra créditer Marie, en capital et intérêts, des deux mandats dont s'agit ; condamne Grenet à payer, à titre de dommages-intérêts, la somme de 228 fr. 86 c., montant des frais faits par suite du défaut de payement des mandats ; accorde à Grenet recours, pour ladite somme, sur Calon. » — Appel par le sieur Marie.

ARRÊT.

COUR ROYALE DE ROUEN. — 27 MAI 1844.

LA COUR ; — Sur la responsabilité prétendue par Marie contre Grenet ;

Attendu qu'il ne suffit pas à Grenet, pour se soustraire à cette responsabilité, de justifier qu'il a transmis à temps, à son correspondant de Paris, les ordres que lui avait donnés Marie ;

Que Grenet, mandataire direct de Marie, moyennant un droit de commission, devait lui garantir l'exécution fidèle et exacte du mandat qu'il lui avait confié ;

Que, dès que Marie lui a fait savoir par sa signification du 6 janvier, qu'un de ses effets, non payés à Paris, à leurs échéances, avait été présenté au remboursement, il devait s'empresser de désintéresser Marie, sauf son recours ultérieur contre son mandataire de Paris, s'il y avait lieu ;

Qu'en ne tenant aucun compte de cette signification, et en mettant Marie dans la nécessité de payer les deux mandats dont lui, Grenet, avait cependant reçu le solde, il a manqué à ses obligations de mandataire envers Marie, et lui a causé un préjudice dont il lui doit réparation ;

Sur la responsabilité prétendue contre Calon :

Adoptant les motifs qui ont déterminé les premiers juges ;

Attendu, d'ailleurs, qu'il n'est pas articulé que l'huissier porteur des mandats se soit présenté pour recevoir le payement, le 2 janvier, après l'heure déterminée par le C. pr. pour faire les significations ;

Que, les bureaux et la caisse du banquier Calon eussent-ils été fermés quand l'huissier s'est présenté, on ne pourrait fonder sur cette circonstance une exception de non payement, que la loi n'admet pas ;

Que l'usage invoqué sur l'heure où les bureaux des banquiers sont fermés à Paris ne peut avoir d'effet, lorsque la loi donne le droit d'exiger le payement après cette heure ;

Que l'heure de la fermeture habituelle des bureaux de Calon a d'autant moins d'importance dans la cause que, dès le 30 décembre, il avait été prévenu du payement à faire des mandats ; qu'il devait savoir qu'ils seraient présentés le 2 janvier, et qu'il avait dû prendre ses mesures pour que sa caisse y fît honneur ;

Sur les conséquences de la responsabilité encourue par Grenet et Calon :

Attendu qu'un protêt a pour effet de nuire au commerçant dont la signature a été en souffrance ;

Que Marie prouve que la connaissance du protêt de son mandat a compromis la confiance que lui avait accordée une maison de Newcastle qui l'approvisionnait de charbons, et celle de deux courtiers de Rouen, avec lesquels il était en relation d'affaires ;

Que la difficulté de déterminer exactement l'étendue du préjudice souffert et l'absence de base matérielle pour en fixer le chiffre, ne sont pas des motifs pour ne pas allouer de dommages-intérêts à celui dont le droit à ces dommages est reconnu incontestable ;

Que le juge doit, dans ce cas, faire l'appréciation des dommages suivant les règles de l'équité ;

Confirme le jugement dont est appel, émendant, néanmoins, quant à la quotité des dommages-intérêts, condamne Grenet à payer à Marie 1,500 fr. de dommages-intérêts en sus de ceux déterminés au jugement dont est appel; lui accorde recours et récompense contre Calon, jusqu'à concurrence de 1,000 fr., les 500 fr. du surplus restant à sa charge personnelle, dit et juge qu'au surplus le jugement de première instance sortira son plein et entier effet.

Jurisprudence. — Aucun précédent.

A annoter au mot Effet de commerce, n° 142.

ART. 246.

SAAISIE-EXÉCUTION.

VENTE DE MEUBLES. — DÉFAUT DE TRADITION. — NULLITÉ.

La tradition n'est pas nécessaire, en matière de vente de meubles, pour transférer la propriété à l'acquéreur.

En conséquence est nulle une saisie-exécution sur des meubles en la possession du débiteur, mais vendus antérieurement à un tiers par acte authentique.

ARRÊT.

COUR ROYALE DE BOURGES. — 7 AOUT 1843.

LA COUR; — Considérant que, suivant les principes des contrats et obligations adoptés par le Code civil, la vente est parfaite et l'obligation de livrer la chose est formée par le seul consentement des parties, sans qu'il soit besoin d'une tradition réelle et effective, de telle sorte que la chose vendue devient aux risques de l'acquéreur dès l'instant où elle a pu être livrée, encore même que la délivrance n'en ait pas été faite ;

Que cette règle de notre nouveau droit français s'applique aux ventes d'effets mobiliers comme aux ventes d'immeubles ;

Que, dans l'espèce, il n'est pas question de déterminer la préférence entre deux acquéreurs successifs d'une chose mobilière, conformément à la règle tracée par l'art. 1141 ;

Qu'il s'agit de fixer le droit de Gastineau, acquéreur réputé de bonne foi, vis-à-vis de Brunet, créancier postérieur saisissant ;

Que, par suite, les objets saisis étaient devenus la propriété de l'appelant, par l'acte du 4 mai; qu'ainsi Brunet ne pouvant pas avoir plus de droit que son débiteur, n'a pu pratiquer une saisie sur lesdits effets ;

Par ces motifs, dit qu'il a été mal jugé, déclare l'appelant propriétaire des effets indûment saisis; en conséquence, déclare nulle et de nul effet la saisie pratiquée sur iceux et en ordonne la distraction au profit de Gastineau, etc.

Jurisprudence. — Conforme. Douai, 26 fév. 1840; Bourges, 25 janv. 1841.

A annoter au mot **Saisie-exécution**, n° 14.

ART. 247.

CONTRAINTE PAR CORPS.

§ I.

ÉCROU. — ÉNONCIATIONS. — NULLITÉ.

Est nul et entraîne la nullité de l'incarcération l'écrou dans lequel ont été omises les énonciations prescrites par la loi, bien que ces énonciations se trouvent dans la copie, remise au débiteur, tant du procès-verbal d'emprisonnement que de l'acte d'écrou.

FAITS.

Le 23 octobre 1844, Chevallereau fut écroué à la prison de Bourbon-Vendée, à la requête du sieur Grosseau. Copie fut donnée par un seul et même acte, tant du procès-verbal d'emprisonnement que de l'acte d'écrou. Cet acte inscrit sur le registre de la prison était ainsi conçu : — « Aujourd'hui, 23 oct. 1844, s'est présenté au greffe des détenus pour dettes Me Jean Chabot, huissier à la résidence de Bourbon-Vendée, porteur de la grosse d'un jugement rendu par le tribunal de commerce de Bressuire, et ci-dessus transcrit; et, en vertu dudit jugement, ai fait la remise du sieur Aimé Chevallereau, dont le signalement est ci-contre; ledit Chevallereau ayant été laissé à ma garde, j'ai dressé le présent acte d'écrou, que ledit Chabot a signé avec moi, l'a pris en écrou; reçu décharge. » Signé au registre : Moulis, gardien en chef de la prison, et Chabot.

Chevallereau demanda la nullité de l'emprisonnement, se fondant sur ce que l'acte d'écrou ne contenait ni les noms, ni le domicile du créancier, ni une élection de domicile, ni la mention que copie avait été laissée au débiteur tant de l'écrou que du procès-verbal d'emprisonnement.

25 août 1844, jugement du tribunal de Bourbon-Vendée, qui prononce la nullité de l'emprisonnement en ces termes : — « Le tribunal : — Considérant que les dispositions de l'art. 783 du Cod. de procéd. ont été régulièrement remplies dans le procès-verbal d'emprisonnement de Chevallereau, mais que, pour le déposer dans la maison d'arrêt pour dettes, Grolleau en avait d'autres à remplir, et qui lui étaient imposées, à peine de nullité, par l'art. 789 du même code; — Considérant, en effet, que cet article 789 imposait à l'huissier chargé d'incarcérer Chevallereau,

de rédiger un acte d'écrou, d'énoncer dans cet acte le jugement en vertu duquel il opérait, les noms du créancier, une élection de domicile, la consignation des aliments, enfin la mention que la copie de l'écrou avait été laissée à la personne, ainsi que la copie du procès-verbal d'emprisonnement;

» Considérant que l'huissier, lors de l'incarcération de Chevallereau, s'est borné, au bas de la copie du jugement inscrite sur le registre de la maison d'arrêt, à déclarer qu'il avait écroué Chevallereau, en le laissant à la garde du geôlier; que cette simple énonciation ne peut remplir le vœu de la loi, puisque Chevallereau ne peut trouver sur le registre du gardien les énonciations que la loi exige et lui promet pour sa sûreté; que la signification qui lui a été faite ne peut également remplacer l'acte d'écrou; — Considérant, enfin, que toutes les formalités prescrites par l'art. 789, C. de procéd., le sont à peine de nullité, d'après l'art. 794 du même code; que ces formalités n'ayant pas été observées, l'emprisonnement de Chevallereau doit être annulé; — Déclare l'emprisonnement de Chevallereau nul, comme ayant été fait sans l'accomplissement des formalités prescrites par la loi; ordonne en conséquence qu'il sera mis sur-le-champ en liberté, s'il n'est retenu pour autre cause, etc. »

Appel. — Il a paru à M. l'avocat général que l'acte d'écrou dont il est parlé dans l'art. 789 du Cod. de proc., ne s'entendait et ne pouvait s'entendre que de l'acte qui doit être inscrit sur le registre de la geôle pour constater la remise du débiteur incarcéré aux mains du gardien, acte qui peut être rédigé, soit par l'huissier, soit par le gardien, mais qui doit toujours être signé par l'huissier. On en trouverait, au besoin, la preuve, dit M. l'avocat général, dans l'art. 603, Cod. d'inst. crim., qui ne fait pas seulement une obligation d'inscrire sur le registre de la prison le mandat d'arrêt, l'ordonnance de prise de corps ou le jugement de condamnation en vertu desquels une personne est incarcérée, mais qui exige, de plus, qu'il soit dressé acte de la remise de cette personne au gardien : c'est cet acte qui prend le nom d'acte d'écrou. Il n'en peut être autrement en matière civile, et c'est, en effet, ce qui est universellement pratiqué. C'est dans cet acte d'écrou que doivent se trouver toutes les énonciations prescrites par l'art. 789 du Cod. de procéd.; non-seulement l'article le dit expressément, mais on conçoit qu'il en doive être ainsi, parce que cet acte étant consigné sur un registre qui se trouve, à tout instant, sous la main du débiteur, c'est à cet acte que ce débiteur pourrait recourir, si la copie qui lui a été signifiée venait à se perdre, pour y puiser les renseignements qui lui seraient nécessaires, et s'assurer en même temps que toutes les formalités voulues pour la validité de l'emprisonnement ont été bien remplies.

ARRÊT.

COUR ROYALE DE POITIERS. — 8 JANVIER 1845.

LA COUR ; — Adoptant les motifs des premiers juges, — Confirme.

Jurisprudence. — Conforme : Aix, 23 août 1826 ; Nîmes, 15 juin 1829 ; Lyon, 9 mai 1828, qui déclarent nuls l'écrou ne contenant pas élection de domicile. — Besançon, 23 juillet 1812 ; Bruxelles, 6 mai 1813 ; Riom, 28 avril 1808 ; Pau, 16 fév. 1813 et 29 juillet 1814, qui décident que l'acte d'écrou doit contenir la mention qu'il en a été donné copie à l'incarcéré.

A annoter au mot **Contrainte par corps,** n° 192 et suiv.

§ II.

HUISSIER COMMIS. — COMMANDEMENT. — PÉREMPTION. — RECOMMANDATION.

La commission d'un huissier pour signifier un commandement tendant à contrainte par corps, n'est plus valable pour un second commandement après une année révolue à compter du premier. — En conséquence est nulle la recommandation d'un débiteur incarcéré faite à la suite de ce second commandement.

ARRÊT.

COUR ROYALE DE POITIERS. — 9 JANVIER 1845.

LA COUR ; — Attendu qu'aux termes de l'art. 793 C. pr., les formalités prescrites pour l'emprisonnement par les dispositions qui précèdent dans le même titre, doivent être observées pour la recommandation, si ce n'est que l'huissier ne sera pas assisté de recors, et que le recommandant sera dispensé de consigner les aliments, s'ils ont été consignés, et que l'art. 794 veut qu'à défaut d'observation desdites formalités, le débiteur puisse demander la nullité de l'emprisonnement ;

Attendu que l'une de ces formalités, exigées à peine de nullité, est que la signification du commandement qui doit précéder l'emprisonnement soit faite par un huissier commis par le président du tribunal du lieu où se trouve le débiteur, et qu'il est dit, par l'art. 784, que, s'il s'est écoulé une année entière depuis le commandement, il en sera fait un nouveau par un huissier commis à cet effet ;

Attendu que, dans le commandement du 7 septembre 1844, par suite duquel a été faite la recommandation dont il s'agit, se trouvent, sous le n° 3, la mention que l'huissier Parion, qui le signifie, a été commis par ordonnance du président du tribunal de Fontenay, en date du 27 juin 1843, et sous le n° 15, la relation que le même huissier aurait fait, le 30 du même mois, un premier commandement aux fins pareillement de la contrainte par corps ;

Attendu qu'entre ce premier commandement du 30 juin 1843, pour lequel l'huissier Parion avait été commis par ordonnance du 27 du même mois, et celui du 14 septembre 1844, fait par lui en vertu de la même commission, une année entière s'étant écoulée, il fallait, en même temps qu'il y avait nécessité de faire un nouveau commandement, que l'huissier fût de nouveau commis à cet effet, la péremption qui avait frappé le commandement du

.30 juin 1843 n'ayant pas laissé subsister la commission en vertu de laquelle il avait été fait;

Que les formalités prescrites pour la recommandation n'ont donc pas été remplies, et que c'est à bon droit, par conséquent, que Chevallereau en demande la nullité;

Dit qu'il a été mal jugé par le tribunal de Bourbon-Vendée; réformant, déclare nulle la recommandation faite de la personne dudit Chevallereau, par acte de Chabot, huissier, du 31 octobre dernier; ordonne, en conséquence, qu'il sera mis immédiatement en liberté, s'il n'est retenu pour autre cause, etc.

Auteurs. — Pour : Pigeau, t. 2, p. 313; Delaporte, t. 2, p. 359; Thom.-Desm., t. 2, p. 361; Dalloz, t. 3, p. 187; Coin-Delisle, pag. 48.

Jurisprudence. — Pour : Grenoble, 29 août 1820.

A annoter au mot Contrainte par corps, n° 129.

§ III.

RECOMMANDATION. — ÉCROU. — COPIE. — NULLITÉ.

Est nul l'acte d'écrou par suite de recommandation qui ne contient pas mention que la copie, tant de la recommandation que de l'écrou, a été remise au débiteur.

ARRÊT.

COUR ROYALE DE BORDEAUX. — 23 AVRIL 1844.

LA COUR; — Attendu que la contrainte par corps est une voie d'exécution rigoureuse; que les formalités pour l'exercer sont de droit étroit, et qu'elles doivent être accomplies telles qu'elles sont prescrites;

Attendu que l'art. 789, Code pr. civ., exige, d'une manière formelle, que l'écrou du débiteur énonce la mention de la copie qui lui sera laissée, en parlant à sa personne, tant du procès-verbal d'emprisonnement que de l'écrou.

Attendu que l'art. 794, même Code, à défaut d'observation des formalités prescrites, autorise le débiteur à demander la nullité de l'emprisonnement;

Attendu que la recommandation équivaut à un emprisonnement pour le débiteur; que, dès lors, l'écrou doit énoncer la copie du procès-verbal de recommandation et d'écrou laissée à sa personne;

Attendu que Loiseau a manqué à cette formalité, et que dès lors la recommandation est nulle;

Attendu, quant aux dommages-intérêts, que l'appelant est porteur de titres qui l'autorisaient à exercer la contrainte par corps; qu'au fond, il agissait de bonne foi et se prévalait d'un droit accordé par la loi; que le tribunal a également bien jugé en ce qui concerne les dommages-intérêts; que le même motif subsiste devant la cour;

Met l'appel au néant, etc.

Auteurs. — Pour : Chauveau sur Carré, quest. 2690.
Jurisprudence. — Pour : Lyon, 10 mai 1832.

A annoter au mot Contrainte par corps, n° 198.

———

ART. 248.

—

COMPÉTENCE.

ENTREPRISE DE TRAVAUX. — JOURNÉES. — JUGE DE PAIX. — TRIBUNAL DE COMMERCE.

L'article 5, nº 3, de la loi du 25 mai 1838, ne concerne que les contestations relatives à des travaux qui peuvent être discontinués ou arrêtés à la fin de chaque journée, et non ceux que l'ouvrier ne peut interrompre qu'après leur achèvement.

En conséquence c'est le tribunal de commerce, et non le juge de paix, qui doit connaître des difficultés entre un entrepreneur et un sous-entrepreneur au sujet des terrassements d'un chemin de fer.

ARRÊT.

COUR ROYALE D'ORLÉANS. — 14 MAI 1844.

LA COUR; — En ce qui touche la compétence du juge de paix;

Attendu que l'art. 5, nº 3, de la loi du 25 mai 1838, qui attribue aux juges de paix la connaissance des contestations relatives aux engagements respectifs des gens de travail au jour, au mois et à l'année, et de ceux qui les emploient, n'a entendu parler que des travaux qui peuvent être arrêtés et discontinués à la fin de chaque journée, et non de ceux qui sont déterminés et d'une durée illimitée, et que l'ouvrier ne peut interrompre qu'après leur achèvement, bien que le prix en soit réglé d'après le nombre de journées d'hommes, de chevaux et de voiture;

En ce qui concerne la compétence du tribunal de commerce :

Attendu que l'art. 631 a posé en principe général que les tribunaux de commerce connaissent des contestations relatives aux actes de commerce entre toutes personnes; que, si les articles suivants ont énoncé divers cas que la loi répute actes de commerce, leurs dispositions ne sont pas restrictives, mais seulement énonciatives et démonstratives, et que, si l'art. 633 déclare que les entreprises de constructions pour la navigation constituent des actes de commerce, sans parler des autres genres de constructions, il ne faut pas en induire que celles-ci ont le caractère purement civil; que cela dépend des circonstances, et que, pour reconnaître si tel fait constitue un acte de commerce, il est dès lors nécessaire de faire l'application des règles générales posées dans les art. 631, 632 et 633 C. comm.;

Que, dans le cas où les travaux sont faits par le propriétaire lui-même et pour ses besoins personnels, comme il n'y a dans ce fait aucune espèce de trafic ou de spéculation, il ne saurait constituer qu'un acte purement civil; mais qu'il en est autrement toutes les fois que le constructeur achète les matériaux et autres objets nécessaires pour les revendre à autrui après les avoir mis en œuvre; qu'un tel acte est réputé par l'art. 632 acte de commerce;

Considérant que Leleu et Fougen se sont associés dans un esprit de spéculation pour l'entreprise d'une partie des travaux de terrassement du chemin de fer d'Orléans à Vierzon; que cette opération, qui rendait nécessaire l'achat de nombreux objets pour être ensuite revendus à un tiers et en retirer un bénéfice, constituait de leur part un acte de commerce;

Qu'on doit aussi considérer comme tels à leur égard le prix des journées de chevaux et voitures employés au transport des terres, de même que la fourniture des bourrées de sapin qui ont servi à la confection du chemin, et celles de foin et d'avoine pour la nourriture des chevaux, puisque toutes ces obligations ont été nécessitées par l'exécution de l'entreprise, et qu'on ne doit pas les confondre avec les achats de denrées et marchandises pour l'usage particulier du commerçant ;

D'où il suit que le tribunal de commerce était compétent pour statuer sur la demande en payement de divers travaux et fournitures intentée par Bellonet contre Leleu et Fougen ;

Et attendu que la seule question de compétence a été déférée à la cour par suite de l'appel interjeté, le jugement ayant statué sur un litige dont le taux est inférieur à 1,500 fr., et rendu par conséquent en dernier ressort ;

Par ces motifs,

Déclare les appelants non recevables dans leur appel.

Jurisprudence. — Aucun précédent spécial. — V. toutefois un arrêt de la cour de Douai du 14 fév. 1843, art. 73 de ce journal.

A annoter au mot **Compétence**, n° 226.

ART. 249.

EFFET DE COMMERCE.

RETOUR SANS FRAIS. — PROTÊT. — RECOURS EN GARANTIE. — FORMALITÉS.

La clause sans frais, *mise sur un effet de commerce, dispense le porteur de faire le protêt, de prévenir les endosseurs du non payement, et de recourir contre eux dans les délais de rigueur fixés pour le cas où il y a protêt.*

PREMIÈRE ESPÈCE.

FAITS.

31 mars 1840, traite par Laligant sur Roussel, de 400 fr., passée à l'ordre de Delhomel, avec addition des mots *sans frais* apposés par Laligant au bas de sa signature.—Non payement à l'échéance. - 18 juillet 1840, déclaration de faillite de Roussel.— 3 octobre suivant, assignation de Laligant, en remboursement des 400 fr. Ce dernier opposa que les mots sans frais ne dispensaient que du protêt et non de l'obligation d'exercer le recours dans la quinzaine, d'après l'art. 165 du Code de comm., à peine de déchéance.

13 novembre 1840, jugement du tribunal de Montreuil, qui rejette la fin de non-recevoir proposée par le sieur Laligant, et le condamne au remboursement de l'effet : — « Attendu, porte le jugement, que c'est une question controversée, en droit, que de savoir si le porteur d'une lettre de change qui n'a pas été

payée, doit, pour conserver son recours contre son cédant, exercer exactement ce recours contre son cédant dans les quinze jours, aux termes de l'art. 165, Code comm., lors même que cette lettre de change porterait la recommandation *sans frais*, puisqu'il y a des arrêts dans les deux sens; — Attendu que, quoique la majorité des arrêts paraisse indiquer que la jurisprudence penche pour l'opinion que le délai de quinze jours, fixé par l'article 165, ne cesse pas d'être applicable à ce cas, il n'en est pas moins vrai que la recommandation *sans frais* est d'une nature à rendre les obligations du porteur moins rigoureuses, et que, dans ce cas, c'est aux tribunaux à apprécier les circonstances particulières de la cause; — Attendu qu'on reconnaît ici l'existence de circonstances particulières; qu'il paraît que le sieur Laligant et le sieur Delhomel étaient dans l'usage de se transmettre réciproquement des effets de commerce que le sieur Laligant avait pour Montreuil, et que le sieur Delhomel avait pour Hesdin; qu'il semble même que la lettre de change sur Roussel était transmise par le sieur Laligant, dans le but de faire presser par un tiers le débiteur assez lent à payer, plutôt que de payer lui-même à l'acheteur qu'il avait intérêt à ménager; et que, dès lors, c'était en quelque sorte un mandat que le sieur Laligant avait donné au sieur Delhomel, quoiqu'il soit constant que le sieur Laligant avait touché le montant de l'effet de commerce dont il s'agit; — Attendu que ce qui vient appuyer la présomption qu'il y a eu mandat autant que cession, c'est que l'endos du sieur Laligant est entièrement en blanc; — Attendu que dans cette position de choses, il ne doit plus y avoir lieu à l'application rigoureuse des délais prescrits en l'art. 165, mais à examiner seulement si c'est par la faute du sieur Delhomel que la lettre de change n'a pas été payée, et si le sieur Laligant a été suffisamment prévenu; — Attendu qu'il y a sur la lettre de change, deux fois les mots *sans frais;* mais non la condition d'un *retour sans frais*; — Attendu qu'il paraît que Delhomel a fait les démarches nécessaires pour être payé par le sieur Roussel, qui ne payait plus longtemps avant sa faillite déclarée; — Attendu que le sieur Delhomel dit avoir prévenu le sieur Laligant et les personnes de sa maison, du retard que Roussel avait mis à s'acquitter, et que les relations journalières existantes entre les deux maisons font présumer que le sieur Laligant n'a pu ignorer que son débiteur n'avait pas payé; qu'il avait donc pu, avant sa faillite, prendre contre lui les mesures que les mots *sans frais* interdisaient au sieur Delhomel; et, dans cet état de choses, le sieur Laligant doit tenir compte au sieur Delhomel des 400 fr. portés sur la lettre de change du 31 mars 1840.

Pourvoi en cassation pour violation de l'art. 165 du Code de commerce.

ARRÊT.

COUR DE CASSATION. — 1er DÉCEMBRE 1841.

LA COUR ; — Attendu, en droit, que si le protêt. faute de payement et le recours en garantie dans les délais fixés par la loi, sont des obligations de rigueur et à peine de déchéance, à la charge du porteur de l'effet de commerce, nulle loi cependant ne défend aux parties intéressées de dispenser ce dernier du devoir de les remplir ;

Attendu que, sans examiner si les mots *sans frais*, ajoutés à la signature du tireur, emportent, d'eux-mêmes, une pareille dispense, il est certain que, s'agissant de matière commerciale, il est permis aux juges de la constater en fait, à l'aide même des témoignages et des présomptions non établies par la loi, dont la clarté, la précision et la concordance doivent être exclusivement appréciées par les mêmes juges, d'après leur conscience et leurs lumières ;

Et attendu qu'il a été reconnu, en fait, par le jugement attaqué, que Laligant, demandeur en cassation, par la traite dont il s'agit en faveur de Delhomel, n'avait point fait une cession d'action à poursuivre par les lois rigoureuses commerciales, mais qu'il lui avait seulement donné un simple mandat, dont l'exécution devait être poursuivie par les voies ordinaires contre Roussel, débiteur tiré, vis-à-vis duquel Laligant ne voulait pas agir directement lui-même, et que par les mots *sans frais*, le même Laligant avait entendu dispenser son mandataire des obligations du protêt et du recours en garantie dans les délais de la loi ;

Attendu qu'en cela, le même jugement n'a fait qu'apprécier les actes. faits, circonstances de la cause, et surtout les rapports journaliers entre Laligant et Delhomel, appréciation que la loi abandonne entièrement aux juges de la cause :

D'où il suit qu'en décidant que Delhomel n'était pas déchu de son recours en garantie contre Laligant, tireur, le jugement attaqué n'a violé ni les articles 165 et suiv., Code comm., invoqués par le demandeur, ni aucune loi ;

Rejette, etc.

DEUXIÈME ESPÈCE.

ARRÊT.

COUR ROYALE DE ROUEN. — 20 AOUT 1844.

LA COUR ; — Attendu que l'usage a établi que la mention *sans frais* ou *retour sans frais*, insérée dans une lettre de change ou dans les endossements qui en transmettent la propriété, dispense les tiers porteurs de toutes formalités de justice, soit pour en constater le non-payement, soit pour exercer leur recours contre les endosseurs et le tireur ;

Attendu que cette volonté ainsi manifestée par le tireur et ceux qui successivement ont accepté et opéré la négociation de la lettre de change, constitue, de leur part, un abandon, sans condition, du droit de payement et de recours dans les délais et suivant l'ordre qui sont établis par la loi ;

Qu'admettre que l'endosseur ou le tireur à qui le payement en remboursement est demandé puisse exiger du tiers porteur la preuve que lui ou ceux qu'il a payés ont présenté la lettre de change au tiré, ou l'admettre à prouver que le tiers porteur ne l'a pas présentée, serait faire revivre, au profit du tireur et des endosseurs, un droit auquel ils ont formellement renoncé par la mention *sans frais;* ce serait, à l'occasion d'un usage toléré, parce qu'il n'est pas contraire à la loi, créer, en dehors des prévisions du Code de commerce, un mode de constatation et de preuve aussi contraire aux principes du droit qu'à l'intérêt bien entendu des parties ;

Attendu qu'il est constant, en fait, que la lettre de change tirée par Victor Quesney Pricur, sur Goudin Belmare, banquier à Saintes, contenait, ainsi que ses endossements successifs, la mention *sans frais*;

Met l'appellation et le jugement dont est appel au néant; réformant, sans avoir égard aux preuves demandées, déclare reconnues et juge exécutoires les signatures de Thony Sallambier, Aubé et compagnie, apposées au dos de la lettre de change, les condamne au payement de la somme de 1385 fr. 88 c., montant de cet effet, avec intérêts de droit.

Auteurs. — Horson, *Quest. Code comm.*, t. 2, p. 187, pense que l'action en garantie doit être exercée dans la quinzaine de l'échéance, bien qu'il n'y ait pas lieu à protêt. — Nouguier, *des Lettres de change*, t. 1, p. 137, admet que le porteur doit, dans les délais de l'art. 165, avertir par lettre l'auteur de la mention sans frais. — Pardessus, *Droit comm.*, n° 425, pense qu'aucune déchéance ne peut être opposée par celui qui a mis la clause sans frais.

Jurisprudence. — Pour : Limoges, 28 janvier 1835. —Contre : Tribunal de Saumur, 4 avril 1831 ; Agen, 9 janvier 1838 ; Besançon, 31 mai 1838. —Ces arrêts dispensent du protêt, mais obligent au recours dans les délais de l'art. 165.

A annoter au mot **Effet de Commerce**, n° 140, art. 2, § 12, sect. 1re.

ART. 250.

—

TIMBRE.

COPIE D'EXPLOIT. — CONNAISSANCE. — PRESCRIPTION.

La contravention à la loi du timbre, dans une copie d'exploit, est prescrite après l'expiration de deux années, à compter du dépôt de cette copie entre les mains du greffier de la justice de paix qui a visé l'original. — Par ce dépôt, l'acte a été réputé légalement porté à la connaissance de l'administration.

ARRÊT.

COUR DE CASSATION. — 7 AOUT 1844.

LA COUR;—Attendu, dans l'espèce, que la copie du procès-verbal de saisie qui constituait la contravention, était mentionnée à l'original dudit procès-verbal lequel avait été soumis à la formalité de l'enregistrement ; qu'elle a été déposée au greffe de la justice de paix du canton de Pantin, le 29 mars 1833, et qu'il est également fait mention de ce dépôt dans l'original ; que, dès lors, les préposés ont été mis, dès ce jour, à portée de constater la contravention à laquelle ladite copie pouvait donner lieu ;

Attendu que l'art. 14 de la loi du 16 juin 1824 établit que la prescription de deux ans appliquée aux amendes pour contraventions aux lois sur le timbre, courra du jour où les préposés auront été mis à portée de constater les contraventions au vu de chaque acte soumis à l'enregistrement ;

D'où il suit que dans l'état des faits, la prescription a commencé à courir le 29 mars 1833, jour de l'enregistrement de l'original du procès-verbal de saisie, et qu'elle était accomplie bien avant le 12 mars 1840, date du procès-verbal dressé par le vérificateur pour constater la contravention :

Attendu qu'en annulant, par ce motif, la contrainte décernée contre l'huissier Castoul, le jugement attaqué a fait une juste application de l'art. 14 de la loi du 16 juin 1824 ;

Rejette le pourvoi formé contre le jugement du tribunal de la Seine du 23 décembre 1840.

Jurisprudence. — Contre : cassation, 11 nov. 1834.

A annoter au mot Timbre, n° 110.

ART. 251.

COMPÉTENCE.

TRIBUNAL CIVIL. — APPEL. — JUGE DE PAIX. — EXCEPTION DE PROPRIÉTÉ.

Les tribunaux civils appelés à statuer sur l'appel d'une sentence de juge de paix n'ont pas, comme juges d'appel, une juridiction plus étendue que celle des juges de paix dont les jugements leur sont déférés. — Spécialement, ils ne peuvent connaître des exceptions de propriété immobilière proposées par les parties.

ARRÊT.

COUR DE CASSATION. — 26 DÉCEMBRE 1843.

LA COUR ; — Vu les art. 9 et 12, titre 3, et l'art. 4, titre 4 de la loi du 16 août 1790, laquelle régissait la cause ;

Attendu, *en droit*, qu'aux termes des articles précités de ladite loi, les juges de paix ne pouvaient connaître des causes personnelles et mobilières, sans appel, que jusqu'à la valeur de 50 liv. et jusqu'à la valeur de 100 liv. à charge d'appel ; que, par conséquent, ils sont incompétents pour prononcer sur des questions relatives à des droits immobiliers ; qu'il suit de là que, lorsque des questions de cette nature se présentent devant eux, à titre d'exception, contre une action dont ils sont compétemment saisis, ils doivent surseoir au jugement du procès et renvoyer la partie qui oppose cette exception préjudicielle à se pourvoir, dans un délai déterminé, devant la juridiction compétente, pour prononcer sur cette exception ;

Attendu que les tribunaux civils investis par l'art. 4, tit. 4 de ladite loi des 16 et 24 août 1790, du droit de prononcer en dernier ressort sur les appels interjetés des jugements rendus par les juges de paix, n'ont point, comme juges d'appel, une compétence plus étendue que celle des juges de paix, dont les jugements leur sont déférés ;

Attendu, en fait, que les actions intentées par le comte et par le baron Boissy d'Anglas devant le juge de paix du canton de Vauvert, avaient pour objet la condamnation à 100 fr. de dommages-intérêts, à raison de faits de dépaissance constatés par procès-verbal du garde champêtre, exercés, savoir :

le 8 octobre 1833, sur le marais d'Hyveron, appartenant au comte Boissy d'Anglas, et le 28 du même mois, sur le marais de la Souteyranne, appartenant au baron Boissy d'Anglas;

Attendu que les faits de dépaissance dont il s'agit étaient imputés à Gibelin fils, comme ayant été trouvé faisant paître son troupeau sur les marais ci-dessus désignés, et à Gibelin père, comme propriétaire du troupeau et civilement responsable du dommage;

Attendu que Paulin d'Anglas est intervenu dans l'instance, en se prétendant propriétaire du troupeau trouvé en dépaissance, et a excipé du droit qu'il prétendait avoir d'user de cette dépaissance en qualité d'habitant de la commune d'Aimargues, avec laquelle il n'y avait pas encore eu de cantonnement de réglé; qu'il a conclu, en conséquence, au renvoi devant les juges compétents, pour être par eux statué sur cette question préjudicielle;

Attendu que le juge de paix était, en effet, incompétent pour connaître du fond du droit prétendu par Paulin d'Anglas; que cette incompétence a été déclarée par jugement dudit juge de paix du 15 novembre 1833, lequel a ordonné que ledit Paulin serait tenu de former son action, avant le 10 déc. 1833, devant les juges compétents, sur le droit par lui réclamé, faute de quoi il serait statué sur la demande en dommages-intérêts;

Attendu que l'exception proposée constituait une exception tirée du droit de propriété qui se confondait avec celle proposée devant le juge de paix du canton de Vauvert qui s'était déclaré incompétent pour en connaître; que le tribunal de Nîmes, appelé à statuer sur l'appel interjeté par Gibelin fils et par Paulin d'Anglas des jugements rendus par ledit juge de paix, ne pouvait, comme tribunal d'appel, prononcer sur l'exception tirée du droit de propriété;

Attendu, néanmoins, que ledit tribunal de Nîmes, par jugement du 23 janvier 1835, a accueilli cette exception proposée par Paulin d'Anglas; mais que ce jugement a été cassé et annulé, pour excès de pouvoir et pour cause d'incompétence, par arrêt du 11 avril 1837, lequel a renvoyé la cause et les parties devant le tribunal civil de Montpellier;

Attendu que, par jugement du 31 décembre 1848, ce tribunal a rejeté les exceptions proposées par les demandeurs en cassation; qu'il s'est ainsi immiscé dans la connaissance d'un débat sur lequel il ne lui appartenait pas de statuer, alors qu'il ne procédait que comme juge d'appel, puisque ces exceptions mettaient en question le fond du droit et se reproduisaient devant le tribunal de Montpellier telles qu'elles s'étaient présentées devant le tribunal de Nîmes, dont le jugement avait été cassé pour incompétence et excès de pouvoir;

Attendu, néanmoins, que le jugement attaqué a déclaré que le droit qui avait fait l'objet de l'exception préjudicielle proposée par Paulin d'Anglas devant le juge de paix du canton de Vauvert, se trouvait reconnu et établi; que, de plus, il s'est fondé sur le jugement interlocutoire du tribunal de Nîmes du 26 décembre 1834 pour rejeter les exceptions proposées par les sieurs Boissy d'Anglas, quoique ce jugement, purement interlocutoire, ne put, par sa nature, lier le juge relativement à la décision du procès, et quoique ce jugement eut d'ailleurs formellement déclaré, au contraire, que tous les droits, moyens et exceptions étaient réservés;

Attendu qu'en jugeant ainsi, le jugement attaqué a formellement violé les règles de compétence établies par les art. 9 et 12, tit. 3, et par l'art. 4, tit. 4 de la loi des 16 et 24 août 1790, et a fait une fausse application des principes de la procédure sur les jugements interlocutoires;

Par ces motifs, casse.

Jurisprudence. — Pour : Cassation, 29 août 1832, qui décide

que le tribunal d'appel ne peut cumuler le possessoire et le pétitoire.

A annoter au mot Compétence, n° 272.

ART. 252.

HUISSIER.

POUVOIR. — DÉCLARATION. — DÉSAVEU.

*Est valable la déclaration faite par exploit, sans mandat spécial,
que le requérant entend cesser de faire partie d'une association mutuelle, alors que l'huissier, loin d'être désavoué, est au contraire
approuvé par sa partie.*

PREMIÈRE ESPÈCE.

FAITS.

21 septembre 1840, jugement du tribunal de Rouen, ainsi
conçu : — Attendu que le sieur Monnier a fait signifier, trois mois
avant la dernière période de son assurance, qu'il entendait cesser
de faire partie de la compagnie d'assurance mutuelle mobiliaire
à laquelle il s'était associé ; — Que cette signification, faite par
ministère d'huissier, était suffisante et n'avait pas besoin d'être
signée par la partie, ou accompagnée d'un mandat écrit, donné
à l'officier ministériel qui l'a délivrée; qu'il ne s'agissait pas de
rompre le contrat qui liait les parties; mais, conformément à la
convention, d'en faire cesser les effets dans un cas prévu et pour
une époque déterminée; — Que pour une déclaration de cette
nature, la remise des pièces ou de la police d'assurances, sans
laquelle elle n'eût pu être faite, était la preuve même du mandat
donné à l'huissier, et que dans ses termes comme dans son esprit, l'art. 352 du Cod. de procéd. n'eût pas été susceptible d'application; qu'au surplus, loin de contester la déclaration faite en
son nom, le sieur Monnier la confirme par l'instance actuelle.
— Le tribunal dit régulière la déclaration du sieur Monnier. ··
Appel.

ARRÊT.

COUR ROYALE DE ROUEN. — 17 JUIN 1844.

LA COUR ; — Attendu que la remise entre les mains de l'huissier, par Monnier, de sa police d'assurance, enregistrée à Rouen cejourd'hui, lui valait
pouvoir suffisant pour la signification par lui faite, adoptant les motifs du
jugement de première instance,
Confirme.

SECONDE ESPÈCE.

FAITS.

23 février 1843, jugement du tribunal de Rouen, qui valide la déclaration faite à la compagnie d'assurances, en ces termes : — « Attendu que le sieur Ratiéville, membre de la compagnie d'assurance mutuelle, devait, pour se conformer aux statuts de cette compagnie, lui déclarer, trois mois avant l'expiration de la période, qu'il renonçait à en faire partie; qu'il a rempli le vœu de ces statuts, en signifiant par le ministère d'un huissier qui n'a point été désavoué, la déclaration qu'il cessait d'être sociétaire à l'expiration des cinq années : — Que cette signification est régulière, comme le serait celle d'un congé donné à un locataire, *et vice versa*, tendant à faire cesser la jouissance au profit de l'un ou de l'autre dans un temps déterminé. » — Sur l'appel, arrêt confirmatif de la cour royale de Rouen, du 22 juillet 1843, avec adoption de motifs.

Pourvoi en cassation pour violation de l'art. 352 du Code de procédure.

ARRÊT.

COUR DE CASSATION. — 25 JUIN 1844.

LA COUR, — Attendu qu'un pouvoir spécial est littéralement et impérativement exigé par l'art. 556 C. pr., pour la saisie immobilière et l'emprisonnement, d'où on doit conclure la nullité, à défaut de pouvoir spécial et antérieur; mais que la peine de désaveu est seulement prononcée par l'article 352, à défaut de pouvoir pour les actes contenant des offres, aveux ou consentements, d'où il résulte que l'acte non désavoué n'en est pas moins valable, lorsque loin d'être désavoué ou méconnu par la partie, il est, au contraire, reconnu et approuvé par elle : l'art. 1030 ne permet d'admettre que les nullités formellement prononcées par la loi;

Attendu, en fait, qu'il ne s'agit dans la cause, ni de saisie immobilière, ni d'emprisonnement, mais seulement d'une déclaration de cessation d'association non désavouée;

Attendu qu'en admettant que la police d'assurance a été interprétée par la substitution d'une déclaration extrajudiciaire à une déclaration écrite et signée, cette interprétation ne pourrait pas être soumise à la censure de la cour de cassation ;

Rejette.

Auteurs. — Pour : Carré et Chauveau, *L. de la procéd. civ.*, quest 1297-20 et 1305.

Jurisprudence. — Pour : cassation, 13 août 1827; Besançon, août 1808.

A annoter au mot **Désaveu**, nᵒˢ 2 et 8.

ART. 253.

—

EXPLOIT.

§ I.

AJOURNEMENT. — COPIE. — OMISSION DU NOM DE L'AVOUÉ CONSTITUÉ. — NOUVELLE COPIE RÉGULIÈRE. — NULLITÉ. — RESPONSABILITÉ. — COMPÉTENCE.

La nullité d'un ajournement résultant de ce que la copie remise ne contient pas le nom de l'avoué constitué, n'est pas réparée par la remise d'une autre copie régulière et portant mention du désistement de la première copie.

L'huissier qui a commis une telle nullité peut être appelé en garantie de plano devant la cour royale.

ARRÊT.

COUR ROYALE DE RIOM. — 25 JUIN 1844.

LA COUR ; — Attendu que les appelants, en omettant d'indiquer, dans la copie de l'acte d'appel, le nom de l'avoué qui devait occuper pour eux en l'instance, ont manqué aux prescriptions de la loi exigées à peine de nullité :

Attendu que la mention faite au bas de l'original de l'exploit d'appel, que les appelants se désistent de la copie irrégulière, en indiquant que Me Savarin occupera, comme avoué, devant la cour, ne remplit pas le vœu de la loi et ne peut réhabiliter l'exploit dans son principe ;

Attendu que la demande en garantie formée contre l'huissier Sermet devant la cour est régulière, et la cour compétente pour y statuer ;

Déclare nul l'exploit d'appel du 22 septembre 1843 ; condamne l'appelant aux dépens envers la partie de Me Rouher ; condamne la partie de Me Tailband à garantir les parties de Me de la Brosse des condamnations prononcées contre elles au profit de la partie de Me Rouher, et aux dépens envers les parties de Me de la Brosse ; la condamne, enfin, aux dommages-intérêts des parties de Me de la Brosse, à donner par état.

PREMIÈRE QUESTION. — *Auteurs.* — Conf., *Encyclop. des huissiers*, au mot *exploit*, n° 253. —Pour : Favard, t. 1, p. 139 ; Carré, *C. de procéd. civ.*, t. 1, p. 166.

Jurisprudence. — Deux arrêts de la cour de Rennes, l'un du 1er avril 1809, l'autre du 10 janv. 1818, décident, — le premier, que l'acte d'appel qui est signifié avec assignation pour remplacer un premier acte d'appel nul comme ne contenant pas assignation est nul lui-même, si, au lieu d'indiquer le jugement qu'il a pour objet, il se borne à se référer sur ce point au premier acte d'appel ; — le second, qu'un exploit d'appel régulier ne peut valider ceux signifiés précédemment, et qui sont nuls.

SECONDE QUESTION. — *Jurisprudence.* — Pour : Grenoble,

14 déc. 1832; Bastia, 31 mars 1835; Cass., 30 juillet 1830. — Contre : Bourges, 22 déc. 1828 ; Riom, 6 déc. 1830.

A annoter aux mots Exploit, n° 258; et Responsabilité des huissiers, n° 61.

§ II.

CITATION EN CONCILIATION. — ASSIGNATION. — IRRÉGULARITÉ DANS LA SIGNIFICATION. — TRANSPOSITION DES COPIES DU PROCÈS-VERBAL DE NON CONCILIATION. — INTERRUPTION DE PRESCRIPTION.

Une citation en conciliation, bien qu'il n'y a pas lieu à tentative de conciliation, est-elle interruptive de prescription lorsque, dans le mois, elle a été suivie d'une assignation en tête de laquelle la copie du procès-verbal de non conciliation concernant l'un des défendeurs a été remise par erreur à l'autre?

Cette question a été décidée dans la même affaire, par l'affirmative, par un arrêt de la cour royale de Montpellier; — par la négative, par un arrêt de la cour de cassation ; — et enfin, par suite de renvoi, de nouveau par l'affirmative, par la cour royale d'Aix. — Voici ces trois arrêts.

PREMIER ARRÊT.

COUR ROYALE DE MONTPELLIER. — 9 MAI 1838.

LA COUR; — Quant à la fin de non-recevoir tirée de l'irrégularité de la demande introductive ; considérant que les erreurs qui existent dans les significations des procès-verbaux de non-conciliation n'empêchent pas qu'il n'ait été satisfait au vœu de la loi, puisque la partie assignée a été mise à même de connaître que la conciliation était inutile, attendu que la demande était dirigée contre plus de deux parties ;
Rejette ladite fin de non-recevoir.

Pourvoi.

M. l'avocat général Laplagne Barri s'exprime ainsi : — « Quant à l'irrégularité des significations des procès-verbaux de non-conciliation faites à de Rastignac, à Ranvier et à Olivier, je la considère comme devant entraîner la nullité de la citation et de l'ajournement. La cour royale oppose, poursuit ce magistrat, que plus de deux parties étant en cause, le préliminaire de non-conciliation n'était pas exigé par la loi; elle en conclut que ceux à qui la signification irrégulière a été faite sont sans droit pour s'en prévaloir. — Nous admettrions cela; mais alors il ne faut pas que le sieur Rolland invoque cette citation nulle comme point de départ de la prescription. De deux choses l'une, ou il entend se servir de la citation en conciliation comme moyen interruptif de prescription, et alors il ne peut le faire qu'à l'aide d'une citation et d'une signification valable; ou bien il abandonne cette procédure à laquelle la validité de l'instance ne l'obligeait pas ; mais, dans ce cas, il reste au procès avec son exploit d'ajournement arrivé trop tard pour empêcher la prescription d'être acquise. Nous concluons donc à la cassation.

DEUXIÈME ARRÊT.

COUR DE CASSATION. — 16 JANVIER 1843.

LA COUR ; — Vu les art. 57, 65, 1029 Code proc. civ., 2245, 2247 et 2262 Code civil ;

Attendu que, suivant l'art. 57 Code pr. civ., et l'art. 2245 Code civ., la citation en conciliation n'interrompt la prescription que lorsqu'elle est suivie d'un exploit d'ajournement dans le mois de la non-conciliation ou de la non-comparution ;

Attendu qu'aux termes de l'art. 65 du premier de ces codes, il doit être donné, avec l'exploit, copie du procès-verbal de non-conciliation ou de la mention de non-comparution, *à peine de nullité*, et que l'art. 1029 du même code dispose qu'aucune des nullités, amendes et déchéances qu'il prononce, n'est comminatoire ;

Attendu que l'interruption civile de la prescription résultant de la citation en conciliation suivie d'ajournement, est réputée non avenue par l'art. 2247 Code civ., si elle est nulle ;

Attendu enfin que l'art. 2262 déclare prescrites par trente ans toutes les actions tant réelles que personnelles ;

Attendu, en fait, que Rolland a fait citer séparément Rastignac et les autres demandeurs au bureau de paix, et qu'il a été rédigé avec chacun d'eux des procès-verbaux distincts ;

Attendu que le procès-verbal de non-conciliation dont copie a été signifiée en tête des ajournements délivrés à Rastignac, Ranvier et Olivier, n'est pas celui dressé contradictoirement avec les parties assignées ; ainsi, le procès-verbal de non conciliation avec Ranvier a été signifié à Rastignac, celui avec Rastignac à Ranvier et celui avec Magne à Olivier ;

Attendu que l'irrégularité qui a été commise à cet égard ne peut être assimilée à une simple erreur de copiste, dont il soit possible de trouver une rectification suffisante dans les énonciations de l'exploit d'ajournement ;

Que cet exploit, en effet, déclare bien que Rastignac et ses divers acquéreurs ont été appelés au bureau de paix et que la conciliation ne s'est point opérée ; mais que cette déclaration ne peut réagir sur le procès-verbal dont copie a été délivrée, pour en changer entièrement la nature et l'appliquer à une partie et à une chose autres que celles qu'il concernait ;

Attendu, dès lors, qu'on ne saurait accorder aucune valeur aux copies mises en tête des exploits d'ajournement, et que ces exploits doivent, en conséquence, être séparés de ces copies et considérés comme n'ayant pas rempli la condition exigée, à peine de nullité, par l'art. 65 Code pr. civ.

Attendu que, si l'on admettait que, conformément à l'art. 49, n° 6 du même code, il n'y avait pas nécessité de tenter la conciliation, parce que la demande était dirigée contre plus de deux parties, alors l'exploit même d'ajournement ne serait pas nul, mais il faudrait apprécier sa valeur et sa portée en faisant complétement abstraction de la tentative de conciliation qui ne pourrait, dans ce cas, être opposée comme interruptive de la prescription ;

Attendu que, d'après la combinaison du Code de proc. et du Code civil, l'économie et l'esprit de leurs divers articles touchant la prescription, ce n'est pas la citation seule ou bien le procès-verbal de non-comparution ou de non-conciliation qui forme l'interruption civile de la prescription, mais la citation suivie d'un procès-verbal signifié dans le mois avec ajournement ;

Attendu que, dans l'espèce, l'assignation ne se rattache pas à un procès-verbal régulièrement signifié dans le mois de sa date ; qu'ainsi le seul acte que le défendeur puisse invoquer pour établir l'interruption de la prescription, est l'assignation même qui a été donnée aux demandeurs ; mais attendu que M. de Pradines *de cujus* est mort le 15 août 1804 ; qu'à partir de ce jour jusqu'à l'assignation qui est du 19 août 1834, il s'est écoulé plus de trente années ; qu'ainsi Rastignac, Ranvier et Olivier avaient le droit d'opposer la prescription trentenaire admise contre toutes actions réelles et personnelles ;

Attendu qu'en validant l'assignation du 19 août 1834 et en n'accueillant pas la prescription de trente ans, la cour royale de Montpellier a faussement interprété et appliqué les art. 57 Code proc. civ. et 2245 Code civil, et a formellement violé les art. 63 et 1029 du premier, et les art. 2247 et 2262 du second ;

Renvoie devant la cour royale d'Aix.

TROISIÈME ARRÊT.

COUR ROYALE D'AIX. — 22 DÉCEMBRE 1843.

LA COUR ; — Attendu que de la combinaison des art. 2244, 2245, 2246 et 2247 Code civ., il résulte que la citation en conciliation interrompt la prescription, pourvu qu'elle soit suivie d'une citation en justice, valable, et donnée dans les délais de droit ;

Attendu que malgré les différences que le Code de procédure a plus tard établies dans les formes des citations, c'est dans le Code civil, fondateur en France des droits fonciers de tous, et dès son émission, qu'il faut rechercher l'intention que le législateur a eue, en traçant à l'égard de tous les demandeurs, cet appel au bureau de paix, comme un acte interruptif de prescription ;

Qu'il a voulu d'abord donner l'avis au défendeur du choix qui lui était donné, de subir ou un arrangement ou une action en justice, ensuite de la réalisation immédiate de la menace, si ce dernier ne se conciliait pas, sous peine de ne plus laisser à la citation première que le caractère d'une jactance inutile ;

Attendu que ce caractère ne saurait appartenir à celle du demandeur actuel ; il a réalisé sa menace par l'ajournement dans le mois ;

Attendu toutefois que cet ajournement est attaqué dans sa validité : il ne porterait pas, aux termes de l'art. 63, Code proc., le procès-verbal pour trois des défendeurs, de Rastignac, Ranvier et Olivier, ou le porterait d'une manière fautive ; il serait nul par là, incapable d'aucun effet vis-à-vis d'eux ; il ne resterait qu'à les relaxer de l'instance ;

A cet égard, attendu que s'il est vrai que ce vice existe réellement dans cet acte de procédure, il l'est aussi que le demandeur n'avait contre tous les défendeurs qu'une seule et même cause, dérivant de la même origine et tendant au même but, la dépossession de Rastignac de l'immeuble acquis de l'abbé Destours au mois de mai 1816 ;

Que s'il a cru devoir comprendre dans sa poursuite contre de Rastignac tous ses acquéreurs, chercher enfin chez tous les possesseurs les diverses parts séparément vendues de l'immeuble revendiqué, ceux-ci doivent être considérés comme autant de défendeurs à l'action de Rolland, qui rentre dès lors dans l'exception de l'art. 49 C. pr., et reste dispensée des préliminaires de la conciliation ;

Attendu que la dernière objection de ces défendeurs, tirée de ce que, en mettant de côté la conciliation, l'isolant de l'ajournement, la prescription serait arrivée dans l'intervalle de temps écoulé entre la citation de paix et celle en justice du 19 août seulement, ne saurait non plus prévaloir;

Que, sans rechercher si la corrélation entre ces deux citations est indispensable, si l'art. 2244 exige au delà d'une citation en justice quelconque, si l'art. 57 Code proc., venu après, a entendu, a pu en entendre une plus spéciale, lorsqu'il emploie le mot *demande*, s'il ne ressort pas évidemment enfin de l'art. 2246 Code civ., qui se contente d'une citation en justice, même devant le juge incompétent, la preuve que le législateur n'a voulu qu'une chose, l'intention, la volonté de poursuites manifestées et aussitôt suivie par le demandeur, il est toujours certain qu'ici l'ajournement est valide et demeure l'acte introductif de l'instance actuelle;

Qu'ainsi le vœu et les termes de la loi sont satisfaits;

Que si, en résultat, la citation au bureau de paix, inutile qu'elle est à l'introduction de l'instance, produit un effet qui lui serait refusé; nécessaire qu'elle eût été à cette introduction, la force, la différence des choses l'amènent : si la citation de paix eût été forcée, l'ajournement anéanti par les dispositions de la loi, entraînait la citation en conciliation dans sa chute, tandis que, inutile à ouvrir l'instance, elle a laissé exister cet ajournement qui devait la suivre pour lui conserver une vie;

Qu'il suit de là que la citation en conciliation demeure le premier acte de l'attaque : elle a interrompu, le 22 juillet 1834, la prescription qui se serait accomplie le 15 août suivant; elle a pour effet de retenir dans la cause toutes les parties que Rolland y avait appelées, à y défendre le fond du procès, leurs titres de propriété;

Sans s'arrêter à la fin de non-recevoir opposée contre la demande de Rolland dont les demandeurs sont démis, etc.

Auteurs. — Pour : Pigeau, *procéd. civ.*, § 8, n° 2; Vazeille, n° 191; Favard de Langlade, t. 1er, p. 632; Chauveau sur Carré, quest. 248 *bis*; Duranton, 21, n° 265; Carou, Jurid. des juges de paix, t. 2, v° 823; Troplong, Prescript. 2, 592; tous admettent l'interruption de prescription dans le cas où l'affaire n'est pas astreinte au préliminaire de la conciliation; — pourvu, toutefois (suivant Chauveau et Troplong), qu'elle soit susceptible de se terminer par une transaction.

Jurisprudence. — Aucun précédent.

A annoter au mot Conciliation, n° 87.

§ III.

SOCIÉTÉ. — DOMICILE INCONNU. — REMISE AU MAIRE. — VALIDITÉ.

Est valable l'exploit, concernant une société, dont la copie est remise au maire et non au procureur du roi, lorsqu'au domicile indiqué dans l'acte intervenu entre les parties et dans la procédure, il est déclaré que la société dont s'agit est inconnue.

FAITS.

25 juin 1832, jugement du tribunal de Lons-le-Saulnier, pro-

nonçant la nullité d'une cession faite au sieur Mirzel par le mandataire du sieur Teste, gérant d'une société sous la raison Gallien et comp., dont le siége, est-il dit en l'acte de cession, est rue des Filles-Saint-Thomas, n° 7. — Décembre 1834, appel par Teste et constitution d'avoué, dans lequel le siége de la société est encore indiqué rue des Filles-Saint-Thomas, n° 7. — 20 avril 1841, assignation en péremption d'instance : l'huissier se transporte rue des Filles-Saint-Thomas, n° 7, et sur la déclaration du portier, que depuis neuf ans qu'il était dans la maison il n'avait jamais connu de société Gallien et comp., l'exploit fut remis au maire de l'arrondissement, qui visa l'original. — Cet acte fut en outre signifié au domicile personnel de Teste et également remis au maire sur la réponse du portier que le sieur Teste était déménagé depuis 1830 ou 1831, et qu'il ignorait son domicile. — Teste a demandé la nullité de ces deux exploits, prétendant qu'ils auraient dû être signifiés au procureur du roi, aux termes de l'art. 69, § 8 du C. de proc.

Un arrêt de la cour royale de Besançon, du 17 février 1842, a rejeté cette demande en nullité, attendu, en substance, qu'il est constaté par l'acte de société que le siége de la société était à Paris ; que les sociétés de commerce, tant qu'elles existent, doivent être assignées en leur maison sociale (C. de proc., 69, n° 6) ; que dans les deux actes d'appel des 8 déc. 1834 et 13 mars 1835, cette société s'est attribuée une maison sociale à Paris, « en la maison sociale n° 7, rue des Filles-Saint-Thomas ; » que le même domicile était celui que le mandataire Jacquier avait indiqué dans l'acte de cession de 1830 ; que dès lors la société Gallien et Comp. a été valablement cherchée en cette maison ; qu'en admettant l'exactitude de la déclaration du concierge qu'il habitait la maison depuis neuf ans et qu'il n'avait jamais connu MM. Gallien et Comp., ce dire ne détruirait pas à l'égard des tiers l'effet des déclarations de la société, lequel ne pourrait cesser qu'en présence d'une signification de changement du siége de ladite société, ou de manifestation par acte déposé au greffe du tribunal de commerce de Paris, avec indication d'une nouvelle maison sociale ; qu'ainsi, l'huissier n'ayant trouvé personne pour recevoir l'exploit porté au véritable siége et domicile légal de la société, devait, conformément à l'art. 68, Cod. de proc., porter l'exploit au maire du 3ᵉ arrondissement et le lui faire viser, et qu'il n'y avait pas lieu de suivre l'art. 69, n° 8, applicable seulement à ceux qui n'ont pas de domicile connu en France ; — Que cette signification étant régulière, celle faite à la même société en la personne du sieur Teste était surabondante, et que par conséquent, fût-elle irrégulière, elle ne vicierait pas la première.

Pourvoi en cassation.

ARRÊT.

COUR DE CASSATION. — 14 AOUT 1844.

LA COUR ; — Sur les deux moyens connexes :

Attendu qu'il est déclaré par l'arrêt attaqué que l'acte de société dont il s'agit avait établi que le siége social serait à Paris, rue des Filles-St-Thomas, n° 7 ; que la cession de 1830 et les actes d'appel de 1834 et de 1835 indiquent que le siége social était toujours sis rue des Filles-St-Thomas, n° 7 ;

Attendu qu'il est constaté que la demande en péremption d'instance a été signifiée à un domicile qui, aux yeux des tiers, était le siége de la société Gallien et comp., et que, dès lors, cette signification était régulière ;

Attendu que si la signification particulière et surabondante faite à la même société en la personne du demandeur ex-gérant était irrégulière, cette circonstance ne vicierait pas la signification régulière faite au siége de la société, et qu'ainsi les dispositions des lois invoquées n'ont point été violées ;

Rejette.

Jurisprudence. — Aucun précédent spécial. — Divers arrêts de la cour de cassation (8 fév. 1832, 30 mars 1836, 3 mai 1837) ont validé des exploits signifiés à un domicile que l'adversaire avait quitté depuis le commencement de l'instance et remis au maire ou à un voisin, l'huissier n'ayant trouvé ni parents ni serviteurs. — Un autre arrêt de la même cour, du 28 nov. 1837, a également validé un exploit remis au procureur du roi, dans le cas où le domicile indiqué dans les actes de l'instance n'était plus occupé par le défendeur, qui n'avait d'ailleurs pas fait de déclaration de changement de domicile.

En pareil cas nous recommandons de signifier l'exploit en deux copies, au maire (à défaut des voisins), et au procureur du roi, et en outre de l'afficher à la principale porte de l'auditoire du tribunal.

A annoter au mot Exploit, n°s 205 et 210.

§ IV.

APPEL. — JUGEMENTS DISTINCTS. — EXPLOIT UNIQUE. — NULLITÉ. — MÊMES DEMANDEURS. — DÉFENDEURS DIFFÉRENTS.

Est nul l'appel, par un seul exploit, de deux jugements distincts rendus entre les mêmes demandeurs et des défendeurs différents.

PREMIÈRE ESPÈCE.

ARRÊT.

COUR ROYALE DE COLMAR. — 10 JUILLET 1843.

LA COUR ; — Considérant que chacun des deux jugements rendus par le tribunal civil de Saverne, le 13 janvier 1836, est intervenu sur une demande distincte intentée séparément contre des parties différentes, lesquelles invoquaient pour leur défense des titres différents ;

Qu'à la vérité les appelants, qui ont cru pouvoir interjeter appel de ces deux jugements par un seul et même exploit, sont identiquement les demandeurs originaires lors de chacun de ces deux jugements ou leurs ayants cause; mais que les défendeurs étaient différents, et qu'il y avait deux demandes, deux procédures d'une nature spéciale et entièrement distinctes;

Que ces appelants ont tellement senti que leurs demandes devaient être présentées et instruites devant la cour de la même manière qu'elles l'ont été devant les premiers juges, qu'ils ont d'eux-mêmes reconnu la nécessité de faire inscrire au rôle deux causes distinctes, l'une sous le n° 2785, concernant trente-trois parties qui avaient été citées en conciliation par exploit du 10 mai 1825, et assignées ensuite devant le tribunal de Saverne, le 3 août suivant;

Que les mêmes appelants ont fait inscrire la seconde cause au rôle général sous le n° 2847, concernant soixante-treize parties qui ont été citées en conciliation par exploit du 29 août 1825; que le procès-verbal de non-conciliation a été dressé le 5 septembre suivant, et l'assignation devant le tribunal de Saverne donnée le 31 décembre de la même année;

Considérant qu'à la vérité les appelants ont depuis leur acte d'appel seulement prétendu qu'il y avait connexité entre les deux causes, et qu'il y avait lieu d'en ordonner la jonction pour être statué par un seul et même arrêt, mais que cette prétention a été rejetée par arrêt du 30 mai dernier, principalement par le motif que chacune des deux instances était liée entre des parties différentes; que dès lors la procédure faite, ainsi que le jugement intervenu dans chaque affaire, étant distincts, il devait d'autant plus y avoir pour chacune un acte d'appel spécial, que l'instruction devant la cour devait se faire séparément, et qu'il devait intervenir sur chacune un arrêt qui pouvait être différent sur chaque cause, s'agissant de statuer envers des parties différentes et d'apprécier des titres différents;

Considérant que c'est en vain qu'on peut se prévaloir de la disposition de l'art. 1030 Code pr., puisqu'elle ne s'applique qu'aux nullités de forme, et non à celles qui sont inhérentes à la substance même de l'acte;

Considérant qu'il en est de même de l'art. 451 Code pr., puisqu'il ne s'applique qu'au seul cas exceptionnel qu'il prévoit, et que, loin de déroger à la règle générale, il ne fait que la confirmer de plus en plus;

Considérant que la circonstance que les deux jugements attaqués par un même acte d'appel sont rendus le même jour et qu'ils ont statué tous deux sur une demande en déclaration d'hypothèque, ne peut être d'aucune influence ni autoriser l'appel par un même acte, puisque, encore une fois, les très-nombreux défendeurs, devenant intimés sur l'appel, étaient différents dans chacune des affaires, que leurs titres d'acquisition primitive étaient différents, et que surtout une seule des deux instances concernait des biens ayant appartenu à la masse Charpentier;

Que, si l'on pouvait exciper de ces circonstances et d'une prétendue connexité pour réunir dans un même acte l'appel de deux jugements ainsi rendus entre des parties différentes, il faudrait admettre qu'on pourrait interjeter appel de la même manière d'un nombre plus considérable de jugements ainsi rendus, soit le même jour, soit à des dates différentes, et qu'aussi l'appelant pourrait de sa seule volonté et autorité joindre ces causes, ne faire qu'une seule inscription au rôle, et assigner tous les intimés pour la même audience, ce qui changerait les droits et la position de toutes les parties, puisque les appelants, en joignant les causes, feraient ce que la justice seule peut ordonner après examen et discussion contradictoire, et que les intimés seraient dans le cas de se constituer demandeurs en disjonction, tandis qu'ils n'ont été et qu'ils ne devaient être que défendeurs à cette demande; que ces effets et cette conséquence démontrent de plus en plus la nullité de l'acte d'appel;

Considérant que la cour a déjà été appelée à juger identiquement la même question, et que, par son arrêt en date du 24 décembre 1836, elle a déclaré nuls les appels émis par un seul exploit ; que les motifs juridiques de cet arrêt viennent par accroissement à ceux sus-indiqués ;

Par ces motifs, déclare nul l'appel émis par un seul exploit, des deux jugements du tribunal de Saverne.

DEUXIÈME ESPÈCE.

ARRÊT.

COUR ROYALE DE COLMAR. — 19 JUIN 1844.

LA COUR ; — Considérant que l'acte d'appel du 1er février 1842 interjeté à la requête de Léonard Bourcard-Vischer, partie de Ritter, porte sur deux jugements rendus par le tribunal de première instance séant à Altkirch, le 28 août 1841 :

Que le premier de ces deux jugements n'est intervenu qu'entre ladite partie de Ritter et le débiteur Jacques Hartmann, failli, représenté par le syndic de sa masse, ayant Me Nieger pour avoué :

Qu'Antoine Vonbanck, partie de Wilhelm, n'était pas en cause lors de ce premier jugement, lequel a cependant prononcé l'annulation de l'adjudication faite le 7 octobre 1840, au profit dudit Antoine Vonbanck ;

Que le second de ces jugements, rendu le même jour par le même tribunal, a rejeté la demande en déguerpissement formée par ladite partie de Wilhelm contre Jacques Hartmann, et a statué sur la demande en garantie formée par la même partie contre celle de Ritter ;

Que l'appel de ces jugements ne pouvait pas être valablement interjeté par un seul et même acte, puisqu'ils n'étaient pas intervenus entre les mêmes parties ; que chacun d'eux portait sur des demandes différentes, bien que corrélatives dans leurs conséquences et leurs effets ;

Qu'il ne pouvait pas dépendre de l'appelant, partie de Ritter, de joindre deux causes distinctes et jugées séparément entre des parties différentes, alors qu'à la justice appartient exclusivement le droit d'apprécier la connexité entre deux instances, et d'en ordonner la jonction pour y être statué par un seul et même arrêt ;

Que, hors les cas nommément prévus par la loi, l'appel de chaque jugement doit être interjeté par un exploit spécial qui forme la première partie de la procédure d'appel : que cet appel ne saisit la cour de la connaissance du litige qui lui est déféré qu'autant qu'il est régulier et conforme à la loi ;

Que l'appel du premier jugement, qui a statué sur la nullité de l'adjudication, n'a pu être valablement interjeté envers Vonbanck, qui n'y a pas été partie ;

Que la circonstance que ce jugement a été depuis infirmé par l'effet d'une instance spéciale et séparée ne peut être d'aucune importance quant à Vonbanck, puisque ces procédures, postérieures à l'acte d'appel dont il s'agit, et étrangères à Vonbanck, ne peuvent pas lui être opposées ni couvrir la nullité de l'appel interjeté envers lui :

Considérant que l'art. 451 Code pr. civ. prévoit et règle le seul cas auquel il est permis d'interjeter appel par un seul et même acte, de deux jugements ;

Que ce cas concerne le jugement préparatoire dont l'appel ne peut être interjeté qu'après le jugement définitif et conjointement avec l'appel de ce jugement ;

Que dès lors l'acte l'appel du 1er février 1842 étant nul et de nul effet, les deux jugements du 28 août 1841 continuent d'avoir tout leur effet quant à Vonbanck ;

Dès lors les demandes en garantie formées contre lui pour le cas d'infirmation deviennent sans objet.

Par ces motifs, déclare l'appel signifié à la requête de Boucard Vischer, le 1er février 1842, à Antoine Vonbanck, nul et de nul effet.

Jurisprudence. — Contre : Colmar, 17 août 1838, qui décide qu'on peut appeler par le même exploit de deux jugements distincts rendus entre les mêmes parties à l'occasion du même litige ; Bordeaux, 14 juin 1833, qui admet également qu'on peut appeler par un seul exploit de deux jugements rendus dans deux instances différentes, sauf à la cour à statuer séparément sur chaque appel.

A annoter au mot **Appel**, n° 177.

§ V.

SOCIÉTÉ. — AJOURNEMENT. — LIEU OU LA COPIE DOIT ÊTRE REMISE. — DOMICILE SOCIAL. — DOMICILE DES OPÉRATIONS.

L'ajournement adressé à une société est valable si, au lieu d'être signifié au domicile indiqué dans l'acte de société comme étant le siége de cette société, il l'est au lieu où elle a réellement le centre de ses opérations.

ARRÊT.

COUR ROYALE DE RIOM. — 5 AOUT 1844.

LA COUR ; — Attendu que les statuts de la société ne sont point produits, et quand il serait vrai, comme on l'allègue, qu'ils indiquassent Paris comme le siége de la société, l'assignation donnée au sieur Giroux, au lieu des Barthes, n'en serait pas moins valable, puisque, d'une part, les bureaux de la société sont établis aux Barthes, et que là se fait, sous la direction d'un agent comptable, l'exploitation, les livraisons et toutes les autres opérations sociales ; que, d'un autre côté, le sieur Giroux avait accepté, dans une procédure antérieure, les assignations à lui données au domicile des Barthes, ce qui devait confirmer les intimés dans la pensée que tel était son véritable domicile ; qu'enfin, bien que l'attribution de juridiction n'emporte pas nécessairement attribution de domicile, il est bien certain que l'intention des parties en soumettant leurs contestations, pour le cas qui s'est réalisé, aux juges arbitres de la localité, était évidemment d'y conserver leur domicile, au moins pour ce cas, le seul qui soit à examiner ;

Par ces motifs, sans s'arrêter au moyen de nullité proposé, etc.

Jurisprudence. — Pour : Cass., 23 nov. 1836.

A annoter au mot **Exploit**, n° 205.

§ VI.

AJOURNEMENT. — DÉLAI. — DISTANCE.

Est valable l'ajournement contenant assignation de comparatre à huitaine, à la forme de la loi, bien qu'il y ait lieu à augmentation à raison des distances ; il n'est pas nécessaire de préciser le délai d'augmentation.

ARRÊT.

COUR DE CASSATION. — 20 NOVEMBRE 1844.

LA COUR ; — Vu l'art. 1030, Code procédure ; — Attendu qu'aux termes de l'art. 61, Code proc., l'exploit d'ajournement devant un tribunal inférieur doit, à peine de nullité, contenir l'indication du délai pour comparaître; mais que l'art. 456, même Code, exclusivement relatif aux délais et aux formalités de l'appel, dit seulement que l'acte d'appel contiendra assignation dans les délais de la loi;

Que l'art. 1033 veut que le délai indiqué pour comparaître soit augmenté d'un jour à raison de trois myriamètres de distance; mais que cet article ne prononce pas la peine de nullité pour l'omission d'une indication qu'il serait souvent impossible à l'appelant de déterminer par l'exploit d'une manière exacte et précise;

Attendu, dans l'espèce, que l'acte d'appel dont il s'agissait contenait assignation au sieur Ricou, demeurant à Labatie-Rolland (Drôme), à comparaître devant la cour royale de Grenoble (Isère), *à huitaine, à la forme de la loi;*

Que si, dans cet acte d'appel, il n'est pas fait mention expresse de l'augmentation d'un jour par trois myriamètres de distance, la loi à laquelle l'exploit se référait spécialement, y suppléait par une disposition dont elle ne laisse à la décision des juges du fait que le soin de vérifier l'application;

Attendu qu'en annulant un acte d'appel ainsi formulé, la cour royale de Grenoble a prononcé une nullité que l'art. 1030, Code pr., lui défendait expressément d'admettre, et qu'elle a en cela formellement violé ledit article;

Casse, etc.

Auteurs. —Pour : Favard de Langl., t. 1, p. 140; Dall., t. 7, p. 757, n° 2; Thom. Desm., t. 1, p. 159 et 160; Carré, *Quest.* 318.—Contre : Bonc., t. 2, p. 173; Chauv. sur Carré, quest. 314 bis; Boitard, t. 1, p. 249.

Jurisprudence. — Pour : Pau, 16 août 1807 et 16 août 1809; Caen, 5 juin 1807; Liége, 30 mai 1819; Poitiers, 18 juin 1830; Colmar, 25 juillet 1835; Cass., 21 nov. 1810, 8 janv. et 18 mars 1811, 6 mai et 24 juin 1812, 27 avril 1813, 20 avril 1814, 23 avril 1833; tous ces arrêts valident des ajournements donnés aux délais de la loi.—Contre : Besançon, 12 fév. 1810; Colmar, 31 août 1810; Turin, 9 août 1808.

A annoter au mot Ajournement, n° 24.

ART. 254.

VENTE DE MEUBLES.

COMMISSAIRES-PRISEURS. — NOTAIRES.—PRIVILÉGE EXCLUSIF. —TERME ACCORDÉ.—CAUTIONNEMENT OU HYPOTHÈQUE.

Les commissaires-priseurs ont, à l'exclusion des notaires, le droit de procéder aux ventes de meubles corporels aux enchères publiques, dans la commune de leur résidence.

Ce droit ne peut leur être enlevé par des stipulations de termes, de cautionnement ou d'hypothèque.

Les commissaires-priseurs (ainsi que les huissiers) ont le droit

d'accorder aux adjudicataires, sous leur responsabilité personnelle, des délais pour payer, en dehors des stipulations du procès-verbal.

FAITS.

Mᵉ Nidart, notaire à Sainte-Menehould, ayant affiché une vente de meubles à faire dans cette commune, fut appelé en référé par M. Debart, commissaire-priseur, afin qu'il lui fût fait défense de procéder à cette opération. — Les parties furent renvoyées à l'audience du 7 mai.

Mais, dès le 4, le notaire procéda à la vente. Il était dit dans son cahier des charges : que les acquéreurs auraient trois mois pour payer, passé lesquels ils devraient des intérêts ; que le vendeur se réservait d'exiger hypothèque pour toute adjudication excédant 100 fr., et caution pour toute autre somme ; que le cahier d'enchère serait signé par tout adjudicataire de meubles excédant 15 fr. — 41 lots furent adjugés, 21 adjudicataires signèrent le procès-verbal.

Les choses étant en cet état, les parties se présentèrent devant le tribunal et conclurent au fond. Le commissaire-priseur a réclamé contre le notaire 500 fr. de dommages-intérêts, mais sa demande fut rejetée par le tribunal de Sainte-Menehould, suivant jugement du 24 mai 1844 dont voici le texte : — « Considérant que, suivant exploit de Robert, huissier à Sainte-Menehould, le sieur Debart, en sa qualité de commissaire-priseur, s'est opposé à ce qu'il fût procédé par Mᵉ Nidart, notaire, à la vente du mobilier appartenant au sieur Rousseau-Mathieu, dudit Sainte-Menehould ; — Considérant que le référé introduit par cette opposition est à présent sans objet, puisque, nonobstant l'ordonnance rendue, Mᵉ Nidart a passé outre à la vente ; — Considérant que les parties ont conclu, plaidé et déclaré engager le débat au fond, et qu'il reste à statuer sur la demande en dommages-intérêts ; — Considérant que, suivant le procès-verbal d'adjudication, du 4 mai présent mois, la vente a été faite à crédit, avec obligation de fournir caution et des garanties hypothécaires, avec stipulation d'intérêts et délégation de prix ; — Considérant qu'il résulte des termes des lois des 27 ventôse an IX et 28 avril 1816, que les commissaires-priseurs ont seuls le droit de vendre aux enchères publiques les effets mobiliers dans le chef-lieu de leur établissement, sans préjudice des droits qui compètent dans certains cas aux courtiers de commerce ; — Considérant que ce privilége doit être restreint aux ventes faites au comptant ; — Qu'en effet la loi de 1816, qui créa les commissaires-priseurs des départements, statue que leurs attributions sont les mêmes que celles des commissaires-priseurs établis à Paris ; — Qu'en fait, ces derniers n'ont jamais vendu et ne peuvent vendre qu'au comptant, puisqu'à Paris les commissaires-priseurs ne connaissent ni les adjudicataires ni leur solvabilité ; que dès lors la loi de ventôse an IX, qui les institue spécialement, n'a pu avoir en vue que les ventes alors en usage, que les ventes au comptant, les seules praticables dans une grande ville ; — Que, sous un autre rapport, il résulte suffisamment de l'édit de 1556 et de l'art. 3 de la loi du 27 ventôse an IX que, si les procès-verbaux des commissaires-priseurs sont revêtus d'un caractère d'authenticité, si foi doit être ajoutée aux déclarations qui s'y trouvent retenues, et qui sont compatibles avec les formes de ces mêmes procès-verbaux, néanmoins ils sont dépouillés de toute forme exécutoire, ils ne peuvent constater les conventions des parties, et leur portée se réduit à certifier le fait d'une vente qui se consomme instantanément par la délivrance de la chose et le payement du prix, et qui, par elle-même, n'engendre aucun droit ; — Qu'ainsi la nature de leur institution s'oppose à ce que les commissaires-priseurs procèdent à aucune vente à terme ; — Considérant que, s'il résulte de cet état prohibitif des choses un froissement pour les intérêts de ces derniers, rien néanmoins ne justifie l'intervention d'un notaire chargé de rédiger les conditions de la vente, puisqu'on ne pourrait, sans inconvénient et sans augmentation de frais, soit faire constater en quelque sorte la même opération par deux officiers publics distincts, soit faire constater la partie principale de l'opération par l'un, et l'accessoire par l'autre, tandis que cette opération devrait ne former qu'un seul tout, réuni dans un procès-verbal unique ; — Considérant dès lors que la vente dont il s'agit, par les conditions y stipulées, rentrait dans le domaine des officiers publics auxquels la loi de leur institution a fait les attributions les plus larges ; qu'un notaire seul pouvait y procéder, et que Me Nidart, en s'en chargeant, n'a fait qu'user de son droit ; — Par ces motifs, — Déclare Debart mal fondé dans sa demande, l'en déboute et le condamne aux dépens, etc.

Appel. — Intervention de la chambre des notaires pour soutenir les prétentions de Me Nidart.

ARRÊT.

COUR ROYALE DE PARIS. — 5 JUILLET 1845.

LA COUR ; — Considérant qu'aux termes des lois des 27 ventôse an IX et 28 août 1816, les commissaires-priseurs ont, dans le chef-lieu de leur établissement, le droit exclusif de procéder aux ventes volontaires de meubles corporels par la voie des enchères publiques ;

Considérant que ce droit exclusif serait évidemment anéanti si les notaires étaient autorisés à procéder auxdites ventes en concurrence avec les commissaires-priseurs, au moyen de la stipulation illusoire de certaines conditions de cautionnement ou d'hypothèque apposées à la vente, dans le seul intérêt de justifier l'intervention du notaire, et incompatibles, à raison des formes et des garanties dont elles doivent être entourées, avec la célérité nécessaire dans les ventes de meubles, comme avec le grand'nombre et le peu d'importance des objets ordinairement compris dans lesdites ventes :

Considérant que l'intervention des notaires dans lesdites ventes ne pourrait être non plus justifiée par la nécessité d'accorder, dans certains cas, et pour le succès même de la vente, des délais plus ou moins longs aux acquéreurs ;

Qu'à la vérité, aux termes des lois sur le notariat, il appartient aux seuls notaires de recevoir les conventions et de leur donner la forme authentique et le caractère exécutoire, et que de cette attribution exclusive résulte l'interdiction pour les commissaires-priseurs d'insérer dans leurs procès-verbaux aucune stipulation de terme ou autre, pouvant entraîner, à l'égard des parties, obligation ou exécution ; mais que cette interdiction ne peut avoir pour effet d'empêcher que, conformément à l'usage généralement pratiqué, les commissaires-priseurs puissent, en dehors de leurs procès-verbaux, accorder à leurs risques et périls, et sous leur responsabilité personnelle, certains termes de payement appropriés aux convenances des acquéreurs, sans lesquels les objets vendus pourraient n'être pas portés par les enchères à leur juste valeur ;

Considérant en fait, que le 4 mai 1844, Nidart, notaire à la résidence de Sainte-Menehould, a procédé à la vente volontaire, aux enchères publiques, d'un mobilier de culture, appartenant à Rousseau, et ce dans l'habitation dudit Rousseau, située sur le territoire de la commune de Sainte-Menehould, dans laquelle Debart exerce les fonctions de commissaire-priseur ;

Considérant que, par cette vente, il a causé audit Debart un préjudice dont il lui doit la réparation, et dont la cour est à même d'apprécier l'importance ;

Infirme ;

Condamne Nidart à payer à Debart 300 fr., à titre de dommages-intérêts ; et pour être statué sur le réquisitoire du ministère public, à fin d'application d'une peine disciplinaire au notaire Nidart ;

Remet la cause à trois semaines, jour auquel Nidart sera cité à comparaître devant la cour pour présenter ses explications et défenses.

Jurisprudence. — Deux arrêts, l'un de la cour royale de Paris, du 26 avril 1830, l'autre de la cour de Colmar, du 27 mai 1837, décident, le premier : que la vente de meubles dans le chef-lieu d'arrondissement est accordée exclusivement au commissaire-priseur, mais que celui-ci est obligé de vendre au comptant ; le second, que les notaires ont, à l'exclusion des huissiers, le droit de procéder aux ventes mobilières à terme. — Conforme : Paris, 25 juin 1840. — Notre arrêt décide bien que la vente ne peut être faite à terme, mais il ajoute qu'en dehors du procès-verbal, le commissaire-priseur peut accorder des délais sous sa responsabilité.

Deux autres arrêts, l'un de Nancy, du 20 décembre 1833, l'autre de la cour de cassation, du 8 mars 1837, admettent, au contraire, que les commissaires-priseurs ont le droit exclusif de procéder aux ventes de meubles, dans le chef-lieu de leur établissement, alors même que la vente a lieu avec division des objets par lots, stipulation de termes et obligation de fournir caution :

« Attendu, dit ce dernier arrêt, que les lois des 27 ventôse an IX et 28 août 1816 ne prohibent point aux commissaires-priseurs d'accorder aux adjudicataires crédit et délai pour le payement; qu'une telle prohibition, qui n'aurait pu être établie que dans l'intérêt du vendeur, n'aurait eu d'autre effet que de rendre les commissaires-priseurs responsables envers le vendeur, et que tout ce qui aurait été fait au contraire n'aurait pu profiter aux notaires ou autres officiers publics qui, dans aucun cas, ne peuvent, dans le lieu de l'établissement des commissaires-priseurs, faire des ventes publiques de meubles aux enchères, soit au comptant, soit à crédit; — qu'en cet état, il est évident que ces sortes de ventes, qui, seules, en grand nombre de cas et de lieux, peuvent porter à leur juste valeur les objets qui sont à vendre, peuvent avoir lieu par le ministère des commissaires-priseurs, par la volonté du vendeur et sous la responsabilité de l'officier public, qui peuvent bien, à leurs risques et périls, suivre la foi des adjudicataires, en se conformant à un usage presque universel, et qui ne paraît avoir engendré aucun inconvénient; — que cette manière de procéder ne porte aucune atteinte aux droits qu'ont seuls les notaires de donner force exécutoire aux conventions des parties.

En ce qui concerne les *ventes à terme*, le droit des commissaires-priseurs est le droit des huissiers, car aucune loi n'impose non plus à ces derniers de vendre au comptant; la jurisprudence seule paraît incliner vers ce système, et, on le sait, la jurisprudence, aujourd'hui favorable aux notaires, peut, dans une question aussi délicate, facilement changer et demain leur devenir hostile.

Quoi qu'il en soit, nous conseillons aux huissiers d'insérer la clause suivante dans le cahier des charges des ventes de meubles auxquelles ils procèderont : — « Les adjudicataires payeront comptant, avant même l'enlèvement des objets qui leur seront adjugés, le prix de leurs adjudications entre les mains de l'huissier soussigné, qui leur en délivrera quittance immédiatement, » ce qui n'empêchera pas l'huissier de déclarer verbalement aux personnes réunies pour acheter, qu'il leur accorde, sous sa responsabilité personnelle, un délai plus ou moins long.

De la sorte — 1° la vente aura lieu aussi avantageusement que si elle était faite par un notaire, puisque les mêmes délais seront accordés aux acquéreurs; — 2° l'huissier sera à l'abri des attaques intéressées des notaires; — 3° il sera également à l'abri de la mauvaise foi des adjudicataires, qui ne pourront prétendre s'être libérés sans rapporter la quittance qui aura dû leur être délivrée au moment du payement.

A annoter au mot **Huissier**, n° 232.

ART. 255.

SAISIE-EXÉCUTION.

DÉTOURNEMENT D'OBJETS SAISIS. — VOL. — EFFRACTION. — DÉLIT.

Doit être considéré comme délit de détournement d'objets saisis, prévu par le § 2 de l'art. 400 du Code pénal, et non pas comme crime de vol qualifié, le fait d'un individu qui, par ordre de la partie saisie et moyennant salaire, pénètre la nuit, au moyen d'effraction, au domicile abandonné par celle-ci, et s'empare d'effets saisis qu'il lui remet immédiatement.

FAITS.

12 déc. 1844, saisie sur la veuve Fagault de tout le mobilier se trouvant à son domicile. — Abandon par celle-ci de ce domicile pour aller habiter une maison à une distance d'environ 20 kilom. — Sur son ordre, un sieur Cureau pénètre dans son ancien domicile et, au moyen d'effraction, s'empare d'un paquet d'effets saisis, qu'il remet aussitôt à la veuve Maingault, pour le compte de la veuve Fagault, à laquelle ils furent transmis immédiatement.

Ordonnance de prise de corps.—Renvoi des femmes Fagault et Maingault et de Cureau devant la cour d'assises, sous prévention de vol qualifié et de complicité de vol.—6 mars 1845, arrêt de la cour royale d'Angers annulant l'ordonnance de prise de corps et renvoyant les inculpés devant le tribunal correctionnel d'Angers, sous prévention de détournement et de recel d'objets saisis, par les motifs suivants : —« Attendu que la saisie laisse au saisi la propriété des choses saisies, et ne la transfère nullement ; qu'elle confère bien des droits au créancier saisissant, mais des droits de simple gage et non de propriété ; — Qu'il s'ensuit que le détournement par le saisi d'objets saisis sur lui, ne peut jamais constituer un vol ; aussi l'art. 400, § 2, Code pénal révisé, voulant accorder une protection qui manquait au créancier, a-t-il fait de ce détournement un délit particulier absolument distinct du vol, et non susceptible de s'aggraver par les mêmes circonstances ; — Attendu qu'il est vrai que la femme Fagault n'a pas détourné elle-même les effets dont il s'agit, mais elle les a fait détourner pour elle, ce qui revient au même. — Peu importe, en effet, qu'elle ait agi de sa personne ou à l'aide d'une main empruntée qui s'est livrée à elle, et ne s'est mise que sous son impulsion ; de même qu'on ne peut voler soi-même sa propre chose, de même on ne peut la faire voler par qui que ce soit ;—

Attendu que c'est à la substance, à la nature des choses, à leur véritable moralité et aux conséquences qui leur sont propres, qu'il faut s'attacher pour les qualifier convenablement; — Qu'il serait aussi contraire à la logique et à la raison qu'à la justice d'admettre que le détournement, qui, de la part du saisi, ne serait qu'un délit, fût transformé en crime, parce que, au lieu de l'avoir commis lui-même, le saisi n'y aurait réussi qu'à l'aide d'un intermédiaire de son choix, quand la loi ne fait pas de cette particularité le sujet d'une aggravation; — Attendu, en ce qui concerne Cureau, qu'il a opéré matériellement le détournement incriminé, qu'il ne peut être coupable de vol, parce qu'en réalité il n'a pas soustrait frauduleusement la chose d'autrui : la soustraction frauduleuse qu'il a faite est bien frauduleuse, mais au respect du créancier saisissant, et non du véritable propriétaire, dont il n'a été que l'instrument avoué et l'agent constitué; — Attendu que, dans cet état, Cureau et la veuve Fagault ne peuvent être impliqués justement que dans le même délit de l'article de loi précité; elle, pour l'avoir commandé pour son compte et dans son propre et exclusif intérêt, pour l'avoir provoqué par dons et promesses, et avoir donné des instructions pour le commettre, et Cureau pour l'avoir exécuté manuellement, par ordre et à l'avantage de cette partie, mais sachant qu'en cela il blessait les légitimes intérêts du saisissant, et, ainsi, l'un et l'autre agissant en fraude des droits de celui-ci; — Attendu que la veuve Maingault s'est mise aussi dans le cas d'un véritable recelé punissable. »

Pourvoi du ministère public.

ARRÊT.

COUR DE CASSATION. — 11 AVRIL 1845.

LA COUR; — Attendu qu'il est établi par l'arrêt attaqué que divers effets mobiliers avaient été saisis au préjudice de Marie Blin, veuve Fagault; que le nommé Cureau fut chargé par elle de se rendre dans son habitation, d'où elle s'était retirée, de soustraire et de lui remettre une partie des effets saisis; que cette soustraction a été, en effet, opérée par Cureau; que les effets soustraits par lui ont été remis à la femme Maingault, intermédiaire désigné par la veuve Fagault, et qui les lui a fait parvenir; qu'enfin Cureau a reçu de la veuve Fagault un à-compte sur le salaire qui lui avait été promis;

Attendu qu'en reconnaissant, en droit, que la saisie n'ayant pas dépouillé la veuve Fagault de la propriété des effets saisis, la soustraction faite par son ordre et pour son compte n'avait ni de sa part, ni de la part de Cureau, agissant pour elle, le caractère constitutif du vol qui consiste dans la soustraction frauduleuse de la chose d'autrui; et qu'en attribuant aux faits constatés la qualification du détournement prévu et puni par le § 2 de l'art. 400 Code pénal, détournement dans lequel la femme Maingault est impliquée pour avoir recelé les effets détournés, l'arrêt attaqué a fait une juste appréciation des faits incriminés;

Attendu, d'ailleurs, que ledit arrêt a été rendu par le nombre de juges prescrit par la loi et après avoir entendu le ministère public; — Rejette.

Jurisprudence. — Aucun précédent spécial. — Trois arrêts, l'un de Caen, du 6 janvier 1842, l'autre de cassation, du 19 fév. suivant, et le dernier de Rouen, du 21 avril 1842, déclarent l'art. 400 applicable aux détournements commis par la femme ou les enfants du saisi, de complicité avec ce dernier, et l'art. 401 au cas où ils ont agi comme auteurs des détournements.

A annoter au mot Saisie-exécution, n° 181.

ART. 256.

—

SAISIE-EXÉCUTION.

REVENDICATION. — DERNIER RESSORT. — CRÉANCE DU SAISI AU-DESSOUS DE 1,500 FR. — CRÉANCE DU REVENDICANT INDÉTERMINÉE.

Est en premier ressort, bien que la créance pour laquelle il y a eu saisie soit au-dessous de 1,500 fr., le jugement statuant sur une demande en revendication d'objets saisis d'une valeur indéterminée.

ARRÊT.

COUR ROYALE DE POITIERS. — 5 MARS 1845.

LA COUR ; — Attendu que, si la saisie-exécution à laquelle il a été procédé, à la requête de Verneau, contre Boniol fils, n'a eu pour objet que d'obtenir payement en principal d'une somme de 220 fr. seulement, l'action en revendication des objets saisis formée par Boniol père, l'a été pour une valeur indéterminée, c'est-à-dire que Boniol père a réclamé les deux chevaux saisis comme étant sa propriété, sans leur assigner une valeur déterminée ;

Attendu que, dans ces circonstances, toutes parties étant en cause, il ne s'agit plus seulement de statuer sur la saisie-exécution, mais bien aussi sur la revendication des objets saisis, et qu'alors les deux demandes étant indivisibles, les premiers juges ont eu à connaître d'une demande excédant le premier ressort ;

Au fond, adoptant les motifs des premiers juges, sans s'arréter à la fin de non-recevoir proposée contre l'appel de Verneau, confirme, etc.

Jurisprudence. — Pour : Cass., 28 prairial an XIII, 22 juillet 1839 ; Metz, 19 juin 1819 : Colmar, 29 mars 1824 ; Toulouse, 5 juin 1827 ; Bordeaux, 27 nov. 1828 et 25 janvier 1839 ; Aix, 1er février 1831 ; Bastia, 26 mai 1834 ; Caen, 7 mars 1836; Paris, 31 août 1836 ; Limoges, 17 déc. 1839 et 9 janv. 1840.—Contre : Nancy, 21 mars 1826, et Limoges, 25 janv. 1828. Ces deux arrêts ont décidé que le ressort était déterminé d'après la valeur des causes de la saisie.

A annoter au mot Degrés de juridiction, n° 73.

ART. 257.

—

EXPLOIT.

SIGNIFICATION DE JUGEMENT.—DOMICILE INCONNU.—ART. 69, § 8 DU CODE DE PROCÉDURE APPLICABLE A TOUS LES EXPLOITS.

L'art. 69, § 8 du Code de proc. civ. est applicable non-seulement aux ajournements, mais à tous les exploits. — En conséquence, la signification d'un jugement à une partie dont le domicile est inconnu doit être faite au parquet du procureur du roi.

ARRÊT.

COUR DE CASSATION. — 3 DÉCEMBRE 1844.

LA COUR ; — .... Attendu, en droit, que l'art. 443, Code proc., se réfère naturellement pour le cas où le domicile est inconnu, comme pour le cas où il ne se trouve personne au domicile de la partie, aux art. 68 et 69 dont il était inutile de répéter les dispositions ; d'où il suit que, dans l'espèce, la cour royale de Paris a pu déclarer l'appel non-recevable sans violer la loi ;

Rejette, etc.

Jurisprudence. — Pour : Bordeaux 28 mars 1833.

A annoter au mot EXPLOIT, n° 190.

—

ART. 258.

—

SAISIE IMMOBILIÈRE.

MOYENS DE NULLITÉ. — DÉCHÉANCE. — DISTRACTION. — APPEL.

Le saisi qui n'a pas fait valoir, avant le jugement d'adjudication, ses moyens de nullité contre la procédure d'expropriation, n'est pas recevable à interjeter appel de ce jugement.

Il en est de même de celui qui, se prétendant propriétaire d'une partie des biens saisis, n'a pas formé sa demande en distraction avant l'adjudication.

ARRÊT.

COUR ROYALE DE RIOM. — 10 AOUT 1844.

LA COUR ; — En ce qui touche l'appel interjeté par Pierre et Georges Deval :

Attendu qu'à aucune époque de la poursuite en saisie immobilière, il n'a été proposé par Pierre Deval père, contre lequel était poursuivie ladite saisie, aucun moyen de nullité ;

Attendu que, d'après les art. 728 et 729 de la nouvelle loi sur les ventes judiciaires, les moyens de nullité, tant en la forme qu'au fond, contre la procédure, doivent être proposés avant l'adjudication, à peine de déchéance;

Attendu qu'aucun moyen de nullité n'a été proposé par défunt Pierre Deval, partie saisie, devant les premiers juges, et que l'on ne peut en appel proposer d'autres moyens que ceux qui ont été présentés en première instance (art. 732 de ladite loi);

Attendu que Georges Deval fils n'a pas été partie dans le jugement dont est appel; que ce n'est que parce que ledit jugement lui a été signifié en qualité de possesseur de quelques-uns des héritages adjugés qu'il s'est cru dans le cas d'en interjeter appel;

Attendu qu'à supposer que Deval fils fût propriétaire de quelques-uns des héritages adjugés, ce ne pouvait être pour lui un motif d'interjeter appel du jugement d'adjudication, vu qu'il n'avait pas formé devant les premiers juges de demande en distraction ou en revendication, et que la cour ne pourrait statuer sur la question de propriété;

Attendu encore que l'acte d'appel n'énonce pas les griefs des appelants: d'où il suit que, sous les rapports ci-dessus déduits, l'appel qui a été interjeté, soit par la partie de Bayle, soit par celle de Chirol, doit être déclaré non-recevable, sauf à faire telles réserves que de droit à ladite partie de Bayle;

Par ces motifs, statuant tant sur l'appel interjeté par Georges Deval, partie de Bayle, que par la partie de Chirol, déclare ledit appel non recevable; ordonne, en conséquence, que le jugement d'adjudication dont est appel sera exécuté suivant sa forme et teneur; réserve à la partie de Bayle tous ses droits, quant aux héritages dont elle prétend être propriétaire, sauf les défenses et exceptions à ce contraires des parties de Dumontat.

Auteurs.—Pour : Chauveau sur Carré, quest. 2423 *quater*, qui pense avec raison que les jugements d'adjudication ne peuvent, dans aucun cas, être frappés d'appel.

Jurisprudence. — Aucun précédent.

A annoter au mot Saisie immobilière, n°s 231, 244 et 247.

ART. 259.

HONORAIRES.

AVOUÉ. — SALAIRES ÉTRANGERS A SON MINISTÈRE. — MODE DE PAYEMENT. — TRAITE. — FRAIS.

L'avoué (ou l'huissier) qui donne ses soins à une affaire étrangère à son ministère, a droit à une juste indemnité;

Mais, pour se faire payer, il ne peut employer la voie commerciale de la traite, et par conséquent les frais auxquels donne lieu le refus du débiteur restent à la charge du fonctionnaire.

ARRÊT.

COUR ROYALE DE BORDEAUX. — 25 JANVIER 1842.

LA COUR; — Attendu que Dubourg n'était pas un mandataire gratuit, et qu'il a dû être indemnisé pour ses peines et soins et pour sa correspondance;

Attendu, quant à la somme de 14 fr. 65 cent. pour frais de protêt et compte de retour de la traite tirée par Dubourg sur Ibry, que cette traite avait été faite dans le but de faciliter à ce dernier le payement des frais dont il était débiteur ; mais que, si telle était l'intention de Dubourg, on ne peut considérer comme affaire de commerce les relations qui existent entre un avoué et son client ; que, pour parvenir à son payement, l'avoué n'est pas fondé à faire supporter au client les frais d'un protêt et d'un compte de retour ; qu'il doit seulement assigner celui-ci devant le tribunal où le procès a été jugé.

Reçoit Ibry opposant envers l'arrêt du 19 août 1840 ; remettant les parties au même état qu'elles étaient auparavant, condamne Ibry à payer à Dubourg la somme de..., etc.

Auteurs. — Pour : Chauveau, *Tarif*, introd. p. 37 ; N. Carré, *de la taxe*, p. 189 ; Rivoire, *Dict. du tarif*, v° Trib. de comm., n° 6 ; A. Dall. v° *Hon.* n° 136.

Jurisprudence. — Pour : Cass., 16 déc. 1818, 13 janv. 1819, 13 juin 1837.

A annoter au mot Honoraires, n° 20.

ART. 260.

JUGE DE PAIX.

PROROGATION DE JURIDICTION.—JUGEMENT.—HYPOTHÈQUE.

A supposer qu'un jugement rendu par un juge de paix, en vertu de l'art. 7 du Code de proc. civ., sans qu'il y ait litige entre les parties, soit nul, il acquiert néanmoins l'autorité d'un véritable jugement, s'il n'a pas été réformé en temps utile, au moyen d'un recours devant le juge compétent.

FAITS.

La cour royale de Paris, par un arrêt que nous avons rapporté art. 103, § 2 de ce journal, a déclaré nulle une sentence de juge de paix rendue en l'absence de tout litige, bien qu'elle eût acquis l'autorité de la chose jugée.

Un pourvoi fut formé contre cet arrêt. On a soutenu que la sentence du juge de paix, du 5 déc. 1827, ayant été rendue en conformité de l'art. 7 du Code de procédure, constituait une véritable décision judiciaire contre laquelle il n'y avait d'autres voies de recours que celles admises contre tous les jugements, et qu'on ne pouvait attaquer par voie d'action en nullité, hors les cas d'appel ou de recours en cassation ; que toutes les formalités requises pour la validité du jugement avaient d'ailleurs été accomplies, et que ce jugement, énonçant qu'il avait été rendu sur une difficulté qui divisait les parties, on n'était pas recevable à prétendre qu'il avait été rendu en l'absence de toute contestation.

ARRÊT.

COUR DE CASSATION. — 6 JANVIER 1845.

LA COUR ; — Sur le moyen pris de la violation de l'art. 7 Code proc., et des art. 1350. 1351, 2123 Code civil ;

Attendu que le jugement du juge de paix du 4º arrondissement de Paris, du 5 déc. 1827, a été rendu en conformité de l'art. 7, Code proc. ;

Attendu que les décisions rendues par les juges de paix, dans les cas et conditions prévus par cet article, sont de véritables jugements et en ont tous les caractères ;

Attendu que les voies directes de nullité n'ont pas lieu contre les jugements, et qu'ils ne peuvent être attaqués que de la manière et dans les formes voulues par la loi ;

Attendu qu'en refusant au jugement du 5 déc. 1827, rendu par le juge du paix du 4e arrondissement de Paris, le caractère et l'autorité d'une décision judiciaire, et en prononçant la nullité de ce jugement qui n'avait été devant elle l'objet d'aucun recours légal, et qui avait acquis entre les parties l'autorité de la chose jugée, la cour royale de Paris a violé l'art. 7, Code proc., et les art. 1350 et 1351, Code civ. ; qu'elle a en outre violé l'art. 2123 même Code, en refusant le bénéfice de l'hypothèque judiciaire à une créance fondée sur un jugement.

Jurisprudence. — Pour : Cass., 13 nov. 1843, art. 103, § 3 de ce journal.

A annoter aux mots **Prorogation de juridiction**, nº 2 ; et **Tribunal de paix**, nº 7.

ART. 261.

—

APPEL.

§ I.

DATE DU JUGEMENT. — ERREUR. — DÉFAUT D'ÉNONCIATIONS ÉQUIVALENTES. — NULLITÉ.

Est nul l'exploit d'appel dans lequel le jugement attaqué est indiqué sous une fausse date, lorsque d'ailleurs aucune énonciation ne fait connaître la véritable date du jugement.

ARRÊT.

COUR ROYALE DE LIMOGES. — 1er MARS 1844.

LA COUR ; — Attendu que les formalités prescrites par l'art. 61, Code proc. civ., pour les exploits d'ajournement, doivent être observées pour les actes d'appel ;

Que l'article précité exige, à peine de nullité, que l'exploit d'ajournement indique l'objet de la demande ; qu'il en résulte que l'acte d'appel doit contenir, comme formalité substantielle, l'indication du jugement que l'on entend frapper d'appel;

Attendu, en fait, que la partie de Me Bussière déclare, dans son acte d'appel du 7 octobre 1842, se rendre appelante d'un jugement rendu entre elle et Vincent, le 22 fév. 1842, lorsqu'il est constaté que, à cette date, aucun jugement n'a été rendu entre les parties:

Attendu qu'il n'existe d'ailleurs, dans l'acte d'appel, aucune énonciation, et qu'il n'est justifié d'aucun fait qui puisse par équipollence suppléer à ce défaut d'indication et faire connaître, ainsi que la loi l'exige, l'objet de la demande ou la date du jugement dont on déclarait vouloir interjeter appel; qu'ainsi, l'appel doit être déclaré nul; — Déclare nul l'appel de Peyry.

Jurisprudence. — Trois arrêts de Besançon, 25 janvier 1810; Rennes, 12 fév. 1813; Bruxelles, 24 déc. 1829, décident d'une manière absolue que l'acte d'appel indiquant le jugement attaqué sous une fausse date est nul, quand même ce jugement serait le seul intervenu entre les parties.

Mais d'autres et nombreux arrêts déclarent qu'un tel acte est valable s'il résulte de ses autres énonciations ou des circonstances de l'affaire qu'aucune incertitude ne peut exister à l'égard du jugement attaqué. — Rennes, 17 mars 1809, 3 juin 1813, 11 mars 1814, 22 août 1814; Agen, 9 juillet 1810; Metz, 5 janv. 1813; Limoges, 19 août 1818; Grenoble, 13 frim. an XI et 16 déc. 1813; Paris, 24 août 1813; Besançon, 22 janv. 1820; Metz, 17 août 1821, 22 juillet 1823; Amiens, 9 nov. 1821; Colmar, 31 janv. 1826; Bordeaux, 2 juin 1827; Colmar, 31 janvier 1826; Bruxelles, 7 juillet 1830; Bourges, 26 janv. 1831; Bordeaux, 22 juillet 1831, 20 juin 1833, 23 mars 1836; Poitiers, 28 déc. 1837; Rouen, 11 juin 1838.

§ II.

INDICATION DE LA COUR ROYALE. — OMISSION. — ÉNONCIATIONS ÉQUIVALENTES.

Est valable l'acte d'appel omettant le nom de la cour royale devant laquelle le litige est porté, si les énonciations qu'il renferme ne laissent aucun doute à cet égard.

ARRÊT.

COUR ROYALE DE TOULOUSE. — 12 JANVIER 1844.

LA COUR: — Attendu, sur le moyen de nullité proposé contre l'exploit d'appel du 30 déc. 1842, pris de l'omission dans ledit acte du nom de la cour royale appelée à statuer sur le litige, que ce moyen est sans consistance sérieuse, en présence des énonciations et indications contenues dans ledit exploit d'appel, lesquelles font connaître, d'une part, le nom de l'avoué *constitué postulant devant ladite cour*, et représentant les parties appelantes; de l'autre, la désignation nominative du tribunal dont la décision déférée ressortissait de la même cour; qu'en effet, les parties intimées ne se sont pas méprises sur les énonciations exprimées dans l'exploit dont s'agit, puisqu'elles ont fait choix d'un avoué exerçant devant la cour royale de Toulouse, lequel a fait notifier sa constitution à l'avoué constitué dans l'exploit des appelants : qu'ainsi il faut reconnaître que, par des équipollents, il a été suppléé aux exigences de la loi ; et que si la nullité adressée à l'exploit existait, elle aurait été couverte par des actes contre lesquels les protestations des intimés sont impuissantes ; — Par ces motifs, déclare valides les exploits d'appel, etc.

Jurisprudence. — Pour : Metz, 15 juin 1824. — Les arrêts énoncés *suprà*, § 1, sont d'ailleurs applicables ici par analogie.

§ III.

JUGEMENT PAR DÉFAUT. — DÉFAUT-CONGÉ. — DEMANDEUR. — APPEL NON-RECEVABLE.

Le demandeur ne peut attaquer par la voie de l'appel les jugements de défaut-congé, lorsqu'ils ne statuent pas sur le fond de la demande.

ARRÊT.

COUR ROYALE DE BESANÇON. — 31 JANVIER 1844.

LA COUR ; — Attendu que les juges d'appel ne peuvent prononcer que sur jugement intervenu en première instance, en suite de conclusions prises et portées sur les qualités ; que, dans le cas particulier, les appelants, originairement demandeurs, ne parurent point en première instance, ne prirent aucunes conclusions ; que les premiers juges ont dû dès lors donner défaut-congé, et renvoyer les défendeurs de la demande ; que, quels que soient les termes qu'ils aient employés pour énoncer ce fait, il en résulte clairement que la demande n'ayant pas été examinée, les appelants sont sans motifs pour en émettre appel ; qu'il convient dès-lors de déclarer l'appel non-recevable ;
Par ces motifs, etc.

Auteurs et jurisprudence. — Les auteurs et la jurisprudence sont divisés sur la question résolue par notre arrêt :

1.

L'appel n'est jamais recevable contre un jugement de défaut-congé, un tel jugement ne pouvant être considéré que comme un abandon de l'instance que rien n'empêche de renouveler. — Favard, *Répert.*, v° *Jugement*, § 3, n° 9 ; Bonc. *Théor. proc. civ.* t. 3, p. 16 et suiv.
Cette opinion est adoptée :
1° Par un arrêt de la cour de Turin du 23 août 1809. — Attendu que par ce jugement (portant congé de la demande) le tribunal de première instance de Verceil n'a pu ni dû rien préjuger sur le fond des demandes de Fransig ; que celui-ci, après avoir laissé écouler le délai pour former opposition audit jugement, ayant cru pouvoir en interjeter appel, s'est évidemment mépris sur l'intelligence de l'art. 455 Code proc. ; car la disposition de cet article ne peut jamais recevoir d'application lorsque le jugement par défaut ne contient qu'un congé au profit du dé-

fendeur ou une déclaration de l'abandon de l'instance faite par le demandeur ;

2° Par un arrêt de la cour de Bruxelles du 26 avril 1810. — Attendu que le jugement dont est appel, tout en renvoyant de l'action, n'est qu'un simple congé et déclaration de l'abandon de l'instance, qui n'empêche pas que l'appelant puisse renouveler la demande ; que le juge n'a rien jugé relativement au différend des parties ;

3° Par un arrêt de la cour de Besançon du 4 décembre 1836, et par un arrêt de la cour royale de Dijon du 8 juillet 1830. — Considérant qu'un jugement par défaut-congé n'est susceptible ni d'opposition ni d'appel ; que le demandeur reste toujours libre d'introduire une nouvelle instance, le défaut-congé contre lui n'ayant d'autre fondement que la présomption qu'il a renoncé à donner suite quant à présent à sa demande.

2.

Le jugement de défaut-congé, statuant ou non sur la demande au fond, étant un véritable jugement et ne pouvant être réformé que lorsqu'il est attaqué par les voies légales, peut être frappé d'appel lorsque l'opposition n'est plus permise.—Pig. *Comment.*1, p. 350 ; Demiau, art. 154 ; Merlin, *Quest.*, v° Appel, § 1, n° 1 ; A. Dalloz, supplém., v° *Appel civil*, n° 75 ; Ledru-Rollin, *Rép. gén.*, v° Appel, n° 282.

Ce système a été adopté :

1° Par un arrêt de la cour d'Orléans du 30 août 1809 ; — par un arrêt de la cour de Nîmes du 14 novembre 1825. — Attendu qu'aux termes de l'art. 443 du Code de proc., tout jugement par défaut est appelable ; que tout appel saisit le juge supérieur de la connaissance de la demande formée devant le juge inférieur, ainsi que cela s'évince de l'art. 464 du même Code ; que, dès lors, le juge d'appel doit statuer sur la demande de l'appelant s'il la trouve en état de recevoir jugement ;

2° Et par un arrêt de la cour de Poitiers du 14 février 1837. — Attendu que, par le jugement de défaut-congé du 29 nov. 1835, les défendeurs ayant été renvoyés avec dépens de la demande qui leur était formée par Labrillantais, celui-ci a pu considérer ce jugement comme lui faisant grief, et chercher à se pourvoir, par les voies de droit, contre ledit jugement ; attendu que les délais de l'opposition étant passés, Labrillantais a pu se pourvoir par appel ;

3° Bioche, *Dict. de proc.*, v° Appel, n° 43, adopte un système mixte : — Si le défendeur a conclu à ce que la demande soit déclarée mal fondée, et que, par suite, le jugement de défaut ait statué au fond, l'appel est recevable ; — si, au contraire, le jugement n'a pas statué sur le mérite de la demande, elle pourra être renouvelée, et, dans ce cas, le jugement ne sera pas susceptible d'appel.

Chauveau sur Carré est du même avis. —1° Art. 150, *Quest.* 617. Notre système est bien simple, dit-il, c'est celui de Rodier. Le voici : Ou le défendeur veut qu'on lui donne simplement la liberté de s'en aller; il la demande et *rien n'est jugé ;* ou il veut que le litige soit vidé, et alors il requiert défaut, et produit ses raisons de décider et rentre dans les termes de l'art. 150 ; — 2° *Question* 1566, à la note : « Nous avons dit sur la question 617 quels sont, d'après nous, les droits du défendeur, lorsque le demandeur ne comparaît pas, et les devoirs du tribunal, selon l'usage que le défendeur veut faire de ses droits. — Il en résulte que si le défendeur ne veut pas tirer de l'absence du demandeur d'autre avantage que celui d'être mis hors d'instance, sans qu'il soit rien statué au fond, le devoir du tribunal se borne à lui allouer les fins de sa demande. Dans ce cas, le premier degré de juridiction n'est pas épuisé, et l'appel n'est pas recevable.— Si, au contraire, il requiert le tribunal de juger le fond de la contestation, le tribunal ne peut s'y refuser, et il doit alors examiner les moyens de défense et prononcer en connaissance de cause. Dans ce cas, le procès a subi le premier degré de juridiction, et l'appel est admissible.

C'est à ce dernier système que notre arrêt se rattache, car il a soin, en effet, de motiver la non-recevabilité de l'appel sur ce que la demande n'a pas été examinée en première instance.

A annoter au mot **Appel**, nᵒˢ 34, 168 et 171.

ART. 262.

—

LOI

SUR LES IRRIGATIONS.

Du 29 avril 1845, promulguée le 1ᵉʳ mai.

COMMENTAIRE.

CHAMBRE DES DÉPUTÉS : *Prise en considération de la proposition de M. d'Angeville, 22 mai 1843 ; rapport de M. Dalloz, 29 juin 1843 ; rapport supplémentaire, 30 mars 1844 ; discussion et adoption, 11, 12 et 13 février 1845.* — CHAMBRE DES PAIRS :

Rapport de M. Passy, 26 mars 1845 ; discussion le 19 avril, et adoption le 22 août 1845.

« Une loi générale et complète sur les irrigations, a dit M. Dalloz, serait un grand œuvre ; elle demanderait un ensemble de dispositions qui en feraient un véritable code, et un code assez étendu. Elle devrait, en effet, embrasser à la fois les grands canaux d'irrigation dérivés des fleuves et rivières dépendant du domaine public, les dérivations des cours d'eau ordinaires, les irrigations produites à l'aide des eaux privées provenant des sources, des étangs, des eaux de pluie et de neige recueillies dans des réservoirs, et, enfin, au moyen des eaux souterraines ramenées sur le sol par les puits artésiens. Pour les grands canaux exécutés par l'état ou délégués à des compagnies, elle aurait à organiser un système de répartition des eaux et à régler les conditions auxquelles elles seraient livrées à l'agriculture. Relativement aux cours d'eau ordinaires, elle aurait à résoudre un grave problème, celui de savoir si ces cours d'eau doivent demeurer le partage exclusif des riverains immédiatement contigus, ou profiter aussi, comme de bons esprits le demandent, à toute propriété, même non riveraine, que son niveau rend susceptible d'irrigation. Cette loi générale aurait enfin à concilier l'intérêt des propriétaires de prairies avec celui des propriétaires d'usines, et à faire prospérer l'agriculture sans préjudicier à l'industrie. L'élaboration d'une semblable loi offre donc, on n'en saurait douter, une tâche immense, et si telle avait été la proposition de M. d'Angeville, votre commission aurait certainement manqué du temps nécessaire à son examen.

» Heureusement cette proposition est beaucoup moins étendue, et quoique dans les développements pleins de science et d'intérêt où il est entré, son honorable auteur ait trouvé presque tous les points du sujet, il est vrai de dire cependant qu'il n'a soumis à vos délibérations qu'une partie de la vaste matière des irrigations. Ainsi la proposition laisse à l'écart les grands canaux de dérivation entrepris par l'État et par les compagnies sur les fleuves et rivières, le régime de distribution de ces eaux, et toutes les questions qui se rattachent à la propriété, à l'usage et au partage des cours d'eau ordinaires. Elle a seulement pour objet de réclamer, pour les eaux naturelles ou artificielles dont un propriétaire peut avoir le droit de disposer, le droit de conduire les eaux sur sa propriété en traversant les fonds intermédiaires qui l'en séparent. »

Ainsi le but de la loi du 29 avril 1845 n'est pas, comme le dit d'ailleurs l'art. 5 d'une manière formelle, de modifier ni changer les dispositions des lois réglant la police des eaux ; mais il est uniquement d'accorder à un propriétaire qui possède des eaux dont il est séparé par un terrain qui ne lui appartient pas, le droit de les faire passer sur ce terrain malgré le propriétaire, en lui payant une juste indemnité. Trois conditions sont donc indispensables pour que la loi dont s'agit soit applicable : la première, c'est de posséder des eaux; la seconde, c'est qu'entre ces eaux et la propriété qu'on veut arroser il y ait un terrain intermédiaire appartenant à un tiers; la troisième, c'est que les eaux qu'on veut conduire soient destinées à l'irrigation.

ARTICLE PREMIER.

Tout propriétaire qui voudra se servir, pour l'irrigation de ses propriétés, des eaux naturelles ou artificielles dont il a le droit de disposer, pourra obtenir le passage de ces eaux sur les fonds intermédiaires, à la charge d'une juste et préalable indemnité.

Sont exceptés de cette servitude les maisons, cours, jardins, parcs et enclos attenant aux habitations.

—

Tout propriétaire. — L'intérêt de l'usufruitier étant lié à celui du propriétaire, il semble qu'il a le même droit que ce dernier; car, agissant pour l'utilité et l'amélioration du fonds, il stipule autant pour le propriétaire que pour lui-même (Proudh., *de l'usufruit*, nᵒˢ 37 et 1454). Toutefois Garnier (*Commentaire*, loi du 29 avril 1845, p. 16) a adopté une opinion contraire, se fondant sur ce que l'usufruitier est obligé de jouir de la chose dans l'état où elle est.

Quant au fermier et au colon, il paraît évident qu'ils ne pourraient réclamer la servitude de passage pour les eaux sans le concours du propriétaire.

L'irrigation. — La loi nouvelle n'ayant en vue que l'irrigation des propriétés, le droit qu'elle confère pour la conduite des eaux à travers les fonds intermédiaires ne pourrait donc être réclamé pour remplir un étang, une marre, des fossés, ni pour faire mouvoir une usine. Néanmoins, si l'étang ou la marre n'était qu'un réservoir destiné à régulariser l'irrigation, le passage ne pourrait être refusé.

Les eaux dont il a le droit de disposer. — Les eaux dont on a le droit de disposer peuvent être divisées en trois classes : celles dont on a la propriété exclusive; celles dont on peut réclamer l'usage d'après les art. 644 et 645 du Cod. civ., enfin celles concédées par l'administration et provenant du domaine public.

Eaux dont on est propriétaire. — Ce sont les eaux des sources jaillissantes naturellement ou artificiellement d'un fonds qui nous appartient, ou celles coulant sur notre fonds et dont nous avons acquis la propriété, soit par la prescription, soit à prix d'argent; celles amenées dans des réservoirs établis sur notre fonds; les eaux pluviales dont nous avons le droit de nous emparer, enfin les eaux appartenant à autrui et dont nous sommes devenus acquéreurs.

Eaux dont on est usager. — Ce sont les eaux des rivières non navigables ni flottables, et auxquelles les articles 644 et 645 du Code civil permettent de prétendre. Les riverains seuls y ont droit; mais ils peuvent ou les céder ou s'en servir pour arroser un terrain autre que celui joignant la rivière et séparé de ce dernier par un fonds appartenant à autrui. — L'administration peut ou défendre ou régler l'usage de ces eaux, et alors les riverains et les tribunaux doivent se conformer aux règlements qui sont faits à cet égard.

Eaux dont on est concessionnaire. — Ce sont celles concédées par l'administration et dérivant des fleuves et rivières navigables et flottables considérées comme dépendances du domaine public.

La loi, a dit la commission de la chambre des pairs, répondant à M. Barthélemy, n'a dérogé en rien à aucun des principes du Code civil, ni à aucun des usages actuellement existants. L'article 644 du Code civil dit que les riverains auront le droit d'user des cours d'eau non navigables ni flottables qui bordent leur propriété.

Maintenant qui est-ce qui, dans l'usage actuel et aux termes même des lois, fait dispensation des eaux? c'est l'administration toutes les fois qu'il lui convient. L'administration a le droit de faire des règlements locaux et particuliers que les tribunaux sont tenus d'observer. Le projet de loi, tel qu'il est soumis à la chambre, ne touche à aucune de ces dispositions : l'administration conserve tous ses droits, et quand il lui convient elle fait des règlements. S'il arrive qu'à raison de la faculté conférée aux propriétaires riverains de dériver les eaux pour les transporter ailleurs, il se passe sur les cours d'eau des embarras qui ne se sont pas encore présentés, il est du devoir de l'administration de les prévenir.

Quant à la question de propriété (des eaux), nous n'y avons pas touché. Mais, que la chambre le remarque bien, ce que les riverains ont, c'est un droit d'usage conféré par le Code; ce droit d'usage, ils ne peuvent s'en servir que de la manière prescrite par l'administration elle-même. Ainsi il en résulte que l'administration fixe la manière dont on peut user des eaux; elle fait la plupart des irrigations, et elle est en droit de déterminer quelles seront les quantités afférentes à chaque riverain. L'administration garde tous ses droits; nous n'y touchons en aucune manière, et du droit de dériver des eaux ne résultera pour les riverains aucune faculté nouvelle, aucun droit nouveau.

A la chambre des députés, le rapporteur de la commission a

dit : « Dans l'hypothèse d'un propriétaire riverain qui veut faire passer les eaux sur une parcelle intermédiaire afin d'irriguer une autre propriété inférieure qui lui appartient, ce propriétaire ne pourra obtenir de l'administration, au détriment des propriétés inférieures, le droit de dériver une quantité d'eau plus considérable que celle qui lui serait afférente à raison de sa propriété qui borde la rivière. — Dès lors, et par la même raison, a dit M. Gillon, la concession faite par un propriétaire qui est immédiatement riverain ne pourra être que d'une quantité tout au plus égale à celle à laquelle ce riverain aura droit. — Sans doute, a répondu le rapporteur. »

Pourra obtenir. — Ces mots indiquent que la demande formée par celui qui veut arroser une propriété sera soumise à l'appréciation des tribunaux, lesquels pourront l'accorder ou la refuser suivant les circonstances.

« L'article 682 du Code civil, a dit le rapporteur à la chambre des députés, qui a établi la servitude de l'enclave, veut que le propriétaire qui la réclame soit obligé de s'adresser aux tribunaux. Eh bien, ce que cet article a établi pour l'enclave, nous l'instituons pour le passage des eaux ; avec cette différence seulement que ce qui est absolu pour l'enclave, nous l'établissons ici comme facultatif pour le pouvoir judiciaire, qui pourra, selon les cas, accorder ou refuser la servitude selon qu'elle sera ou ne sera pas justifiée par un intérêt d'irrigation réel et sérieux.

» Le propriétaire dont le fonds sera traversé par l'aqueduc, a encore fait observer le même rapporteur, n'aura pas le droit de se servir des eaux à leur passage pour arroser sa propriété. M. Joly avait proposé un amendement tendant à lui accorder le droit de prendre, pour arroser sa propriété, la moitié des eaux de l'aqueduc : cette proposition n'a pas été adoptée. — Résulte-t-il du rejet de cet amendement que le propriétaire du fonds traversé soit destitué de tout droit sur l'eau de l'aqueduc ? ce serait peut-être aller trop loin. Ainsi il semblerait difficile de lui contester le droit de lavage, d'abreuvage des bestiaux, et même de puisage, pourvu que l'exercice de ces droits, et surtout du dernier, ne causât aucun préjudice pour l'usage de la servitude. »

Préalable indemnité. — L'indemnité doit être réglée et payée avant que le réclamant prenne possession du terrain sur lequel la servitude doit être établie ; auparavant, aucun travail ne lui est permis sur la propriété intermédiaire, qu'il est tenu de respecter de même que s'il ne prétendait à aucun droit à venir sur icelle.

Dans l'appréciation de l'indemnité doit entrer non-seulement la valeur du terrain en lui-même dont le propriétaire se trouve privé par le canal et ses dépendances, mais encore l'évaluation du préjudice que lui causent la confection et l'existence du canal, et la séparation de sa propriété en deux ou plusieurs parties. — Rapport de M. Dalloz.

Maisons. — Cette désignation est générique et comprend toute espèce de bâtiments. Garnier, *Comment.*, loi du 29 août 1845, p. 23.

Enclos. — Qu'entend-on par cette désignation? La solution de cette question nous paraît avoir été laissée par la loi dans le domaine des tribunaux, qui, suivant le mode de clôture adopté dans telle ou telle localité, considèreront comme enclos ou non enclos des terrains entourés soit de haies, soit de fossés, soit de toutes autres clôtures.

La servitude d'aqueduc une fois établie par justice subit ensuite toutes les conditions du droit commun, soit relativement à l'usage qui en est fait, soit relativement à son extinction. — Si l'usage de l'aqueduc se restreint dans des limites plus étroites que celles que le titre lui assigne pendant le temps nécessaire à la prescription, ce droit se trouve par là même réduit à des proportions nouvelles; si au contraire l'usage s'étend par la possession, la servitude elle-même s'étend par le bénéfice de la prescription. Daviel, *Comment.*, loi du 29 avril 1845, n° 21, p. 41.

Le propriétaire de la dérivation ne peut rien faire qui aggrave la condition du fonds servant, de même le propriétaire du fonds servant ne peut rien faire qui nuise à l'exercice de la dérivation (Daviel, *id.*, p. 41 et 43). C'est le droit commun en matière de servitudes.

Les produits de curage du canal appartiennent à celui qui doit supporter les frais de cette opération, suivant le titre constitutif de la servitude, sinon au propriétaire du fonds servant, tenu, à défaut de conventions, d'opérer le curage. Daviel, *id.*, p. 43, n° 23.

Le droit d'aqueduc ne constituant qu'une servitude sera éteint si les eaux tarissent, si le canal vient à être abandonné, s'il tombe en désuétude (Dalloz, rapp. du 12 fév.) pendant 30 ans.

ART. 2.

Les propriétaires des fonds inférieurs devront recevoir les eaux qui s'écouleront des terrains ainsi arrosés, sauf l'indemnité qui pourra leur être due.

Sont également exceptés de cette servitude les maisons, cours, jardins, parcs et enclos attenant aux habitations.

———

Cet article est éclairé par la discussion qui a eu lieu à la chambre des députés, et que voici :

M. Durand (de Romorantin). — « Je demande à adresser une question à M. le rapporteur. — L'article 644 du Code civil continuera, dit-il, à être exécuté. Ceux qui ont dérivé des eaux devront, après s'en être servi, les rendre à leur cours naturel ; je lui demande comment il conciliera sa réponse avec la disposition de cet article? La loi propose une indemnité aux propriétaires inférieurs qui recevront les eaux provenant des propriétés arrosées.

» S'il y a un canal de dérivation qui retourne au canal principal, ces terrains inférieurs ne seront pas grevés de cette servitude; s'ils en sont grevés, la réponse faite est inexacte et le danger que j'ai signalé existe : il y a une innovation des plus graves aux dispositions de l'art. 644. »

M. le rapporteur. — « Lorsque les eaux dans le cas de l'article 644 auront servi à l'irrigation des terrains, et qu'on sera obligé, pour les rendre au cours d'eau principal, de leur faire traverser les héritages inférieurs, il y aura lieu à indemnité. »

M. Durand (de Romorantin). — « C'est-à-dire que vous serez obligé d'établir une servitude de passage sur eux comme sur les terrains primitifs. Vous avez d'abord un terrain intermédiaire; vous demandez aux tribunaux une servitude sur le terrain, pour y faire passer l'eau que vous amenez sur votre propre terrain; pour faire sortir l'eau de ce terrain et la rendre à son cours naturel, il faudra encore établir un canal de dérivation sur ces terrains inférieurs : je ne me trouve pas satisfait par la disposition de l'article.

» Après l'article 1er tel qu'il a été voté, et en présence de l'article 2 qui est proposé, je demande ce que devient l'intérêt des propriétaires des terrains inférieurs, s'ils ont le droit de se servir des eaux à leur passage? Je ne vois pas qu'il y ait aucune obligation pour ceux qui ont établi des irrigations, de rendre les eaux à leur cours naturel. »

M. le rapporteur. — « Le principe fondamental de l'article 2, sur lequel vous délibérez en ce moment, a été de sauvegarder tous les intérêts. Ainsi que le disait M. d'Angeville, dans le plus grand nombre des cas les eaux d'écoulement seront un bienfait qu'on recherchera. — Mais il pourra arriver aussi que ces eaux d'écoulement causent un dommage au propriétaire inférieur. Eh bien, nous avons pourvu au dommage en posant le principe d'une indemnité qui sera arbitrée par les tribunaux : cette indemnité sera telle que le propriétaire du fonds inférieur n'éprouvera aucune sorte de dommage. S'il y a nécessité pour ce propriétaire de construire un canal, on lui donnera une indemnité suffisante pour le construire. »

Ces observations ne s'appliquent évidemment qu'aux eaux dérivées des rivières non navigables ni flottables. Ces eaux ne peuvent être utilisées par le fonds inférieur, puisqu'elles doivent être rendues à leur cours naturel par celui qui a le droit d'en profiter, le riverain ne pouvant les employer que dans la proportion du droit que lui donne sa propriété riveraine. — Quant aux eaux non courantes, le fonds inférieur pourra s'en servir; mais alors l'utilité qu'il en retirera pourra lui ôter le droit à toute indemnité, ou au moins atténuer considérablement la quotité des dommages à lui allouer.

Relativement aux eaux concédées par l'administration et provenant des fleuves et rivières du domaine public, la concession déterminant si ou non l'eau doit retourner au fleuve, permet ou refuse par cela même au fonds inférieur le droit d'en user.

L'indemnité pour l'écoulement des eaux et l'endroit par où cet écoulement doit s'opérer doivent, comme dans le cas de l'article 1er, être préalablement réglés et payés. — Le respect de la propriété, dit le rapport de M. Dalloz, a porté votre commission à exiger que l'indemnité fût préalable et payée avant le commencement des travaux, et sans la prise de possession provisoire, qui n'est, au reste, autorisée que pour l'expropriation pour cause d'utilité publique, par la loi du 3 mai 1841.

Art. 3.

La même faculté de passage sur les fonds intermédiaires pourra être accordée au propriétaire d'un terrain submergé en tout ou en partie, à l'effet de procurer aux eaux nuisibles leur écoulement.

Cette disposition, qui ne déroge en rien ni à l'article 640 du Code civil, ni aux lois sur le dessèchement des marais, ne paraît devoir être applicable qu'au cas où un héritage se trouverait en tout ou partie submergé, et où son propriétaire pourrait, isolément et avec le seul secours de ses ressources privées, le soustraire aux eaux. Daviel, *id.*, p. 60, n° 33.

La même faculté, dit l'art. 3, c'est-à-dire moyennant une indemnité arbitrée par les tribunaux et payée avant toute prise de possession, même provisoire.

Il est évident que dans le cas des trois articles précédents, le trajet à suivre pour faire arriver l'eau à destination doit être pris par l'endroit le plus court et le moins dommageable.

Art. 4.

Les contestations auxquelles pourront donner lieu l'établissement de la servitude, la fixation du parcours de la conduite d'eau, de ses dimensions et de sa forme, et les indemnités dues soit au propriétaire du fonds traversé, soit à celui du fonds qui recevra l'écoulement des eaux, seront portées devant les tribunaux, qui, en prononçant, devront concilier l'intérêt de l'opération avec le respect dû à la propriété.

Il sera procédé devant les tribunaux comme en matière sommaire, et, s'il y a lieu à expertise, il pourra n'être nommé qu'un seul expert.

———

Le tribunal compétent est celui de la situation de la propriété sur laquelle le canal de conduite doit être établi.

L'affaire doit être soumise au préliminaire de conciliation, à moins qu'elle ne se trouve dans l'un des cas de dispense prévus par la loi.

Quelle procédure doit-on suivre ? la demande doit-elle être précédée d'offres réelles ? La loi n'en impose pas l'obligation. Toutefois un tel acte ne serait pas inutile; car, la plupart du temps, il amènerait un arrangement; en outre, il pourrait constituer le défendeur en faute, et par cette considération le faire succomber dans une partie des frais.

Règle générale, une instance ayant pour but la concession d'une servitude de conduite d'eau n'étant produite que dans l'intérêt du demandeur, doit rester entièrement à la charge de celui-ci, à moins cependant que le défendeur, par des précédents ou des refus mal fondés, n'ait occasionné des frais inutiles; dans ce cas, bien entendu, ces frais devraient être supportés par lui.

La citation en conciliation et l'ajournement doivent désigner très-clairement l'objet de la demande, et contenir l'offre d'une indemnité à payer préalablement. Ce n'est en effet que dans le cas où les parties ne sont pas d'accord, soit sur le parcours du canal, soit sur l'indemnité, qu'il y a lieu à expertiser.

FORMULES.

FORMULE PREMIÈRE.

OFFRES RÉELLES.

L'an... à la requête de... j'ai... signifié et déclaré à...

Que le requérant à raison de la propriété d'un pré sis commune de..., sur le bord de la rivière de..., contenant... et tenant d'un côté..., etc., a droit, aux termes du règlement du préfet de..., du..., à une prise d'eau, sur ladite rivière, d'environ... centimètres carrés (s'il n'y a pas de règlement qui détermine le volume de la prise d'eau, on dit : a droit, aux termes de l'art. 644 du Code civil, à une prise d'eau sur ladite rivière);

Qu'il destine l'eau provenant de cette dérivation à arroser un pré lui appartenant, sis même commune..., lieu dit le .., contenant... et tenant...;

mais que, pour la faire arriver à cette dernière propriété, il a besoin d'un canal de conduite partant du milieu nord-ouest du pré qui a droit à la prise d'eau, et traversant un autre pré appartenant audit sieur..., sis à..., contenant... et joignant...; que ce canal, se dirigeant du sud-est au nord-ouest de cedit pré, aura une longueur de... mètres et devra avoir, y compris les deux talus, une largeur de...;

Que le requérant, usant du bénéfice des dispositions de l'art. 1er de la loi du 29 avril 1845, entend réclamer et réclame formellement par ces présentes, le droit de creuser sur la propriété du sieur.... un canal de la dimension ci-dessus exprimée, destiné à la conduite des eaux pour l'irrigation du pré de...;

En conséquence, et attendu que l'établissement dudit canal causera un préjudice de... à la propriété du sieur..., j'ai offert réellement et à deniers découverts, à ce dernier, ladite somme de..., en pièces de... A quoi il m'a répondu...

Et j'ai . etc.

FORMULE DEUXIÈME.

CITATION EN CONCILIATION.

L'an..., à la requête de.... j'ai.. cité le sieur..., à comparaître... pour...— Attendu (motifs des offres, analyser cet exploit) se concilier, s'il y a lieu, sur la demande que le requérant a l'intention de former devant juges compétents pour voir dire et ordonner que le droit de construire le canal ci-dessus décrit sera accordé au requérant, moyennant l'indemnité par lui offerte par l'exploit susdaté, à la charge par lui de payer cette indemnité préalablement à toute prise de possession, sinon et en cas de contestation de la part du sieur... que par M..., expert, ou tout autre désigné par le tribunal, les lieux seront vus et visités, le canal tracé et l'indemnité fixée, pour, sur le rapport dudit expert, être conclu et statué ce qu'il appartiendra, sous toutes réserves expresses. — Voir en outre statuer tel que droit à l'égard des dépens.

Et j'ai...

FORMULE TROISIÈME.

AJOURNEMENT.

(Mêmes motifs et conclusions que pour la citation en conciliation, FORMULE PREMIÈRE.)

Nous ne donnons pas de formules pour les cas prévus par les art. 2 et 3 de la loi; l'intelligence de nos abonnés pourvoira à cette lacune en modifiant, suivant les circonstances, les formules ci-dessus.

ART. 5.

Il n'est aucunement dérogé par les présentes dispositions aux lois qui règlent la police des eaux.

—

M. Passy, dans son rapport, s'est expliqué de la manière suivante en ce qui touche les prises d'eau sur les rivières non navigables ni flottables : — « Sur les cours d'eau trop faibles pour servir à la navigation et au flottage, l'État ne s'est réservé que des droits généraux de police; les riverains en ont la possession collective; tous sont libres de s'en servir pour l'irrigation des propriétés contiguës, et ceux qui possèdent les deux rives ne rencontrent, dans l'usage qu'ils en font, d'autre limite que l'obligation de les rendre, à la sortie de leurs domaines, à leur lit naturel.

» Mais comme nul ne doit absorber ou appauvrir, à son profit exclusif, une propriété commune, l'administration supérieure, tutrice légale des biens et des intérêts collectifs, garde, avec la police des eaux, le droit de déterminer la manière de s'en servir et d'imposer des règlements particuliers et locaux dont les tribunaux, en cas de contestation entre les usagers, sont tenus de maintenir l'observation.

» Ainsi que le dit expressément l'art. 5 du projet de loi, il n'est dérogé en rien aux lois qui règlent la police des eaux, et l'administration n'est menacée de perdre aucun des pouvoirs qu'elle a exercés jusqu'ici. La tutelle dont elle est investie, le droit d'imposer des règlements particuliers et locaux que les tribunaux ont à observer dans les jugements qu'ils prononcent, tout cela subsiste, et nous ne voyons pas qu'il y soit porté la moindre atteinte. C'est l'administration supérieure qui, à l'avenir comme dans le passé, surveillera l'usage des eaux dont la propriété est collective; c'est elle qui les répartira entre les riverains, qui ordonnera l'entretien des berges et exigera les curages. Seulement, s'il arrive que les eaux, devenues plus précieuses, soient plus recherchées, elle aura à multiplier ses soins, et son action, bien loin d'être amoindrie, y gagnera en étendue et en utilité.

» Aujourd'hui l'administration, en imposant des règlements locaux dans l'intérêt collectif des riverains, assigne à chacun sa part à la propriété commune et distribue en réalité les titres en vertu desquels a lieu l'usage des eaux. Quant aux tribunaux, ils n'ont pas à discuter les règlements, ils en maintiennent l'exécution. »

A annoter au mot Cours d'eau, n° 1.

—

ART. 263.

—

EXTRAIT DE LOI

SUR LA DÉMONÉTISATION DES PIÈCES DE SIX LIARDS, DE CELLES DE DIX CENTIMES A LA LETTRE N, DE CELLES DE QUINZE SOUS ET DE TRENTE SOUS.

Du 11 juillet 1845.

ARTICLE PREMIER.

Seront retirées de la circulation et démonétisées les pièces de 6 liards, celles de 10 centimes à la lettre N, et les pièces de 15 sous et de 30 sous.

ART. 2.

Ces pièces cesseront d'avoir cours légal et forcé, et ne seront, plus admises dans les caisses de l'État; savoir : celles de 6 liards et de 10 centimes à la lettre N, le 31 décembre 1845, celles de 15 sous et de 30 sous, le 31 août 1846.

ART. 3.

Les pièces d'un demi-franc et d'un quart de franc qui seront frappées à l'avenir porteront au revers les mots *50 centimes*, *25 centimes*, au lieu de ceux-ci : *un demi-franc, un quart de franc*.

A annoter au mot Billon.

EXTRAIT DE L'ARRÊTÉ

DU MINISTRE DES FINANCES SUR LA DÉMONÉTISATION DES PIÈCES DE SIX LIARDS, DE CELLES DE DIX CENTIMES A LA LETTRE N, DES PIÈCES DE QUINZE SOUS ET DE CELLES DE TRENTE SOUS.

Du 14 juillet 1845.

Le ministre-secrétaire d'Etat des finances,

Vu la loi du 10 de ce mois, aux termes de laquelle les pièces de six liards, celles de dix centimes à la lettre N, et les pièces de quinze sols et de trente sols, doivent être retirées de la circulation et n'être plus admises dans les caisses de l'état,

Savoir :

Les pièces de 6 liards et de 10 centimes, le 31 décembre 1845; celles de 15 sous et de 30 sous, le 31 août 1846;

Considérant qu'il importe de prendre immédiatement des mesures pour faciliter l'exécution de ces dispositions,

Arrête ce qui suit :

ARTICLE PREMIER.

A dater de la réception du présent arrêté, les pièces de 6 liards, celles de 10 centimes à la lettre N, et celles de 15 et de 30 sous, cesseront d'être employées dans les payements effectués par le caissier central du trésor, les receveurs généraux et particuliers des finances, les payeurs, les caissiers et receveurs de toutes les administrations financières, les trésoriers des invalides de la marine, les receveurs des communes, hospices et établissements de bienfaisance, et tous agents chargés du maniement des deniers publics;

Il est formellement interdit aux comptables de tous les degrés de remettre en circulation ces monnaies, pour quelque opération que ce soit.

ART. 2.

Les percepteurs et les préposés des administrations financières ne pourront retenir aucune des espèces à démonétiser qui auront fait partie de leurs recouvrements; ils devront les comprendre dans leurs versements périodiques. Ils ne pourront, jusqu'aux époques déterminées par la loi, refuser d'accepter les monnaies pour tout ou partie des sommes payées en acquit des contributions et revenus publics.

ART. 3.

Les receveurs spéciaux des communes et établissements publics, les trésoriers des invalides de la marine, et tous les autres comptables chargés de services spéciaux, sont autorisés à verser les pièces de billon formant le résidu de leurs caisses aux receveurs généraux et particuliers des finances, qui seront tenus de leur fournir d'autres monnaies en échange.

A annoter au mot **Billon.**

ART. 264.

—

QUESTIONS PROPOSÉES.

§ I [1].

EFFET DE COMMERCE.

PROTÊT. — BESOINS CONTENANT LA MENTION AVANT PROTÊT.

L'huissier porteur d'un effet de commerce sur lequel existe un besoin ainsi conçu : Au besoin avant protêt, *a-t-il la faculté de protester lorsqu'il ne trouve pas de fonds au domicile indiqué dans le corps du billet ?*

Cette question est résolue dans l'art. 202, paragraphe 5 de ce journal.

Les *besoins* indiqués sur un effet de commerce n'ayant d'autre but que d'éviter un protêt lorsqu'il ne se trouve pas de fonds au domicile indiqué dans le corps du billet, il importe peu qu'ils contiennent ou non la mention *avant protêt*, l'huissier, dans tous les cas, ne pouvant protester qu'autant qu'il n'y a de fonds ni au domicile principal, ni à ceux indiqués aux *besoins*.

Toutefois, voyez le dernier alinéa dudit art. 202, paragraphe 5, pour le cas où l'huissier jugerait à propos de constater par un acte, comme il en a le droit, et le refus fait au domicile indiqué au corps du billet, et le payement effectué à l'un des *besoins*.

A annoter au mot **Effet de Commerce,** n°s 169 et 172.

§ II [2].

PROTÊT.

REFUS DE PAYEMENT LE JOUR DE L'ÉCHÉANCE. — PROTÊT FAIT LE LENDEMAIN. — PAYEMENT. — FRAIS DU PROTÊT.

L'huissier porteur d'un billet présenté le jour de l'échéance et non payé, a le droit de dresser un protêt le lendemain, encore qu'au moment où il se présente, le souscripteur offre de le payer.

Le coût de ce protêt reste à la charge du souscripteur.

---

[1] Par M. Boussard fils, huissier.
[2] Transmis par M. Derbois, ancien syndic, huissier à Laon.

JUGEMENT.

TRIBUNAL CIVIL DE LAON (*jugeant commercialement*). — 25 AVRIL 1842.

LE TRIBUNAL ; — Considérant qu'au moyen des reconnaissances faites à cette audience, il ne reste plus de litige que sur les frais du transport de l'huissier, aux fins du protêt et de la préparation d'icelui :

Que Beaumont, porteur des deux billets souscrits par Huart, et payables le 25 mars 1832 à Eppes Sauvage, au domicile élu de Pequeriaux, les a présentés à l'encaissement audit jour, dans la matinée, fait non méconnu par Huart lui-même ;

Que, lors de cette présentation, les fonds n'étaient pas faits, ce que reconnaît également ce dernier ;

Considérant que ce fait donnait évidemment à Beaumont le droit de le constater le lendemain par un protêt, faute de payement, selon les prescriptions des art. 161 et 162 du Code de commerce ;

Qu'en vain Huart, pour repousser ce droit, alléguerait-il le premier de ces articles, qui lui donnait toute la journée de l'échéance pour payer, et qu'il est venu avec ses fonds au domicile élu, après la présentation de ces effets à l'encaissement ; qu'en effet, constitué en retard par cette même présentation infructueuse pour Beaumont, il ne pouvait se relever des conséquences de ce retard qu'en prenant lui-même les mesures nécessaires à arrêter la constatation du défaut de payement que l'art. 162 donnait à Beaumont le droit d'effectuer le lendemain ; que ces mesures, d'ailleurs, lui avaient été tracées par le fondé de pouvoir de Beaumont qui, au domicile élu, avait fait avertir Huart qu'en cas où il viendrait dans le jour avec ses fonds, il ait à les verser ou faire verser chez ledit Beaumont à Avignes, porteur desdits billets ; que ce fait n'est pas non plus méconnu par ledit Huart, et que ce dernier n'a point satisfait à cet avis ;

Qu'il importe à la célérité du commerce, que la seule présentation d'un billet à heure convenable, comme dans l'espèce, alors qu'elle n'est pas suivie de payement, donne au porteur le droit d'exiger à son tour du débiteur l'apport à la caisse du montant de ce billet, alors surtout que ce porteur s'est fait connaître de lui ;

Que d'ailleurs l'art. 161 crée au débiteur en retard cette obligation, puisqu'il donne au porteur le droit d'exiger le payement au jour de l'échéance, et celui de constater le lendemain, par le protêt, le défaut de payement de la veille ;

Qu'en effet, si le débiteur a tout le jour pour payer, le porteur a aussi tout le jour pour recevoir.

Par ces motifs,

Le tribunal jugeant en matière consulaire :

Donne acte aux parties de leurs conclusions respectives, telles qu'elles sont prises et modifiées à cette audience ;

Condamne Huart à rembourser à Beaumont les frais du protêt nécessité par son fait, et ceux faits depuis à raison d'icelui ;

Le condamne aux dépens de l'instance, dans lesquels entreront ceux de l'intervention de Beaumont ; lesdits dépens liquidés à.....

Signé : DE GERMIGNY, FRANÇOIS ROZE.

Un autre jugement du même tribunal, en date du 25 mars 1841, a décidé dans le même sens entre le sieur Devant, peintre à Laon, et le sieur Gouverneur, marchand à Maureguy-en-Haie.

Ces décisions sont conformes à l'opinion que nous avons émise art. 108, année 1844 de ce journal.

A annoter an mot **Effet de commerce**, n° 189.

§ III [1].

TRANSPORT-VOYACE.

FRACTION. — CALCUL. — SOMME A ALLOUER.

Le transport de l'huissier à 1 myriamètre 2 kilomètres de sa résidence doit-il être fractionné pour le payement ?

En d'autres termes, quelle est la somme à allouer à l'huissier ? est-ce 4, 5 ou 6 fr. ?

La solution de cette question, puisée dans l'art. 66 du tarif qui ne nous paraît pas susceptible d'équivoque, se trouve dans notre *Encyclopédie des Huissiers*, au mot *Transport-voyage*, numéros 10 et 11.

Les fractions que cet art. 66 du tarif prescrit d'observer dans le calcul des frais de voyage, sont d'un demi-myriamètre ou cinq kilomètres ; on ne peut donc, en taxant un transport, réduire ou augmenter ces fractions, et par conséquent modifier le chiffre appliqué à chacune d'elles ; ce serait entrer dans des détails que le législateur a entendu supprimer, et violer l'art. 66 précité : une taxe ainsi faite devrait nécessairement être réformée.

Ceci établi, le seul point qui reste à résoudre est celui de savoir si une fraction doit être payée en totalité, lorsqu'elle n'est que commencée, ou s'il faut, au contraire, qu'elle soit complétement terminée.

Voyons comment procède l'art. 66, au sujet des 10 premiers kilomètres parcourus : Jusqu'à 5 kilomètres accomplis, il n'accorde rien ; ainsi l'huissier qui va signifier un exploit à 5 kilomètres, moins 1 mètre par exemple, parcourt ainsi 2 lieues (aller et retour) sans avoir droit à une obole d'indemnité ; mais en considération de ce sacrifice qui lui est imposé, la loi lui accorde 4 fr. de 5 à 10 kilomètres, sans exiger, pour que cette somme soit acquise, qu'il y ait un nombre plus ou moins grand de mètres ou de kilomètres parcourus au delà de 5 kilomètres ; il suit de là que, dès qu'il y a plus de 5 kilomètres, l'excédant ne fût-il que d'un mètre, le droit de 4 fr. est dû.

Au delà de 10 kilomètres, le tarif accorde 2 fr. par demi-myriamètre de plus. Quand ces 2 fr. sont-ils acquis ? Dès que le demi-myriamètre est entamé ; cela est évident, et résulte très-explicitement de l'échelle de proportion établie pour les 10 pre-

[1] Par le même, M. Derbois.

miers kilomètres par le tarif lui-même. En procédant diffé-remment, on obligerait l'huissier à parcourir le troisième demi-myriamètre pour rien, puisque les 4 fr. du premier myriamètre lui sont acquis avant qu'il ait complétement parcouru ce myria-mètre, et que les 2 fr. de surplus ne lui seraient accordés que lorsque le 4e demi-myriamètre serait parcouru en tout ou partie. D'ailleurs, en poursuivant sur ce pied, les 20 fr., prix de la jour-née, qui ne peut excéder 5 myriamètres, ne seraient acquis que lorsque les 5 myriamètres seraient dépassés, ce qui n'aurait jamais lieu, puisque au delà de ce chiffre, qui ne donnerait que 18 fr. d'honoraires, le transport n'est plus rétribué.

Au surplus, le droit reconnu à l'huissier de pouvoir réclamer les deuxième et subséquents demi-myriamètres dès qu'ils sont entamés seulement, n'est que la juste compensation de l'obliga-tion à laquelle il est soumis de parcourir le premier demi myria-mètre sans indemnité.

A annoter au mot Transport-voyage, n°s 10 et 11.

§ IV[1].

SAISIE-EXÉCUTION.

VENTE DES OBJETS SAISIS. — MARCHÉ. — DOMICILE DU SAISI. — PERMISSION.

Est-il facultatif à l'huissier de vendre les objets saisis exécutés, sans permission du tribunal, soit au plus prochain marché, soit au domicile du saisi, un jour de dimanche, encore qu'il ne se tienne pas de marché dans le lieu de la situation de ce domicile ?

Non. Ainsi résolu dans notre *Encyclopédie des Huissiers,* au mot *Saisie-exécution,* n° 238.

Il suffit d'ailleurs de lire l'art. 617 du C. de procéd. pour se convaincre que la vente doit avoir lieu sur la place du plus pro-chain marché public, et que, pour vendre *en un autre lieu,* la permission du tribunal est indispensable. — Seulement la vente peut avoir lieu soit un jour de marché, soit un dimanche, au choix du requérant.

Les motifs de cette disposition sont faciles à pénétrer : le légis-lateur ne devait pas, *sans motifs,* permettre la vente au domicile du saisi, pour deux raisons : la première, c'est que cette opé-ration eût été plus pénible encore au saisi que l'enlèvement de ses meubles, et qu'il fallait, autant que possible, par humanité, adoucir la rigueur de la dépossession de ce dernier; la seconde, c'est que le concours d'acheteurs eût été moins grand que sur

---

[1] Par M. Huet, huissier à Louviers.

la place publique, et qu'il en serait résulté un préjudice pour le saisissant, et, par suite, pour le saisi lui-même, dont le mobilier, vendu à vil prix, n'aurait servi la plupart du temps qu'à payer les frais d'exécution.

A annoter au mot **Saisie-exécution**, n° 238.

§ V [1].

ACQUIESCEMENT.

EXÉCUTION VOLONTAIRE. — PAIEMENT DE PARTIE DES FRAIS. — SIGNIFICATION PAR HUISSIER-COMMIS.

Le payement fait par le débiteur d'une partie des frais de poursuite, postérieurement au jugement, emporte t-il acquiescement, et, par suite, dispense-t-il le créancier de faire signifier ce jugement par huissier-commis, s'il est par défaut?

La preuve de l'acquiescement résulte-t-elle, à l'égard du débiteur, et en faveur du créancier, de l'aveu du payement fait par ce dernier dans les actes de poursuite?

Quel moyen l'huissier-commis doit-il employer pour empêcher qu'à l'avenir il soit frustré, par de pareils actes, du droit de signifier les jugements par défaut?

La solution de la première des questions ci-dessus ne paraît pas douteuse; il est évident, d'une part, que le payement d'une partie des frais auxquels le débiteur a été condamné manifeste clairement l'intention de ce dernier d'exécuter le jugement, et, par conséquent, la renonciation au droit d'en demander la réformation, et, d'une autre part, que le créancier est déchargé, par l'acquiescement, de l'obligation de faire signifier le jugement par huissier-commis, et même de toute signification, à moins qu'il ne veuille procéder à une exécution. — *V. art.* 213 *de ce journal.*

Sur la seconde question, nous ferons observer que la preuve de l'acquiescement tombe à la charge du créancier, et ne peut, dès lors, résulter contre le débiteur de l'aveu fait par son adversaire dans des exploits émanés de ce dernier. Si donc le débiteur niait l'acquiescement, et si le créancier n'était pas en mesure de le prouver, le premier pourrait faire tomber les poursuites d'exécution faute de signification du jugement par huissier-commis, et ensuite former opposition contre ce même jugement. L'acquiescement écrit et signé du débiteur, ou tout au moins résultant de faits qu'il ne peut nier légalement, nous paraît indispensable pour pouvoir agir avec sécurité en l'absence de la signification telle que la prescrit la loi.

[1] Par M. Legendre-Pierre, huissier à Mamers (Sarthe).

Troisième question. L'huissier qui, par un acquiescement qu'il sollicite, retire à son confrère, et pour se l'approprier, un exploit que le tribunal a attribué à celui-ci, commet une faute, et, outre le préjudice réel qu'il cause à ce dernier, manque de respect au tribunal et nuit à la considération du corps auquel il appartient. De là, deux conséquences : la première, c'est qu'il se rend passible d'une peine disciplinaire qui, en raison des circonstances, peut être grave, et la seconde, c'est qu'il se soumet à une action en dommages-intérêts de la part de l'huissier frustré de la signification.

La marche à suivre par ce dernier pour obtenir satisfaction est fort simple. Lorsqu'il aura acquis la preuve d'une fraude, il n'aura qu'à la signaler à la chambre de discipline, et, ensuite, réclamer devant le tribunal la condamnation du confrère coupable, en dommages-intérêts proportionnés au préjudice éprouvé. Nous sommes certains que ni la chambre, ni le tribunal, ne lui feront défaut, et que sa demande sera accueillie avec la faveur qu'elle méritera.

A annoter aux mots **Jugement par défaut**, n° 41; et **Acquiescement**, n°s 12 et 18.

§ VI [1].

SAISIE-ARRÊT.

PERCEPTEUR. — REMISES. — QUOTITÉ SAISISSABLE. — ENTRE LES MAINS DE QUI LA SAISIE DOIT ÊTRE FAITE.

Les remises accordées à un percepteur sont-elles saisissables?
Pour quelle quotité?
Entre les mains de qui la saisie doit-elle être pratiquée?

Ces questions nous sont posées dans les circonstances suivantes : En vertu d'un jugement du tribunal civil de Niort, une opposition fut faite au préjudice d'un percepteur entre les mains d'un receveur général. Ce dernier refusa l'exploit, sous le prétexte, d'abord, qu'une décision ministérielle lui défendait de recevoir des oppositions contre les remises des percepteurs, et, ensuite, que les percepteurs se payant eux-mêmes et par anticipation de leurs remises, il n'était jamais débiteur envers eux. Ces allégations sont mensongères, ainsi que le prouvera la suite de cet article.

Établissons en premier lieu quelle est la rétribution allouée aux percepteurs, et comment elle est ordonnée et payée. Il nous suffit, pour arriver à ce but, de publier

L'EXTRAIT *suivant de l'instruction générale du ministre des*

____

[1] Par M. Leroy, huissier à Niort.

finances du 17 juin 1840, sur le service et la comptabilité des receveurs des finances, des percepteurs et des receveurs des communes et établissements publics.

CHAPITRE Ier. — DES CONTRIBUTIONS DIRECTES.

SECTION II. — DÉPENSES RELATIVES AUX CONTRIBUTIONS DIRECTES.

§ 3. — *Frais de perception.*

ARTICLE 110.

Les frais de perception se composent de frais de remise des premiers avertissements aux contribuables, et des remises allouées aux percepteurs.

ART. 111.

Les frais des premiers avertissements qui sont délivrés aux contribuables pour leur faire connaître le montant de leurs contributions et les époques de payement, sont imputés sur le produit d'une imposition spéciale de cinq centimes, uniforme pour tous les contribuables, et ajouté au montant de chaque cote. — Sur les cinq centimes, trois sont alloués aux directeurs pour les frais de confection des avertissements, lesquels sont classés avec les dépenses du service administratif, et sont payables aux caisses des payeurs du trésor. Les deux autres centimes reviennent aux percepteurs pour les frais de distribution des avertissements aux contribuables; ces derniers frais sont acquittés aux caisses des receveurs des finances comme frais de perception.

ART. 112.

Les bases d'après lesquelles sont calculées les remises des percepteurs sont déterminées par le ministre des finances.

ART. 113.

Dans les villes divisées en plusieurs arrondissements de perception, il est alloué aux percepteurs la moitié des remises calculées sur les rôles dont le recouvrement leur est confié; l'autre moitié forme un fonds commun qui est réparti entre eux dans les proportions déterminées par le ministre des finances. Cette disposition ne s'applique pas aux percepteurs du département de la Seine et de la Corse, dont les remises sont réglées d'après un mode spécial.

ART. 114.

Les remises auxquelles les percepteurs ont droit pour le recouvrement des contributions directes, sont déterminées par des décomptes qui présentent, pour chaque comptable, le montant des contributions sur lesquelles les remises doivent être allouées, le taux et le montant de ces remises. Ils contiennent les indications de détail nécessaires pour faire connaître le mode d'après lequel les décomptes doivent être établis. — Les décomptes sont formés par les receveurs généraux, qui doivent en fournir des extraits aux receveurs particuliers pour tout ce qui concerne leur arrondissement respectif. Il est fait pour chaque exercice, aussitôt après l'émission des rôles généraux, un premier décompte qui présente les remises calculées sur les rôles généraux; il est établi ensuite, à la fin de l'année, un deuxième décompte pour les remises afférentes à tous les rôles spéciaux mis en recouvrement dans le courant de l'année.

SECTION III.— ORDONNANCEMENT ET PAYEMENT DES DÉPENSES.

§ 2. *Ordonnancement.*

ART. 152.

Les mandats pour remises des percepteurs pour frais de distribution des premiers avertissements et pour versements aux communes, sont préparés dans les bureaux des receveurs des finances suivant le mode indiqué aux art. 182 à 192.

§ 3. — *Payement.*

ART. 164.

Les dépenses relatives aux contributions directes sont acquittées par les receveurs généraux des finances ou par les comptables placés sous leurs ordres, en vertu de mandats ou ordonnances des préfets.

ART. 182.

Les sommes revenant aux percepteurs pour leurs remises, sont allouées à chaque comptable dans la proportion des sommes recouvrées sur les contributions. Cependant, lorsque les recettes sur un exercice ont, à l'époque du 31 mars de la seconde année, dépassé onze douzièmes du montant des rôles, le solde des remises peut être alloué au percepteur, sauf, en cas de mutation, les répétitions que le nouveau comptable pourrait avoir à exercer pour les recouvrements qu'il aurait effectués. Le payement des frais de distribution des premiers avertissements doit être fait aux percepteurs dès le commencement de l'année. Ces dépenses sont liquidées au moyen de décomptes placés au dos des mandats, et qui sont préparés dans les bureaux des receveurs des finances.

ART. 189.

Les décomptes de liquidation pour les sommes revenant aux précepteurs doivent être faits aux époques ci-après désignées, savoir : Pour les versements sur centimes communaux et pour les remises des percepteurs tous les mois, ou, au moins, tous les trois mois ; et pour les frais de distribution des premiers avertissements, après la remise de ces avertissements aux contribuables.

Ainsi les percepteurs ont droit à des remises sur les sommes dont ils opèrent les recouvrements. — Ces remises sont fixées, d'après une base déterminée par le ministre des finances, par des décomptes formés par les receveurs généraux. — Elles sont payées par les receveurs généraux ou les comptables placés sous leurs ordres, c'est-à-dire les receveurs particuliers des finances.

Ce point établi, nous ferons observer que la loi (C. civ., 2092, 2093) ayant déclaré que les biens d'un débiteur sont le gage de ses créanciers, il doit nécessairement exister un moyen quelconque de faire arriver ces biens en la possession de ceux-ci, et d'en faire profiter chacun d'eux dans la proportion de ses droits.

Ce moyen existe, et, en effet, en ce qui touche les sommes dues au débiteur par un tiers, l'art. 557 du C. de proc. permet aux créanciers de les frapper de saisie-arrêt. — La disposition de cet article est générale, et, à moins d'un texte formel frappant d'insaisissabilité une créance quelconque, cette créance peut être saisie, et, par suite, distribuée à qui de droit.

Les remises allouées aux percepteurs ne jouissant pas de ce privilége exorbitant, au moins pour la totalité, peuvent donc être grevées d'oppositions; cela résulte d'ailleurs, au moins implicitement, de l'instruction générale du ministre des finances, du 13 juin 1810, ci-après énoncée. — Roger, *Traité de la saisie-arrêt*, n°° 281 et 416, est également d'avis que les remises des percepteurs sont saisissables. Conf., Durieu, *Mémorial des percepteurs*, t. 10, p. 257.

Mais pour quelle quotité? L'instruction générale du 13 juin que nous venons de citer a tranché cette question en déclarant applicable aux remises faites par les percepteurs la loi du 21 vent. an IX. Il suit de là que ces remises ne sont saisissables que jusqu'à concurrence du cinquième sur les premiers mille francs et les sommes au-dessous, et du quart sur les cinq mille francs suivants, et ce, jusqu'à l'entier acquittement des créances.

Seulement, ainsi que M. Durieu (*ibid.*) le fait observer avec justesse, si le même comptable cumule les fonctions de percepteur de l'état et de receveur d'une commune, la saisie-arrêt faite sur chacun de ces traitements particuliers se calculera, non sur la masse des remises ou traitements réunis, mais sur chacun d'eux considéré isolément.

L'opposition doit être signifiée entre les mains du receveur général ou du receveur particulier dans l'arrondissement duquel se trouve le percepteur, parce que c'est lui qui est chargé de payer à ce dernier, en l'acquit du trésor, les remises auxquelles il a droit. — Conf, Durieu, *Mém. des percept.*, t. 10, p. 287; Roger, *Traité de la saisie-arrêt*, p. 243.

A annoter au mot Saisie-arrêt, n° 52.

§ VII [1].

VENTE DE MARCHANDISES NEUVES.

JEUNES PORCS. — VENTE AUX ENCHÈRES. — PROHIBITION.

La vente aux enchères et en détail, par des marchands de porcs, de jeunes porcs pour être élevés et engraissés, tombe-t-elle sous l'application de l'art. 1er de la loi du 25 juin 1841 ?

Nous le pensons.

Cette loi prohibe, par son art. 1er, les ventes en détail de marchandises neuves à cri public, soit aux enchères, soit à prix fixe. — Cette disposition est générale, elle comprend la vente de

1 Par M. Pelin, clerc d'huissier.

tout ce qui est qualifié *marchandise* dans l'usage, sauf toutefois les exceptions énoncées en l'art. 2 de la loi de 1841.

Or, il est certain que le mot *marchandise* désigne tout ce qui fait l'objet d'un commerce quel qu'il soit; que les porcs font l'objet d'un commerce considérable, et dès lors sont une marchandise; que cette marchandise est neuve, les bestiaux devant toujours être considérés comme neufs; enfin, que la vente en détail de ces animaux n'est pas permise par l'art. 2 de la loi de 1841. Donc cette vente est prohibée; mais à deux conditions seulement : la première, c'est qu'il faut que les porcs puissent être considérés comme marchandises, c'est-à-dire qu'ils soient possédés et vendus par un individu qui en fasse le commerce; la seconde, c'est qu'il faut que la vente ait lieu à cri public. Ainsi, un cultivateur ayant élevé des porcs pourrait les vendre sans autorisation, et un marchand en possédant aurait le droit d'en transmettre la propriété, comme bon lui semblerait, pourvu que ce ne soit pas par une vente à cri public.

Réduite à ces proportions, la prohibition est utile, et rentre complétement dans les prévisions du législateur de 1841 qui a voulu prévenir les abus, les déceptions et les fraudes que favorisaient les ventes en détail de marchandises neuves.

A annoter au mot Vente de marchandises neuves, n° 1.

§ VIII [1].

SAISIE-EXÉCUTION.

FEMME MARIÉE SOUS LE RÉGIME DOTAL. — BIENS DOTAUX. — BIENS PARAPHERNAUX. — TRIBUNAL INCOMPÉTENT. — AUTORITÉ DE LA CHOSE JUGÉE.

Une femme mariée sous le régime dotal, qui a souscrit une obligation solidairement avec son mari, et qui, par suite, a été condamnée en dernier ressort et contradictoirement par un jugement du tribunal de commerce, non réformé dans les délais légaux, peut-elle être contrainte au payement par la saisie de son mobilier et de ses immeubles ?

Cette question se trouve résolue dans notre *Encyclopédie des Huissiers*, aux mots *Jugement*, n° 84, et *Régime dotal*, §§ 3 et 6.

Un jugement qui n'est plus susceptible d'être réformé par l'une des voies que la loi admet, eût-il été rendu par un tribunal incompétent *ratione materiæ*, doit être exécuté de même que s'il n'eût jamais été susceptible d'être attaqué.

[1] Par M. Gelée-Laboulais, huissier à Saint-André (Eure).

Les biens dotaux sont *inaliénables*; quant aux biens meubles et immeubles paraphernaux, ils peuvent être saisis sur la femme et vendus pour l'acquit des dettes par elle contractées.

A annoter aux mots **Jugement**, n° 84; et **Régime dotal**, § 2 et 6.

ART. 265.

—

HUISSIER.

AVOUÉS. — COPIES DE PIÈCES. — ABUS. — RÉPRESSION.

LETTRE

De M. le syndic des huissiers de l'arrondissement de Roanne à ses confrères.

Roanne, le 17 juillet 1845.

« *Pro aris et focis certamus.* »

LE SYNDIC DES HUISSIERS DE L'ARRONDISSEMENT DE ROANNE (LOIRE)

A Messieurs les Membres de sa Corporation.

Messieurs,

L'année judiciaire 1844-1845 est près de finir, et nous n'avons point encore été restitués contre des spoliations d'une nature barbare! Les bienfaits de chaque institution appartiennent à tous ceux qui la composent, dès lors le rôle des huissiers doit changer, et par conséquent s'élever. Nous ne devrions plus nous voir extorquer par une *corporation insatiable* nos fonctions et nos émoluments. Attribuons à d'indignes collègues l'application faussée des principes ; on ne rougit pas de se livrer au recèlement, sur une grande comme sur une petite échelle, de tous actes d'huissiers soustraits frauduleusement à notre compagnie par la gent parasite.

Votre chambre de discipline se montre digne de la mission qui lui est confiée. Elle prend ses fonctions au sérieux, elle a trouvé de l'écho dans la presque généralité des huissiers de ce ressort, et dans l'opinion publique. Malgré cela, la lutte se décidera par le glaive et non par l'équité. Les *corrupteurs* et les *parias* en font une question de force et non de droit naturel et légal !. .

Nos règlements sont explicites, et nous avons encore en notre faveur la moralité publique. Il n'y a que ceux qui font bon marché du droit de propriété et de la justice, qui puissent se méprendre sur les motifs de la levée de bouclier contre les abus. Il faut voir dans cette lutte, non pas une petite guerre de jalousie, *mais une protestation énergique, des plus à propos, contre le vol organise.* Tout individu qui prive un autre individu de ses droits, commet un larcin manifeste. N'établissez point de différence entre dépouiller un citoyen de ses droits et le dépouiller de sa propriété. Soyons jaloux de l'ordre et du respect de la propriété de chacun. Si c'est une maladie, elle ne passera qu'avec nous.

Notre institution est à Roanne, *grâce aux renégats*, en dehors de ses voies naturelles ; fidèles à la cause des huissiers, revendiquons des droits sacrés ; relevons le corps de sa déchéance ; ne le laissons pas asservi à une compagnie rivale et sans titre, qui a mis le comble aux affronts et aux spoliations dont nous sommes accablés !

Nous sommes tous censés, Messieurs, avoir reçu une éducation libérale ; mettons-la donc tous en pratique dans cette fâcheuse conjoncture. Qu'il ne soit plus donné à de funestes et égoïstes collègues de continuer une conduite offensante pour notre ordre. Devrait-on encore rencontrer un seul d'entre nous se faire le champion de la félonie ?

Vous auriez raison de vous passionner pour la considération de l'état et pour la jouissance de nos attributions. L'opprobre est réservé à ceux qui se rangent du *côté ennemi*, que je comparerai à ces collecteurs ou tendeurs de filets, qui n'ont pas plus de droit de propriété sur le gibier qu'ils ont pris qu'un voleur sur la bourse qu'il a dérobée.

Bien aveuglées sont les personnes *qui ne veulent pas voir les dossiers maigres ou nourris de nos maudits corsaires, suer à grosses gouttes les empié- tements sur nos actes et nos salaires !*

Nonobstant certaines influences et insinuations coupables, nous vaincrons le mal, car nous sommes appelés à participer aux améliorations sollicitées de toutes parts au profit de notre institution ! Le corps des huissiers doit faire cesser toute idée défavorable ; on régénère tous les jours la profession oppri- mée, et nous l'élèverons au niveau qui lui convient.

Dans maintes juridictions, la magistrature est venue d'office en aide aux huissiers, victimes des abus. M. le Garde des sceaux a ordonné que des mesures répressives soient appliquées ici avec toute la rigueur que méri- tent les fraudes que notre Chambre lui a fait signaler. Nous sommes en in- stance pour voir la fin d'un vandalisme scandaleux. Nos griefs ne sont que trop fondés : on ne saurait rester sourd à nos plaintes. Les huissiers présen- tant les garanties de moralité et de capacité, ne seront pas toujours évincés par des collusions flagrantes. *Il n'appartient point au crime de mettre hors la loi des huissiers honorables, ni d'éloigner de l'institution les citoyens capables de remplir leurs fonctions avec intégrité et indépendance.*

L'exemple du respect pour nos droits est venu de votre Chambre, Mes- sieurs ; il a été suivi par la majorité. Toutefois, il reste quelques brebis galeuses qu'il s'agit de forcer à renoncer à leurs actions entachées d'indéli- catesse et d'inhumanité.

Je vais mettre sous vos yeux quelques règles générales et absolues pour l'intérêt sagement entendu des huissiers. Il est établi en principe :

1° Que l'huissier qui remet une portion quelconque des honoraires que la loi lui alloue, ou bien l'huissier qui laisse immiscer les tiers dans la rédaction des exploits et procès-verbaux qu'il authentique, encourt des peines disci- plinaires et des dommages-intérêts, car il contrevient aux règlements sur l'exercice de la profession.

2° Qu'un avoué n'a pas qualité pour requérir un huissier de faire une signification quand il n'a pas le droit de certifier les copies de pièces mises en tête des actes d'huissier ; qu'il n'a pas le droit de requérir un huissier de signifier un ajournement en matière civile quand il n'est donné copie d'au- cune pièce, et qu'il ne justifie d'une *procuration spéciale.*

3° Que l'avoué n'a non plus qualité de requérir l'huissier de signifier des actes extra-judiciaires, et quand même il remet l'objet à offrir. *L'huissier est le mandataire légal de la partie pour qui il instrumente.* Ainsi, ne recon- naissons pas à l'avoué un mandat qu'il usurpe à notre préjudice ; repoussons son intermédiaire toutes les fois qu'il n'est pas reconnu par la loi. Ainsi, là où le ministère de l'avoué n'est pas nécessaire, l'huissier refusera toujours de signifier les copies de pièces préparées par cet avoué, à plus forte raison tous exploits et procès-verbaux d'huissier qui seraient présentés, confectionnés par un avoué ou par ses clercs.

4° Que le juge commettrait un excès de pouvoir s'il enjoignait à un huissier de signifier ou d'authentiquer un acte quelconque de notre ministère sur la remise des copies de pièces appartenant aux huissiers, et sur la remise de nos actes tout préparés par des tiers ; il y aurait lieu à recours contre une telle injonction.

5° Que les huissiers doivent interdire aux tiers de s'immiscer dans nos attributions ; on ne doit pas se transformer de fonctionnaire public en simple instrument.

6° Au résumé, la prétention des avoués à rédiger ou préparer nos actes est irrévocablement condamnée ; il en est de même pour les copies de nos actes, et pour les copies de pièces reservées aux huissiers.

7° Que l'accord d'un huissier avec un avoué constitue un pacte illicite, frauduleux contre la communauté des huissiers ; qu'à cette condition humiliante et immorale, le travail devient plus particulièrement la récompense des huissiers qui enfreignent leurs devoirs ou qui sont incapables de les remplir ; que ce déplorable scandale peut d'autant moins être révoqué en doute, qu'à Roanne, et sous nos yeux, plusieurs huissiers dont le tort est de remplir leurs devoirs, sont frappés d'interdit et se voient tous les jours victimes d'illicites prélevances !...

8° Que l'huissier doit s'opposer à ce que les avoués ou leurs clercs rédigent les actes des huissiers, et ne pas souffrir les empiètements au détriment de notre corporation.

9° Que dans les différents ordres de fonctionnaires institués par la loi pour concourir à l'administration de la justice, on rencontre tout d'abord deux corporations, celles des huissiers et des avoués, dont les attributions s'exercent presque simultanément, *mais qui sont séparées par une ligne assez tranchée pour ne pas être confondues, ni usurpées involontairement.*

Ministère de l'huissier. — En matière judiciaire, proprement dite, et en matière extra-judiciaire, toutes les communications de partie à partie (voire mêmes d'avoué à avoué) ne peuvent avoir lieu régulièrement que par le ministère d'un huissier. Toute personne ayant à réclamer d'une autre l'exécution d'une obligation, ne pourrait, ses droits étant contestés, inviter personnellement celle-ci à se présenter devant un tribunal pour les débattre, et ces mêmes droits reconnus ou résultant d'un titre consenti à l'amiable, cette personne ne pourrait se charger de contraindre elle-même son adversaire : il fallait entre elles un intermédiaire, et la loi a créé un fonctionnaire public, à qui elle a donné le nom d'huissier.

Ministère de l'avoué. — Devant les tribunaux, la loi ne pouvant *laisser* aux parties, du moins dans les affaires présentant un certain intérêt, et nécessitant l'application des principes de droit souvent difficiles à mettre en relief, *le soin d'éclairer les juges*, soit par des écritures, soit par des explications orales, la plupart des plaideurs y eût été impropre ; de là les fonctions des avoués près les Tribunaux de première instance et les Cours royales seulement.

Conséquemment, le législateur en organisant les huissiers et les avoués, en a fait deux corporations indépendantes l'une de l'autre, ayant chacune ses attributions distinctes et particulières, à des titres et à des occasions différentes.

Les huissiers sont créés pour l'exécution de la loi, les avoués simplement pour l'instruction des procès devant les tribunaux de première instance et les Cours royales.

Aux huissiers exclusivement appartient le droit de faire toutes citations, ajournements, commandements, significations, procès-verbaux et copies de pièces ; d'en percevoir les émoluments.

Désormais donc il ne faut plus d'huissiers à la solde ignominieuse des tiers ; à cet égard, je désirerais qu'il ne fût besoin de rappeler aucun membre de la corporation à l'accomplissement de ses devoirs et à la dignité de ses fonctions.

La résistance de quelques hommes cupides aux avertissements reitérés de la Chambre de discipline, a rendu indispensable l'action disciplinaire. Deux décisions approuvées par M. le Garde des sceaux sont intervenues cette année. De semblables adhésions sont de nature à ajouter beaucoup d'autorité aux protestations de votre Chambre, contre un état inique de choses qui révolte tous les honnêtes gens. J'ai apporté ma pierre à l'édifice commun. Faites-en tous autant, Messieurs, afin que nous détruisions de fond en comble et les préjugés et le repaire de la piraterie. N'y avons-nous pas tous un intérêt identique ? plus de tribut à l'étranger ; sans honte et sans crime, tirons de notre état un produit légitime ! Nous arriverons ainsi à des résultats satisfaisants.

Agréez l'assurance de l'inaltérable dévouement avec lequel je suis,

Messieurs,

Votre confrère et syndic,

P. MARILLIER.

A annoter au mot Huissier, n° 205.

ART. 266.

ENREGISTREMENT.

RÉPERTOIRE. — COMMUNICATION. — CLERC. — CONTRAVENTION.

Un huissier est passible d'amende lorsque pendant son absence un vérificateur ou un inspecteur de l'enregistrement a demandé communication des répertoires, communication qui lui a été refusée par le clerc de l'officier ministériel.

JUGEMENT.

TRIBUNAL CIVIL DE DIEPPE. — 23 JUILLET 1843.

LE TRIBUNAL ; — Attendu qu'il résulte du procès-verbal dressé par M. le vérificateur de l'enregistrement et des domaines, que ce fonctionnaire s'est présenté trois fois chez l'huissier Léger, et qu'il a interpellé le clerc de cet officier ministériel de lui communiquer son répertoire, ses minutes, et les actes sujets au visa de M. le vérificateur ;

Attendu que le clerc de M. Léger a refusé de faire la communication demandée ;

Attendu que le clerc est le représentant légal de l'huissier ou de tout autre officier ministériel ; que s'il en était autrement dans ce cas, il serait impossible de faire l'application de la loi du 22 frimaire an VII ;

Attendu qu'en refusant la communication demandée, le clerc de M. Léger a commis une contravention aux articles 54 de la loi du 22 frimaire an VII, et à l'article 10 de la loi du 16 juin 1824 ; et que M. Léger, huissier, est responsable des faits de son clerc ;

Déclare bien fondée la contrainte, etc.

Jurisprudence. — Contre : Tribunal de Saverne, 18 novembre 1834.

A annoter au mot Répertoire, n° 23.

ART. 267.

—

HUISSIER.

COPIE D'EXPLOIT. — INSCRIPTION DE FAUX. — REJET DES MOYENS DE FAUX.

(*Voy.* art. 233.)

Nous avons fait connaître sous l'art. 233 de notre Journal les moyens de faux articulés et admis en preuve par un arrêt de la Cour de Paris du 11 juin 1845, contre un exploit signifié par M. Salleneuve, huissier à Paris, requête Psalmon au sieur David. Par suite, une enquête et une contre-enquête ont eu lieu, mais de tous les faits articulés, le premier n'a pas été prouvé ; il n'aurait pu résulter que d'un alibi prouvé du sieur Salleneuve, et aucun alibi n'était établi. Le second paraissait établi par les dépositions de deux témoins que le sieur David aurait eu le soin d'amener avec lui chez le sieur Salleneuve, qui en leur présence aurait effectivement déclaré que la copie de l'exploit aurait été portée par un de ses clercs ; mais, outre que cette déclaration aurait été arrachée subrepticement au sieur Salleneuve, auquel le sieur David aurait déclaré qu'il ne voulait point le compromettre, mais connaître seulement le jeune homme qui avait été chargé de remettre la copie de l'exploit, outre que ce fait même prouvé n'aurait pas établi que la copie n'aurait pas été remise par Salleneuve ou par un clerc, et n'aurait entraîné contre l'huissier que l'application d'une peine disciplinaire, cette déclaration pouvait-elle enlever l'authenticité à l'acte ?

Me Léon Duval, avocat de Salleneuve, établissait qu'il ne pouvait appartenir à un officier ministériel de détruire par ses aveux et ses déclarations l'authenticité que la loi attachait à ses actes ; que cette authencité, sauvegarde des transactions, appartenait aux parties, qui ne pouvaient la perdre que par des preuves en dehors des aveux et des déclarations des officiers ministériels qui ont reçu les actes argués de faux. Que deviendraient la foi et l'exécution dues à l'authenticité des actes, la plus forte, disons mieux, la seule garantie des conventions sur laquelle repose la sécurité de la société, si un notaire, par exemple, pouvait d'un mot faire tomber un testament, une donation, un contrat quelconque, auxquels se rattachent les intérêts, les fortunes des familles? Me Léon Duval appuyait son système de l'autorité de Merlin, v° *Inscription de faux.*

Le troisième moyen avait été abandonné par le sieur David, qui avait renoncé à faire procéder à la vérification d'écriture.

Enfin, la domestique du sieur David avait bien déclaré qu'elle n'avait ni vu le sieur Salleneuve, ni reçu de lui la copie du jugement en question; mais il résultait de sa déposition qu'elle n'était pas toujours restée dans sa cuisine, et que d'ailleurs on pouvait entrer dans le bureau du sieur David sans qu'elle s'en aperçût, de sorte que sa déposition, qui, d'ailleurs, était unique sur ce point, ne présentait pas un caractère de certitude tel qu'elle pût déterminer la conviction de la justice.

Aussi la Cour, sur les conclusions conformes de M. Lenain, substitut du procureur général, a-t-elle rendu l'arrêt suivant :

« La Cour,

» Considérant que des dépositions reçues dans l'enquête, ne résulte pas la preuve des faits admis par l'arrêt du 11 juin dernier, déboute David de son inscription de faux; met Salleneuve hors de cause, condamne David en l'amende de 300 fr. et aux dépens de l'inscription de faux. » — (Cour royale de Paris. — 29 août 1845.)

A annoter au mot Huissier, n° 135.

ART. 268.

OFFICE.

CESSION. — CONTRE-LETTRE. — DÉFAUT DE NOMINATION. — RÉDUCTION DE LA CONTRE-LETTRE. — NULLITÉ.

Sont nulles la contre-lettre portant augmentation du prix d'un office stipulé au traité ostensible, et la convention qui a réduit la somme portée dans cette contre-lettre, à défaut par le cessionnaire d'avoir pu obtenir l'agrément du roi.

Le paiement régulier des intérêts ne peut ni ratifier de telles conventions, ni faire disparaître les nullités d'ordre public qu'elles renferment.

Il y a lieu d'ordonner la restitution d'intérêts ainsi payés.

ARRÊT.

COUR ROYALE D'ORLÉANS. — 3 AOUT 1845.

LA COUR, en fait ; — Attendu, qu'il est établi dans la cause, et reconnu par le sieur Bourdon lui-même, que l'acte des 21, 23 et 24 octobre 1839, enregistré, *causé pour prêt* d'une somme de 10,000 fr., n'était en réalité qu'un acte destiné à lui assurer le payement de 10,000 fr. en sus du prix ostensible convenu entre lui et le sieur Thibault pour la cession de son office de greffier de la justice de paix ;

Que, de plus, il est évident que cet acte avait également pour objet de tromper l'autorité chargée dans l'intérêt public de vérifier les conditions de ces sortes de traités avant qu'ils soient sanctionnés, d'où il suit qu'il serait nul sous un double rapport : 1° Comme fondé sur une cause reconnue fausse ; 2° comme ayant réellement une cause illicite, son but étant de dissimuler le prix réel de l'office cédé, qui, au moyen de cette fraude, était porté à un taux tellement exagéré, que, s'il eût été connu, il n'aurait jamais obtenu la sanction de l'autorité ;

Attendu que sous un troisième rapport, cette obligation devrait encore être considérée comme nulle et ne devant produire aucun effet, l'hypothèse pour laquelle elle avait été consentie ne s'étant jamais réalisée ;

Qu'en effet, le montant de cette obligation n'étant que le prix de la vente de l'office du sieur Bourdon, et cette vente n'ayant pas été suivie de la nomination du sieur Thibault, il ne peut être tenu du prix d'une vente non consommée ;

Qu'en vain on alléguerait qu'en fait Thibault a été mis en possession de cet office ; que cette prise de possession ne peut être admise, puisqu'elle serait elle-même une fraude d'autant plus répréhensible dans l'espèce, qu'à raison de son âge Thibault n'avait pas même capacité pour occuper comme greffier ;

Attendu que l'obligation verbale du 9 novembre 1841, visée dans le jugement dont est appel, puise son principe dans l'acte précité, et n'en peut être isolé ;

Qu'en effet, après avoir stipulé en apparence la résiliation de l'acte des 21, 23 et 24 octobre 1839, il ne fait en réalité que réduire à 2,500 fr. cette obligation primitive de 10,000 fr., laquelle, est-il dit, restera entre les mains du sieur Bourdon jusqu'à l'entier payement desdits 2,500 fr. et des intérêts, avec annotation en marge signée des parties, qu'en vertu de la convention verbale dont s'agit, elle était réduite à la somme de 2,500 fr., conservant ainsi les droits hypothécaires qui y sont stipulés ; d'où il suit évidemment que l'acte du 9 novembre 1841 n'est qu'une modification apportée à l'obligation primitive, qui est le véritable titre ; que ce n'est point une nouvelle dette substituée à l'ancienne, ce qui exclut toute idée de novation ;

Attendu dès lors que ce dernier acte se trouve infecté des mêmes vices que l'acte primitif auquel il se réfère, et ne peut, non plus que lui, produire aucun effet ;

En ce qui touche la ratification tirée de l'exécution :

Attendu qu'un acte entaché d'une nullité d'ordre public ne peut produire aucun effet ni être réhabilité par suite d'une ratification soit expresse, soit tacite ;

En ce qui touche la demande reconventionnelle du sieur Thibault, ayant pour objet la restitution des intérêts de la somme de 2,500 fr. par lui payés, à partir du 1er novembre 1841 jusques et y compris le 1er novembre 1844 :

Attendu que l'acte du 9 novembre 1841 ne pouvant produire aucun effet à raison des vices dont il est infecté, les intérêts dont s'agit ont été indûment payés ; et qu'ainsi Thibault est fondé à en réclamer la restitution avec intérêts, en justifiant du payement ;

En ce qui touche les dommages-intérêts ;

Attendu qu'en dehors des intérêts indûment payés au sieur Bourdon, et dont il est parlé ci-dessus, Thibault ne justifie d'aucun préjudice ;

Par ces motifs, met l'appellation et ce dont est appel au néant; émendant, etc. ;

Au principal, faisant droit, déclare nulle et de nul effet l'obligation des 21, 23 et 24 octobre 1839, ainsi que l'obligation verbale du 9 novembre 1841 ;

Déclare le sieur Bourdon mal fondé dans sa demande, et l'en déboute ;

Déclare nulles et de nul effet les poursuites commencées par le sieur Bourdon, etc.

Jurisprudence. — Conforme. *Voy.* art. 162, 194 et 237 de ce journal.

A annoter au mot Office, n° 27.

ART. 269.

—

PURGE.

EXRAIT DU TITRE. — TABLEAU. — CONCURRENCE. — AVOUÉS.— HUISSIERS.

Les avoués ont-ils, à l'exclusion des huissiers, le droit de composer l'extrait du titre, et le tableau à notifier aux créanciers inscrits pour la purge des hypothèques ?

Cette question, résolue en faveur des huissiers, par un jugement du tribunal de Tours, du 4 juillet 1844, rapporté art. 185 de ce journal, fut décidée dans un sens contraire, sur appel, par arrêt de la Cour royale d'Orléans, du 21 novembre 1844. *V.* art. 199.

Les huissiers se sont pourvus en cassation contre cet arrêt, mais leur pourvoi a été rejeté par l'arrêt que nous transcrivons ci-dessous.

Quoi qu'il en soit, nous n'en persistons pas moins dans nos observations insérées art. 185 et 211 de ce journal.

ARRÊT.

COUR DE CASSATION. — 21 AOUT 1845.

LA COUR ; — Attendu que l'accomplissement des formalités tendant à la purge légale des hypothèques constitue une procédure spéciale qui, sans être contentieuse, à son début, contient cependant tous les éléments d'une contestation possible ;

Que dès le premier pas de cette procédure, le ministère de l'avoué est exigé, puisqu'une requête, qui ne peut être que l'œuvre d'un avoué, doit, aux termes de l'art. 832 du Code de procédure, être présentée au président du Tribunal, à l'effet d'obtenir qu'un huissier soit commis pour faire les notifications prescrites par l'article 2183 du Code civil ;

Que l'extrait du contrat et le tableau qui doivent être notifiés formant l'élément principal de la procédure dont il s'agit ne peuvent être dressés ou composés que par l'avoué déjà chargé de représenter l'acquéreur ;

Qu'on ne saurait, en effet, confondre ce travail, qui présente quelquefois de sérieuses difficultés, avec les simples copies de pièces qu'il appartient aux huissiers de certifier concurremment avec les avoués dans les notifications qu'ils ont à faire dans le cours d'une instance ;

Que, du reste, le droit exclusif des avoués en cette matière est reconnu par un texte formel de la loi, par l'article 143 du Tarif, qui alloue un émolument pour la composition de l'extrait de l'acte de vente ou de donation qui doit être dénoncé aux créanciers par l'acquéreur ou donataire ;

Que cet article ne peut évidemment s'appliquer qu'aux avoués, puisqu'il est placé sous le titre *des Avoués de première instance*, et dans le chapitre consacré aux actes *des Matières ordinaires ;*

Qu'on ne saurait dire que le même chapitre contient des dispositions étrangères aux actes des avoués, particulièrement dans les articles 80, 82 et 140, puisque les émoluments accordés par ces articles, bien qu'ils ne soient pas dus personnellement à l'avoué, n'en doivent pas moins lui être passés en taxe, par suite de l'avance qu'il est appelé à en faire, et devaient, par ce motif, être compris dans le chapitre précité ;

Attendu que de la distinction faite par l'article 143 du Tarif entre la *composition* de l'extrait et les *copies* de cet extrait, il résulte que ces dernières seules sont taxées comme *copies de pièces*, tandis que la composition de l'extrait est un travail du ministère spécial des avoués, qui, seuls alors, doivent en percevoir l'émolument ; qu'en le décidant ainsi, l'arrêt attaqué s'est conformé à la loi ;

Rejette.

A annoter au mot Purge des hypothèques, n° 7.

e

ART. 270.

—

SAISIE-EXÉCUTION.

VENTE DE MEUBLES SAISIS. — DROIT DE PLACE. — INTERPRÉTATION DE TARIF. — COMPÉTENCE. — JUGE DE PAIX.

Le juge de paix est-il compétent pour interpréter les arrêtés administratifs relatifs aux tarifs du prix des places dans les foires et marchés ?

Un huissier procédant à une vente de meubles saisis, a-t-il pu être condamné au payement du droit de place sous le prétexte que le tarif ne fait aucune distinction de personnes, s'il ressort d'une saine interprétation de l'arrêté, que les mots toute personne occupant une place, *qui y sont employés, ne se réfèrent qu'aux marchands étalagistes que l'arrêté a voulu atteindre, et qu'il a eu le soin de désigner ?*

Le juge de paix d'Avignon, par interprétation des expressions qui viennent d'être relevées, et qui se rencontraient dans l'arrêté administratif pris par le préfet pour autoriser la perception du prix des places dans les divers marchés d'Avignon, avait condamné l'huissier Testanière à payer au fermier des places une somme de 2 fr. 50 cent. pour l'espace qu'il avait occupé sur l'un des marchés de la ville, et où il avait procédé à une vente judiciaire de meubles saisis.

Le pourvoi reprochait à cette décision la violation des règles de la compétence, et une infraction aux dispositions mêmes du tarif. Incompétence, parce qu'il s'agissait d'un acte administratif qu'il n'appartenait pas au juge de paix d'interpréter, et violation du tarif en ce qu'en supposant possible l'interprétation par le juge de paix, elle avait été faite d'une manière erronée. L'huissier, en effet, avait été considéré comme un marchand, alors qu'il n'agissait que comme officier ministériel, et en vertu de l'art. 617 du Code de procédure, qui impose aux huissiers l'obligation de procéder aux ventes judiciaires de meubles sur la place du marché du lieu où ils ont été saisis, ou sur celle du marché le plus voisin.

L'admission en a été prononcée au rapport de M. le conseiller Pataille, et sur les conclusions conformes de M. l'avocat général Delapalme. — Cour de Cass., 13 août 1845.

A annoter au mot **Saisie-exécution,** n° 238.

ART. 271.

EXPLOIT.

ACTE D'ACCUSATION. — SIGNIFICATION. — DATE EN BLANC. — VALIDITÉ.

Est valable la signification faite à l'accusé de l'acte de notification, bien que la date du jour soit restée en blanc, celle du mois étant remplie, s'il s'est écoulé plus de cinq jours entre la fin du mois où l'huissier a remis la copie et l'ouverture des débats.

ARRÊT.

COUR DE CASSATION. — 28 AOUT 1845.

LA COUR : —Ouï M. le conseiller Isambert, en son rapport, et M. l'avocat général de Boissieux, en ses conclusions :

Sur le moyen unique tiré de la violation de l'article 342 du Code d'instruction criminelle, en ce que la copie de l'acte de notification de l'arrêt de renvoi et de l'acte d'accusation faite à l'accusé, ne contient pas de date du jour du mois de juin où l'huissier instrumentaire a remis cette copie ;

Attendu qu'il résulte du contenu de l'acte de cette notification, qu'elle a eu lieu postérieurement au 14 et avant l'expiration du mois de juin ;

Que le demandeur, en possession de cette notification, n'a éprouvé aucun empêchement dans l'exercice de sa défense ;

Que plus de cinq jours se sont écoulés entre la fin du mois de juin 1845, et celui où il a paru aux débats ;

Qu'ainsi l'omission commise par l'huissier dans la copie, et qui, d'ailleurs, n'existe pas dans l'original, joint aux pièces, où se trouve portée la date du 19 juin, ne peut donner ouverture à la cassation de la procédure ;

Attendu que cette procédure a d'ailleurs été régulièrement instruite, et qu'aux fait déclarés constants par le jury la peine a été légalement appliquée par la Cour d'assises;

Rejette le pourvoi de Dominique Rossi.

A annoter au mot **Exploit**, n° 263.

ART. 272.

PURGE.

HYPOTHÈQUE LÉGALE. — NOTIFICATION. — FEMME. — DOMICILE.

La notification au procureur du roi pour la purge des hypothèques légales ne dispense de la notification à la femme personnellement, qu'autant que le domicile de cette dernière est inconnu.

ARRÊT.

COUR ROYALE DE BORDEAUX. — 13 AOUT 1844.

LA COUR; — Relativement à la qualité hypothécaire de la créance de la veuve de Jean Dupuy :

Attendu que l'hypothèque existe indépendamment de toute inscription au profit des femmes, pour raison de leurs dots et conventions matrimoniales, à compter du mariage, date qui, pour la dame veuve Dupuy, remonte au mois d'août 1820, c'est-à-dire à une époque antérieure à tous droits hypothécaires prétendus du chef de Blaquière ou de tous autres;

Attendu qu'on objecte vainement contre la veuve Dupuy : 1° que son hypothèque légale aurait été purgée par l'accomplissement des formalités indiquées à l'acquéreur par l'art. 2194, Code civil; 2° que l'inscription hypothécaire prise en son nom, le 15 décembre 1837, serait nulle dans la forme;

Attendu, en effet, quant à la purge de l'hypothèque légale que l'art. 2194, Code civil, impose à l'acquéreur qui veut purger l'hypothèque légale de la femme, l'obligation de lui notifier le dépôt qui doit être fait de la copie collationnée du contrat translatif de propriété au greffe du tribunal civil de la situation des biens;

Attendu que l'avis du conseil d'Etat du 9 mai 1807, approuvé le 1er juin suivant, n'a dispensé l'acquéreur de se conformer à l'art. 2194 du Code, par la notification personnelle qu'elle exige, que lorsque ceux du chef desquels peuvent exister des hypothèques légales, indépendamment de toute inscription, ne sont pas connus de l'acquéreur;

Attendu, en fait, que Pierre Dupuy, acquéreur du domaine Podensac, connaissait l'existence de la veuve Dupuy, qui était la belle-sœur de son épouse; qu'indépendamment des présomptions qui résultent d'une affinité aussi rapprochée, les énonciations du cahier des charges dressé à la requête de Pierre Dupuy, adjudicataire, prouvent aussi qu'il connaissait parfaitement l'existence de ladite veuve Dupuy;

Que cependant il a omis de lui faire la notification personnelle du dépôt de son contrat; d'où il suit que le délai fatal n'ayant pas même commencé à courir contre la veuve Dupuy, elle n'a point été déchue de la faculté de prendre inscription pour ses créances matrimoniales, faculté qu'elle a exercée à la date du 15 décembre 1837 ;

Par ces motifs, met au néant l'appel interjeté, etc.

Auteurs. — Pour : Troplong, *des Hypoth.*, t. 4, n° 979 ; Duranton, t. 20, n° 418.

Jurisprudence. — Pour : Cass., 14 janvier 1817.

A annoter au mot **Purge des hypothèques légales**, n° 5.

ART. 273.

—

HUISSIER.

SALAIRES. — DÉBOURSÉS. — PRESCRIPTION.

La prescription d'un an établie par l'art. 2272 du Cod. civ. ne frappe-t-elle que les salaires des huissiers et non leurs déboursés?

Cette question, qui intéresse les huissiers au plus haut degré, vient d'être résolue pour l'affirmative par un jugement du tribunal civil de la Seine, du 19 septembre 1845, rendu dans les circonstances suivantes :

M. Delille, ancien huissier à Paris, avait été chargé, en 1825, de notifier divers actes de son ministère et de suivre des procédures importantes dans l'intérêt de madame Casimir-Compans ; il avait, à cet effet, déboursé diverses sommes, et il lui était dû, tant pour avances à l'avoué que pour coûts d'exploits, 691 francs 11 centimes.

En 1832, M. Delille mourut. Sa veuve, après d'infructueuses démarches, se vit forcée d'assigner la dame Casimir-Compans. Devant le tribunal, cette dame a invoqué la prescription annale établie par l'article 2272. — Madame Delille a répondu que cette prescription n'était applicable qu'aux honoraires, et que les déboursés n'étaient soumis qu'à la prescription trentenaire. — M. l'avocat du roi a pensé que l'article 2272 s'appliquait aux déboursés comme aux émoluments, mais qu'il fallait soustraire de cette prescription les déboursés que l'huissier avait pu faire comme simple mandataire de son client.

Le tribunal a rendu le jugement suivant :

« Attendu, que la prescription est de droit étroit ; que ce principe doit surtout recevoir son application aux prescriptions *brevis temporis ;* — Que l'art. 2272 du Cod. civ. ne soumet à la prescription d'un an, en ce qui touche les huissiers, que le *salaire* des actes faits par ces officiers ministériels ; — Qu'il faudrait ouvertement ajouter au texte de la loi pour frapper de cette prescription les *déboursés*, qui sont choses toutes différentes des salaires ; — Le tribunal déclare prescrits les salaires des actes faits par l'huissier Delille, pour la dame Casimir, et exigibles les déboursés ; — Et attendu que la dame Casimir ne justifie pas de sa libération quant à ces deboursés ; — Déclare valable l'opposition formée par la veuve Delille ; — Condamne la dame Casimir-Compans au payement des déboursés réclamés, et pour en déterminer le montant, renvoie les parties devant l'avoué le plus ancien ; — Ordonne que le tiers-saisi conservera entre ses mains la somme de 300 francs pour assurer le payement jusqu'à due concurrence de la créance de la dame Delille ; fait main-levée de l'opposition sur le surplus de la somme arrêtée, son effet demeurant maintenu sur les termes à échoir jusqu'au payement intégral ; — Condamne la dame Casimir-Compans aux dépens. »

Cette jurisprudence est-elle fondée ? Nous allons passer en revue les documents, à notre connaissance, qui sont de nature à influer sur la décision de cette question.

1. L'article 81 de l'ordonnance homologative du règlement sur l'administration de la justice au Châtelet de Paris, du mois de mai 1425, est ainsi conçu : « Ordonnons que de ci en avant les.... sergents ou autres officiers et praticiens dudit Chastelet, ne pourront faire demande ou poursuite de leurs *salaires* après un an d'iceux salaires desservis. »

2. Deux arrêts du parlement de Dijon, des 24 mai 1568 et 20 fév. 1603, décident que les huissiers et sergents ne peuvent demander leurs *salaires* après une année.

3. L'article 20 du titre 21 des lettres patentes du 18 juin 1769, servant de règlement pour l'administration de la justice dans la Normandie, porte que les huissiers et sergents ne pourront rien demander pour le payement de leurs *frais, salaires* et *vacations,* deux ans après que les diligences qui en seront l'objet auront été faites.

4. Ferrière, *Dict. de Prat.*, édition de 1769, v° *Salaire*, p. 564, s'exprime ainsi : « Un sergent ne peut retenir les meubles des débiteurs pour payement de ses salaires. Il ne peut non plus demander le payement de ses *salaires* après un an. »

5. Enfin Pothier, *Trait. des Oblig.*, édition de 1774, n° 691, dit : « Il n'y a aucune loi qui limite le temps de l'action pour les salaires des huissiers ; il serait équitable d'étendre à ces officiers la prescription de six ans établie à l'égard des procureurs ; mais n'y ayant point de loi, on doit avoir beaucoup d'égard aux circonstances.

Ainsi, dans notre ancien droit, tandis que les *frais, salaires* et *vacations* des avoués se prescrivaient uniformément par deux ou six ans, selon que les affaires étaient ou non terminées, les droits des huissiers étaient soumis à une prescription différente, selon les localités. Dans le ressort du Châtelet de Paris, les *salaires* étaient prescrits après un an ; dans le ressort du parlement de Normandie, la déchéance atteignait les *frais, salaires* et *vacations,* après deux ans ; dans celui du parlement de Dijon, les salaires ne pouvaient être réclamés après un an ; enfin, dans l'étendue de la coutume d'Orléans, aucune prescription n'était admise. — Il paraît donc qu'alors il y avait généralement une distinction à observer entre les déboursés des huissiers et leurs honoraires, tandis qu'aucune n'était admise au sujet des frais, salaires et vacations des avoués.

C'est dans ces circonstances que le Code a été promulgué : l'art. 2272 soumet à la prescription d'un an l'action des huissiers pour le *salaire* des actes qu'ils signifient et des commissions qu'il exécutent, et l'art. 2273 déclare que l'action des avoués pour le payement de leurs *frais et salaires* se prescrit par deux ans. — La différence qui existe entre ces deux dispositions ne s'explique-t-elle pas d'une manière fort naturelle par le rapprochement de l'ancienne législation, et n'est-on pas fondé à dire que le Code a consacré la tradition et reproduit, en ce qui concerne les huissiers, l'article 81 de l'ordonnance de 1425 ?

Ce n'est pas là, toutefois, ce que les auteurs modernes ont pensé.

On demande, dit Chauveau (*Comment. tar.*, introd., p. 98), si la prescription de l'art. 2272, C. civ., s'applique non-seulement au salaire des huissiers, mais à leurs déboursés?

« La raison de douter se tire de ce que le Code n'a parlé que des salaires de l'huissier, d'où l'on conclut que la prescription ne s'applique pas aux déboursés. On fortifie cette opinion en rapprochant l'art. 2272 de l'art. 2273, relatif aux avoués. Or, dit-on, il y a une grande différence dans la rédaction de ces deux dispositions ; la dernière parle des frais et salaires de l'avoué, la première ne parle que du salaire de l'huissier ; donc, etc.

» Cet argument ne nous touche point ; car il ne suffit point qu'il y ait entre les deux articles 2272 et 2273 une légère différence de rédaction, il faudrait que le législateur eût eu un motif pour établir deux dispositions aussi disparates: or, il n'en existe aucun. On ne voit pas, en effet, pourquoi les déboursés de l'huissier seraient plus favorisés que ceux de l'avoué.... Plus on y réfléchit, moins on se sent disposé à accueillir une opinion qui ne tend qu'à consacrer une bizarrerie impossible à justifier. »

L'opinion de M. Chauveau a été reproduite dans le *Journal des Huissiers*, t. 16, p. 258, et spécialement approuvée ; Bioche et Gouget, *Dict. proc.*, v° *Huissier*, n° 112, l'ont également adoptée ; Troplong, *de la Prescription*, t. 2, n° 960, ne s'explique pas sur la question ; il rappelle le texte du Code et ne parle que du salaire des actes des huissiers. Quant à nous, nous avons, dans notre *Encyclopédie*, v° *Prescription*, n° 154, rapporté l'opinion de M. Chauveau, sans examiner la question.

Un jugement du tribunal de la Seine, du 28 mars 1837, s'est

prononcé en faveur de la prescription annale des déboursés, et un arrêt de la cour royale de Paris, du 20 avril 1812, a admis la même prescription en rejetant, comme prescrite suivant l'article 2272 du Code civil, une demande en payement d'honoraires et déboursés d'exploits antérieurs à la promulgation du Code; mais, dans l'espèce de cet arrêt, il n'y a point eu de distinction entre les déboursés et les honoraires, de sorte que la question n'a été résolue qu'implicitement.

Le seul argument invoqué pour soumettre les déboursés des exploits à la prescription annale est, comme on le voit, celui-ci: il n'existait aucun motif de favoriser les déboursés des huissiers plus que ceux des avoués, et si l'on tenait compte de la différence qui existe dans le texte des art. 2272 et 2273, on consacrerait une bizarrerie injustifiable.

Cette manière de raisonner ne nous paraît pas juste. Dans une matière où tout est de droit étroit, nous croyons qu'à moins de motifs puissants et incontestables, on doit s'en tenir au texte et ne pas y ajouter, sous le prétexte, assez frivole, qu'une classe d'officiers ne doit pas être plus favorisée dans un cas particulier, qu'une autre classe dont les fonctions ne sont pas les mêmes. Il nous semble plus raisonnable, et surtout plus logique, de dire: Deux textes se joignant immédiatement et reproduisant presque mot à mot d'anciennes dispositions législatives, ont marqué une différence très-tranchée entre la prescription des droits des huissiers et celle des droits des avoués; on doit donc y avoir égard et les appliquer à la lettre, dans leur sens usité et grammatical; car, en définitive, les mots ont leur valeur; cette valeur était connue du législateur, et ce n'est pas sans raison, apparemment, qu'il ne s'est servi que du mot *salaire* dans l'art. 2272, surtout lorsqu'à l'instant même il employait le même mot en le faisant précéder de celui de *frais*, qui a une toute autre signification. Entre des *déboursés* et des *salaires* il y a une trop grande différence pour vouloir que par ce dernier mot le législateur n'ait pas voulu restreindre la prescription annale aux salaires seulement, et qu'au contraire il ait eu l'intention de donner au mot *salaire* une acception inusitée et repoussée d'ailleurs par le sens commun.

Dire que le législateur n'avait pas de motifs de traiter plus favorablement les huissiers que les avoués, c'est se mettre à sa place, pénétrer ses intentions et affirmer une chose inconnue. Que vous ignoriez ces motifs, soit; mais qu'il n'y en ait pas eu, c'est ce que nous contestons; car il ne suffit pas que la cause d'une disposition n'ait pas été écrite pour qu'il n'existe aucune cause. A ce compte on devrait rayer de nos codes bien des articles, ou les interpréter contrairement à leur véritable sens. — Mais il y avait des motifs de traiter les huissiers mieux que les avoués, et, sans parler de la consécration de notre ancien droit, nous en trouvons un puissant dans la nature même des choses.

En effet, il est incontestable que l'huissier est le mandataire salarié des parties au nom desquelles il agit; chaque fois, donc, qu'il signifie un exploit, il a droit, en sa qualité de fonctionnaire, à une rémunération fixée par la loi, eu égard à la fonction accomplie. L'exploit signifié, une mesure purement fiscale (loi du 22 frim. an VII, art. 20, 29 et 34) oblige l'huissier de le faire enregistrer dans un délai à peine de nullité et d'amende, et d'acquitter les droits d'enregistrement vis-à-vis de la régie de l'enregistrement; c'est-à-dire, au point de vue fiscal, que l'huissier est débiteur direct et personnel de ces droits; mais, vis-à-vis de la partie, le payement qu'il en effectue n'est qu'une *avance* que son mandat l'oblige de faire, et cela est si vrai, que l'art. 30 de la loi du 22 frim. an VII accorde un moyen tout exceptionnel et trace une procédure spéciale et très-sommaire, afin de faciliter la rentrée des droits avancés. — Ainsi le coût d'un exploit comprend deux choses bien distinctes : 1° la rétribution due à l'officier ministériel ; 2" les sommes par lui payées en l'acquit de son client. — Soumettre le salaire à une prescription très-courte a pu paraître raisonnable; mais n'accorder qu'un an pour rentrer dans des déboursés que l'huissier est contraint de faire, eût été une injustice. La distinction admise était donc fondée en équité, et c'était là un motif assez grave, ce nous semble, pour déterminer le législateur à laisser dans le droit commun la prescription des déboursés.

Les avoués, n'ayant pas les mêmes obligations que les huissiers, ne pouvaient prétendre aux mêmes avantages. Au surplus, si leurs déboursés se prescrivent plutôt que ceux des huissiers, en compensation, leurs honoraires sont soumis à une déchéance plus longue que les salaires des huissiers, et, de plus, une distinction est faite entre les affaires terminées et celles non terminées, et un délai de cinq ans est accordé pour ces dernières, ce qui n'a pas lieu pour les huissiers. Aucune parité n'existe donc entre les articles 2272 et 2273, et le premier ne peut pas plus être interprété par le second que ce dernier par le premier.

En résumé, les honoraires des huissiers se prescrivent par un an, et leurs déboursés par trente ans, du jour de leurs exploits.

NOTA. — Nous recevons à l'instant (8 octobre) le n° d'août du *Journal des Huissiers*, et nous y lisons avec plaisir que son honorable rédacteur, M. BIL-LEQUIN, conseille aux huissiers, ses abonnés, de s'en tenir au jugement du tribunal de la Seine, en déclarant toutefois que la *loi est douteuse* et que la *doctrine hésite*, ce qui, selon nous, n'est pas exact : car, d'une part, ainsi qu'on le voit plus haut, tous les auteurs ont jusqu'à présent admis à tort la prescription annale des déboursés, et d'autre part, la loi, mise en regard du passé, et de la nature des fonctions des huissiers, nous paraît très-claire, très-explicite, exclusive, en un mot, du moindre doute.

M. Billequin dit encore que les déboursés de l'huissier ne sont pas d'une autre nature que ceux de l'avoué. C'est une erreur : l'huissier doit débourser des droits d'enregistrement, tandis que l'avoué n'y est pas obligé, puisque les actes qu'il rédige ne sont point soumis à cette formalité : il n'a donc à avancer que des déboursés de timbre. De plus, les déboursés de l'huissier excèdent généralement ses honoraires, au lieu que ceux de l'avoué sont très-minimes et n'atteignent pas le 20e de ses salaires. Nous ne parlons, bien entendu, que des *déboursés forcés*, et nous exceptons : les exploits, l'enregistrement des jugements, les expéditions, etc., qu'aucune loi n'oblige les avoués de payer.
— Si vous admettez que l'avoué soit obligé de payer l'huissier qui signifie ses actes, vous n'aurez a ajouter à son timbre que 25 cent. pour honoraires de l'huissier, et 50 cent. pour enregistrement.—Ces avances, eu égard aux honoraires, ne sont-elles pas trop peu importantes pour avoir été prises en considération comme celles imposées aux huissiers? Au surplus, nous le répétons, l'art. 2173 offre aux avoués une meilleure position pour le recouvrement de leurs frais et déboursés, que celle accordée par l'art. 2272 aux huissiers.

A annoter au mot Prescription, n° 154.

ART. 274.

ENREGISTREMENT.

§ I.

EXPLOIT. — PLURALITÉ DES DROITS.

1.

SAISIE-ARRÊT. — DEMANDE EN VALIDITÉ. — SOMMATION.

L'exploit de saisie-arrêt contenant demande en validité contre le débiteur saisi, et assignation en déclaration affirmative contre le tiers-saisi, est-il passible de trois droits fixes?

Oui, car il contient trois actes distincts l'un de l'autre; il tient lieu de ceux désignés dans les art. 559, 563, 564 et 568 du Code de procédure civile, et dès lors la perception de plusieurs droits autorisée par les art 11 et 68, § 1er, n° 30, de la loi du 22 frim. an VII, nous paraît fondée. (*Journ. de l'Enreg.*, art. 13,785.)

A annoter au mot Exploit, n° 291.

2.

SOMMATION. — CITATION.

L'exploit contenant sommation de payer, et, à défaut de paye-ment, citation en justice de paix, est-il soumis au droit de 2 fr.?

Oui. C'est ce qui résulte d'une solution de l'administration de l'enregistrement, du 13 mars 1832. En effet le débiteur pouvait satisfaire à la sommation, et alors il n'y aurait pas eu citation;

c'est donc la sommation qui est le premier et le principal acte. Le requérant a cru utile d'agir d'abord par voie de mise en demeure ; la citation n'est que la conséquence de l'inefficacité de cette mesure. Cette citation doit donc être considérée comme une disposition subsidiaire ou secondaire de l'exploit, qui ne reste pas moins soumis à l'application de l'art. 43, n° 13, de la loi du 28 avril 1816. (*Journ. de l'Enreg.*, art. 13,783.)

A annoter au mot Exploit, n° 293.

3.

SOMMATION. — OPPOSITION.

L'exploit contenant sommation au débiteur de payer, et opposition par ce dernier à la saisie-exécution que son créancier va faire pratiquer sur lui, est-il soumis à deux droits ?

Non. L'opposition contenue accessoirement dans un exploit n'est une disposition parfaitement distincte et indépendante de la partie principale, et par conséquent soumise au double droit de deux francs, que lorsqu'elle est faite par un étranger : hors ce seul cas, l'opposition n'engendre aucun droit particulier.

A annoter au mot Exploit, n° 291.

§ II.

TIMBRE. — ENREGISTREMENT. — AUDIENCE. — INTERVENTION. — RÉQUISITION. — COMMUNICATION.

Les préposés de l'administration de l'enregistrement qui assistent aux audiences publiques des juges de paix et des tribunaux civils et de commerce, sont-ils fondés à intervenir dans les débats et à requérir la communication des pièces en contravention aux lois sur le timbre et l'enregistrement, ou la mention de ces pièces dans les jugements, afin que le recouvrement des droits et amendes exigibles puisse être poursuivi ?

Non. Ce droit ne leur est accordé par aucune loi. Il est interdit aux juges par la loi du 13 brum. an VII, art. 24, et par celle du 22 frim. suivant, art. 47, de statuer sur des pièces qui, quoique assujetties au timbre et à l'enregistrement, n'ont été ni timbrées ni enregistrées ; mais pour assurer l'exécution de ces lois rien n'autorise l'administration ou ses préposés à intervenir dans les débats judiciaires. (*Journ. de l'Enreg.*, art. 13,765.)

A annoter au mot Enregistrement, n° 108.

§ III.

ACTE EN CONSÉQUENCE D'UN AUTRE. — TITRE NON ENREGISTRÉ. — CITATION. — JUGEMENT.

Le jugement qui, se fondant sur ce que la demande est suffisam-

ment justifiée, condamne au payement de deux années de prime d'as-surance verbale contre l'incendie. autorise-t-il l'administration à percevoir immédiatement le double droit d'enregistrement sur la police d'assurance, et à réclamer à l'huissier une amende pour avoir contrevenu à la loi en agissant en conséquence de cette police, sans, au préalable, l'avoir fait viser pour timbre et enregistrer?

Il est vrai que d'après les statuts de la compagnie, l'assurance a dû être constatée par une police; mais de ce que cette police doit exister, il ne résulte pas qu'il en ait été fait usage en justice. Le jugement n'en établit positivement ni l'existence, ni la production au juge, et les inductions qui en sont tirées nous paraissent insuffisantes pour justifier la perception du double droit de titre et la contravention commise par l'huissier. (*J. de l'Enreg.*, art. 13,774.)

À annoter au mot **Enregistrement**, n° 99.

ART. 275.

ACTION POSSESSOIRE.

COMPÉTENCE. — COURS D'EAU. — SUPPRESSION D'OUVRAGES.

Le juge de paix est compétent pour connaître d'une action en complainte à l'occasion d'ouvrages établis, sans autorisation de l'administration, par un particulier sur un cours d'eau, et, par suite, pour ordonner la suppression de ces ouvrages.

Le sieur de Montlaur, propriétaire d'un moulin étant au-dessous d'une usine appartenant aux hoirs de Prilly, ayant établi un barrage qui faisait refluer les eaux, fut assigné par ces derniers au possessoire en destruction de ce barrage, qui, disaient-ils, les troublait dans la possession de l'ancien état de choses. Le sieur de Montlaur a soutenu que le juge de paix était incompétent et qu'il y avait lieu de se pourvoir en règlement d'eau par la voie administrative.

21 nov. 1842, sentence par laquelle le juge de paix se déclare compétent, « attendu que le nouvel œuvre peut donner lieu à une action possessoire de la part de celui à qui il est préjudiciable; » et le 12 déc. suivant, sentence définitive qui, après expertise, condamne le sieur de Montlaur à rétablir les lieux dans leur ancien état.

Appel; et le 23 février 1843, jugement du tribunal d'Uzès qui confirme, tant sur la compétence que sur le fond : — « Attendu que l'action formée par les hoirs de Prilly devant le juge du canton de Roquemaure, était de la compétence de ce magistrat, puisqu'il s'agissait de la répression d'une entreprise commise, dans l'année, sur un cours d'eau, et qu'à l'aide de cette entreprise les demandeurs en complainte souffraient dans le jeu de leur moulin et dans la possession de leurs propriétés riveraines. »

Pourvoi en cassation par le sieur de Montlaur, pour excès de pouvoir et violation des lois des 16-24 août 1790 et 6 oct. 1791, et de l'art. 23, Cod. de proc., en ce que le juge de paix avait empiété sur les droits de l'autorité administrative, en faisant un règlement d'eau qui appartenait exclusivement à cette autorité.

ARRÊT.

COUR DE CASSATION. — 28 JANVIER 1845.

LA COUR ; — Attendu que le jugement se borne à confirmer la sentence du juge de paix du canton de Roquemaure, statuant sur une action possessoire relative à une entreprise commise dans l'année, sur le cours d'eau qui met en mouvement les usines des parties, et à ordonner le rétablissement des lieux dans l'état où ils étaient avant le trouble résultant de ladite entreprise, trouble constaté en fait par le jugement attaqué ;

Qu'en statuant ainsi, le tribunal d'Uzès s'est conformé aux principes sur la matière, et n'a pu violer les lois invoquées à l'appui du pourvoi ;

Rejette.

Jurisprudence. — Pour : Cass., 30 août 1830, 14 août 1832.

Quid, si le barrage avait été autorisé par l'administration? Dans ce cas les tribunaux ne seraient compétents que pour statuer sur les dommages-intérêts qui pourraient être réclamés par les parties lésées ; mais ils seraient absolument sans pouvoir pour empêcher l'exécution d'une concession administrative, et surtout pour ordonner la démolition et l'enlèvement d'ouvrages executés en vertu d'une telle concession ou autorisation, quelques titres ou droits acquis que puissent avoir d'ailleurs les tiers. Cass., 26 janv. 1841, 14 fév. 1833 ; ord. cons. d'ét., 22 mai 1840 et 6 sept. 1843.

C'est à l'administration seule qu'appartiendrait le droit de statuer sur la conservation ou la destruction du barrage autorisé.

A annoter au mot Action possessoire, n° 224.

ART. 276.

—

DÉLIT RURAL.

PATURAGE. — PRAIRIES ARTIFICIELLES. — DÉLAI. — ENLÈVEMENT DE RÉCOLTES.

La défense de pâturage dans les deux jours de l'enlèvement de la récolte n'est pas applicable aux prairies artificielles.

En conséquence, le propriétaire d'une telle prairie peut y introduire ses bestiaux aussitôt l'enlèvement de sa récolte.

ARRÊT.

COUR DE CASSATION. — 17 JANVIER 1845.

LA COUR ; — Vu les art. 21, 22 et 24, tit. 2 de la loi des 28 septembre et 6 octobre 1791 ;

Attendu que l'art. 22 précité défend aux pâtres et bergers de mener des troupeaux d'aucune espèce, dans les *champs moissonnés et ouverts*, avant de laisser passer *deux jours après la récolte entière ;*

Attendu que cette disposition s'applique à la fois aux lieux de parcours et de vaine pâture, et à ceux où ces usages ne sont point établis ; ce qui prouve qu'elle n'a pas pour but la conservation de la vaine pâture ;

Attendu que les mots : *champs moissonnés*, et ceux-ci : *la récolte entière*, établissent que l'interdiction portée audit article ne s'applique pas aux champs exploités en prairies artificielles, puisque, d'une part, le mot *moisson* ne s'entend que des produits en céréales, et que le mot *récolte entière* ne peut s'appliquer à chacune des diverses coupes des herbes des prairies artificielles, et que la *récolte* entière n'est complétée qu'après la totalité des coupes ;

Attendu que le mot *prés*, employé par l'art. 21 précité, ne comprend pas les *prairies artificielles*, puisque l'art. 9, sect. 4, tit. 1er, distingue les prairies artificielles des prairies naturelles ; que l'art. 24 du tit. 2 contient la même distinction : d'où il suit que la disposition de l'art. 21, qui ne parle pas des *prairies artificielles*, ne doit s'entendre que des prés naturels ;

Attendu que le droit qu'a le propriétaire de faire paître ses bestiaux dans son champ dépouillé de la récolte qui le couvrait est un droit inhérent à la propriété, qui ne peut être restreint que par les dispositions formelles de la loi ; et que, dans l'espèce, il n'y a pas de disposition expresse pour les prairies artificielles ; qu'en effet, priver le propriétaire de la faculté de faire manger sur pied, par ses bestiaux, les produits de ses prairies artificielles, serait anéantir la principale utilité que puisse offrir ce genre de culture ;

Attendu que, en appliquant au fait de pacage par le propriétaire de la *prairie artificielle*, les dispositions prohibitives de l'art. 22 précité, le jugement attaqué (du tribunal de police de Houdan) a fait une fausse interprétation dudit article, et par conséquent l'a violé et commis un excès de pouvoirs ;

Casse, etc.

Jurisprudence. — Aucun précédent.

A annoter au mot **Délit rural**, n° 14.

ARRÊT. 277.

—

SURENCHÈRE.

SIGNIFICATION. — DOMICILE ÉLU. — DOMICILE RÉEL. — NULLITÉ.

La surenchère sur aliénation volontaire ne peut être valablement signifiée qu'au domicile de l'avoué constitué par la notification du contrat aux créanciers inscrits. — Elle serait nulle si elle était signifiée au domicile réel de l'acquéreur.

JUGEMENT.

TRIBUNAL CIVIL DE CAEN. — 30 DÉCEMBRE 1844.

LE TRIBUNAL ; — Attendu que, le 14 février dernier, le sieur James a fait signifier sa surenchère du dixieme à la dame Lahousse, au domicile de cette dernière et parlant à sa personne ;

Attendu que l'art. 832, Code procédure, porte que la surenchère sera notifiée au domicile de l'avoué constitué par la signification aux créanciers inscrits, et que l'art. 838 prononce la nullité pour l'inobservation des formalités prescrites par l'art. 832 ;

Attendu que l'ancienne rédaction de l'art. 832, en prescrivant seulement que le nouvel acquéreur serait assigné à trois jours pour la réception de la caution, laissait dans l'incertitude le point de savoir si cette assignation devait être donnée au domicile réel ou à celui de l'avoué ;

Que la nouvelle rédaction a eu pour objet de trancher la difficulté, et pour but déclaré d'abréger les délais et d'accélérer l'accomplissement des formalités ;

Que l'obligation de donner l'assignation au domicile prescrit par l'art. 832 est une des formalités de surenchère prescrites par cet article, dont l'omission entraîne la nullité, aux termes de l'art. 838 ; qu'ainsi la surenchère du sieur James est nulle ;

Déclare nulle la surenchère, etc.

Auteurs. — Pour : Chauveau sur Carré, quest. 2473.

Jurisprudence. — Sous l'empire du Code de procéd., avant la loi de la saisie immobilière, un arrêt de la cour de Grenoble du 22 janv. 1819 a décidé que la notification de la surenchère devait être faite au domicile réel.

A annoter au mot Surenchère, n° 30.

ART. 278.

APPEL.

FAILLITE. — DÉLAI. — DISTANCE.

Le délai de quinze jours, plus un jour par cinq myriamètres de distance entre le domicile de l'appelant et le lieu où siège le tribunal qui a rendu le jugement frappé d'appel, fixé par l'art. 582 du Code de comm., ne doit pas être augmenté, en outre, selon l'art. 1033 du Cod. de procéd. civ., d'un jour par cinq myriamètres entre le domicile de l'appelant et celui de l'intimé.

FAITS.

Un jugement rendu par le tribunal de commerce de Mortain, au profit d'Alais-Roger contre Langlois, fut signifié à ce dernier le 24 sept., à son domicile à Caen, et par lui frappé d'appel le

12 oct. suivant. — Le sieur Alais-Roger a soutenu que cet appel était tardif, en ce qu'il avait été formé après l'expiration du délai fixé par l'art. 582, du Cod. de comm., pour l'appel des jugements rendus en matière de faillite, c'est-à-dire après le délai de quinze jours, augmenté d'un jour à raison de la distance de neuf myriamètres qui se trouve entre le domicile de l'appelant et le lieu où siége le tribunal qui a rendu le jugement frappé d'appel.

Le sieur Langlois a répondu que le délai de quinzaine devait être augmenté dans l'espèce, non-seulement d'un jour par cinq myriamètres de distance entre le domicile de l'appelant et le lieu où siége le tribunal, mais, en outre, d'un jour par trois myriamètres entre le domicile de l'appelant et celui de l'intimé, selon la règle générale de l'art. 1033 du Code de proc., ce qui, dans l'espèce, donnant une augmentation d'un jour pour la distance de Caen à Mortain, siége du tribunal, et de trois jours pour la distance de Caen à Saint-Hilaire-du-Harcouet, lieu du domicile du sieur Alais-Roger, portait le délai de l'appel à dix-neuf jours qui ne s'étaient accomplis que le 13 octobre ; d'où la conséquence que l'appel interjeté le 12 l'avait été en temps utile.

ARRÊT.

COUR ROYALE DE CAEN. — 17 DÉCEMBRE 1844.

LA COUR ; — Considérant que, d'après l'art. 582, Code comm., le délai d'appel pour tout jugement rendu en matière de faillite est de quinze jours seulement, à compter de la signification, sauf que ce délai est augmenté à raison d'un jour par cinq myriamètres pour les parties domiciliées à une distance excédant cinq myriamètres du lieu où siége le tribunal ;

Considérant qu'il résulte du texte et de l'esprit de célérité qui l'a dicté qu'il forme un tout complet, et qu'il n'est pas permis de recourir à d'autres dispositions pour étendre le délai qu'il détermine ;

Considérant d'ailleurs que l'art. 1033, Code proc. civ., qu'on invoque, ne s'occupe que des délais fixés pour les ajournements, citations, sommations et autres actes faits à personne ou à domicile, c'est-à-dire des délais dans lesquels les personnes assignées doivent comparaître, et ne s'applique point aux délais dans lesquels la loi a renfermé, à peine de déchéance, le droit de porter appel de telle ou telle décision ; qu'il ne faut point confondre ce droit d'appel en lui-même, lequel est uniquement régi par le texte qui l'autorise, avec l'assignation que doit contenir l'exploit au moyen duquel il est exercé, assignation dont le délai doit, s'il y a lieu, être augmenté dans le seul intérêt de l'intimé, conformément à l'art. 1033, Code proc.

Considérant qu'en fait, le jugement du tribunal de commerce de Mortain, qui a rejeté l'opposition de Langlois au concordat admis en faveur d'Alais-Roger, a été signifié audit Langlois, en son domicile à Caen, le 24 septembre 1844 ; que la distance de Caen à Mortain, où siége le tribunal (et même à Saint-Hilaire-du-Harcouet, lieu du domicile d'Alais-Roger), n'étant que de 8 à 9 myriamètres, un seul jour devait être ajouté au délai ordinaire fixé par le 1er paragraphe de l'art. 582, Code comm. ; que dès lors l'appel devait être interjeté le 10 octobre, ou au plus tard le 11, en supposant que le *dies ad* quem ne dût pas être compté; que cependant il ne l'a été que le 12; qu'il doit donc être rejeté comme tardif;

Par ces motifs, déclare non recevable l'appel interjeté par Langlois.

Jurisprudence. — Aucun précédent.

A annoter au mot **Faillite.**

ART. 279.

ENQUÊTE.

JUGE DE PAIX. — CAUSES SUJETTES A APPEL. — DÉFAUT DE PROCÈS-VERBAL. — NULLITÉ.

Le défaut de procès-verbal d'enquête dans les causes des justices de paix, sujettes à l'appel, entraîne nécessairement la nullité du jugement rendu sur l'enquête, alors même que les notes tenues par le greffier se trouveraient en corrélation parfaite avec les motifs de la sentence du juge de paix.

L'omission de ce procès-verbal constitue une nullité substantielle que les juges d'appel sont obligés de déclarer.

ARRÊT.

COUR DE CASSATION. — 3 JUIN 1845.

LA COUR; — Vu l'art. 39, Code proc.; — Attendu que l'action formée par Thomas et Gouanet devant le juge de paix de Bourges contre Moreau, avait pour objet une somme de 145 fr. qu'ils prétendaient leur être due pour frais de main-d'œuvre et travaux, et qu'ainsi, aux termes de l'art. 1 de la loi du 25 mai 1836, elle ne pouvait être jugée par le juge de paix qu'à la charge d'appel;

Attendu qu'avant de statuer sur le mérite de cette action, le juge de paix de Bourges a ordonné une enquête; que divers témoins ont, en conséquence, été entendus, et que le jugement définitif qui a condamné Moreau au payement de la somme de 145 fr., est basé uniquement sur le résultat de cette enquête;

Attendu qu'il n'a cependant été dressé aucun procès-verbal de l'audition des témoins, et que le greffier n'a tenu que de simples notes de leurs dépositions; qu'ainsi le tribunal civil de Bourges, saisi de l'appel formé par Moreau, a été dans l'impossibilité d'examiner lui-même et d'apprécier les dépositions des témoins entendus et de statuer en connaissance de cause;

Attendu qu'il importe peu que les notes tenues par le greffier et les motifs de la sentence du juge de paix fussent en corrélation parfaite, ainsi que le déclare le jugement attaqué, puisque cette corrélation et l'exactitude des notes ne pouvaient suppléer à un procès-verbal d'enquête fait conformément aux prescriptions de l'art. 39, Code procédure, et constatant l'accomplissement des formalités exigées pour la régularité de l'enquête et la validité des dépositions;

Attendu qu'un procès-verbal d'enquête ne peut être assimilé aux actes de procédure dont parle l'art. 1030, Code proc., lesquels ne doivent être déclarés nuls que lorsque la nullité en est formellement prononcée par la loi;

Qu'en effet, lorsqu'une enquête a été ordonnée, et qu'il en doit être dressé procès-verbal, la rédaction de cet acte est une formalité essentielle, sans laquelle l'enquête n'a aucune consistance, et doit être considérée comme non avenue;

Attendu qu'en décidant le contraire, et en déclarant que les simples notes du greffier de la justice de paix de Bourges pouvaient remplacer le procès-verbal énoncé dans l'art. 39, Code proc., le jugement attaqué a faussement interprété et expressément violé ledit article;

Casse, etc.

Auteurs. — Pour: Thom. Desm., *Coment.*, *Code de procéd. civ.*, p. 111, t. 1. - Contre: Carré et Chauveau, quest. 169 *ter.*

Jurisprudence. — Un arrêt de la cour de cassation du 24 janvier 1827 décide que l'omission du procès-verbal peut entraîner la nullité du jugement, si le tribunal d'appel ne trouve pas les notes tenues par le greffier suffisantes pour éclairer sa religion. — Un autre arrêt de la même cour, du 27 avril 1840, décide plus explicitement que l'inobservation de l'art. 39 du Code de procéd. n'emporte pas nullité du jugement, et que dans le cas où les juges d'appel croient une nouvelle audition nécessaire, ils ne peuvent que l'ordonner aux frais du greffier.

A annoter au mot **Enquête**, n° 138.

ART. 280.

—

CHASSE.

§ I.

EXCUSE. — BONNE FOI. — TEMPS PROHIBÉ.

Les délits de chasse en temps prohibé ne peuvent être excusés sous prétexte de bonne foi.

ARRÊT.

COUR DE CASSATION. — 12 AVRIL 1845.

LA COUR; — Vu la requête afin de pourvoi du procureur du roi près le tribunal de première instance séant à Saintes et y statuant;

Vu les art. 12 et 16 de la loi du 3 mai 1844;

Attendu qu'en matière de chasse et dans l'absence de toute règle écrite, le caractère légal du fait dépend de sa nature.

Attendu que l'infraction à un arrêté réglementaire portant dans un intérêt général des prohibitions qui tendent à prévenir la destruction du gibier ou des récoltes, doit être considérée, quelle que soit la juridiction appelée à en connaître et la peine qui lui est applicable, comme participant du caractère d'une contravention de police;

Attendu que ce fait ne peut être excusé par l'intention, dès qu'il est reconnu que celui auquel il est imputé a librement et volontairement procédé à l'acte de chasse dont il a, dès lors, assumé les conséquences pénales ;

Attendu que, dans l'espèce, il a été établi et déclaré que les sieurs Collet et Desmirail avaient chassé, sur le territoire de la Charente Inférieure, à une époque où, en vertu d'un arrêté du préfet de ce département, la chasse y était interdite ;

Attendu qu'il ne ressort d'aucune des énonciations du jugement attaqué que la violation constatée a leur charge, de la disposition prohibitive de ce règlement, ait été le résultat de la force majeure, et qu'en admettant comme base d'une décision de relaxe, une exception de bonne foi, qui, en dehors de ce cas, ne pourrait avoir pour effet de détruire le caractère pénal de l'acte, objet de la poursuite, le tribunal correctionnel a violé les art. 12 et 16 de la loi du 3 mai 1844 ;

Casse, etc.

Auteurs. — Pour : Berriat Saint-Prix, *Com.*, *L. du 3 mai* 1844, p. 107. — Contre : Camusat Basserolles, *Com.*, *L. 3 mai* 1844, p. 110 et 113 ; Morin, *Journ. de Droit crim.*, an. 1844, p. 169.

Jurisprudence. — Pour : Bourges, 27 fév. 1845.

§ II.

GIBIER. — TEMPS DE NEIGE. — VENTE, ACHAT ET COLPORTAGE.

La prohibition de vendre, acheter et colporter du gibier est restreinte au temps qui s'écoule entre la clôture et l'ouverture de la chasse ; elle ne peut donc être étendue aux temps de neige pendant lesquels la chasse est temporairement prohibée par un arrêté du préfet, pris en vertu de l'art. 9 de la loi du 3 mai 1844. (1re espèce.)

Il en serait ainsi alors même que l'arrêté du préfet contiendrait, non une prohibition momentanée, mais une prohibition générale et permanente. (2e espèce.)

PREMIÈRE ESPÈCE.

ARRÊT.

COUR DE CASSATION. — 22 MARS ET 18 AVRIL 1845.

(Deux arrêts identiques.)

LA COUR ; — Attendu qu'il faut distinguer dans la loi du 3 mai 1844, sur la police de la chasse, les prohibitions générales établies par la loi elle-même pour tout le royaume, et les prohibitions particulieres établies pour chaque département par les préfets, en vertu des pouvoirs que cette loi leur confère ;

Qu'ainsi, en ce qui concerne le temps où il est défendu de chasser, on ne doit pas confondre le temps où la chasse n'est pas ouverte, tel qu'il est déterminé chaque année par les préfets, au moyen des arrêtés de clôture et d'ouverture que l'art. 3 leur ordonne de prendre, et les temps de neige pendant lesquels le préfet aurait cru devoir interdire la chasse, en vertu de la dernière disposition de l'art. 9 ;

Que la défense de vendre, d'acheter et de colporter du gibier pendant le temps où la chasse n'est pas permise, fait partie des prohibitions générales de la loi ; que l'art. 4, qui la contient, se réfère à l'art. 3 ; que le temps prohibé dont il est question est donc celui qui s'écoule entre les arrêtés de clôture et d'ouverture de la chasse, et non le temps de neige, pendant lequel la chasse peut se trouver momentanément interdite dans certaines localités ;

Que cela ne résulte pas seulement de l'ensemble des dispositions de la section première de la loi, qui a pour objet de régler l'exercice du droit de chasse, mais aussi du rapprochement des pénalités déterminées dans la section deuxième ;

Qu'en effet, l'art. 12 punit la contravention à l'art. 4 de peines plus fortes que celles qui sont prononcées par l'art. 11 pour les contraventions aux arrêtés des préfets pris en vertu de l'art. 9 ;

Qu'ainsi, si l'art. 4 était regardé comme prohibant la vente et le transport du gibier en temps de neige, celui qui aurait chassé au mépris de l'arrêté du préfet serait puni moins sévèrement que celui qui aurait acheté, vendu ou transporté le gibier, produit de sa chasse ; ce qui est inadmissible, puisque, dans l'esprit de la loi, la vente et le transport du gibier ont été considérés comme une sorte de complicité du délit de chasse, et n'ont pu être érigés en délit qu'à ce titre ;

Attendu, en conséquence, que le jugement attaqué (du tribunal de Carpentras), en refusant de prononcer les peines de l'art. 12, nº 4, de la loi du 3 mai 1844, contre Bignon et consorts, prévenus d'avoir acheté ou mis en vente du gibier en temps de neige, loin de violer ledit article, n'a fait qu'une juste application de ladite loi ;

Rejette, etc.

DEUXIÈME ESPÈCE.

ARRÊT.

COUR DE CASSATION. — 18 AVRIL 1845.

LA COUR ; — Sur le moyen de cassation pris de ce que l'arrêté préfectoral auquel le jugement attaqué (du tribunal de Gap) a refusé la sanction pénale résultant de l'art. 12 de la loi du 3 mai 1844, n'aurait pas le caractère d'une prohibition momentanée, accidentelle, locale, mais bien d'une prohibition générale, permanente, obligatoire à partir d'une époque déterminée jusqu'à une époque indéfinie : d'où la conséquence que la disposition de cet arrêté serait régie par l'art. 3 et non par l'art. 9 de la loi précitée ;

Attendu que la prohibition dont il s'agit ne doit pas être isolée du motif sur lequel elle est fondée ;

Que ce motif, tiré de l'art. 9 de la loi du 3 mai 1844, ne saurait s'appliquer au cas prévu par l'art. 3 de cette loi ;

Que, quelle que soit au surplus la généralité des termes dans lesquels a été formulé le dispositif d'un arrêté préfectoral, relatif à la police de la chasse, et alors même que la lettre de ce dispositif semblerait se rapporter plutôt à l'exercice du droit attribué, par ledit art. 3, aux préfets des départements, de fixer l'époque de l'ouverture et de la clôture de la chasse, qu'au droit qui leur est conféré par l'art. 9, d'interdire la chasse en temps de neige, il ne peut lui être attribué d'autres conséquences pénales que celles qui dérivent de son caractère intrinsèque, de la nature de l'intérêt d'ordre public auquel il a eu pour objet de pourvoir, et de la protection spéciale que la loi a accordée à cet intérêt ;

Attendu que l'effet de l'interdiction de la chasse, pendant le temps de neige, est virtuellement restreint par l'art. 9 aux accidents dont l'existence et la durée la rendent nécessaire ;

Attendu que la défense de vendre, d'acheter et de colporter du gibier, pendant le temps où la chasse n'est pas permise, fait partie des prohibitions générales de la loi du 3 mai 1844, qu'il faut distinguer des prohibitions particulières auxquelles s'applique la dernière prohibition de l'art. 9 ;

Que le temps prohibé dont il est question dans l'art. 4, se référant à l'art. 3, est celui qui s'écoule entre les arrétés de la clôture et d'ouverture de la chasse, et non le temps de neige, pendant lequel la chasse peut se trouver momentanément suspendue ;

Attendu dès lors que le jugement attaqué, en refusant d'appliquer à Joseph Bernaudon les susdits art. 4 et 3, en a fait une saine interprétation ;

Rejette, etc.

Jurisprudence. — Ces trois arrêts n'ont pas de précédents ; mais il nous semble qu'ils sont suffisants pour fixer la jurisprudence, et que désormais on doit donner à la loi de 1844 l'interprétation qu'ils lui assignent avec autant de sagesse que de fondement.

A annoter au mot Chasse.

ART. 281.

HUISSIERS-AUDIENCIERS.

INDEMNITÉ. — PARTAGE. — COMPROMIS. — NULLITÉ.

Les huissiers audienciers doivent-ils partager également entre eux le produit des actes à eux attribués exclusivement à titre d'indemnité de service ?

Peut-on compromettre sur cette indemnité ?

FAITS.

Ces questions nous sont présentées dans les circonstances suivantes :

Il y a quatre huissiers-audienciers au tribunal de Roanne (Loire). Deux de ces huissiers, M. Marillier, l'honorable syndic qui poursuit avec un zèle digne des plus grands éloges la répression des abus dont sa communauté est victime, et M. Mairet, qui s'est associé à lui, ont demandé contre les deux autres, MM. Lamblot, père et fils, le partage des émoluments des significations d'avoué à avoué, et des appels de causes. Ceux-ci ont refusé.

Sur cette demande, formée d'abord verbalement, et ensuite judiciairement, les parties se sont rapprochées, et ont nommé, pour arbitre, à l'effet de vider leur différend, M. le président du tribunal de Roanne, qui a rendu la sentence suivante, à la date du 20 septembre 1843.

Nous soussignés, Claude-Mathieu Rivière, président du tribunal civil de Roanne, arbitre unique nommé par les sieurs Pierre-Marie Marillier, François-Marie Mairet, Guillaume Lamblot père, et Ambroise-Victor Lamblot fils; les trois premiers, huissiers, et le quatrième ex-huissier, demeurant tous à Roanne, suivant compromis entre eux et consenti sous leur signature privée, à la date du vingt juin dernier, lequel sera enregistré avec les présentes, à l'effet de juger en dernier ressort la contestation entre eux existante ainsi qu'il va être expliqué.

Vu, 1° La citation en conciliation donnée par exploit de l'huissier Pizet, en date du quinze avril mil huit cent quarante-cinq, aux père et fils Lamblot, à la requête des sieurs Marillier et Mairet.

2° La demande formée par ceux-ci auxdits père et fils Lamblot par exploit dudit huissier Pizet, le quatorze juin suivant, tendant à faire condamner ces derniers à venir avec eux à partage de tous les émoluments des appels de cause et des significations d'avoué à avoué, depuis le premier janvier dernier jusqu'au vingt-deux avril suivant; lequel partage s'effectuerait par portions égales, etc., pour les parties qui seraient reconnues débitrices envers leurs copartageants, être condamnées chacune pour sa part et portion, à payer aux demandeurs les sommes dont ils se trouveraient créanciers, avec les intérêts depuis le jour de la citation en conciliation et les dépens; les demandeurs ont conclu de plus à ce que les défendeurs soient tenus d'affirmer qu'ils n'ont pas souscrit la promesse d'honneur de partager également avec les demandeurs les émoluments des commises, des publications et des adjudications; et encore à ce que Lamblot père, en particulier, soit tenu de venir à division des appels de cause et des notifications qui ont eu lieu depuis le vingt-deux avril dernier jusqu'à la demande, pour ainsi continuer le même partage à l'avenir.

3° Vu les moyens à l'appui de la demande, développés sur le dos de la citation en conciliation, et ouï les sieurs Marillier et Lamblot père dans leurs explications : nous avons reconnu que nous avions à décider si, dans l'état actuel de la législation ou des règlements sur la matière, les huissiers audienciers sont tenus de verser dans une bourse entre eux commune tous les émoluments qu'ils perçoivent en cette qualité d'huissiers audienciers; que nous avions encore à décider si les assignés seraient tenus de prêter l'affirmation à eux demandée sur une convention articulée avoir été faite entre toutes les parties.

Sur quoi, considérant que l'article quatre-vingt-dix-huit du décret du trente mars mil huit cent huit, porte bien que les huissiers audienciers partageront entre eux également les émoluments des appels de cause et de significations d'avoué à avoué; et le décret du quatorze juin mil huit cent treize, au chapitre intitulé, De la bourse commune, art. quatre-vingt douze, dispose bien que chaque huissier versera dans la bourse commune de son arrondissement les deux cinquièmes de tous ses émoluments, et l'art. quatre-vingt-treize, dispense les huissiers-audienciers de verser à la bourse commune les émoluments des appels de cause et des significations d'avoué à avoué, ainsi que les émoluments des actes relatifs aux poursuites criminelles autres que les significations à parties et assignations à témoins; puis l'art. quatre-vingt-quinze veut que le produit total des émoluments exceptés par l'art. quatre-vingt treize, soit partagé par portions égales entre les seuls huissiers-audienciers;

Considérant que l'ordonnance royale du vingt-six juin mil huit cent vingt-deux a modifié le décret de mil huit cent treize en ce qui concerne la bourse commune des huissiers; considérant que l'art. deux de cette ordonnance dit que chaque huissier versera à la bourse commune une portion des émoluments attribués pour les originaux seulement de tous exploits et procès-verbaux portés à son répertoire, et fait soit à la requête des parties, soit à la réquisition ou sur la demande du ministère public, tant en matière civile qu'en matière criminelle, correctionnelle ou de simple police; et que l'art. six de la même ordonnance dispose que les huissiers-audienciers, qui reçoivent un traitement, n'en verseront aucune portion à la bourse commune ; mais qu'au surplus les articles précédents leur seront applicables;

Considérant que l'ordonnance de mil huit cent vingt-deux contient un règlement général sur la bourse commune, qu'elle fait, par conséquent, cesser le règlement antérieur sur la matière ;

Considérant que cette ordonnance règle expressément ce qui concerne la bourse commune, sous le rapport même des émoluments des huissiers-audienciers ;

Considérant, en effet, que l'article deux de cette ordonnace veut, contrairement à l'article quatre-vingt-treize du décret de mil huit cent treize, que chaque huissier verse à la bourse commune une portion des émoluments attribués pour ses originaux de tous exploits et procès-verbaux portés en son répertoire et faits soit à la requête des parties, soit à la requisition ou demande du ministère public et en toute matière ;

Considérant que cet article, assujettissant tous les huissiers à verser à la bourse commune une portion des émoluments attribués à tous exploits et procès-verbaux de leur ministère, en toute matière, contient bien évidemment dérogation au décret de mil huit cent treize, qui dispensait de verser dans cette bourse les émoluments des huissiers audienciers pour qu'ils fussent partagés entre eux seuls;

Considérant que l'article six de l'ordonnance ne permet plus de doute sur ce point; il porte en effet que les huissiers-audienciers qui reçoivent un traitement n'en verseront aucune portion dans la bourse commune, mais qu'au surplus, les articles qui précèdent leur seront applicables;

Considérant qu'aucun article particulier de l'ordonnance ne réservant aux huissiers audienciers le partage des émoluments propres à cette qualité d'audiencier, ces émoluments sont nécessairement compris dans l'obligation du versement à la bourse commune, et ne peuvent être divisés entre les huissiers audienciers ;

Considérant que c'est bien ainsi que l'ordonnance a été interprétée par les annotateurs de cette ordonnance:

Nous disons et prononçons que les huissiers audienciers Marillier et Mairet sont mal fondés dans leur demande, en ce qu'elle tend à faire condamner les père et fils Lamblot au partage avec eux des émoluments d'appels de cause et de significations d'avoué à avoué.

En ce qui concerne le serment demandé:

Considérant que la convention qui serait intervenue volontairement entre les huissiers-audienciers et par laquelle ils auraient promis de partager également entre eux les émoluments des commises, des publications et des adjudications, n'offenserait ni la loi ni le bon ordre, et serait bien obligatoire ; que le serment demandé, étant une mode légal de preuve d'une convention de cette nature, il y a lieu de l'ordonner ;

Nous disons et ordonnons que les sieurs Lamblot père et fils seront tenus d'affirmer par serment qu'ils n'avaient fait la promesse d'honneur de partager également avec les demandeurs les émoluments des commises, des publications et des adjudications.

Considérant que la décision sur les dépens viendra plus opportunément après le serment fait:

Nous disons que les dépens demeurent réservés jusqu'alors.

OBSERVATIONS.

Avant le décret du 14 juin 1813, il n'y avait de *bourses communes* qu'entre les huissiers-audienciers des différentes juridictions royales établies en France. Alors, comme aujourd'hui, le produit de ces bourses, qui comprenait notamment les significations de procureur à procureur et les appels de causes, se partageait par égales portions, entre les huissiers-audienciers, sauf dans certaines compagnies (celle des huissiers au Châtelet de Paris, par exemple), le prélèvement d'une certaine somme attribuée en sus au premier huissier-audiencier.— Voir notamment les édits et déclarations du 4 janvier 1407, juin 1413, 2 février 1691, 25 mars 1694, avril 1707, février 1771, et 7 août 1778.

Le décret du 14 juin 1813 a généralisé cette institution, en l'appliquant à toutes les communautés d'huissiers ; néanmoins, respectant, en ce qui concerne les huissiers audienciers, les anciennes dispositions législatives, il a établi entre eux une seconde bourse commune, ou, ce qui revient au même, le partage d'honoraires de certains actes à eux exclusivement attribués ; déjà le décret du 30 mars 1808 avait dicté une disposition analogue.

Le but que s'est proposé le législateur en exigeant ce partage est facile à saisir ; il a été de rétribuer d'une manière égale des fonctionnaires soumis forcément au même service, et d'empêcher que l'un d'eux parvînt, par un moyen quelconque, à s'emparer d'émoluments plus élevés que ses confrères. L'équité, que dans toutes nos lois civiles le législateur a prise pour guide, exige en effet que là où il y a égalité de devoir, il y ait égalité de salaire.

La preuve de la proposition que nous venons d'émettre se trouve de la manière la plus complète :—1° Dans l'article 97 du décret du 30 mars 1808, qui exige que les huissiers aient une chambre ou un banc où se déposeront les significations d'avoué à avoué. — Donc, ces significations ne peuvent être remises par les avoués à un huissier personnellement ; elles doivent être déposées à la chambre destinée à cet effet, et là, séparées entre les huissiers-audienciers. — 2° Dans l'article 3 du décret du 14 juin 1813, qui attribue certains exploits *aux huissiers-audienciers à titre d'indemnité.* — Donc, cette indemnité étant accordé collectivement, appartient à tous, par égales portions, et non à ceux des huissiers qui pourraient être particulièrement chargés de la signification des actes dont les honoraires forment l'indemnité.

Prétendre que l'ordonnance du 26 juin 1822 a abrogé le partage des émoluments alloués à titre d'indemnité aux huissiers-audienciers, c'est, selon nous, commettre une grave erreur, et rayer, sans aucun motif, une institution qui subsiste depuis le commencement du quinzième siècle. La seule dérogation que cette ordonnance apporte au décret de 1813, en ce qui regarde les huissiers audienciers, a été uniquement de rendre tributaires de la bourse commune, certains exploits de ceux-ci, que le décret avait affranchis de toute contribution. Elle n'a rien fait de plus : spécialement elle n'a point dérogé à l'article 95 du décret de 1813, et comme, par son article 12, elle a déclaré que les dispositions de ce décret auxquelles il n'était pas porté atteinte continueraient d'être exécutées, elle a confirmé cet article 95, qui dès lors n'a jamais cessé d'être en vigueur.

Nous ne contestons pas que l'ordonnance de 1822 soit un règlement sur la bourse commune des huissiers de chaque arrondissement, ni qu'elle soumette à la contribution des actes des huissiers-audienciers qui en avaient été exceptés jusque-là ; nous ne contestons pas non plus qu'elle ait abrogé les dispositions du décret de 1813, touchant cette bourse commune des huissiers ; mais ce que nous contestons, et ce qui est évident, c'est : 1° que cette ordonnance, si elle a réduit les honoraires à partager, n'a pas disposé qu'il n'y aurait plus de partage ; 2° qu'elle ne contient aucune disposition de nature à modifier l'application de l'article 95 du décret de 1813 ; 3° enfin, que cet article n'étant pas relatif à l'objet dont s'est occupé l'ordonnance, on ne peut en induire l'abrogation, même implicitement. — D'où cette conséquence que le partage n'a jamais cessé d'être obligatoire.

Admettez l'opinion contraire, qu'en résultera-t-il? Que si les avoués d'une résidence s'entendent pour donner toutes leurs significations à un huissier, et que si le procureur du roi en fait autant pour les exploits en matière correctionnelle et criminelle, l'huissier favorisé sera le seul rétribué, tandis que les autres seront obligés de faire le service des audiences gratuitement. Un tel régime est tellement déraisonnable et illégal, que nous ne comprenons pas qu'il puisse entrer dans la pensée d'un homme désintéressé dans l'examen de la question qui nous occupe.

La sentence arbitrale est-elle obligatoire *en droit?* Comme jurisconsulte, nous n'hésitons pas à répondre, non. En effet, les dispositions légales concernant le service des huissiers près les tribunaux, et par conséquent celles touchant l'indemnité attachée à ce service, intéressent l'ordre public; on ne peut donc ni compromettre ni transiger sur icelles. Code civ. 1133, 2045. Dès lors les compromis et la sentence arbitrale sont nuls et de nul effet, et les parties sont légalement autorisées à ne pas y avoir égard.

Au surplus, la sentence, en admettant qu'elle soit exécutoire, ne dispose que pour le passé; elle n'a aucune influence pour l'avenir ; il suit de là, que la question peut être reproduite et soumise au tribunal. C'est ce que nous conseillons de faire. De cette manière, les huissiers, tout en respectant leur signature, bien qu'elle n'ait aucune valeur légale, arriveront à se faire restituer les droits dont on veut les dépouiller.

A annoter au mot **Huissier**, n° 257.

ART. 282.

HUISSIER.

AVOUÉ. — CONCURRENCE. — COPIES DE PIÈCES. — ACTES DANS LES INSTANCES. — ACTES HORS DES INSTANCES. — ACTES EN MATIÈRE DE POLICE CORRECTIONNELLE. — PURGES DES HYPOTHÈQUES LÉGALES. — SIGNIFICATION DE JUGEMENT APRÈS L'ANNÉE.

Les huissiers et les avoués ont concurremment le droit de faire et certifier les copies de pièces accompagnant les actes signifiés pendant toute l'instance. — Mais les huissiers ont le droit exclusif de faire et certifier les copies jointes aux actes signifiés en dehors de l'instance, et qui n'ont pas été spécialement confiés aux avoués.

Les copies de pièces données avec les exploits faits pour arriver à la purge des hypothèques légales appartiennent exclusivement aux huissiers.

Les huissiers et les avoués ont concurremment droit aux copies de pièces jointes aux actes dans les instances sur appel de police judiciaire et en police correctionnelle, lorsqu'ils ont été constitués.

Il en est de même de la copie de la signification d'un jugement rendu par un tribunal civil après l'année de l'obtention.

FAITS.

Le président de la chambre des avoués de Limoges remit au syndic des huissiers, pour la signifier, la copie certifiée par lui, 1° d'un procès-verbal de dépôt de contrat fait au greffe pour purger les hypothèques légales ; 2° d'un jugement rendu sur appel de police judiciaire ; 3° d'un jugement rendu en matière de police correctionnelle ; 4° enfin, d'un jugement rendu par le tribunal civil, et dont la date remontait à plus d'une année.

Le syndic des huissiers refusa et soutint que les huissiers avaient seuls le droit de certifier les copies et d'en percevoir l'émolument, parce que, pour ce genre d'acte, la loi n'admettait pas la concurrence des avoués. De là, procès et jugement du tribunal de Limoges, ainsi conçu :

« Considérant que bien qu'il fût à souhaiter, dans l'intérêt des parties, que la procédure ayant pour objet la purge des hypothèques légales fût entièrement faite par un seul officier ministériel présentant sa responsabilité pour le tout, et que le dépôt à faire au greffe, les extraits à publier qui doivent être faits, semblent désigner plus particulièrement, à cet effet, l'avoué, qui, dans tous les cas, présente plus de garantie que l'huissier, cependant l'acte de notification à faire aux parties dont on veut purger l'hypothèque étant un acte d'huissier étranger à la postulation, l'on doit, d'après les principes admis par la cour de cassation en cette matière, reconnaître qu'un tel acte n'est pas du ressort de l'avoué, n'est pas sous sa responsabilité, ne se rapporte pas à sa postulation, et par conséquent l'avoué est sans droit, soit pour en certifier les écritures, soit pour percevoir l'émolument desdites écritures ;

» Considérant, sur les autres chefs de demande, que le monopole accordé aux avoués et aux huissiers, chacun pour ce qui les concerne, a été établi principalement dans l'intérêt des parties, et non dans l'intérêt des officiers ministériels ; que ce monopole a pour but de donner aux parties des garanties de responsabilité, et que dans toutes les questions qui peuvent naître du conflit des deux ministères, c'est surtout l'intérêt des parties et les garanties qui leur sont dues qu'il faut considérer ;

» Considérant que c'est en vue de rendre cette responsabilité des avoués plus étendue et plus efficace, que la loi leur a accordé la prérogative de certifier les écritures de certains actes d'huissiers qui se rattachent à des instances ou occupent les avoués, et qui doivent, dans l'intérêt de leurs clients, être dirigés et surveillés par ces officiers ministériels ;

» Considérant que, toutes les fois que les avoués occupent dans une instance ou qu'ils agissent en conséquence de leur ministère, pour tous les actes qui se rattachent à leurs fonctions, ils ont, d'après l'article 28 du Tarif, droit à l'émolument pour copie de pièces, lorsque cette copie a été faite et certifiée par eux ;

» Considérant que bien qu'il ne soit pas toujours nécessaire que les parties comparaissent par le ministère d'avoué devant les tribunaux de police correctionnelle, cependant la loi admet, dans certains cas, ce ministère, comme on le voit par les articles 185 et 204 du Code d'instruction criminelle ;

» Considérant qu'il est rationnel, en effet, qu'une partie civile qui demande des dommages-intérêts sur une demande correctionnelle se présente par le ministère d'un avoué, car autrement il lui faudrait donner procuration expresse à un mandataire auquel les tribunaux pourraient refuser la parole, ou en se présentant elle-même en personne, elle obligerait les tribunaux à éclairer la question de son identité ;

» Considérant que d'ailleurs, et en admettant pour les parties la faculté de se passer du ministère de l'avoué et de comparaître, ou personnellement, ou par un fondé de pouvoir spécial, devant le tribunal de police correctionnelle, il n'en résulterait pas l'exclusion de l'avoué pour procéder à la signification des actes relatifs à l'instance, alors qu'il a été constitué par les parties ;

» Considérant que, en effet, du moment que la loi reconnaît le ministère des avoués comme légal devant les tribunaux correctionnels, elle admet par voie de conséquence que tous les actes de la procédure qui se rattachent à ce genre de postulation soient placés sous leur direction, sous leur responsabilité, et qu'ils ont le droit de certifier les écritures ;

» Considérant que toutes ces raisons s'appliquent aux instances sur appel de police judiciaire, et que, de plus, l'article 173 du Code d'instruction criminelle s'en réfère plus particulièrement à la postulation d'un avoué ;

» Considérant que c'est par une interprétation fausse et abusive de l'article 1038 du Code de procédure civile, que l'huissier Saulnier prétend qu'après l'expiration d'un an, depuis le jugement rendu, l'avoué est sans pouvoir pour diriger la signification de ce jugement, et pour en certifier la copie ; que la seule chose qui résulte de cet article, c'est qu'après un an l'avoué est présumé ne plus continuer son occupation ; mais que cela n'empêche pas, si son pouvoir ne lui a pas été retiré et s'il a encore la confiance de son client, qu'il puisse et doive faire tous les actes qui se rattachent à l'exécution du jugement qu'il a obtenu, et que, par conséquent, il ait le droit de certifier l'écriture de ces actes, et de percevoir l'émolument de cette écriture ;

» Le tribunal ordonne que l'huissier Saulnier sera tenu de recevoir et de signifier les actes énoncés dans l'exploit introductif de l'instance, excepté cependant le procès-verbal de dépôt fait au greffe aux fins d'une purge d'hypothèque légale qui mal à propos a été copié et certifié par l'avoué demandeur. »

Appel de la part du président de la chambre des avoués. Appel incident de la part du syndic des huissiers. On a dit, pour soutenir cet appel incident :

Il n'est jamais venu à l'idée de personne de prétendre que le ministère de l'avoué soit indispensable pour défendre à l'action publique ; bien loin de là, au contraire, la loi semble l'exclure formellement. (V. art. 468 Code instr. crim.) Ce ne serait que dans le cas prévu par l'article 185 qu'on pourrait soutenir que l'avoué est nécessaire ; mais il suffit de lire les termes de cette disposition de la loi pour se convaincre que dans ce cas encore l'intervention de l'avoué est facultative. Et par cela seul que la partie lésée par un délit actionne ou intervient pour obtenir la réparation du dommage à elle causé par ce délit, la cause change-t-elle de nature ? De criminelle qu'elle était devient-elle purement civile, et le délit qui, dans la cause purement correctionnelle, est le principal, devient-il alors l'accessoire?

Non; l'instruction se fait toujours comme dans le cas où le prévenu et le ministère public sont seuls en cause : dans les formes prescrites par le Code d'instruction criminelle. Eh bien! que dans ce Code l'on cite un texte qui dise que le ministère des avoués est indispensable! Si l'on parcourt les divers articles de ce Code, on voit que, loin d'avoir cette exigence, la loi semble au contraire repousser l'intervention des avoués.

Ainsi l'article 183 du Code d'instruction, qui règle les formes particulières de l'exploit de citation délivré à la requête de la partie civile, n'exige pas, comme l'article 61 du Code de procédure, constitution d'un avoué; au contraire, il prescrit l'élection expresse de domicile dans le lieu où siége le tribunal; mais il laisse l'élection au choix du demandeur, et ne supplée pas, comme en matière civile, à l'omission de cette élection par une élection de droit chez un avoué; c'est que la loi ne reconnaît pas aux avoués le droit exclusif de postuler et de conclure devant une juridiction criminelle. L'article 190 exige-t-il qu'à l'audience les conclusions soient prises dans la forme ordinaire, qu'elles soient rédigées par écrit, signées par un avoué, déposées sur le bureau du président? Non. (Cassation, 4 août 1823; Angers, 10 avril 1843.)

En matière civile, les parties sont nécessairement représentées par un avoué, et alors elles sont dispensées de comparaître à l'audience; c'est tout le contraire en matière criminelle. La comparution est exigée et la représentation n'est tolérée que dans un seul cas : c'est le cas prévu par l'article 185. Encore le tribunal, dans ce cas même, peut refuser au prévenu la faculté de se faire représenter.

Les différences de cette nature sont innombrables, et il suffit d'indiquer celles dont nous venons de parler pour prouver jusqu'à l'évidence que le ministère des avoués n'est pas nécessaire, qu'il y ait ou qu'il n'y ait pas de partie civile en cause. Aussi lit-on dans l'instruction générale sur les frais de justice criminelle, du 30 septembre 1826 : « L'article 185 du Code d'instruction criminelle autorise, dans certains cas, le prévenu à se faire représenter par un avoué devant le tribunal de police correctionnelle; mais ni le prévenu ni la partie civile ne sont obligés d'employer le ministère des avoués. »

Ainsi, il est désormais constant que nul n'est tenu d'avoir recours aux avoués en matière criminelle; alors qu'il s'agit de lever ou faire signifier un jugement, l'avoué auquel l'exécution de ces formalités a été confiée n'est qu'un mandataire ordinaire, et ne peut, pas plus que son client lui-même, certifier la copie du jugement à signifier.

Aussi, le décret du 18 juin 1811, article 70, *in fine*, décide-t-il que les copies de tous les actes, jugements, arrêts et pièces à signifier (en matière criminelle), seront toujours faites par les huissiers ou par leurs scribes; à eux seuls doivent donc appartenir les émoluments qui s'y rattachent. Cette disposition de loi vient à l'appui du système de la cour de cassation.

Le tribunal, pour corroborer sa décision en ce qui touche la copie du jugement rendu sur un appel de police judiciaire, s'appuie sur le texte de l'article 174 du Code d'instruction criminelle, qui décide que l'appel sera suivi et jugé dans la même forme que les appels des sentences de justice de paix; et il conclut de ce texte que l'intervention des avoués est indispensable en cette matière comme en matière d'appel des sentences de justice de paix.

Mais cette conclusion est évidemment erronée; car l'article 176, qui complète ce qui est dit dans l'article 174, renvoie pour la solennité de l'instruction, la nature des preuves, la forme, la signature et l'authenticité du jugement, aux articles 153 à 165 du Code d'instruction criminelle. Or, dans tous ces articles, il n'est pas question d'avoué, et cependant, si on s'en tenait au texte judaïque de cet article, on serait obligé de dire que les articles 141 et 142 du

Code de procédure civile sont applicables à l'instance de l'appel du jugement de police judiciaire, et il est bien clair que l'article 176 s'oppose à cette interprétation.

Que doit-on conclure? C'est que l'on doit décider que les appels de police judiciaire ne doivent être jugés sommairement qu'autant que les formalités prescrites par les articles 404 et 405 du Code de procédure civile pourront s'accorder avec celles prescrites par les articles 175, 176, 178 et 179 du Code d'instruction criminelle, et que, par suite, dans ce cas-là, le ministère des avoués n'est pas indispensable.

Doctrine : — Dalloz, v° *Appel correctionnel*, n°s 89 et 90. — Bourguignon , art. 174. — Legraverend, t. 2, p. 353 et 355.

Jurisprudence : — Cassation , 2 déc. 1826. — Devilleneuve, 2e édition, à sa date. — *Palais*, 3e édition, à sa date. — Dalloz, 27. 1. 352.

Enfin, sur la question de savoir si les avoués ont le droit de concurrence avec les huissiers pour certifier la copie d'un jugement de première instance dont la date est antérieure à une année, le tribunal a mal jugé, puisqu'il déclare lui-même que, « Après un an , l'avoué est présumé ne plus continuer son occupation, » déclaration incontestable, du reste, puisqu'elle est fondée sur les vrais principes et sur le texte même de la loi. (Art. 1038 du Code de procédure civile.)

Doctrine : — Bioche et Goujet , v° *Avoué*, n°s 120 et 137.

Les avoués sont donc libres, dans ce cas, d'occuper ou de ne pas occuper.

D'un autre côté, est-il nécessaire, pour que la signification soit valable, qu'il y ait un avoué en cause? Non évidemment (art. 148 du Code de procédure). Si, dans ce cas, un avoué est en cause, ce n'est pas forcément, et l'on ne peut pas dire alors que la signification du jugement se rattache à des fonctions que la loi attribue exclusivement à l'avoué dans certains cas déterminés ; et c'est cependant ce que la cour de cassation exige impérieusement, pour que l'avoué puisse, concurremment avec l'huissier, certifier les copies de pièces.

ARRÊT.

COUR ROYALE DE LIMOGES. — 9 AVRIL 1845.

LA COUR; — En ce touche l'appel de Fromant, avoué :

Attendu que, d'après l'article 94 de la loi organique du 27 ventôse an VIII, les avoués ont exclusivement le droit de postuler et de prendre des conclusions devant les tribunaux pour lesquels ils sont établis; et qu'aux termes de l'article 24 du décret du 14 juin 1813, portant règlement sur l'organisation et le service des huissiers, ceux-ci ont seuls le droit de faire toutes citations, notifications et significations requises pour l'instruction des procès, ainsi que tous actes et exploits nécessaires pour l'exécution des ordonnances de justice, jugements et arrêts :

Attendu que l'article 28 du tarif des frais et dépens, en date du 16 février 1807, attribue les émoluments des copies de pièces à l'huissier ou à l'avoué qui les aura faites ; mais que pour faire cesser le conflit qui existe entre les avoués et les huissiers, il est nécessaire de distinguer les pièces dont les copies appartiennent aux uns et aux autres ;

Attendu que les avoués ont seuls le droit de postuler et de conclure dans les instances, devant les tribunaux; qu'une instance commence par l'acte d'ajournement, et se termine par la signification du jugement qui décide la contestation ; qu'il suit de là que les avoués et les huissiers ont concurremment le droit de faire et certifier les copies de pièces qui accompagnent les actes signifiés pendant toute l'instance ; mais qu'à l'égard des copies jointes aux actes qui sont en dehors de l'instance et qui n'ont pas été, spécialement par la loi, confiés aux soins des avoués, le droit de faire ces copies appartient exclusivement aux huissiers;

Attendu que, pour apprécier la prétention de Mᵉ Fromant, avoué, de percevoir le droit de copies des actes nécessaires pour la purge des hypothèques légales, il faut examiner si l'accomplissement des formalités prescrites par l'article 2194 du Code civil est le commencement d'une instance;

Attendu que cet article n'impose pas aux acquéreurs d'immeubles appartenant à des maris ou à des tuteurs d'autre obligation pour purger, que de faire au greffe du tribunal civil du lieu de la situation des biens, le dépôt de la copie du contrat translatif de propriété, la signification de ce dépôt tant à la femme ou au subrogé-tuteur qu'au procureur du roi près le tribunal, et une affiche, pendant deux mois, dans l'auditoire du même tribunal; qu'il est évident que pour l'accomplissement de ces formalités le ministère de l'huissier seul est nécessaire pour la signification du dépôt, mais nullement celui de l'avoué; que les actes, dès lors, pour arriver à la purge des hypothèques légales, ne constituent pas un commencement d'instance, puisqu'un avoué n'est pas exigé par la loi, et qu'il n'y a pas d'instance sans avoué;

Attendu que l'on ne peut rattacher la purge des hypothèques légales à la procédure à suivre pour la surenchère ou pour l'ouverture d'un ordre; qu'en effet, le délai pour surenchérir ne commence à courir contre les femmes mariées et les mineurs qu'à l'expiration des deux mois pendant lesquels inscriptions peuvent être prises à leur profit; autrement, ils seraient moins favorisés que les créanciers hypothécaires ordinaires; ils ne profiteraient pas des dispositions de l'article 2183 du Code civil, et étant privés de la connaissance de la date des hypothèques et des inscriptions, ignorant aussi le montant des créances inscrites, les femmes et les mineurs ou les personnes chargées de veiller à leurs intérêts ne pourraient pas savoir s'il y a avantage pour eux à faire une surenchère; ils seraient aussi privés de la déclaration que doit faire l'acquéreur, suivant le vœu de l'article 2184, d'acquitter sur-le-champ les dettes et charges hypothécaires, jusqu'à concurrence du prix, sans distinction des dettes exigibles ou non exigibles;

Qu'il faut, quand les hypothèques sont occultes, que les créanciers soient d'abord avertis, et qu'un délai leur soit accordé pour s'inscrire, et après que les hypothèques légales sont inscrites, elles doivent produire l'effet qu'elles auraient produit si elles avaient été inscrites lors du contrat de mariage ou lors de l'entrée en gestion du tuteur;

Attendu que l'on argumente de l'article 773 du Code de procédure civile et que l'on soutient que la surenchère doit, à peine de déchéance, être requise dans les deux mois de l'article 2194 du Code civil; mais que si l'on adoptait cette opinion il pourrait en résulter la déchéance d'un droit avant son existence; en effet, le droit pour la femme et le mineur de surenchérir n'existe que lorsqu'ils ont pris inscription : s'ils ne prennent inscription que le dernier jour des deux mois accordés par l'article 2194, la déchéance pour surenchère sera acquise avant l'inscription; que cependant les déchéances ne doivent pas être accueillies avec faveur; que pour les prononcer contre la femme et le mineur, qui ont excité la sollicitude du législateur, il faudrait trouver écrit dans l'article 2194 ce qui n'y est pas, c'est-à-dire, qu'un seul délai est admis pour l'inscription et la surenchère; alors la femme et le mineur seraient avertis et ils n'attendraient pas le dernier jour des deux mois pour prendre inscription;

Que de ce qui précède on doit conclure que les actes pour la purge des hypothèques légales ne peuvent être considérés comme le commencement d'une instance; que le ministère d'un avoué pour l'accomplissement de ces actes n'est pas exigé par la loi; que la procédure pour surenchérir et pour l'ouverture d'un ordre est indépendante des formalités pour purger, et qu'ainsi le droit de copies des actes pour arriver à cette purge appartient aux huissiers et non aux avoués ;

En ce qui touche l'appel incident de l'huissier Saulnier :

Attendu, quant aux instances sur appels de police judiciaire et aux instances en matière de police correctionnelle, que si le ministère de l'avoué n'est pas obligatoire pour les parties, que si elles peuvent comparaître en personne ou par un fondé de pouvoir spécial devant les tribunaux de police correctionnelle, cependant la loi, dans certains cas, permet aux parties de se faire représenter par des avoués, ainsi qu'on le voit par les articles 185 et 204 du Code d'instruction criminelle ; qu'il est même rationnel qu'une partie civile qui demande des dommages-intérêts dans une instance correctionnelle se présente par le ministère d'un avoué, auquel il n'est pas nécessaire de donner de procuration ;

Qu'ainsi, la loi reconnaissant comme légal le ministère des avoués devant les tribunaux correctionnels, elle admet, par voie de conséquence, que tous les actes de la procédure qui se rattachent à ce genre de postulation sont placés sous leur direction, sous leur responsabilité, et qu'ils ont le droit d'en certifier les écritures ;

Attendu, relativement à la copie du jugement rendu par le tribunal civil de Limoges, dont la date était antérieure à une année, que si, d'après les dispositions de l'article 1038 du Code de procédure civile, l'avoué, après l'expiration d'un an depuis le jugement rendu, est sans pouvoir pour diriger la signification de ce jugement et pour en certifier la copie ; s'il est présumé ne plus continuer son occupation, il n'en est pas moins vrai que si les pouvoirs ne lui ont pas été retirés, et que s'il a encore la confiance de son client, il peut et doit faire tous les actes qui se rattachent à l'exécution du jugement qu'il a obtenu, et qu'ainsi il a le droit de certifier l'écriture de ces actes et de percevoir les émoluments de cette écriture ;

Par ces motifs, la Cour met au néant tant l'appel principal interjeté par Fromant, que l'appel incident relevé par Saulnier.

Auteurs et jurisprudence. — V. nos observations art. 211 de ce Journal.

A annoter au mot Copie de pièces, n°s 57 à 60.

ART. 283.

—

HUISSIER.

AVOUÉ. — COPIE DE PIÈCES. — PROCÈS. — INTERVENTION. — SYNDIC.

Les syndics des huissiers et des avoués ne sont pas recevables à intervenir dans une instance entre un huissier et un avoué, au sujet de l'émolument de copies de pièces signifiées en tête d'un exploit.

FAITS.

Me Vigué, huissier, reçut de Me Desprats, avoué, et signifia les copies de quatre expéditions, de quatre procès-verbaux de dépôt au greffe du tribunal, de divers actes de vente pour parvenir à la purge des hypothèques légales. Après la signification, l'avoué offrit de payer le coût des exploits, moins les honoraires des copies de pièces. Me Vigué refusa, et réclama ces derniers honoraires. De là, procès et demande en intervention du syndic des huissiers et des avoués, demande rejetée en ces termes, par le tribunal civil de Gaillac : — « Considérant que, quoique l'intervention demandée ne soit contestée par aucune partie, le tribunal n'en a pas moins le droit et le devoir de la rejeter si elle lui paraît mal fondée, le silence des parties ne pouvant jamais avoir l'effet de faire nécessairement ordonner par la justice, surtout en matière de procédure, ce qui est vicieux ou dangereux ; — Considérant que l'intérêt est la mesure des actions ; que, pour intervenir dans une instance, il faut avoir intérêt, et pouvoir tirer d'un jugement à intervenir un avantage ou éviter un dommage ; que, dans l'espèce, il s'agit d'une demande d'honoraires faite par l'huissier Vigué à Me Desprats, avoué ; que ces débats ne peuvent tourner qu'au profit des deux contendants et nullement au profit du corps des avoués ou des huissiers ; qu'ainsi les deux corporations n'ayant rien à gagner ou à perdre dans le procès, n'ont aucun intérêt à y intervenir ; — Que les tribunaux ne pouvant pas prononcer par voie réglementaire et pour l'avenir, la décision à intervenir ne peut affecter les intérêts de l'un ou de l'autre des deux corps que moralement et comme pouvant servir à établir une jurisprudence ; mais que ce n'est pas là un intérêt qui puisse donner lieu à une action en justice ; — Considérant qu'une semblable intervention pourrait être demandée dans tous les procès qui seraient intentés par leurs clients aux avoués et aux huissiers, soit en restitution de sommes perçues mal à propos, soit en règlement d'honoraires, et que, dans toutes les demandes de ce genre, les demandeurs auraient pour adversaires, non-seulement leurs parties, mais encore le corps entier des avoués, ou des huissiers, ce qui aurait de graves inconvénients pour l'ordre public, et doublerait les frais ; — Que la raison des associations, plus ou moins légales, qui peuvent exister entre les huissiers, et notamment la bourse commune, est une chose toute particulière entre eux et ne leur ôte pas leur individualité vis-à-vis de leurs clients ou de toutes autres personnes qui ont affaire à l'un d'eux, et ne soumet pas ces derniers à l'action collective de toute la corporation. »

ARRÊT.

COUR ROYALE DE TOULOUSE. — 22 MARS 1843.

LA COUR ; — Attendu que l'instance engagée contre Me Desprats, avoué, par l'huissier Vigué, a pour objet une demande formée par ce dernier en payement des droits de rôles ou copies de divers procès-verbaux déposés au greffe du tribunal civil de Gaillac, conformément aux dispositions de l'article 2194 du Code civil, et dont les expéditions ont été signifiées par ledit Vigué;

Que, quel que soit le caractère public dont le demandeur et le défendeur sont revêtus, et malgré qu'ils appartiennent l'un et l'autre à des corporations représentées par des syndics, il n'en est pas moins vrai qu'il s'agit uniquement, dans l'espèce, d'une demande personnelle à un huissier contre un avoué agissant aussi en son propre nom, et non d'un différend, intéressant d'une manière directe les communautés des avoués et des huissiers, et pouvant donner lieu à une action collective de leur part;

Attendu que si la décision à intervenir sur le fond de la contestation peut exercer quelque influence sur la solution de questions analogues, il faut néanmoins reconnaître qu'elle doit être restreinte au cas particulier qui fait l'objet de l'instance pendante devant le tribunal de Gaillac, entre Me Desprats, avoué, et le sieur Vigué;

Attendu qu'en accueillant l'intervention des syndics des avoués et des huissiers, ce serait rendre commun aux corporations qu'ils représentent le jugement à intervenir, et prononcer par voie réglementaire ce que la loi interdit aux tribunaux; d'où suit qu'il y a lieu de maintenir le jugement qui a rejeté leur intervention;

Par ces motifs, démet de l'appel.

Jurisprudence. — Pour : Paris, 9 janvier 1833; Nancy, 25 juillet 1833. — Contre : Orléans, 24 janvier 1828, et 21 novembre 1844. Ce dernier arrêt est rapporté dans ce Journal.

A annoter au mot **Copie de pièces**, n° 57.

ART. 284.

—

QUESTIONS PROPOSÉES.

§ I [1].

HUISSIER.

PROHIBITION. — PARENTÉ. — ALLIANCE.

Un huissier peut-il instrumenter pour un cousin germain par alliance de sa femme?

L'art. 66 du Code procéd. civ. ainsi conçu : « L'huissier ne pourra instrumenter *pour ses parents et alliés et ceux de sa femme, en ligne directe, à l'infini*, ni pour ses *parents et alliés collatéraux jusqu'au degré de cousin issu de germain* inclusivement : le tout à peine de nullité, » nous paraît avoir fait une distinction importante. En effet, après avoir dans sa première partie enveloppé dans la même prohibition les parents et alliés en ligne directe de l'huissier et de sa femme, il a le soin, dans la seconde partie,

[1] Par M. Chalon, huissier à Bolbec.

de ne faire porter la défense d'exploiter que sur les *parents et alliés* collatéraux de l'huissier.

Or, comme en matière de prohibition tout est de droit étroit, que pour être admise, une interdiction doit résulter d'un texte positif, qu'ici la défense d'exploiter serait un exception à ce droit général d'instrumenter pour tous, résultant de la nature des fonctions de l'huissier, nous sommes d'avis que l'art. 66 ne peut être étendu à d'autres personnes que celle qu'il désigne spécialement, et qu'en conséquence un huissier peut exploiter pour les alliés collatéraux de sa femme.

Cette opinion est également adoptée par M. Chauveau (sur Carré, question 342). « La considération, dit cet auteur, qui nous a déterminé sur la question précédente, nous engagerait encore à résoudre celle-ci dans le sens de la prohibition, si le texte de la loi n'y résistait pas de la manière la plus formelle ; mais on ne peut s'empêcher de convenir que l'art. 66 a bien soin de distinguer la ligne directe de la ligne collatérale, à l'égard de la première prohibition d'instrumenter pour les alliés de la femme à l'infini ; à l'égard de la seconde, l'art. ne parle point des alliés de la femme, mais seulement des parents et alliés collatéraux de l'huissier. Il faut, selon nous, en induire, qu'il n'y a pas de prohibition pour les alliés collatéraux de la femme» ». — Mais elle est contredite par Pigeau, *Comment.*, 1, p. 190 ; par Thom. Desm., t. 1, p. 166 ; et par Carré, *Quest.* 342.

Comme on le voit, la doctrine n'est pas d'accord, mais il n'en est pas de même, heureusement, de la jurisprudence : les deux arrêts intervenus sur la question l'ont décidé dans le sens du droit d'exploiter, par les motifs suivants :

Lyon, 29 *juillet* 1824. — « En ce qui touche la nullité résultant de ce que la femme de l'huissier est la cousine germaine de la femme Jacquet, l'un des appelants ; — Attendu que l'art. 66 du Code procéd. défend à l'huissier d'exploiter pour ses parents ou alliés en ligne collatérale jusqu'au degré de cousin issu de germain ; mais cette prohibition ne s'étend point aux alliés de sa femme au même degré ; que de simples alliés collatéraux de la femme ne sont pas alliés du mari ; ils lui sont étrangers, et il n'y a point de motifs pour que l'huissier ne puisse procéder en leurs noms :—Met l'appellation au néant. »

Pau, 9 *novembre* 1831. — « Attendu, sur la nullité de l'acte d'appel et des divers autres actes de la procédure, prise de ce que l'huissier Lay, qui les a signifiés est le neveu de l'appelant ; qu'il résulte des explications données et convenues à l'audience, que l'huissier a épousé la nièce de la femme de l'appelant, et qu'il n'existe pas autrement entre eux de rapports de parenté ; —Que dès lors, d'après la maxime : *Affinis affinitatem generat*, l'huissier n'est pas l'allié de l'appelant, bien qu'il le soit de sa femme ; or, l'art 66 du Code procéd., après avoir déclaré que l'huissier ne pourrait instrumenter pour ses parents et alliés et ceux de sa femme en ligne directe, s'étant borné à dire relativement à la ligne collatérale, ni pour ses parents et alliés jusqu'au degré de cousin germain, on doit conclure du silence qu'il a gardé dans ce cas relativement aux alliés de la femme, et de la grande différence qui existe entre les deux lignes, que la loi qui s'est expliquée pour l'une n'a pas voulu ce qu'elle n'a pas dit pour l'autre ; surtout si l'on considère que les incapacités doivent être rigoureusement restreintes au cas pour lesquels la loi les prononce ; d'où il suit que le moyen de nullité doit être écarté.

Ces solutions sont fondées sur ce principe, que *l'alliance ne produit pas l'alliance ;* ce qui nous conduit à faire observer qu'il faut se garder de confondre les *parents* de la femme avec ses *alliés ;* car les *parents* de la femme deviennent les *alliés* de l'huissier par son mariage, et à leur égard la prohibition de l'art. 66 subsiste jusqu'au degré de cousin issu de germain ; tandis que les *alliés* de la femme ne deviennent jamais les alliés de l'huissier ; ils lui sont complétement étrangers, et c'est la raison pour laquelle il peut exploiter pour eux.

Exemple : Un huissier épousera une femme qui a trois sœurs ; celles-ci se marient ; il ne pourra pas instrumenter pour les trois sœurs de sa femme qui, *par alliance,* sont devenues ses trois sœurs à lui ; mais il pourra exploiter pour leurs maris, qui ne sont que les alliés et non les parents de sa femme, et qui ne tiennent à lui par aucun lieu. — Cet exemple servira à résoudre toutes les difficultés qui pourront se présenter dans la pratique.

A annoter au mot **Huissier**, n° 185.

§ II [1].

PRIVILÉGE.

FRAIS DE JUSTICE. — PROPRIÉTAIRE. — CONTRIBUTIONS DIRECTES. — CONTRIBUTIONS INDIRECTES.

Dans quel ordre doivent être colloqués sur le prix d'une vente d'effets mobiliers : 1° Les frais de justice pour parvenir à la vente ; 2° six mois de loyer dus au propriétaire ; 3° les contributions directes ; 4° les contributions indirectes.

Les frais de justice, c'est-à-dire ceux faits pour parvenir à la vente, intéressant tous les créanciers, et étant indispensables pour arriver à la liquidation de leur gage, priment toutes créances quelles qu'elles soient (Code civil, 2101 § 1 ; Code procéd. 657 ; Duranton, t. 19, n° 104) ; et spécialement : 1° le propriétaire, les mots *frais de poursuites* insérés dans l'art. 662 du Code procéd. ne devant s'entendre que des frais de poursuite en contribution. Carré, *Quest.* 2176, à la note ; Fav., t. 2, p. 114 ; Thom. Desm., t. 2, p. 183 ; Chauveau sur Carré, *Quest.* 2176 ; — 2° le privilége du trésor pour contributions mobilières, des portes et fenêtres, et patentes. Grenier, n° 305 ; Roll. de Vill. v° *Privilège,* n° 401 ; Tropl. des Privil. et hyp. n° 33 ; — 3° le privilége du trésor pour contribut. indirectes. Décr. 1er germinal an XIII.

[1] Par M. Oudin, huissier à Lafère.

Ces frais prélevés, le trésor devra être colloqué *avant tout autre* (L. 12 nov. 1808, art. 1) pour contributions mobilière, des portes et fenêtres et des patentes. Il prime même le vendeur d'effets mobiliers (Persil, n° 2102, § 4), lequel prime à son tour le bailleur. De sorte que si, dans l'affaire dont s'agit, il y avait un vendeur d'effets mobiliers, il serait payé après le trésor, mais avant le bailleur; d'où cette conséquence, que, suivant Persil, le trésor doit primer ce dernier. Troplong, d'ailleurs, n° 33, dit très-positivement que le privilége du trésor pour contribution mobilière n'est primé que par les frais de justice.

Enfin, viendra en troisième lieu le privilége du propriétaire, puis à la fin, s'il y a lieu, de celui du trésor pour les contributions indirectes.

A annoter au mot Privilége, n° 12.

ART. 285.

—

DISCIPLINE.

FAITS ANTÉRIEURS A L'ENTRÉE EN FONCTIONS. — OFFICE. — PRIX. — DISSIMULATION.

Un fait antérieur à l'entrée en fonction d'un officier ministériel, tel, par exemple, que la dissimulation d'une partie du prix de son office, au moyen d'un traité secret, peut donner lieu à des peines disciplinaires contre le nouveau titulaire.

ARRÊT.

COUR ROYALE DE ROUEN. — 27 MAI 1845.

LA COUR ; — Vu les art. 91 de la loi du 28 avril 1816, 53 de la loi du 25 vent. an XI, et 10 de l'arrêté du 2 niv. an XII ;

Attendu qu'aux termes du premier de ces articles de loi, les notaires et autres officiers publics y désignés, peuvent présenter des successeurs à l'agrément de Sa Majesté ; mais que cet article, par là même, leur dénie le droit de disposer de leurs offices d'une manière absolue et sans le contrôle du pouvoir royal, auquel seul il appartient de rechercher si les traités présentent, notamment sous le rapport de leur prix, toutes les garanties d'une bonne gestion ;

Attendu que, pour conserver à l'institution du notariat son importance et son utilité, il est nécessaire que les honorables fonctions de notaire puissent être exercées avec loyauté et désintéressement, et que ce but ne peut être atteint lorsque le prix des offices n'est pas en rapport avec leurs produits légitimes, puisqu'en pareil cas les titulaires se trouvent forcés, pour faire face à leurs engagements, de recourir à des gains illicites ;

Attendu, en fait, que le 3 oct. 1839, B..., alors notaire à N..., céda son office à O... ; que le prix porté dans le traité ostensible était de 100,000 fr. ; mais que le même jour il intervint entre les mêmes parties un second traité qualifié de contre-lettre, et resté secret, par lequel O... s'obligea à payer à

B... la somme de 23,000 fr. en sus des 100,000 fr. figurant dans le traité ostensible ;

Attendu que cette dissimulation d'une partie du prix de la cession arrêtée le 3 oct. 1839 entre B... et O... faisait obstacle à ce que Sa Majesté pût, en pleine connaissance de cause, accorder ou refuser son agrément ; qu'en agissant ainsi, O... a donc entravé le pouvoir royal dont le libre et entier exercice importe essentiellement à l'ordre public, et que cette fraude tombe évidemment sous le coup de l'action disciplinaire ;

Attendu qu'il serait abusif de distinguer entre le cas où la fraude poursuivie résulte d'un fait postérieur à l'entrée en exercice, et celui où elle résulte d'un fait antérieur, lorsque, d'ailleurs, elle a été mise en œuvre comme moyen de se procurer l'agrément du roi ; qu'il importe à l'ordre public de proclamer, en effet, que celui qui sollicite des fonctions qui commandent à un haut degré la confiance et la délicatesse, ne peut impunément débuter par e mensonge et par la fraude ;

Attendu, toutefois, qu'il est juste de prendre en considération la probité et l'exactitude dont O... a constamment donné des preuves qu'il exerce ses fonctions ;

Réformant, prononce la censure avec·réprimande contre M⁰ O..., et le condamne aux dépens.

Auteurs. — Pour : Merlin, Rép., v⁰ *Chamb. des avoués*, n° 2 ; Carré, *Organis. et compét.*, article 158, question 157 : Bioche et Goujet, *Dict. procéd.*, v⁰ Discipl. n° 80.

Jurisprudence. — Pour : Rouen 15 mars et 1ᵉʳ juin 1841 ; Rennes, 28 août 1841, 1ᵉʳ avril 1840, et 20 novembre 1839.

A annoter au mot Chambre de discipline, n° 33.

ART. 286.

—

ACQUIESCEMENT.

SIGNIFICATION A AVOUÉ. — DÉFAUT DE RÉSERVES. — ORDRE ET DISTRIBUTION.

En matière d'ordre et de distribution, la signification 'd'un jugement à avoué, sans protestation ni réserve, vaut acquiescement de la part de la partie qui a signifié.

ARRÊT.

COUR ROYALE DE MONTPELLIER. — 31 JANVIER 1844.

LA COUR ; — Attendu qu'il résulte de la disposition finale de l'art. 443 C. pr. civ. que la signification d'un jugement faite sans protestations ni réserves emporte acquiescement et rend la partie à la réquisition de laquelle cette signification a été faite, irrecevable à relever appel principal, soit que l'on considère la signification comme une exécution, soit qu'on la considère comme une mise en demeure d'appel du jugement ;

Attendu que la présomption sur laquelle est fondée la disposition de l'art. 443 constitue une présomption légale, contre laquelle la preuve ni la présomption contraire n'est admise, aux termes de l'art. 1352 du Code civil ;

Qu'il ne peut donc y avoir lieu d'examiner le plus ou le moins grand intérêt que la partie qui a signifié le jugement pouvait avoir à l'attaquer, ni l'intention qu'elle a pu avoir en le signifiant, sans quoi l'application de la déchéance résultant de l'art. 443 serait abandonnée à un arbitraire indéfini ;

Attendu que si, dans les matières ordinaires, l'acquiescement ne peut résulter que de la signification de partie à partie, il n'en saurait être ainsi dans les procédures spéciales où la simple signification d'avoué à avoué remplace la signification de partie à partie ;

Que dans les matières d'ordre, comme dans les matières de contribution, les art. 669 et 763 Code pr. civ. ont substitué la signification d'avoué à avoué à la signification ordinaire de partie à partie, et ont voulu que les délais de l'appel courussent à compter de cette signification ;

Que, dans ces matières, la nécessité d'une prompte expédition a fait admettre que l'avoué remplaçait la partie, et que tout ce qu'il faisait était censé fait par elle ;

Que, dès lors, la signification du jugement attaqué, faite à la réquisition de l'avoué de la dame veuve Villa, sans protestations ni réserves, doit être considérée comme faite par elle-même et produire tous les effets des significations ordinaires, tels qu'ils résultent de la disposition de l'art. 443 ;

Attendu que cet effet étant tout à la fois de faire courir les délais de l'appel et de rendre non recevable celui de la partie qui signifie sans réserve, il n'y a pas lieu de distinguer et de diviser cet effet, et d'admettre que, dans les matières d'ordre, à la différence des matières ordinaires, la signification sans réserve puisse avoir l'effet de faire courir les délais de l'appel, sans avoir pareillement celui d'élever une fin de non recevoir contre l'appel principal de la partie à la requête de laquelle la signification a eu lieu ;

Attendu que la veuve Villa ne peut se prévaloir de la disposition de l'article 352 Code pr. civ. d'après laquelle aucune offre, aucun aveu ou consentement, ne peuvent être faits, donnés ou acceptés par l'avoué sans un pouvoir spécial, à peine de désaveu ; qu'il ne s'agit point dans la cause d'un acte de cette nature, mais d'un acte qui rentre dans le ministère ordinaire de l'avoué, et pour lequel, en matière d'ordre, il a été constitué le mandataire légal de sa partie ;

Attendu qu'elle ne peut se prévaloir davantage de ce qu'il a été admis en jurisprudence que les significations faites dans le cas et la forme prévus par l'art. 763 Code pr. civ. font courir le délai de l'appel contre la partie au nom de laquelle elles ont eu lieu, d'où elle voudrait conclure qu'on aurait reconnu à cette partie le droit de relever appel, nonobstant sa signification, à la seule condition qu'il fût relevé dans le délai fixé par cet article ; que les décisions invoquées ne peuvent être intervenues que dans des espèces où l'acquiescement n'était pas invoqué, soit parce que la signification du jugement avait eu lieu avec réserves d'appeler, soit parce que le moyen pris de l'expiration des délais avait paru suffisant à la partie intimée ;

Par ces motifs, rejette comme irrecevable l'appel de la dame Villa ; ordonne en conséquence que le jugement attaqué sortira son plein et entier effet.

Auteurs. — Pour : Chauveau sur Carré, *Quest.* 1564.

Jurisprudence. — Pour : Liége, 16 janvier 1841 ; Cass. 24 avril 1833.

Il en serait autrement en toute autre matière ; la signification d'avoué à avoué n'emporterait pas acquiescement. Metz, 23 juin 1819 ; Brux. 18 déc. 1830 ; Lyon, 19 déc. 1832 ; Bourges, 21 janvier 1839, et cass. 6 février 1808.

A annoter au mot Acquiescement, n° 43.

ART. 287.

—

LOI

SUR LA POLICE DES CHEMINS DE FER.

Du 21 juillet 1845.

TITRE Ier. — MESURES RELATIVES A LA CONSERVATION DES CHEMINS DE FER.

ARTICLE PREMIER.

Les chemins de fer construits ou concédés par l'État font partie de la grande voirie.

ART. 2.

Sont applicables aux chemins de fer les lois et règlements sur la grande voirie qui ont pour objet d'assurer la conservation des fossés, talus, levées et ouvrages d'art dépendant des routes, et d'interdire, sur toute leur étendue, le pacage des bestiaux et les dépôts de terre et autres objets quelconques.

ART. 3.

Sont applicables aux propriétés riveraines des chemins de fer les servitudes imposées par les lois et règlements sur la grande voirie, et qui concernent : l'alignement, l'écoulement des eaux, l'occupation temporaire des terrains en cas de réparation, la distance à observer pour les plantations et l'élagage des arbres plantés, le mode d'exploitation des mines, minières, tourbières, carrières et sablières, dans la zone déterminée à cet effet.

Sont également applicables à la confection et à l'entretien des chemins de fer, les lois et règlements sur l'extraction des matériaux nécessaires aux travaux publics.

ART. 4.

Tout chemin de fer sera clos des deux côtés et sur toute l'étendue de la voie. L'administration déterminera, pour chaque ligne, le mode de cette clôture, et, pour ceux des chemins qui n'y ont pas été assujettis, l'époque à laquelle elle devra être effectuée. Partout où les chemins de fer croiseront de niveau les routes de terre, des barrières seront établies et tenues fermées, conformément aux règlements.

ART. 5.

A l'avenir, aucune construction autre qu'un mur de clôture ne pourra être établie dans une distance de deux mètres d'un chemin de fer. Cette distance sera mesurée soit de l'arête supérieure du déblai, soit de l'arête inférieure du talus du remblai, soit du bord extérieur des fossés du chemin, et, à défaut d'une ligne tracée, à un mètre cinquante centimètres à partir des rails extérieurs de la voie de fer.

Les constructions existantes au moment de la promulgation de la présente loi, ou lors de l'établissement d'un nouveau chemin de fer, pourront être entretenues dans l'état où elles se trouveront à cette époque. Un règlement d'administration publique déterminera les formalités à remplir par les propriétaires pour faire constater l'état desdites constructions, et fixera le délai dans lequel ces formalités devront être remplies.

Art. 6.

Dans les localités où le chemin de fer se trouvera en remblai de plus de trois mètres au-dessus du terrain naturel, il est interdit aux riverains de pratiquer, sans autorisation préalable, des excavations dans une zone de largeur égale à la hauteur verticale du remblai, mesurée à partir du pied du talus.

Cette autorisation ne pourra être accordée sans que les concessionnaires ou fermiers de l'exploitation du chemin de fer aient été entendus ou dûment appelés.

Art. 7.

Il est défendu d'établir, à une distance de moins de vingt mètres d'un chemin de fer desservi par des machines à feu, des couvertures en chaume, des meules de paille, de foin, et aucun autre dépôt de matières inflammables. Cette prohibition ne s'étend pas aux dépôts de récoltes faits seulement pour le temps de la moisson.

Art. 8.

Dans une distance de moins de cinq mètres d'un chemin de fer, aucun dépôt de pierres, ou objets non inflammables, ne peut être établi sans l'autorisation préalable du préfet. Cette autorisation sera toujours révocable.

L'autorisation n'est pas nécessaire, 1° pour former, dans les localités où le chemin de fer est en remblai, des dépôts de matières non inflammables, dont la hauteur n'excède pas celle du remblai et du chemin ; 2° pour former des dépôts temporaires d'engrais et autres objets nécessaires à la culture des terres.

Art. 9.

Lorsque la sûreté publique, la conservation du chemin et la disposition des lieux le permettront, les distances déterminées par les articles précédents pourront être diminuées en vertu d'ordonnances royales rendues après enquêtes.

Art. 10.

Si, hors des cas d'urgence prévus par la loi des 16-24 août 1790, la sûreté publique ou la conservation du chemin de fer l'exige, l'administration pourra faire supprimer, moyennant une juste indemnité, les constructions, plantations, excavations, couvertures en chaume, amas de matériaux combustibles ou autres, existant dans les zones ci-dessus spécifiées au moment de la promulgation de la présente loi, et, pour l'avenir, lors de l'établissement du chemin de fer.

L'indemnité sera réglée pour la suppression des constructions, conformément aux titres IV et suivants de la loi du 3 mai 1841 ; et, pour tous les autres cas, conformément à la loi du 16 septembre 1807.

Art. 11.

Les contraventions aux dispositions du présent titre seront constatées, poursuivies et réprimées comme en matière de grande voirie.

Elles seront punies d'une amende de 16 à 300 francs, sans préjudice, s'il y a lieu, des peines portées au Code pénal et au titre III de la présente loi. Les contrevenants seront en outre condamnés à supprimer, dans le délai déterminé par l'arrêté du conseil de préfecture, les excavations, couvertures, meules ou dépôts faits contrairement aux dispositions précédentes.

A défaut par eux de satisfaire à cette condamnation dans le délai fixé, la suppression aura lieu d'office, et le montant de la dépense sera recouvré contre eux par voie de contrainte, comme en matière de contributions publiques.

TITRE II. — DES CONTRAVENTIONS DE VOIRIE COMMISES PAR LES CONCESSIONNAIRES OU FERMIERS DE CHEMINS DE FER.

ART. 12.

Lorsque le concessionnaire ou le fermier de l'exploitation d'un chemin de fer contreviendra aux clauses du cahier des charges ou aux décisions rendues en exécution de ces clauses, en ce qui concerne le service de la navigation, la viabilité des routes royales, départementales et vicinales, ou le libre écoulement des eaux, procès-verbal sera dressé de la contravention, soit par les ingénieurs des ponts et chaussées ou des mines, soit par les conducteurs, garde-mines et piqueurs, dûment assermentés.

ART. 13.

Les procès-verbaux, dans les quinze jours de leur date, seront notifiés administrativement au domicile élu par le concessionnaire ou le fermier, à la diligence du préfet, et transmis dans le même délai au conseil de préfecture du lieu de la contravention.

ARTICLE 14.

Les contraventions prévues par l'article 12 seront punies d'une amende de 300 fr. à 3,000 fr.

ART. 15.

L'administration pourra d'ailleurs prendre immédiatement toutes mesures provisoires pour faire cesser le dommage, ainsi qu'il est procédé en matière de grande voirie.

Les frais qu'entraînera l'exécution de ces mesures seront recouvrés contre le concessionnaire ou fermier, par voie de contrainte, comme en matière de contributions publiques.

TITRE III. — DES MESURES RELATIVES A LA SURETÉ DE LA CIRCULATION SUR LES CHEMINS DE FER.

ART. 16.

Quiconque aura volontairement détruit ou dérangé la voie de fer, placé sur la voie un objet faisant obstacle à la circulation, ou employé un moyen quelconque pour entraver la marche des convois ou les faire sortir des rails, sera puni de la réclusion.

S'il y a eu homicide ou blessures, le coupable sera, dans le premier cas, puni de mort; et, dans le second, de la peine des travaux forcés à temps.

ART. 17.

Si le crime prévu par l'article 16 a été commis en réunion séditieuse, avec rébellion ou pillage, il sera imputable aux chefs, auteurs, instigateurs et provocateurs de ces réunions, qui seront punis comme coupables du crime, et condamnés aux mêmes peines que ceux qui l'auront personnellement commis, lors même que la réunion séditieuse n'aurait pas eu pour but direct et principal la destruction de la voie de fer. Toutefois, dans ce dernier cas, lorsque la peine de mort sera applicable aux auteurs du crime, elle sera remplacée, à l'égard des chefs, auteurs, instigateurs et provocateurs de ces réunions, par la peine des travaux forcés à perpétuité.

Art. 18.

Quiconque aura menacé, par écrit anonyme ou signé, de commettre un des crimes prévus en l'article 16, sera puni d'un emprisonnement de trois à cinq ans, dans le cas où la menace aurait été faite avec ordre de déposer une somme d'argent dans un lieu indiqué, ou de remplir toute autre condition. Si la menace n'a été accompagnée d'aucun ordre ou condition, la peine sera d'un emprisonnement de trois mois à deux ans et d'une amende de 100 à 500 fr. Si la menace avec ordre ou condition a été verbale, le coupable sera puni d'un emprisonnement de quinze jours à six mois et d'une amende de 25 à 300 francs. Dans tous les cas, le coupable pourra être mis par le jugement sous la surveillance de la haute police, pour un temps qui ne pourra être moindre de deux ans ni excéder cinq ans.

Art. 19.

Quiconque par maladresse, imprudence, inattention, négligence ou inobservation des lois ou règlements, aura involontairement causé sur un chemin de fer, ou dans les gares ou stations, un accident qui aura occasionné des blessures, sera puni de huit jours à six mois d'emprisonnement, et d'une amende de 50 à 1,000 francs. Si l'accident a occasionné la mort d'une ou plusieurs personnes, l'emprisonnement sera de six mois à cinq ans, et l'amende de 300 à 3,000 francs.

Art. 20.

Sera puni d'un emprisonnement de six mois à deux ans tout mécanicien ou conducteur garde-frein qui aura abandonné son poste pendant la marche du convoi.

Art. 21.

Toute contravention aux ordonnances royales portant règlement d'administration publique sur la police, la sûreté et l'exploitation du chemin de fer, et aux arrêtés pris par les préfets, sous l'approbation du ministre des travaux publics pour l'exécution desdites ordonnances, sera punie d'une amende de 16 à 3,000 francs.

En cas de récidive dans l'année, l'amende sera portée au double, et le tribunal pourra, selon les circonstances, prononcer en outre un emprisonnement de trois jours à un mois.

Art. 22.

Les concessionnaires ou fermiers d'un chemin de fer seront responsables, soit envers l'État, soit envers les particuliers, du dommage causé par les administrateurs, directeurs ou employés à un titre quelconque au service de l'exploitation du chemin de fer.

L'État sera soumis à la même responsabilité envers les particuliers, si le chemin de fer est exploité à ses frais et pour son compte.

Art. 23.

Les crimes, délits ou contraventions prévus dans les titres 1er et 3 de la présente loi, pourront être constatés par des procès-verbaux dressés concurremment par les officiers de la police judiciaire, les ingénieurs des ponts et chaussées et des mines, les conducteurs, garde-mines, agents de surveillance et gardes nommés ou agréés par l'administration et dûment assermentés.

Les procès-verbaux des délits et contraventions feront foi jusqu'à preuve contraire.

Au moyen du serment prêté devant le tribunal de première instance de leur domicile, les agents de surveillance de l'administration et des concessionnaires ou fermiers, pourront verbaliser sur toute la ligne du chemin de fer auquel ils seront attachés.

Art. 24.

Les procès-verbaux dressés en vertu de l'article précédent seront visés pour timbre et enregistrés en débet. Ceux qui auront été dressés par des agents de surveillance et gardes assermentés devront être affirmés dans les trois jours, à peine de nullité, devant le juge de paix ou le maire, soit du lieu du délit ou de la contravention, soit de la résidence de l'agent.

Art. 25.

Toute attaque, toute résistance avec violence et voies de fait envers les agents des chemins de fer dans l'exercice de leurs fonctions, seront punies des peines appliquées à la rébellion, suivant les distinctions faites par le Code pénal.

Art. 26.

L'article 463 du Code pénal est applicable aux condamnations qui seront prononcées en exécution de la présente loi.

Art. 27.

En cas de conviction de plusieurs crimes ou délits prévus par la présente loi ou le Code pénal, la peine la plus forte sera seule prononcée.

Les peines encourues pour des faits postérieurs à la poursuite pourront être cumulées, sans préjudice des peines de la récidive.

A annoter au mot Chemins.

ART. 288.

—

OFFICE.

SUPPLÉMENT DE PRIX. — TRAITÉ SECRET. — RÉPÉTITION.

La stipulation, par un traité secret, d'un supplément du prix de la cession d'un office, est radicalement nulle; en conséquence, le paiement de ce supplément, s'il a été fait, est sujet à répétition.

ARRÊT.

COUR DE CASSATION. — 11 AOUT 1845.

LA COUR; — Attendu que la règle de droit *in turpi et pari causâ possessor potior haberi debet*, ne peut s'appliquer à la cause, parce que, dans l'hypothèse du droit romain, peu importe à la société à qui des deux complices *également en faute* doit appartenir la somme, objet du payement consommé, tandis que dans la cause actuelle où il s'agit du prix d'un office public, il en est tout autrement par le double motif : 1° que la faute n'est pas *égale* entre le postulant et le titulaire, puisque c'est ce dernier, fonctionnaire public, ayant en cette qualité des devoirs plus étroits, qui a fait subir la loi d'un prix exagéré au postulant; 2° parce que c'est précisement le payement de cette partie du prix cachée et exagérée qui expose le postulant devenu titulaire au danger de manquer à ses devoirs, le public à de graves dommages, et qui blesse par conséquent plus particulièrement *l'ordre public*;

Que le payement ainsi entaché du même vice que le traité clandestin dont il est l'exécution, ne peut être validé ni en vertu de la maxime précitée du droit romain, ni sous prétexte d'une obligation naturelle que repoussent ici l'intérêt public et la loi;

D'où il suit qu'en ordonnant la restitution d'une somme de 1100 fr. comme ayant été payée en vertu d'un traité clandestin, et contrairement au traité ostensible et public du 10 mai 1839, qui fixait à 26,500 fr. le prix de l'office vendu, la Cour royale d'Angers a fait des principes sur la matière une juste application;

Rejette, etc.

Jurisprudence. — V. art. 237 de ce Journal.

A annoter au mot **Office**, n° 27.

ART. 239.

—

EXÉCUTION.

ÉTRANGER. — JUGEMENT. — RÉVISION.

Les jugemeuts rendus en pays étrangers ne peuvent être exécutés en France qu'après avoir été RÉVISÉS *et rendus exécutoires par les tribunaux français.*

Cette loi est applicable alors même qu'il s'agit d'exécuter en France un jugement étranger rendu entre étrangers.

ARRÈT.

COUR ROYALE DE DOUAI. — 3 JANVIER 1845.

LA COUR; — Attendu qu'il est de principe fondamental, en droit public, que la force des jugements émanés d'une souveraineté étrangère expire à la frontière, et que ceux-ci ne peuvent produire d'effet en France qu'avec le concours de l'autorité française;

Que c'est par application de ce principe qu'il est édicté par les art. 546, Code proc. civ., et 2123, Code civ., que les jugements rendus par les tribunaux étrangers ne seront susceptibles d'exécution, en France, qu'autant qu'ils auront été déclarés exécutoires par un tribunal français;

Attendu que ces articles, en soumettant ainsi les jugements étrangers à une déclaration d'*exequatur*, n'ont pas seulement entendu exiger du tribunal français un simple *visa* ou *pareatis*, mais qu'ils ont voulu et dû vouloir que celui-ci prononçât en pleine connaissance de cause;

Attendu que ces mêmes articles, plaçant sur la même ligne tous les jugements étrangers, ne distinguent pas entre les jugements rendus contre un Français et *ceux qui interviennent entre étrangers*, et n'ont d'égard qu'à l'extranéité du pouvoir qui a prononcé;

Que si l'on admet qu'un tribunal français ne peut être tenu de sanctionner un jugement étranger contraire à l'ordre public en France, et aux lois du royaume, on ue peut davantage astreindre un juge français à rendre exécutoire, nonobstant sa conviction personnelle, un jugement étranger qu'il reconnaîtrait avoir mal jugé;

Qu'il faut décider, par suite, qu'aucun jugement rendu en pays étranger ne doit être exécuté en France sans révision;

Au fond : — Attendu qu'il résulte des conventions verbales intervenues entre les parties, que l'appelant ne devait être tenu de payer 50 pour 100 de ses dettes primitives qu'autant qu'il serait venu à meilleure fortune; que les intimés ne justifient pas qu'il ait réalisé des bénéfices dont le tiers aurait été suffisant pour payer, en tout ou en partie, les 50 pour 100 dus aux créanciers;

Que, dans ces circonstances, il n'échet de déclarer exécutoire en France le jugement rendu par le tribunal de Tournay, et que les poursuites en emprisonnement contre l'appelant doivent rester sans effet;

Met le jugement dont est appel au néant; dit qu'il n'échet de déclarer exécutoire en France le jugement rendu par le tribunal de Tournay; déclare nul l'emprisonnement pratiqué; ordonne que l'appelant sera immédiatement mis en liberté, etc.

Auteurs. — Contre : Fœlix, *Droit intern. privé*, liv. 2, tit. 7; Massé, *Droit commerc.* t. 2, n°s 305 et 206; Demangeot, p. 405 et suiv. Ces auteurs admettent bien que les jugements rendus à l'étranger ne peuvent être exécutés en France sans avoir été visés par les tribunaux français; mais ils contestent que ces tribunaux aient le droit de réviser au fond la chose jugée, même alors qu'il s'agit de l'exécuter en France. — Contre : Toullier, 10 p. 114; Grenier, *Hypoth.* 1, p. 443.

Jurisprudence. — Pour : Cass. 19 avril 1819; Grenoble, 3 janvier 1829. — Contre : Paris 13 mai 1820.

A annoter au mot **Exécution**, n°s 68 et suiv.

ART. 290.

GRAINS EN VERT.

VENTE. — FERMIER. — PROPRIÉTAIRE. — PROHIBITION.

La loi du 6 messidor an III qui prohibe la vente des grains en vert et pendants par racines, est toujours en vigueur.

En conséquence, est nulle la vente faite par le fermier ou colon partiaire, au propriétaire, pendant le cours du bail.

ARRÊT.

COUR ROYALE DE BOURGES. — 6 JANVIER 1844.

LA COUR; — Considérant que, par acte reçu Gonneau, notaire à Dun-le-Roi, le 27 mai 1842, Gilbert Lescot, colon du domaine de Bussy, a vendu au sieur Busson de La Vève, qui en est propriétaire, *la moitié lui appartenant par indivision avec l'acquéreur, propriétaire de l'autre moitié, de toutes les récoltes en céréales pendantes par racines dans les dépendances dudit domaine;*

Que cette vente a eu lieu moyennant la somme de 888 fr., que les parties ont compensée purement et simplement jusqu'à due concurrence avec plus forte somme due par Lescot pour ventes et achats de bestiaux, avances et toutes choses relatives à l'exploitation du domaine de Bussy, suivant obligation du 13 juin 1841 ;

Que la vente soumise à l'appréciation de la Cour ayant eu lieu le 27 mai, doit évidemment être considérée comme une vente de grains en vert et pendant par racines ;

Considérant qu'aux termes d'une loi du 6 mess. an III, les ventes de grains en vert et pendants par racines sont prohibées et déclarées nulles ;

Que cette loi, bien que née dans des circonstances extraordinaires, n'a été abrogée par aucune disposition législative postérieure ; qu'elle n'était d'ailleurs que la reproduction d'anciennes ordonnances et notamment de celle du 22 juin 1697, et qu'elle se trouve implicitement maintenue par l'art. 1598, Code civil ;

Qu'ainsi cette loi est encore en vigueur aujourd'hui et doit recevoir son application ;

Considérant, il est vrai, que la loi du 23 du même mois dispose que, dans la prohibition portée par la loi du 6 messidor sur les ventes de grains en vert et pendants par racines, ne sont pas comprises celles qui ont lieu par suite de tutelle, curatelle, changement de fermier, saisies de fruits, baux judiciaires et autres de cette nature ;

Mais qu'en ne plaçant dans l'exception parmi les ventes qui peuvent intervenir entre le propriétaire et le fermier, que celles qui ont lieu par suite de changement de fermier, le législateur a laissé dans la prohibition portée par la loi du 6 messidor toutes autres ventes de grains en vert et pendants par racines qui auraient lieu, comme celle de Lescot à Busson de La Vève, entre le propriétaire et le fermier ou le colon pendant la durée du bail ;

Que ces sortes de ventes semblent en effet présenter la plupart des inconvénients que l'on a voulu prévenir ;

Considérant en outre que la vente faite par Lescot ne rentre dans aucun autre des cas d'exception créés par la loi du 23 messidor ; d'où il suit qu'elle tombe sous l'application de celle du 6 messidor, qui en prononce positivement la nullité ;

Par ces motifs, a mis et met au néant le jugement dont est appel, et faisant ce que les premiers juges auraient dû faire, déclare nulle et de nul effet la vente consentie par Lescot à Busson de La Vève, le 27 mai 1842 ; maintient par suite la saisie-brandon pratiquée par Jarre comme faite à bon droit, etc.

Auteurs et Jurisprudence. — V. l'article 24 de ce Journal.

A annoter aux mots Blé en vert et Saisie-brandon, n° 11.

ART. 291.

ACTION POSSESSOIRE.

CHEMIN VICINAL. — ARBRES. — BORNES. — COMPÉTENCE ADMINISTRATIVE.

L'action pour plantation de bornes par un maire sur un chemin vicinal, mais qui seraient en anticipation sur le terrain du riverain,

*et pour plantation d'arbres à une distance moindre que celle pres-
crite, est une action possessoire de la compétence du juge de paix, et
non une action de la compétence de l'autorité administrative, comme
se référant à l'exécution de l'acte administratif qui a fixé la largeur
du chemin.*

FAITS.

En exécution d'une délibération du conseil municipal approuvée par le préfet, qui avait déterminé la largeur d'un chemin dit du Vieux-Pont, longeant la propriété du baron Lepelletier, le maire de Beaumont fit planter des bornes et des arbres aux limites assignées au chemin. Le baron Lepelletier se plaignit de ce qu'on avait empiété sur sa propriété et qu'en outre on n'avait pas observé la distance légale pour la plantation des arbres, et, après sommation, il assigna le maire au possessoire. Celui-ci opposa la délibération du conseil, et prétendit n'avoir donné au chemin d'autre largeur que celle qui n'avait jamais pu cesser de lui appartenir, sans usurpation de la part des riverains, usurpation d'ailleurs impuissante pour leur faire acquérir des droits de propriété, attendu le caractère imprescriptible du chemin.

Par jugement du 17 novembre 1841, le juge de paix se déclara incompétent, par le motif « qu'il est de principe que l'autorité administrative et le pouvoir judiciaire doivent rester séparés et indépendants l'un de l'autre, pour n'agir que dans la sphère de leurs attributions respectives ; — Que la reconnaissance des chemins vicinaux, la fixation de leur largeur, le bornage et les plantations de leurs rives, sont placés dans les attributions administratives, notamment par les lois des 9 ventôse an XIII et 28 mai 1836 ; — Qu'en faisant planter des bornes pour fixer les limites du chemin bordant la pièce de terre du demandeur, et en faisant faire des plantations dans ce chemin, le maire de Beaumont a agi en sa qualité de maire, comme autorité administrative, et qu'une telle action ne peut être considérée comme un trouble à la possession invoquée par le demandeur, parce que ce n'est pas devant l'autorité judiciaire, mais bien devant les autorités administratives supérieures à celle du maire, que le demandeur doit se pourvoir s'il croit avoir à s'en plaindre. » — Sur l'appel, jugement confirmatif du tribunal de Pontoise, du 26 mai 1842, avec adoption de motifs.

Pourvoi du baron Lepelletier.

ARRÊT.

COUR DE CASSATION. — 9 JUIN 1845.

LA COUR ; — Vu le n° 1er de l'art. 6 de la loi du 23 mai 1838 ;

Attendu que l'action du baron Lepelletier contre le maire de la commune de Beaumont avait pour but de faire cesser le trouble qu'il prétendait avoir été apporté, depuis moins d'une année, à sa possession et jouissance d'une pièce de terre située près du communal de Vieux-Pont ;

Que ce trouble résultait, suivant l'exploit d'assignation du baron Lepelletier, d'une plantation de bornes qui anticipait sur sa propriété, et de la plantation d'une rangée d'arbres à une distance moindre que celle prescrite par l'art. 671 Code civil ;

Attendu que les arrêtés administratifs qui ont fixé la largeur du chemin de Vieux-Pont ne se sont occupés d'aucune question de possession, ou de propriété des terrains traversés par ce chemin, ou qui en étaient plus ou moins rapprochés ;

Attendu que la demande du baron Lepelletier n'avait aucunement pour objet de faire modifier les actes de l'administration relatifs à la largeur et à la direction du chemin de Vieux-Pont ;

Qu'elle constituait une action purement possessoire, et qu'aux termes de l'art. 6, n° 1er, de la loi du 25 mai 1838, le juge de paix était seul compétent pour y faire droit ;

Attendu qu'en jugeant le contraire et en renvoyant les parties devant l'autorité administrative, par application des lois du 9 vent. an XIII et du 28 mai 1836, relatives aux chemins vicinaux, le jugement attaqué a faussement interprété et appliqué ces lois ; qu'il a aussi faussement appliqué la disposition de l'art. 13, tit. 2, de la loi du 24 août 1790, sur la séparation des pouvoirs administratif et judiciaire, et qu'il a expressément violé l'art. 6, n° 1er, de la loi du 25 mai 1838 ;

Casse.

A annoter au mot **Action possessoire**, n° 250.

ART. 292.

—

JUGEMENT PAR DÉFAUT.

EXÉCUTION. — SAISIE ET VENTE. — SEUL DOMICILE CONNU.

Un jugement par défaut est réputé exécuté selon le vœu de l'article 159 du Code de procédure, par la saisie et la vente des meubles de la partie défaillante, au seul domicile connu qu'elle possédât alors, quand même cette partie alléguerait que les meubles vendus étaient sans valeur, que la saisie en a été faite en son absence et en un lieu où elle n'avait jamais eu, à proprement parler, ni de domicile ni de résidence.

ARRÊT.

COUR DE CASSATION. — 30 JUILLET 1845.

LA COUR ; — Vu les art. 443, 158 et 159 Code pr. civ. ;

Attendu que le délai de trois mois, pour interjeter appel, fixé par l'art. 443 Code pr. civ., court pour les jugements par défaut du jour où l'opposition n'est plus recevable, et que, d'après l'art. 158 du même Code, si le jugement est rendu contre une partie qui n'a pas d'avoué, l'opposition est recevable jusqu'à l'exécution du jugement ;

Attendu qu'aux termes de l'art. 159, le jugement est réputé exécuté lorsque les meubles saisis ont été *vendus...* ou enfin lorsqu'il y a *quelque acte duquel il résulte nécessairement que l'exécution du jugement a été connue de la partie défaillante;*

Attendu, dans l'espèce, que, pour se soustraire à l'application de cette présomption, de Gricourt s'est borné à alléguer qu'avant son emprisonnement, effectué le 21 nov. 1839, en exécution du jugement par défaut obtenu à son préjudice par Terré, du tribunal de commerce de la Seine, il n'avait point connu la prétendue vente de meubles saisis déjà faite sur lui à Saint-Germain, le 1er octobre 1838, en exécution du même jugement, sans néanmoins se prévaloir d'aucun autre domicile connu lors de cette vente;

Attendu que, nonobstant l'insuffisance de cette allégation, l'arrêt attaqué prenant en considération que la vente dont il s'agit ne comprenait que quelques effets de peu de valeur, et avait été faite dans un lieu où la partie condamnée ne se trouvait pas, et n'avait jamais eu, à proprement parler, de domicile ni de résidence, a décidé qu'il ne pouvait en résulter la présomption légale de l'exécution et de la connaissance du jugement;

Attendu qu'en substituant ainsi une présomption arbitraire à la présomption formelle établie par la loi, et par suite, en rejetant la fin de non-recevoir tirée de la tardiveté de l'appel, l'arrêt attaqué a fait une fausse application de l'art. 159 du Code de proc. civ. et expressément violé les art. 158 et 443 du même Code;

Casse l'arrêt de la Cour royale de Paris du 30 janv. 1840.

Jurisprudence. — Conf. : cassation, 1er mai 1823.

A annoter au mot **Jugement par défaut**, n° 83.

ART. 293.

VENTE DE MARCHANDISES NEUVES.

AUTORISATION. — JUGEMENT. — APPEL.

L'autorisation accordée par le tribunal de commerce, de vendre des marchandises neuves aux enchères, constitue un jugement susceptible d'appel.

ARRÊT.

COUR ROYALE DE ROUEN. — 5 FÉVRIER 1845.

LA COUR ; — Sur la fin de non-recevoir élevée par le ministère public contre l'appel;

Attendu que, d'après le droit commun, tout jugement de première instance, statuant sur un objet dont la valeur est indéterminée, est soumis à l'appel;

Attendu que l'autorisation accordée par les tribunaux de commerce, de vendre publiquement et aux enchères des marchandises neuves, dans les cas prévus par la loi du 25 juin 1841, est qualifiée jugement par l'art. 5 de cette loi;

Attendu que les autorisations judiciaires, qu'elles émanent des tribunaux de commerce ou des tribunaux civils, sont, de leur nature, sujettes à l'appel, puisqu'elles portent sur des valeurs indéterminées;

Attendu qu'aucune exception, même implicite, à la règle commune des deux degrés de juridiction, ne se rencontre dans la loi du 25 juin, et que, dès lors, on ne peut s'appuyer sur l'opinion isolée d'un membre de la chambre des députés, pour créer une dérogation de cette importance à un principe général dont le maintien est nécessaire pour la bonne administration de la justice;

Déclare l'appel recevable, etc.

Jurisprudence. — Aucun précédent.

Lors de la discussion de la loi du 25 juin 1841, à la chambre des députés, la question s'éleva de savoir si ou non les jugements portant autorisation de vendre seraient motivés. Cette question ne fut pas résolue d'une manière précise.

La pensée de plusieurs membres était que le tribunal de commerce fût souverain pour accorder ou refuser l'autorisation de vendre. En ce sens l'obligation de motiver était sans objet; c'est ce que soutenait M. Gillon : « En pareil cas, disait-il, il n'est pas de pourvoi possible contre les jugements des tribunaux de commerce; *on ne pourra pas en appeler; ils ne seront pas motivés.* Ainsi, à proprement parler, aucune jurisprudence ne s'établira à leur égard : il est donc bien que l'esprit de la loi soit certain pour tout le monde, pour que partout la loi s'exécute dans un seul et même sens. » L'opinion contraire, c'est-à-dire celle que consacre le présent arrêt de la cour de Rouen, a paru être partagée par le plus grand nombre. Elle semble en effet (dit Dalloz) préférable, en ce qu'elle accorde aux justiciables qui sont dans le cas de réclamer des décisions de la nature de celles dont il s'agit ici, la garantie du double degré de juridiction, et soumet ces décisions aux règles du droit commun en ce qui concerne l'obligation de motiver les jugements.

A annoter au mot **Vente de marchandises neuves**, n° 5.

ART. 294.

—

EFFET DE COMMERCE.

ENDOS EN BLANC. — TIERS PORTEUR. — MANDAT. — POURSUITES.

Le tiers porteur d'un billet à ordre, en vertu d'un endossement en blanc, n'a pas qualité pour diriger en son propre nom des poursuites contre le souscripteur de ce billet, encore bien qu'il justifierait en avoir fourni la valeur à son endosseur.

ARRÊT.

COUR DE CASSATION. — 25 JUIN 1845.

LA COUR ; — Vu les art. 137, 138 et 187 Code comm. ;

Attendu que le jugement attaqué constate, en fait, que le billet souscrit par Bardet, à l'ordre de Parer, a été revêtu par ce dernier d'un endossement en blanc ;

Attendu que, dès lors, le nom de celui auquel Parer entendait transmettre le billet n'étant pas énoncé, l'endossement n'a pas opéré de transport de propriété et n'a constitué qu'une simple procuration, aux termes des art. 137 et 138 Code comm., que l'art. 187 du même Code rend applicables aux billets à ordre ;

Que la créance étant demeurée la propriété de Parer, le porteur du billet, Bordier, n'a pu agir contre le souscripteur qu'à titre de mandataire du premier ;

Que peu importe la circonstance, relevée par le jugement, que devant l'arbitre rapporteur, auquel l'affaire avait été renvoyée par le tribunal, pour entendre les parties et donner son avis sur leurs débats, Bordier a justifié suffisamment avoir fourni à Parer la valeur du billet ; que des preuves de la réalité du transport ne peuvent être prises, en dehors de l'endossement, que pour vider la contestation entre le porteur et l'endosseur seul, de qui il tient le billet, mais qu'elles sont inadmissibles à l'égard du souscripteur qui oppose l'irrégularité de l'endossement, et que, contre lui, il n'y a que l'endossement qui puisse établir la réalité du transport ;

Attendu qu'en déclarant recevable et fondée, à l'égard de Bardet, l'action en payement du billet, dirigée tant contre celui-ci que contre Parer, par Bordier, en son propre nom, et en rejetant les fins de non-recevoir qu'invoquait Bardet, et qu'il tirait de la circonstance que Bordier n'était que le mandataire de Parer, le jugement attaqué a formellement violé les art. 137, 138 et 187 Code comm. ;

Casse le jugement du tribunal de commerce de la Seine du 8 octobre 1841.

Jurisprudence. — *V.* art. 73 de ce journal.

A annoter au mot **Effet de Commerce**, n° 4.

ART. 295.

—

CAUTIONNEMENT.

PRIVILÉGE DE SECOND ORDRE. — PRÊT POSTÉRIEUR. — TRANS-
PORT.

Le privilége de second ordre sur un cautionnement fourni à l'état ne peut être concédé à un prêteur postérieur à la prestation, et, par conséquent, pour prêt autre que la somme même qui a été fournie.

La déclaration conforme au décret de 1812, au profit d'un prêteur de fonds, en vue de lui faire acquérir le privilége de second ordre, ne peut équivaloir à une subrogation ou un transport émané du prêteur primitif qui avait obtenu une première fois le privilége de second ordre.

FAITS.

3 août 1843, jugement du tribunal de Bourges, ainsi conçu :

« Considérant que, d'après les conventions, telles qu'elles résultent des actes et des faits constatés dans la cause, le privilége de second ordre ne peut exister au profit du sieur de Quincerot, en sa qualité de directeur de la banque départementale, sur le cautionnement fourni au nom du sieur Leclerc, comme entrepreneur de la fourniture des fourrages pour le département de la guerre, dans l'étendue de la 15e division militaire; — Qu'en effet, il est reconnu qu'une déclaration faite conformément à la loi et constituant un privilége de second ordre a eu lieu, relativement à ce cautionnement, au profit de M. de Montbrun, alors receveur général des finances à Bourges, et que, depuis, ledit sieur de Montbrun a donné main-levée de son privilége, en telle sorte que les fonds du cautionnement sont redevenus la propriété directe de Leclerc; — Que, dans cet état de choses, aucune déclaration de privilége de second ordre n'a pu être valablement consentie par le sieur Leclerc au profit d'un tiers, et notamment de la banque départementale, puisqu'il était désormais avéré que les fonds de celui en faveur duquel la déclaration nouvelle de privilége était faite, n'avaient jamais servi ni pu servir à constituer le cautionnement, et que cette condition est indispensablement nécessaire pour conférer le privilége de second ordre;

» Considérant qu'au nom de la banque départementale, on ne peut davantage prétendre à un droit de subrogation dans le privilége antérieurement conféré au sieur de Montbrun; — Qu'en effet il n'existe, dans l'espèce, aucune subrogation réelle, soit conventionnelle, soit légale, au profit de la banque, etc.;

» Considérant néanmoins que, si la déclaration faite par Leclerc au profit de la banque départementale, le 30 déc. 1839, ne peut valoir comme constituant un privilége de second ordre sur le cautionnement du sieur Leclerc, du moins doit-on reconnaître qu'elle peut valoir comme transport; — Qu'en effet, cet acte porte positivement que la somme de 40,000 fr. versée par Leclerc au trésor, pour son cautionnement, appartient en capital et intérêts à la caisse départementale du Cher; — Qu'ainsi il y a dans l'esprit, et dans les termes mêmes de la déclaration, dessaisissement de propriété jusqu'à concurrence de la somme de 40,000 fr., montant du cautionnement, en faveur de la banque départementale; — Que peu importe que l'acte exprime que c'est à raison du fournissement des fonds pour le cautionnement que la déclaration est faite; qu'encore bien qu'en ce point la déclaration ne soit pas matériellement exacte, puisque le montant du cautionnement avait été fourni par un autre que par la banque, et que les fonds de la banque n'avaient eux-même servi à Leclerc, comme le prouvent tous les documents de l'affaire, qu'à désintéresser le premier prêteur, toujours est-il vrai que la banque déparmentale était véritablement créancière de Leclerc d'une somme égale à celle du cautionnement, et qu'ainsi le dessaisissement du cautionnement au profit de la banque a pu vala-

blement être opéré, puisqu'il est de principe universellement reconnu que toute obligation ou transport qui a une cause réelle ou licite, bien que différente de celle exprimée dans l'acte, doit nécessairement recevoir exécution ;

» Considérant que la banque, par la signification qu'elle a faite à M. le ministre des finances, le 10 mai 1840, avant toutes oppositions d'autres créanciers de Leclerc, a été immédiatement et exclusivement saisie du droit aux 40,000 fr. de cautionnement, non en qualité de bailleresse de fonds et privilégiée à ce titre, mais comme cessionnaire et déclarée propriétaire de ladite somme ; que, dès lors, la prétention des sieurs Leveau et consorts, qui a pour but de lui dénier le droit d'attribution exclusive de ladite somme, doit être repoussée, etc. » — Appel.

ARRÊT.

COUR ROYALE DE BOURGES. — 8 MARS 1845.

LA COUR ; — Considérant que les lois et décrets qui ont institué et régularisé le privilége de second ordre sur les cautionnements, n'attribuent ce privilége qu'à ceux qui en ont prêté les fonds ;

Qu'il est reconnu au procès que la banque n'a pas fait les fonds du cautionnement de Leclerc ;

Qu'ainsi c'est vainement que, pour la garantie du crédit de 25,000 fr., ouvert en 1839 au sieur Leclerc, elle a stipulé avec ce dernier un privilége de second ordre, que la convention ne peut créer, qu'il n'est pas au pouvoir d'un débiteur d'attribuer à tel ou tel de ses créanciers, parce que ce privilége est exclusivement attaché à la qualité de la créance ;

Considérant que les actes dont excipe la banque départementale, impuissants pour conférer un privilége, ne peuvent valoir comme transport ;

Que deux des éléments constitutifs du transport n'existent pas dans la cause, à savoir : le consentement et le prix :

Que rien dans la convention des parties ne manifeste la volonté de transférer la propriété du cautionnement à la banque départementale, puisqu'il y est uniquement question d'un privilége de second ordre dont le sieur Leclerc devait faire la déclaration au profit de la banque, à titre de garantie du crédit ouvert ;

Considérant que la déclaration faite par Leclerc, le 30 décembre, n'est que l'exécution de la convention constitutive du privilége, et n'a que ce privilége pour objet ;

Qu'il est dit, à la vérité, que le cautionnement appartient à la banque départementale ; mais que cette locution, conforme à la formule prescrite par le décret du 22 déc. 1812, uniquement relatif au privilége du bailleur de fonds, n'a d'autre portée et d'autre but que d'indiquer l'origine des deniers ;

Qu'à l'égard du prix de transport, si la banque départementale était créancière du sieur Leclerc, rien n'indique quelle portion de ses créances aurait été affectée au prix d'un cautionnement qui, à raison des chances des faits de charge, du terme de son recouvrement, du taux des intérêts qu'il produit, est d'une valeur nécessairement variable et indéterminée ;

Qu'ainsi il n'existe dans les conventions des parties aucune trace du consentement au transport de la propriété du cautionnement et de la fixation du prix ;

Considérant, en ce qui touche la subrogation légale prétendue dans les droits du sieur de Montbrun, que cette subrogation n'existe ni d'après le n° 1er, ni d'après le n° 3 de l'art. 1251 Code civ. ;

Que le n° 1er suppose deux créances coexistantes, dont l'une est préférable à l'autre, qui prend sa place au moyen du remboursement de la première; mais que rien de semblable n'a eu lieu dans la cause;

Que la banque n'était pas non plus dans l'hypothèse prévue par le n° 3, puisqu'elle n'était tenue ni avec le sieur Leclerc, ni pour lui au payement de la créance privilégiée du sieur de Montbrun, qui d'ailleurs a été remboursée avant l'échéance des billets garantis par la banque;

D'où il suit que la banque est sans droit pour retenir la somme de 25,000 fr. qui lui a été provisoirement attribuée;

Par ces motifs, dit qu'il a été mal jugé, bien et avec grief appelé; met le jugement dont est appel au néant; décharge les appelants des condamnations contre eux prononcées; émendant et faisant ce que les premiers juges auraient dû faire,

Condamne le sieur d'Haranguier de Quincerot, ès-noms qu'il procède, à rendre et restituer la somme de 25,000 fr. avec intérêts à 3 p. 100, à partir de son encaissement jusqu'à la demande, et à 5 p. 100 à compter de cette demande; ordonne que cette somme de 25,000 fr. sera déposée, avec les intérêts, à la caisse des consignations, pour être distribuée au marc le franc entre les créanciers chirographaires du sieur Leclerc, avec le surplus des fonds appartenant à la liquidation.

Jurisprudence. — Pour : Cassation, 30 mai 1838; Paris, 4 mars 1834 et 11 juillet 1836.

A annoter au mot Cautionnement des Huissiers.

A MM. LES ABONNÉS DU JOURNAL ENCYCLOPÉDIQUE.

Par suite de conventions intervenues entre les deux administrations, le *Journal encyclopédique des Huissiers* sera RÉUNI au *Journal des Huissiers* à dater de janvier 1846; en conséquence, à partir de cette époque, les abonnés au *Journal encyclopédique* recevront le *Journal des Huissiers.*

En renonçant à la publication de son journal, M. Marc DEFFAUX ne se retire pas de la lice; loin de là, il met en ce moment la dernière main et revoit avec le plus grand soin, conjointement avec M. Ad. Billequin, avocat à la Cour royale de Paris, et rédacteur du *Journal des Huissiers*, la 2e édition de l'*Encyclopédie des Huissiers*, qui sera bientôt sous presse. Cet ouvrage, dont l'utilité est attestée par le succès d'une 1re édition, aujourd'hui complètement épuisée, sera mis en parfaite concordance avec le *Journal des Huissiers*, qui, de son côté, deviendra le complément nécessaire de l'*Encyclopédie*, avec laquelle il se réunit.

Par cette combinaison, M. Marc Deffaux atteint le but qu'il s'était proposé dans l'intérêt de ses anciens confrères, c'est-à-dire qu'il rattache à son Dictionnaire un Journal déjà populaire, devenu plus important encore par sa fusion, et qui tiendra très-exactement les Huissiers au courant de la législation et de la jurisprudence, et les éclairera sur toutes les difficultés qui peuvent se présenter dans l'exercice de leurs fonctions.

M. Deffaux restera attaché à la rédaction du *Journal des Huissiers*, et fournira de nombreux articles; il s'occupera particulièrement de la solution des questions concernant l'exercice de le profession d'Huissier.

M. Deffaux remercie ses anciens confrères du concours bienveillant qu'ils lui ont accordé en s'abonnant à son Journal; il espère qu'ils voudront bien le lui continuer, en acceptant en échange le *Journal des Huissiers*, dont le mérite incontestable a été reconnu par M. Deffaux, alors même qu'il lui faisait concurrence.

PARIS, *décembre* 1845.   M. DEFFAUX.

TABLE CHRONOLOGIQUE

DES

LOIS, ARRÊTÉS ET ORDONNANCES

CONTENUS DANS

LE JOURNAL ENCYCLOPÉDIQUE DES HUISSIERS.

Nos D'ORDRE.	DATES.	DÉSIGNATION.	PAGES.
1	26 sept. 1842.	ORDONNANCE ROYALE. — Algérie. — Administration de la justice. — Compétence des tribunaux français et indigènes. — Procédure...............	46
2	29 juin 1844.	ORDONNANCE. — Conseil-d'Etat. — Office. — Suppression. — Rétablissement. — Compétence administrative contentieuse......................	79
3	21 juil. 1844.	ORDONNANCE ROYALE. — Poste aux lettres. — Lettres recommandées. — Formalités. — Taxe — Perte. — Défaut de recours...........	41
4	4 août 1844.	LOI. — Cautionnement. — Intérêts. — Réduction a trois pour cent.............	43
5	30 nov. 1844.	ORDONNANCE ROYALE portant modification de celle n° 4, ci-dessus...........	59
6	29 avril 1845.	LOI sur les irrigations............	272
7	21 juin 1845.	LOI. — Traitement des juges de paix et de leurs greffiers.............	203
8	11 juil. 1844.	LOI sur la démonétisation des pièces de six liards, de celles de dix centimes à la lettre N, de celles de quinze et trente sous............	282
9	14 juil. 1845.	ARRÊTÉ du ministre des finances sur le même objet.	283
10	21 juil. 1845.	LOI sur la police des chemins de fer............	340

TABLE CHRONOLOGIQUE

DES

ARRÊTS ET AUTRES DÉCISIONS

CONTENUS DANS

LE JOURNAL ENCYCLOPÉDIQUE DES HUISSIERS.

N°ˢ d'ordre.	DATES.	AUTORITÉS.	DÉSIGNATION.	Pages du Journal.
1	1838 9 mai.	C. R. Montpellier.	EXPLOIT. — Citation en conciliation. — Assignation. — Transposition de copies. — Interruption de prescription........	248
2	1841 1er déc.	Cassation.	EFFET DE COMMERCE. — Retour sans frais. — Protêt. — Recours en garantie. — Formalités	239
3	2 déc.	Cassation.	ACTION POSSESSOIRE. — Passage. — Chemin commun. — Servitude discontinue. — Faits de possession...............	170
4	1842 6 janv.	C. R. Amiens.	OFFICE. — Réserve. — Droit personnel. — Faillite. — Transaction..............	190
5	25 janv.	C. R. Bordeaux.	HONORAIRES. — Avoué. — Salaires étrangers. — Mode de payement. — Traite. — Fraude....	266
6	Id.	Trib. Laon.	PROTÊT. — Refus de payement le jour de l'échéance. — Protêt fait le lendemain. — Payement. — Frais du protêt.......	284
7	1843. 16 janv.	Cassation.	EXPLOIT. — Citation en conciliation. — Assignation. — Transposition de copies. — Interruption de prescription..........	249
8	29 mai.	C. R. Riom.	SAISIE IMMOBILIÈRE. — Défense de saisir. — Retrait d'indivision. — Sursis........	181
9	10 mai.	C. R. Caen.	COMPÉTENCE. — Compétence commerciale. — Frais. — Huissier........	36
10	10 juil.	C. R. Colmar.	EXPLOIT. — Appel. — Jugements distincts. — Exploit unique. — Nullité. — Mêmes demandeurs. — Défendeurs différents....................	253
11	7 août.	C. R. Bourges.	SAISIE-EXÉCUTION. — Vente de meubles. — Défaut de tradition. — Nullité.....	233

N°s d'ordre.	DATES.	AUTORITÉS.	DÉSIGNATION.	Pages du Journal
12	18 sept.	Délibération.	CHAMBRE DE DISCIPLINE DE VALENCIENNES. — Copie de pièces. — Huissiers. — Avoués	144
		Observations.	DES COPIES DE PIÈCES EN GÉNÉRAL	148
13	23 nov.	C. R. Bordeaux.	EFFET DE COMMERCE. — Négociants et non négociants. — Compétence — Endossement. — Echéance	83
14	22 déc.	C. R. d'Aix.	EXPLOIT. — Citation en conciliation. — Assignation. — Transposition de copies. — Interruption de prescription	230
15	26 déc.	Cassation.	COMPÉTENCE. — Tribunal civil. — Appel. Juge de paix. — Exception de propriété.	243
16	29 déc.	Ch. des huissiers de Mortagne.	EFFET DE COMMERCE. — Protêt. — Recouvrements. — Effets portant retour sans frais ou sans protêt	7
			OBSERVATIONS DU RÉDACTEUR	9
	1844			
17	11 janv.	Délibération.	CHAMBRE DE DISCIPLINE DE TOURNON. — Copies de pièces. — Avoués. — Honoraires. — Remises. — Abus	92
			OBSERVATIONS DU RÉDACTEUR	96
18	12 janv.	C. R. Toulouse.	APPEL. — Indication de la cour royale. — Omisssion. — Enonciations équivalentes.	269
19	23 janv.	C. R. Limoges.	HUISSIER. — Résidence. — Violation. — Dommages-intérêts	38
20	23 janv.	C. R. Riom.	EXPLOIT. — Appel. — Signification. — Jour férié. — Compétence. — Pouvoir discrétionnaire	80
21	31 janv.	C. R. Montpellier.	ACQUIESCEMENT. — Signification à avoué. — Défaut de réserves. — Ordre et distribution	338
22	Id.	C. R. Besançon.	APPEL. — Jugement par défaut. — Défaut. — Congé. — Demandeur. — Appel non recevable	270
23	14 févr.	C. R. Paris.	HUISSIER. — Faillite. — Opérations de banque. — Cessation de payement	37
24	Id.	C. R. Paris.	GRAINS EN VERT. — Vente. — Fermier. — Propriétaire. — Prohibition	346
25	1er mars.	C. R. Limoges.	APPEL. — Date du jugement. — Erreur. — Défaut d'énonciations équivalentes. — Nullité	268
26	21 mars.	C. R. d'Aix.	PRIVILÉGE. — Appointements. — Clerc de notaire. — Clerc d'huissier	39
27	22 avril.	C. R. Dijon.	HUISSIER. — Déboursés. — Honoraires. — Intérêt du jour des avances	40
28	23 avril.	C. R. Bordeaux.	CONTRAINTE PAR CORPS. — Recommandation. — Ecrou. — Copie. — Nullité	237
29	6 mai.	C. R. Paris.	PURGE. — Exploit. — Notification. — Erreur. — Validité	62

N° d'ordre.	DATES.	AUTORITÉS.	DÉSIGNATION.	Pages du Journal.
30	8 mai.	C. R. Bordeaux.	SAISIE IMMOBILIÈRE. — Exploit. — Sommation au saisi. — Remise au maire......	43
31	14 mai.	C. R. Orléans.	COMPÉTENCE. — Entreprise de travaux. — Journées. — Juge de paix. — Tribunal de commerce.......	238
32	27 mai.	C. R. Rouen.	EFFET DE COMMERCE. — Protêt. — Bureaux fermés. — Heure. — Droit d'exploiter. — Responsabilité.............	230
33	17 juin.	C. R. Rouen.	HUISSIER. — Pouvoir. — Déclaration. — Désaveu......	243
34	19 juin.	C. R. Colmar.	EXPLOIT. — Appel. — Jugements distincts. — Exploit unique. — Mêmes demandeurs. — Défendeurs différents............	233
35	23 juin.	Cassation.	HUISSIER. — Pouvoir. — Déclaration. — Désaveu........	243
36	Id.	C. R. Riom.	EXPLOIT. — Ajournement. — Copie. — Omission du nom de l'avoué. — Nouvelle copie régulière. — Responsabilité. — Nullité. — Compétence...........	247
37	4 juil.	Trib. Charolles.	COPIE DE PIÈCES. — Huissier. — Avoué. — Droit exclusif. — Purge des hypothèques légales............	194
			OBSERVATIONS DU RÉDACTEUR.........	197
38	Id.	Trib. Tours.	PURGE. — Extrait du titre. — Tableau. — Concurrence. — Avoués. — Huissiers...	64
			OBSERVATIONS DU RÉDACTEUR........	66
39	9 juil.	C. R. Metz.	EXPLOIT. — Ajournement. — Constitution d'avoué. — Démission. — Nullité.....	78
40	15 juil.	C. R. Rennes.	EFFET DE COMMERCE. — Transmission. — Endossement. — Echéance. — Protêt..	81
41	3 août.	Cassation.	VENTE DE MARCHANDISES NEUVES SAISIES. — Somme supérieure à la saisie et aux oppositions. — Formalités. — Contravention à la loi du 23 juin 1841. — Amende.	74
42	3 août.	C. R. Riom.	EXPLOIT. — Société. — Ajournement. — Lieu où la copie doit être remise. — Domicile social. — Domicile des opérations........	233
43	7 août.	Cassation.	TIMBRE. — Copie d'exploit. — Connaissance. — Prescription........	242
44	10 août.	C. R. Rouen.	VENTE DE RÉCOLTES. — Huissier. — Notaire. — Exclusion..........	132
			RÉSUMÉ DE LA JURISPRUDENCE..........	133
45	Id.	C. R. Riom.	SAISIE IMMOBILIÈRE. — Moyens de nullité. — Déchéance. — Distraction. — Appel.	203
46	12 août.	Trib. Amiens.	OFFICE. — Cession. — Révocation de mandat. — Retrait de démission........	192
47	13 août.	C. R. Bordeaux.	PURGE. — Hypothèque légale. — Notification. — Femme. — Domicile.......	304

Nos d'ordre	DATES.	AUTORITÉS.	DÉSIGNATION.	Pages du Journal.
48	14 août.	Cassation.	EXPLOIT. — Société. — Domicile inconnu. — Remise au maire. — Validité......	251
49	20 août.	C. R. Rouen.	EFFET DE COMMERCE. — Retour sans frais. — Protêt. — Recours en garantie. — Formalités	239
50	1er sept.	Cons.-gén. de l'Eure.	VENTE DE FRUITS ET RÉCOLTES. — Huissier. — Notaire. — Concurrence......	132
51	7 sept.	Délibérations.	CHAMBRE DE DISCIPLINE DE SENLIS. — Effets de commerce. — Recouvrements. — Protêts................	101
			OBSERVATIONS DU RÉDACTEUR............	102
52	Id.	Délibérations.	DÉLIBÉRATION id. — Honoraires. — Avertissement. — Droit de recette.......	104
53	Id.	Délibérations.	CHAMBRE DE DISCIPLINE DE SENLIS. — Copies de pièces. — Avoués. — Droit exclusif. — Concurrence. — Remise d'honoraires. — Abus. — Poursuites..............	97
			OBSERVATIONS DU RÉDACTEUR............	101
54	8 nov.	Délibérations.	CHAMBRE DE DISCIPLINE DU MANS. — Copies de pièces. — Huissier. — Avoué......	140
55	18 nov.	Cassation.	PLACARDS. — Vente d'immeubles. — Notaire. — Avoué....................	174
56	20 nov.	Ch. des huiss. de Nogent-le-Rotrou.	HUISSIER. — Effets de commerce. — Effets sans frais. — Effets avec frais. — Interdictions. — Salaires..............	13
			OBSERVATIONS DU RÉDACTEUR............	14
57	Id.	Ch. des huiss. de Nogent-le-Rotrou.	HUISSIER. — Avertissements. — Honoraires. — Peines disciplinaires.............	20
			OBSERVATIONS DU RÉDACTEUR............	23
58	Id.	Cassation.	EXPLOIT. — Ajournement. — Délai. — Distance................	256
59	21 nov.	C. R. Orléans.	PURGE. — Extrait du titre. — Tableau des inscriptions. — Concurrence. — Avoués. — Huissiers................	104
60	26 nov.	Ch. huis. Roanne.	HUISSIER. — Répression d'abus. — Avoués. — Copies de pièces. — Effets de commerce...................	24
			OBSERVATIONS DU RÉDACTEUR............	31
61	28 nov.	Cassation.	EXPLOIT. — Délai. — Supputation. — Appel.	173
62	3 déc.	Cassation.	EXPLOIT. — Signification de jugement. — Domicile inconnu. — Article 69, § 8 du Code de procéd., applicable à tous les exploits................	265
63	13 déc.	Trib. Louhans.	ENREGISTREMENT. — Office. — Prix. — Cession de créance. — Délégation.......	165
64	17 déc.	Cassation.	EFFET DE COMMERCE. — Perte. — Ordonnance du jugement. — Demande en payement. — Protestation..........	173
65	Id.	C. R. Caen.	APPEL. — Faillite. — Délai. — Distance..	315

N.º d'ordre.	DATES.	AUTORITÉS.	DÉSIGNATION.	Pages du Journal.
66	20 déc.	C. R. Rouen.	TAXE. — Notaire. — Opposition. — Appel.	188
67	Id.	Garde des sceaux.	HUISSIER. — Candidat. — Notaire.......	131
68	30 déc.	Trib. Caen.	SURENCHÈRE. — Signification. — Domicile élu. — Domicile réel. — Nullité......	314
	1845			
69	Janvier.	Quest. proposées.	HUISSIER. — Remise d'honoraires. — Dommages-intérêts.................	5
70	Id.	Quest. proposées.	OPPOSITION.—Vente de meubles.— Formes.	11
71	3 janv.	C. R. Douai.	EXÉCUTION. — Etranger. — Jugement. — Révision....................	343
72	6 janv.	C. R. Rouen.	TAXE. — Notaire. — Opposition. — Appel.	188
73	8 janv.	C. R. Poitiers.	CONTRAINTE PAR CORPS. — Ecrou. — Enonciations. — Nullité.............	234
74	9 janv.	C. R. Poitiers.	CONTRAINTE PAR CORPS. — Huissier-commis. — Commandement. — Péremption. — Recommandation.............	236
75	13 janv.	Cassation.	VICES RÉDHIBITOIRES.—Délais.— Distances. — Calcul..................	184
76	14 janv.	C. R. Paris.	OFFICE. — Cession. — Révocation de mandat. — Retrait de démission........	192
77	15 janv.	Cassation.	OFFICE. — Prix. — Transport. — Anticipation. — Validité.............	186
78	17 janv.	Cassation.	DÉLIT RURAL. — Pâturages. — Prairies artificielles. — Délai. — Enlèvement de récoltes.................	313
79	28 janv.	Cassation.	ACTION POSSESSOIRE.—Compétence.—Cours d'eau. — Suppression d'ouvrages.....	312
80	30 janv.	Trib. Lyon.	EFFET DE COMMERCE. — Billet à ordre faux. — Quittance donnée par l'huissier. — Responsabilité...............	110
81	Février.	Quest. proposées.	OFFRES RÉELLES. — Refus. — Acceptation. — Frais...................	34
82	Id.	Quest. proposées.	POIDS ET MESURES. — Tombereau. — Feuillette. — Demi-pièce. — Futaille......	44
83	Id.	Quest. proposées.	EXPLOIT. — Saisie-arrêt. — Enregistrement. — Pluralité de droits.........	45
84	Id.	Quest. proposées.	TIMBRE. — Pièces non timbrées. — Usage en justice................	46
85	5 fév.	C. R. Rouen.	VENTE DE MARCHANDISES NEUVES. — Autorisation. — Jugement. — Appel........	350
86	11 fév.	C. R. Douay.	PATENTE. — Huissier. — Mention. — Actes rég. d'une compagnie............	169
87	12 fév.	C. R. Caen.	OFFICE. — Traité secret. — Nullité. — Exécution. — Action en répétition.......	89
88	24 fév.	C. R. Paris.	OFFICE. — Destitution. — Cession. — Admission. — Garantie. — Réduction. — Compétence. — Contre-lettre.........	206
89	Mars.	Quest. proposées.	BAIL. — Expulsion. — Indemnité. — Qualité...................	85

N°ˢ d'ordre.	DATES.	AUTORITÉS.	DÉSIGNATION.	Pages du Journal.
90	Mars.	Quest. proposées.	SAISIE-BRANDON. — Copie du procès-verbal de saisie. — Signification par acte postérieur. — Visa. — Validité.	86
91	Id.	Quest. proposées.	SAISIE-EXÉCUTION. — Ouverture des portes. — Serrurier. — Huissier.	87
92	Id.	Quest. proposées.	SAISIE-ARRÊT. — Etranger. — Formalités à suivre.	87
93	Id.	Quest. proposées.	EXPLOIT. — Visa. — Refus par le maire. — Délai. — Transport au parquet.	89
93	5 mars.	C. R. Poitiers.	SAISIE-EXÉCUTION. — Dernier ressort. — Créance du saisi au-dessous de 1500 fr. — Créance du revendiquant indéterminée.	264
94	15 mars.	Trib. St.-Omer.	PATENTE. — Patente de l'année précédente. — Enonciation. — Acte public. — Contravention.	168
95	22 mars.	C. R. Toulouse.	HUISSIER. — Avoué. — Copies de pièces. — Procès. — Intervention du syndic.	332
96	Id.	Cassation.	CHASSE. — Gibier. — Temps de neige. — Vente, achat, colportage.	319
97	Avril.	Quest. proposées.	PRIVILÉGE. — Frais de justice. — Propriétaire. — Contributions directes. — Contributions indirectes.	336
98	Id.	Quest. proposées.	SAISIE-EXÉCUTION. — Recolement immédiat — Enlèvement de meubles. — Menace de les briser.	111
99	Id.	Quest. proposées.	TARIF. — Taxe. — Frais. — Requête de la régie de l'enregistrement. — Recouvrement d'amendes et frais de justice.	113
100	Id.	Quest. proposées.	PRISÉE DE MEUBLES. — Procès-verbal. — Estimation. — Inventaire. — Notaire.	116
101	Id.	Quest. proposées.	EXPLOIT. — Citation. — Nullité. — Compétence. — Amende.	117
102	Id.	Quest. proposées.	EFFET DE COMMERCE. — Protêt. — Besoins indiqués. — Formes à observer.	120
	Id.	Quest. proposées.	EFFET DE COMMERCE — Intervention. — Protêt. — Copie au domicile de payement.	122
103	Id.	Quest. proposées.	SAISIE-EXÉCUTION. — Saisie conservatoire. — Saisie foraine. — Recolement. — Vente.	122
104	Id.	Observations.	HUISSIER. — Greffier de paix. — Avertissement aux parties. — Salaires.	122
105	Id.	Quest. proposées.	FAUX. — Huissier. — Exploit. — Citation sans mandat. — Désaveu.	128
106	11 avril.	Cassation.	SAISIE-EXÉCUTION. — Détournement d'objets saisis. — Vol. — Effraction. — Délit.	262
107	Id.	Quest. proposées.	SAISIE-EXÉCUTION. — Saisie-gagerie établie. — Formes à observer. — Recolement. — Sommation de vendre.	108

N°. d'ordre.	DATES.	AUTORITÉS.	DÉSIGNATION.	Pages du Journal.
108	12 avril.	Trib. d'Ussel.	ENREGISTREMENT. — Saisie-arrêt. — Déclaration du tiers-saisi. — Cession verbale. — Office. — Recouvrement..........	218
109	Id.	Cassation.	CHASSE. — Excuse. — Bonne foi. — Temps prohibé..........	318
110	21 avril.	Décis. garde des sceaux.	CHAMBRE DE DISCIPLINE. — Compétence. — Huissiers. — Dispositions règlementaires..........	161
			OBSERVATIONS..........	161
111	Id.	Cassation.	TAXE. — Notaire. — Opposition. — Appel. — Compétence..........	214
112	Id.	Cassation.	TAXE. — Notaire. — Honoraires. — Règlement amiable. — Réclamation. — Compétence..........	220
113	24 avril.	C. R. Amiens.	OFFICE. — Mode de transmission. — Vente aux enchères. — Prohibition......	217
114	Mai.	Quest. proposées.	VISA. — Exploit. — Coût. — Frais......	134
115	Id.	Quest. proposées.	ENREGISTREMENT. — Acte en conséquence d'un autre. — Exécution nonobstant opposition et appel. — Ordonnance. — Dispense d'enregistrement avant d'agir....	135
116	Id.	Quest. proposées.	SAISIE IMMOBILIÈRE. — Commandement. — Délai entre le commandement et la saisie. — Opposition. — Interruption........	137
117	Id.	Quest. proposées.	ABUS DE CONFIANCE. — Huissier. — Billets de complaisance. — Défaut de payement.	139
118	22 mai.	C. R. Besançon.	SAISIE IMMOBILIÈRE. — Meubles. — Immeubles. — Constructions par le preneur. — Réserve par le bailleur. — Indemnité..........	209
119	24 mai.	Projet de loi.	TARIF. — Avertissements. — Greffiers de paix. — Huissiers. — Rétribution......	179
120	27 mai.	C. R. Rouen.	DISCIPLINE. — Faits antérieurs à l'entrée en fonctions. — Office. — Prix. — Dissimulation..........	337
121	Juin.	Quest. proposées.	ENREGISTREMENT. — Exploit. — Signification de transport. — Reconnaissance de dette..........	167
122	Id.	Quest. proposées.	POIDS ET MESURES. — Officier public. — Mot. — Pièce. — Contravention. — Vente de meubles..........	167
123	Id.	Quest. proposées.	SIGNIFICATION. — Jugement par défaut. — Acquiescement..........	164
124	Id.	Quest. proposées.	PRUDHOMMES. — Jugement par défaut. — Exécution. — Péremption..........	180
125	3 juin.	Trib. de la Seine.	OFFICE. — Traité secret. — Supplément. — Répétition. — Prescription de 10 ans...	213
126	Id.	Cassation.	ENQUÊTE. — Juge de paix. — Appel. — Défaut de procès-verbal. — Nullité....	317

N° d'ordre.	DATES.	AUTORITÉS.	DÉSIGNATION.	Pages du Journal.
127	8 juin.	C. R. Paris.	OFFICE. — Vendeur. — Privilége. — Faillite. — Destitution	222
128	9 juin.	Cassation.	ACTION POSSESSOIRE. — Chemin vicinal. — Arbres. — Bornes. — Compétence	347
129	11 juin.	C. R. Paris.	HUISSIER. — Copie d'exploit. — Preuves de faux. — Admission des moyens de faux.	204
130	25 juin.	Cassation.	EFFET DE COMMERCE. — Endos en blanc. — Tiers porteur. — Mandat. — Poursuites.	351
131	Juillet.	Quest. proposées.	SURENCHÈRE. — Vente d'immeubles dépendant d'une faillite. — Délais. — Formalités	200
132	Id.	Quest. proposées.	CHEMIN VICINAL. — Tranchées. — Extractions. — Amas de terre. — Action possessoire. — Indemnité	201
133	Id.	Quest. proposées.	ENREGISTREMENT. — Acte en conséquence d'un autre. — Exploit. — Facture. — Amende	219
134	2 juil.	Projet de loi.	ENREGISTREMENT. — Augmentation de droits. — Exploits en justice de paix...	205
135	5 juil.	C. R. Paris.	VENTE DE MEUBLES. — Commissaires-priseurs. — Notaires. — Privilége exclusif. — Terme. — Caution	237
136	17 juil.	Lettre.	HUISSIER. — Avoué. — Copies de pièces. — Abus. — Répression	294
137	23 juil.	Trib. Dieppe.	ENREGISTREMENT. — Répertoire, — Communication. — Clerc. — Contravention....	297
138	30 juil.	Cassation.	JUGEMENT PAR DÉFAUT. — Exécution. — Saisie. — Vente. — Seul domicile connu.	349
139	Août.	Quest. proposées.	JUGE DE PAIX. — Citation. — Commandement. — Saisie-gagerie. — Congés. — Signification de jugement	224
140	Id.	Quest. proposées.	EXÉCUTION PROVISOIRE. — Jugement par défaut. — Matière commerciale. — Opposition. — Titre. — Caution	227
141	Id.	Quest. proposées.	SAISIE-EXÉCUTION. — Main-levée de la saisie — Dommages-intérêts	228
142	Id.	Quest. proposées.	PRESCRIPTION. — Commandement. — Intimation. — Titre récognitif. — Péremption	230
143	3 août.	C. R. Orléans.	OFFICE. — Cession. — Contre-lettre. — Défaut de nomination. — Réduction de la contre-lettre. — Nullité	299
144	6 août.	Cassation.	JUGE DE PAIX. — Prorogation de juridiction. — Jugement. — Hypothèque	267
145	11 août.	Cassation.	OFFICE. — Supplément de prix. — Traité secret. — Répétition	344
146	13 août.	Cassation.	SAISIE-EXÉCUTION. — Vente de meubles saisis. — Droit de place. — Compétence. — Juge de paix	302

N^{os} d'ordre.	DATES.	AUTORITÉS.	DÉSIGNATION.	Pages du Journal
147	21 août.	Cassation.	PURGE. — Extrait du titre. — Tableau. - Concurrence. — Avoués. — Huissiers...	301
148	28 août.	Cassation.	EXPLOIT. — Acte d'accusation. — Signification. — Date en blanc. — Validité ..	303
149	29 août.	C. R. Paris.	HUISSIER. — Copie d'exploit. — Inscription de faux. — Rejet des moyens de faux.	298
150	Oct.	Dissertation.	HUISSIER. — Salaires. — Déboursés. — Prescription......................	305
151	Id.	Quest. proposées.	EFFET DE COMMERCE. — Protêt. — Besoins contenant la mention avant protêt.....	284
152	Id.	Quest. proposées.	ENREGISTREMENT. — 1° Exploit. — Pluralité des droits. — Saisie-arrêt. — Demande en validité. — Sommation. ...	310
			2° Exploit. — Pluralité des droits. — Sommation. — Citation.............	310
			3° Sommation. — Opposition........	311
			4° Timbre. — Enregistrement. — Audience. — Intervention. — Réquisition. — Communication.................	311
			5° Acte en conséquence d'un autre. — Titre non enregistré. — Citation. — Jugement........	311
153	Id.	Quest. proposées.	TRANSPORT. — Voyage. — Fraction. — Calcul. — Somme à allouer.............	286
154	Id.	Quest. proposées.	SAISIE-EXÉCUTION. — Vente. — Marché. — Domicile du saisi. — Permission......	287
155	Id.	Quest. proposées.	ACQUIESCEMENT. — Exécution volontaire. — Payement de partie de frais. — Signification par huissier-commis..........	288
156	Id.	Quest. proposées.	SAISIE-ARRÊT. — Percepteur. — Remises. — Quotité saisissable. — Entre les mains de qui la saisie doit être faite........	289
157	Id.	Quest. proposées.	VENTE DE MARCHANDISES NEUVES. — Jeunes porcs. — Vente aux enchères. — Prohibition.	292
158	Id.	Quest. proposées.	SAISIE-EXÉCUTION. — Femme mariée sous le régime dotal. — Biens dotaux. — Biens paraphernaux. — Tribunal incompétent. — Autorité de la chose jugée...	293
159	Id.	Quest. proposées.	HUISSIERS-AUDIENCIERS. — Partage. — Indemnité. — Compromis. — Nullité....	321
160	Id.	C. R. Limoges.	HUISSIER. — Avoué. — Copies de pièces. — Actes dans les instances et hors les instances. — Actes en police correctionnelle. — Purge des hypothèques légales. — Signification de jugement après l'année......................	326
161	Id.	Quest. proposées.	HUISSIER. — Prohibition. — Parenté. — Alliance.............	334

TABLE ALPHABÉTIQUE

DES

MATIÈRES CONTENUES DANS LE

JOURNAL ENCYCLOPÉDIQUE DES HUISSIERS.

A

ABUS DE CONFIANCE. — *Huissier.* — — *Billets de complaisance.* — *Défaut de payement.* — L'huissier qui s'est fait souscrire plusieurs fois des billets de complaisance et qui ne les paye pas, commet-il le délit d'abus de confiance? 139

ABUS (répression d'). — V. *Copies de pièces.* — *Huissier.*

ACCEPTATION D'OFFRES. — V. *Offres réelles.*

ACQUIESCEMENT. — **1.** *Exécution volontaire.* — *Payement de partie des frais.* — *Signification par huissier-commis.* — Le payement fait par le débiteur d'une partie des frais de poursuite, postérieurement au jugement, emporte-t-il acquiescement, et, par suite, dispense-t-il le créancier de faire signifier ce jugement par huissier-commis, s'il est par défaut? — La preuve de l'acquiescement résulte-t-elle, à l'égard du débiteur; et en faveur du créancier, de l'aveu du payement fait par ce dernier dans les actes de poursuite? — Quel moyen l'huissier-commis doit-il employer pour empêcher qu'à l'avenir il soit frustré, par de pareils actes, du droit de signifier les jugements par défaut? 288

— **2.** *Signification à avoué.* — *Défaut de réserves.* — *Ordre et distribution.* — En matière d'ordre et de distribution, la signification d'un jugement à avoué, sans protestation ni réserve, vaut acquiescement de la part de la partie qui a signifié. 338

— V. *Signification.*

ACTE DE PROTESTATION. — V. *Effet de commerce.*

ACTE EN CONSÉQUENCE D'UN AUTRE. — V. *Enregistrement.*

ACTE. REQUÊTE D'UNE COMPAGNIE. — V. *Patente.*

ACTION POSSESSOIRE. — **1.** *Passage. Chemin.* — *Commune.* — *Servitude discontinue.* — *Faits acquisitifs de possession et de propriété.* — A la différence du cas où ils sont exercés par un particulier, des faits de passage, pratiqués sur un chemin, par les habitants d'une commune, peuvent devenir acquisitifs de possession et de propriété au profit de la commune, bien qu'elle n'ait aucun titre constitutif d'un droit de passage. 170

— **2.** *Compétence.* — *Cours d'eau.* — *Suppression d'ouvrages.* — Le juge de paix est compétent pour connaître d'une action en complainte à l'occasion d'ouvrages établis, sans autorisation de l'administration, par un particulier sur un cours d'eau, et, par suite, pour ordonner la suppression de ces ouvrages. 312

— **3.** *Chemin vicinal.* — *Arbres.* — *Bornes.* — *Compétence administrative.* — L'action pour plantation de bornes par un maire sur un chemin vicinal, mais qui seraient en anticipation sur le terrain du riverain, et pour plantation d'arbres à une distance moindre que celle prescrite, est une action possessoire de la compétence du juge de paix, et non une action de la compétence de l'autorité administrative, comme se référant à l'exécution de l'acte administratif qui a fixé la largeur du chemin. 347 — V. *Chemin vicinal.*

ADMINISTRATION DE LA JUSTICE. — V. *Algérie.*

AJOURNEMENT. — V. *Exploit.*

ALGÉRIE. — 1. *Administration de la justice. — Compétence des tribunaux français et indigènes. — Procédure. — Juridiction administrative. — Ordonnance sur l'administration de la justice en Algérie.* 47
— 2. *Ordonnance modifiant la précédente.* 59

ALLIANCE. — V. *Huissier.*

AMAS DE TERRE. — V. *Chemin vicinal.*

AMENDE. — V. *Vente de marchandises neuves. — Enregistrement. — Exploit.*

ANTICIPATION DE PAYEMENT. — V. *Office.*

APPEL. — 1. *Date du jugement. — Erreur. — Défaut d'énonciations équivalentes. — Nullité.* — Est nul l'exploit d'appel dans lequel le jugement attaqué est indiqué sous une fausse date, lorsque d'ailleurs aucune énonciation ne fait connaître la véritable date du jugement. 268
— 2. *Indication de la cour royale. — Omission. — Énonciations équivalentes.* — Est valable l'acte d'appel omettant le nom de la cour royale devant laquelle le litige est porté, si les énonciations qu'il renferme ne laissent aucun doute à cet égard. 269
— 3. *Jugement par défaut. — Défaut-congé. — Demandeur. — Appel non-recevable.* — Le demandeur ne peut attaquer par la voie de l'appel les jugements de défaut-congé, lorsqu'ils ne statuent pas sur le fond de la demande. 270
— 4. *Faillite. — Délai. — Distance.* — Le délai de quinze jours, plus un jour par cinq myriamètres de distance entre le domicile de l'appelant et le lieu où siége le tribunal qui a rendu le jugement frappé d'appel ; fixé par l'art. 582 du Code de comm., ne doit pas être augmenté, en outre, selon l'art. 1033 du Code de procéd. civ., d'un jour par cinq myriamètres entre le domicile de l'appelant et celui de l'intimé. 315
— V. *Compétence. — Exploit. — Saisie-immobilière. — Taxe. — Vente de marchandises neuves.*

APPOINTEMENTS DE CLERC. — V. *Privilége.*

AVERTISSEMENTS AUX DÉBITEURS. — V. *Honoraires. — Huissier. — Tarif.*

AVOUÉ. — V. *Compétence. — Copies de pièces. — Huissier. — Purge.*

B

BAIL. — *Expulsion. — Indemnité. — Qualité.* — L'indemnité dont parlent les articles 1744 et suivants du Code civil doit-elle être restreinte au prix principal du bail, ou comprendre, en outre, les charges du bail, telles que faisances et impôts ? — En d'autres termes, que doit-on entendre par ces mots : prix du loyer, prix du bail, insérés dans les art. 1744 et 1745 du Code civil ? 84

BESOIN (au). — V. *Effet de commerce.*

BIENS DOTAUX. — V. *Saisie-exécution.*

BIENS PARAPHERNAUX. — V. *Saisie-exécution.*

BILLET DE COMPLAISANCE. — V. *Abus de confiance.*

BONNE FOI. — V. *Chasse.*

C

CANDIDAT-NOTAIRE. — V. *Huissier.*

CAUTION. — V. *Exécution provisoire.*

CAUTIONNEMENT. — *Privilége de second ordre. — Prêt postérieur. — Transport.* — Le privilége de second ordre sur un cautionnement fourni à l'état ne peut être concédé à un prêteur postérieur à la prestation, et, par conséquent, pour prêt autre que la somme même qui a été fournie. — La déclaration conforme au décret de 1812, au profit d'un prêteur de fonds, en vue de lui faire acquérir le privilége de second, ne peut équivaloir à une subrogation ou un transport émané du prêteur primitif qui avait obtenu une première fois le privilége de second ordre. 352

CAUTIONNEMENT (intérêts de). — *Intérêts.* — *Réduction à 3 pour cent.* — Loi (extrait de la) portant fixation du budget des dépenses de l'exercice 1845. 43

CESSION D'OFFICE. — V. *Office.*

CESSION VERBALE. — V. *Enregistrement.*

CHAMBRE DE DISCIPLINE. — *Compétence.* — *Mesures protectrices.* — *Huissiers.* — *Disposition réglementaire.* — Les chambres de discipline ne peuvent statuer par voie de disposition générale et réglementaire. 161

CHASSE. — *Excuse.* — *Bonne foi.* — *Temps prohibé.* — 1. Les délits de chasse en temps prohibé ne peuvent être excusés sous prétexte de bonne foi. 318

— 2. *Gibier.* — *Temps de neige.* — *Vente, achat et colportage.* — La prohibition de vendre, acheter et colporter du gibier, est restreinte au temps qui s'écoule entre la clôture et l'ouverture de la chasse ; elle ne peut donc être étendue aux temps de neige pendant lesquels la chasse est temporairement prohibée par un arrêté du préfet, pris en vertu de l'art. 9 de la loi du 3 mai 1844. (Iʳᵉ ESPÈCE). — Il en serait ainsi alors même que l'arrêté du préfet contiendrait, non une prohibition momentanée, mais une prohibition générale et permanente. (IIᵉ ESPÈCE). 319

CHEMIN — V. *Action possessoire.*

CHEMIN VICINAL. — *Tranchées.* — *Extractions.* — *Amas de terre.* — *Action possessoire.* — *Indemnité.* — Est-ce judiciairement, devant le juge de paix, ou administrativement, devant le conseil de préfecture, que doit se pourvoir le propriétaire non exproprié, ni indemnisé, et troublé dans sa possession par des tranchées, extractions et amas de terre faits pour l'établissement d'un chemin vicinal de grande communication ? 201

— V. *Action possessoire.*

CHEMINS DE FER. — Loi sur la police des chemins de fer. 340

CITATION. — V. *Exploit.* — *Juge de paix.*

CITATION EN CONCILIATION. — V. *Exploit.*

CITATION SANS MANDAT. — V. *Faux.*

CLERC D'HUISSIER. — V. *Privilége.*

COMMANDEMENT. — V. *Prescription.*

COMMISSAIRE-PRISEUR. — V. *Vente de meubles.*

COMMUNICATION. — V. *Enregistrement.*

COMPÉTENCE. — 1. *Compétence commerciale.* — *Frais.* — *Huissier.* — L'action en payement des frais faits par un huissier est-elle de la compétence du tribunal de commerce devant lequel les faits ont été exposés ? 36

— 2. *Entreprise de travaux.* — *Journées.* — *Juge de paix.* — *Tribunal de commerce.* — L'article 5, nº 3, de la loi du 25 mai 1838 ne concerne que les contestations relatives à des travaux qui peuvent être discontinués ou arrêtés à la fin de chaque journée, et non ceux que l'ouvrier ne peut interrompre qu'après leur achèvement. — En conséquence c'est le tribunal de commerce, et non le juge de paix, qui doit connaître des difficultés entre un entrepreneur et un sous-entrepreneur au sujet des terrassements d'un chemin de fer. 238

— 3. *Tribunal civil.* — *Appel.* — *Juge de paix.* — *Exception de propriété.* — Les tribunaux civils appelés à statuer sur l'appel d'une sentence de juge de paix n'ont pas, comme juges d'appel, une juridiction plus étendue que celle des juges de paix dont les jugements leur sont déférés. — Spécialement, ils ne peuvent connaître des exceptions de propriété immobilière proposées par les parties. 243

— V. *Chambre de discipline.* — *Effet*

de commerce. — *Enregistrement.* — *Taxe.*

COMPÉTENCE ADMINISTRATIVE. — V. *Office.*

COMPÉTENCE COMMERCIALE. — V. *Compétence,* n. 1.

CONCURRENCE. — V. *Copies de pièces.* — *Purge.* — *Vente de récoltes.*

CONGÉ. — V. *Juge de paix.*

CONSTITUTION D'AVOUÉ. — V. *Exploit.*

CONSTRUCTIONS. — V. *Saisie immobilière.*

CONTRAINTE PAR CORPS. — *Écrou.* — *Énonciations.* — *Nullité.* — **1.** Est nul et entraîne la nullité de l'incarcération l'écrou dans lequel ont été omises les énonciations prescrites par la loi, bien que ces énonciations se trouvent dans la copie, remise au débiteur, tant du procès-verbal d'emprisonnement que de l'acte d'écrou. 234

— **2.** *Huissier commis.* — *Commandement.* — *Péremption.* — *Recommandation.* — La commission d'un huissier pour signifier un commandement tendant à contrainte par corps, n'est plus valable pour un second commandement après une année révolue à compter du premier. — En conséquence est nulle la recommandation d'un débiteur incarcéré faite à la suite de ce second commandement. 236

— **3.** *Recommandation.* — *Écrou.* — *Copie.* — *Nullité.* — Est nul l'acte d'écrou par suite de recommandation qui ne contient pas mention que la copie, tant de la recommandation que de l'écrou, a été remise au débiteur. 237

CONTRE-LETTRE. — V. *Office.*

COPIE. — V. *Exploit.*

COPIE D'EXPLOIT. — V. *Huissier.* — *Timbre.*

COPIE DE SAISIE. — V. *Saisie-brandon.*

COPIES DE PIÈCES. — **1.** Des copies de pièces en général. 148

— **2.** *Huissiers.* — *Avoués.* — *Droit exclusif.* — *Concurrence.* — *Répression de l'abus des remises d'honoraires.* — *Poursuites.* — Délibération de la chambre de discipline des huissiers de l'arrondissement de Senlis. 97

— **3.** *Huissiers.* — *Avoués.* — *Honoraires.* — *Remises.* — *Abus.* — Délibération de la communauté des huissiers de l'arrondissement de Tournon (Ardèche), concernant les copies de pièces et les abus résultant de la remise des droits ou émoluments. 92

— **4.** *Huissier.* — *Avoué.* — *Droit exclusif.* — *Purge des hypothèques légales.* — *Remise d'honoraires.* — *Présomptions.* — *Peine disciplinaire.* — *Observations.* — En matière de purge des hypothèques légales, le droit de copies de pièces appartient à l'huissier à l'exclusion de l'avoué. — En conséquence, l'avoué qui fait préparer ces copies de pièces, et l'huissier qui les signifie, même en en percevant les honoraires, manquent à leurs devoirs et sont passibles d'une peine disciplinaire. — Cette préparation de copies d'une part, et cette signification de l'autre, font présumer qu'il y a accord blâmable entre l'huissier et l'avoué, et remise à ce dernier, par l'huissier, d'une partie des honoraires que la loi lui attribue. 194

— **5.** *Huissiers.* — *Avoués.* — *Droit exclusif.* — *Concurrence.* — *Actes contraires à la profession d'huissier.* — Premièrement : Délibération de la chambre de discipline des huissiers de Valenciennes sur la rédaction des copies de pièces, les honoraires y attachés, les actes contraires à la profession d'huissier. — Deuxièmement : Lettre du syndic contenant copie de celle par lui adressée au président de la chambre des avoués de Valenciennes; succès des huissiers dû à la fermeté de leur chambre. — Troisièmement : Des copies de pièces en général; questions proposées : — 1º Les huissiers ont-ils le droit exclusif de faire les copies de pièces des significations de jugements et d'arrêts après l'année de leur obtention? — 2º Les mêmes ont-ils le droit exclusif de rédiger les copies de pièces des commandements préalables à toutes voies d'exécution? — 3º En matière d'enregistrement l'avoué a-t-il le droit de faire la copie du mémoire contenant la défense de la partie ?   144

— 6. *Huissiers.* — *Avoués.* — *Rédaction de copies de pièces.* — *Contravention.* — Délibérations de la communauté des huissiers de l'arrondissement du Mans (Sarthe) au sujet de la rédaction des copies de pièces et les droits y attachés.   140
— V. *Huissier.*

COPIES DE PIÈCES EN MATIÈRE CRIMINELLE. — V. *Huissier.*

COURS D'EAU. — V. *Action possessoire.*

D

DATE EN BLANC. — V. *Exploit.*

DATE DE JUGEMENT. — V. *Appel.*

DÉBOURSÉS. — V. *Huissier.*

DÉCHÉANCE. — V. *Saisie immobilière.*

DÉFAUT CONGÉ. — V. *Appel.*

DÉLAI. — V. *Exploit.* — *Saisie immobilière.* — *Vice rédhibitoire.*

DÉLAI D'APPEL. — V. *Appel.*

DÉLAIS DE DISTANCE. — V. *Exploit.*

DÉLÉGATION. — V. *Enregistrement.*

DÉLIT RURAL. — *Pâturage.* — *Prairies artificielles.* — *Delai.* — *Enlèvement de récoltes.* — La défense de pâturage dans les deux jours de l'enlèvement de la récolte n'est pas applicable aux prairies artificielles. — En conséquence, le propriétaire d'une telle prairie peut y introduire ses bestiaux aussitôt l'enlèvement de sa récolte. 313

DEMI-PIÈCE. — V. *Poids et mesures.*

DÉMONÉTISATION. — 1. Loi sur la démonétisation des pièces de six liards, de celles de deux sous à la lettre N, de celles de quinze et trente sols. 282
— 2. Arrêté du ministre des finances sur la démonétisation des pièces de six liards, de celles de dix centimes à la lettre N, et de celles de quinze et trente sols.   283

DÉSAVEU. — V. *Faux.* — *Huissier.*

DESTITUTION. — V. *Office.*

DÉTOURNEMENT D'OBJETS SAISIS. — V. *Saisie-exécution.*

DISCIPLINE. — *Faits antérieurs à l'entrée en fonctions.* — *Office.* — *Prix.* — *Dissimulation.* — Un fait antérieur à l'entrée en fonctions d'un officier ministériel, tel, par exemple, que la dissimulation d'une partie du prix de son office, au moyen d'un traité secret, peut donner lieu à des peines disciplinaires contre le nouveau titulaire.   337

DISPOSITIONS RÈGLEMENTAIRES. — V. *Chambre de discipline.*

DISSIMULATION DE PRIX. — V. *Discipline.*

DOMMAGES-INTÉRÊTS. — V. *Huissier.*

DOMICILE. — V. *Purge.*

DOMICILE INCONNU. — V. *Exploit.*

DOMICILE DES OPÉRATIONS. — V. *Exploit.*

DOMICILE DU SAISI. — V. *Saisie-exécution.*

DOMICILE SOCIAL. — V. *Exploit.*

DROIT EXCLUSIF. — V. *Copies de pièces.*

DROIT D'EXPLOITER. — V. *Effet de commerce.*

DROIT DE PLACE. — V. *Saisie-exécution.*

DROIT PERSONNEL. — V. *Office.*

DROITS DE RECETTE. — V. *Honoraires.*

E

ÉCROU. — V. *Contrainte par corps.*

EFFETS DE COMMERCE. — 1. *Protêt.* — *Recouvrements.* — *Effets portant retour sans frais ou sans protêt.* — Délibération de la chambre des huissiers de l'arrondissement de Mortagne (Orne).   8
— 2. *Transmission.* — *Endossement.* — *Echéance.* — *Protêt.* — Un effet de commerce ne peut plus être transmis par la voie de l'endossement après son échéance. — Il en est ainsi surtout si l'effet a déjà été protesté, et si ce protêt a été suivi de condamnation.   81

— 3. *Négociants et non négociants. — Compétence. — Endossement. — Echéance.* — Le tribunal de commerce est compétent pour connaître d'un billet à ordre portant des signatures de négociants et de non négociants, encore que les poursuites ne soient dirigées que contre les non négociants.

— 4. Un effet de commerce peut être transmis par la voie de l'endossement après son échéance, et, dans ce cas, la juridiction commerciale demeure compétente pour connaître des contestations qu'il peut faire naître tout aussi bien que si l'endossement eût eu lieu avant son échéance.   **83**

— 5. *Billet à ordre faux — Quittance donnée par l'huissier. — Responsabilité.* — L'huissier qui, recevant le montant d'un billet faux qu'il est chargé de protester, en donne quittance particulière, outre l'acquit mis au dos du billet par le faussaire, se constitue garant et responsable de la somme payée à tort, et doit, par conséquent, la restituer.   **109**

— 6. *Interdiction de les encaisser et recouvrer. — Protêt.* — Délibération de la chambre de discipline des huissiers de l'arrondissement de Senlis.   **101**

— 7. *Protêt. — Besoins indiqués. — Formes à observer.* — En cas de besoins, sur un effet de commerce, l'huissier qui ne trouve pas de fonds au domicile indiqué pour le payement, est-il tenu de se transporter aux besoins indiqués avant de dresser l'acte de protêt?   **120**

— 8. *Intervention. — Protêt. — Copie au domicile de payement.* — Doit-il être laissé copie au domicile de payement, tant du protêt que du payement par intervention?   **122**

— 9. *Perte. — Ordonnance du juge. — Demande en payement. — Protestation.* — En cas de perte d'un effet de commerce, l'acte de protestation prescrit par l'art. 153 du Code de commerce doit, à peine de nullité, être précédé d'une demande de payement autorisée par ordonnance, ainsi que l'exige l'art. 152 du même Code. — Toutefois cette obligation cesse lorsqu'un événement de force majeure ne permet pas d'obtenir l'ordonnance avant l'expiration du délai fixé pour la protestation, et qu'il ne peut d'ailleurs s'élever aucun doute sur la propriété de l'effet perdu.   **175**

— 10. *Protêt. — Bureaux fermés. — Heure. — Droit d'exploiter. — Responsabilité.* — Un effet de commerce est valablement présenté et protesté après la fermeture des bureaux d'un banquier, conformément à l'usage établi dans les grandes villes, pourvu que la présentation et le protêt aient lieu avant l'expiration du temps fixé par l'art. 1037 du Code de procédure. — Celui à qui un tel protêt est imputable est passible, envers le souscripteur qui lui avait remis les fonds du billet, de dommages-intérêts que les tribunaux doivent fixer suivant les règles de l'équité.   **230**

— 11. *Retour sans frais. — Protêt. — Recours en garantie. — Formalités.* — La clause sans frais, mise sur un effet de commerce, dispense le porteur de faire le protêt, de prévenir les endosseurs du non payement, et de recourir contre eux dans les délais de rigueur fixés pour le cas où il y a protêt.   **239**

— 12. *Protêt. — Besoins contenant la mention avant protêt.* — L'huissier porteur d'un effet de commerce sur lequel existe un besoin ainsi conçu : *Au besoin avant protêt,* a-t-il la faculté de protester lorsqu'il ne trouve pas de fonds au domicile indiqué dans le corps du billet?   **284**

— 13. *Endos en blanc. — Tiers-porteur. — Mandat. — Poursuites.* — Le tiers-porteur d'un billet à ordre, en vertu d'un endossement en blanc, n'a pas qualité pour diriger en son propre nom des poursuites contre le souscripteur de ce billet, encore qu'il justifie en avoir fourni la valeur à son endosseur.   **351**

— V. *Huissier.*

ENDOS EN BLANC. — V. *Effet de commerce.*

ENLÈVEMENT DE MEUBLES SAISIS. — V. *Saisie-exécution.*

ENQUÊTE. — *Juge de paix.* — *Causes sujettes à appel.* — *Défaut de procès-verbal.* — *Nullité.* — Le défaut de procès-verbal d'enquête dans les causes des justices de paix, sujettes à l'appel, entraîne nécessairement la nullité du jugement rendu sur l'enquête, alors même que les notes tenues par le greffier se trouveraient en corrélation parfaite avec les motifs de la sentence du juge de paix. — L'omission de ce procès-verbal constitue une nullité substantielle que les juges d'appel sont obligés de déclarer. 317

ENREGISTREMENT. — 1. *Office.* — *Prix.* — *Cession de créance.* — *Délégation.* — La délégation, contenue dans une cession à un tiers, du prix de l'office, faite par l'ancien titulaire au profit de son prédécesseur, d'une somme redue à ce dernier sur sa charge, sans énonciation d'acte enregistré, n'est passible que du droit d'un pour cent. 165

—2. *Exploit.* — *Signification de transport.* — *Reconnaissance de dette.* — Lorsque, sur la signification du transport d'une somme due en vertu d'un titre non enregistré, l'un des débiteurs déclare qu'il n'existe entre ses mains aucune saisie-arrêt qui puisse empêcher l'effet du transport, le droit proportionnel peut-il être perçu ? 167

—3. *Exploits en justice de paix.* — *Délibérations des conseils de famille.* — *Émancipations.* — *Apposition et levée de scellés.* — Augmentation des droits d'enregistrement sur les exploits en justice de paix, les délibérations des conseils de famille et les émancipations, les appositions et levées de scellés. 203

—4. *Saisie-arrêt.* — *Déclaration du tiers-saisi.* — *Cession verbale.* — *Office.* — *Recouvrement.* — La déclaration faite au greffe du tribunal par le tiers-saisi, qu'il est cessionnaire verbal des recouvrements de l'office par lui acquis, suivant traité enregistré, donne ouverture au droit de 2 pour cent sur le montant de la cession non écrite. 218

—5. *Acte en conséquence d'un autre.* — *Exploit.* — *Facture.* — *Amende.* — Lorsqu'en tête d'un exploit se trouve la copie, signée ou non signée de l'huissier, d'une facture, et que ni la copie ni la facture n'ont été enregistrées, l'huissier a-t-il contrevenu à l'art. 42 de la loi du 22 frim. an VII ? 219

—6. *Répertoire* — *Communication.* — *Clerc.* — *Contravention.* — Un huissier est passible d'amende lorsque pendant son absence un vérificateur ou un inspecteur de l'enregistrement a demandé communication des répertoires, communication qui lui a été refusée par le clerc de l'officier ministériel. 297

—7. *Saisie-arrêt.* — *Demande en validité.* — *Sommation.* — L'exploit de saisie-arrêt contenant demande en validité contre le débiteur saisi, et assignation en déclaration affirmative contre le tiers-saisi, est-il passible de trois droits fixes ? 310

—8. *Sommation.* — *Citation.* — L'exploit contenant sommation de payer, et, à défaut de payement, citation en justice de paix, est-il soumis au droit de 2 fr. ? 310

—9. *Acte en conséquence d'un autre.* — *Titre non enregistré.* — *Citation.* — *Jugement.* — Le jugement qui, se fondant sur ce que la demande est suffisamment justifiée, condamne au payement de deux années de prime d'assurance verbale contre l'incendie, autorise-t-il l'administration à percevoir immédiatement le double droit d'enregistrement sur la police d'assurance, et à réclamer à l'huissier une amende pour avoir contrevenu à la loi en agissant en conséquence de cette police, sans, au préalable, l'avoir fait viser pour timbre et enregistrer ? 311

—10. *Timbre.* — *Enregistrement.* — *Audience.* — *Intervention.* — *Réquisition.* — *Communication.* — Les préposés de l'administration de l'enregistrement qui assistent aux audiences publiques des juges de paix et des tribunaux civils et de commerce sont-ils fondés à intervenir dans les débats et à requérir la communication des pièces en contravention aux lois sur le timbre et l'enregistrement, ou la mention de

— 374 —

ces pièces dans les jugements, afin que le recouvrement des droits et amendes exigibles puisse être poursuivi? 311

— 11. *Sommation. — Opposition.* — L'exploit contenant sommation au débiteur de payer, et opposition par ce dernier à la saisie-exécution que son créancier va faire pratiquer sur lui, est-il soumis à deux droits? 311

— 12. *Acte en conséquence d'un autre. — Exécution nonobstant opposition et appel. — Ordonnance. — Dispense d'enregistrer avant d'agir.* — Le président d'un tribunal de commerce peut-il ordonner l'exécution, avant l'enregistrement, d'une ordonnance permettant de saisir conservatoirement, aux termes de l'article 417 du Code de procéd.? — L'huissier qui agit en vertu d'une telle décision et avant son enregistrement, encourt-il une amende? 136

— V. *Exploit.*

ENTREPRISE DE TRAVAUX. — V. *Compétence.*

ÉTRANGER. — V. *Exécution.*

EXCEPTION DE PROPRIÉTÉ. — V. *Compétence.*

EXCUSE. — V. *Chasse.*

EXÉCUTION. — *Étranger. — Jugement. — Révision.* — Les jugements rendus en pays étrangers ne peuvent être exécutés en France qu'après avoir été révisés et rendus exécutoires par les tribunaux français. — Cette loi est applicable alors même qu'il s'agit d'exécuter en France un jugement étranger rendu entre étrangers. 345

— V. *Enregistrement. — Jugement par défaut. — Prud'hommes.*

EXÉCUTION PROVISOIRE. — *Jugement par défaut. — Matière commerciale. — Opposition. — Titre. — Caution.* — Les tribunaux de commerce peuvent-ils, dans le cas de l'art. 439 du Code de procédure, ordonner l'exécution provisoire de leurs jugements, nonobstant opposition, avec ou sans caution? 227

EXÉCUTION VOLONTAIRE. — V. *Acquiescement.*

EXPLOIT. — 1. *Saisie-arrêt. — Enregistrement. — Pluralité de droits.* — Une saisie-arrêt à la requête de sept créanciers pour sûreté d'une somme à eux due, formée ès mains de 34 débiteurs, et énonçant qu'elle porte sur toutes les sommes que les tiers-saisis peuvent devoir, notamment sur celles dues en vertu d'une obligation qui les constitue débiteurs solidaires, est-elle passible de 238 droits? 45

— 2. *Dénonciation. — Assignation en validité.* — L'exploit contenant dénonciation au tiers-saisi de la demande en validité d'une saisie-arrêt et assignation en déclaration affirmative, est-il passible de deux droits? 45

— 3. *Ajournement. — Constitution d'avoué. — Démission. — Nullité.* — L'exploit d'ajournement ou d'appel contenant constitution d'un avoué qui a cessé ses fonctions est nul. 78

— 4. *Appel. — Signification. — Jour férié. — Compétence. — Pouvoir discrétionnaire.* — Le président du tribunal civil est compétent, à l'exclusion du juge d'appel, pour permettre la signification d'un acte d'appel un jour férié. — Il a un pouvoir discrétionnaire pour apprécier s'il y a ou non péril en la demeure, et, par conséquent, si l'autorisation d'exploiter un jour férié doit ou non être accordée. 80

— 5. *Visa. — Refus par le maire. — Délai. — Transport au parquet.* — Lorsqu'à défaut du maire ou par suite de son refus (ainsi qu'à défaut et au refus des conseillers municipaux, L. 21 mars 1831; Cass, 28 juin 1834) de viser l'original de son exploit, l'huissier, obligé de se transporter au parquet du procureur du roi, ne peut, vu l'heure avancée, s'y rendre dans le même jour, que doit-il faire? 88

— 6. *Citation. — Nullité. — Compétence. — Amende.* — Une citation en justice de paix, donnée par l'huissier du canton voisin, au défendeur trouvé sur ce canton, est-elle nulle? — En cas d'affirmative, la nullité peut-elle être prononcée d'office par le juge de paix? — En cas de négative, le juge de paix peut-il condamner d'office l'huissier à l'amende prononcée par l'article 1030 du C. de proc.? 117

— 8. *Délai.—Supputation.—Appel.—* Est régulier et valable l'acte d'appel contenant assignation à huitaine, à la forme de la loi, sans exprimer de combien de jours ce délai se trouve augmenté à raison des distances. 173

— 9. *Ajournement. — Copie. — Omission du nom de l'avoué constitué. — Nouvelle copie régulière. — Nullité. — Responsabilité. — Compétence.—* La nullité d'un ajournement résultant de ce que la copie remise ne contient pas le nom de l'avoué constitué, n'est pas réparée par la remise d'une autre copie régulière et portant mention du désistement de la première copie. — L'huissier qui a commis une telle nullité peut être appelé en garantie *de plano* devant la cour royale. 247

— 10. *Citation en conciliation. — Assignation. — Irrégularité dans la signification. — Transposition de copies. — Interruption de prescription.* — Une citation en conciliation, bien qu'il n'y ait pas lieu à tentative de conciliation, est-elle interruptive de prescription lorsque, dans le mois, elle a été suivie d'une assignation en tête de laquelle la copie du procès-verbal de non-conciliation concernant l'un des défendeurs a été remise par erreur à l'autre? 248

— 11. *Société. — Domicile inconnu.— Remise au maire. — Validité. —* Est valable l'exploit, concernant une société, dont la copie est remise au maire et non au procureur du roi, lorsqu'au domicile indiqué dans l'acte intervenu entre les parties et dans la procédure, il est déclaré que la société dont s'agit est inconnue. 251

— 12. *Appel. — Jugements distincts. — Exploit unique. — Nullité. — Mêmes demandeurs. — Défendeurs différents.* — Est nul l'appel, par un seul exploit, de deux jugements distincts rendus entre les mêmes demandeurs et des défendeurs différents. 253

— 13. *Société. — Ajournement. — Lieu où la copie doit être remise. — Domicile social. — Domicile des opérations.* — L'ajournement adressé à une société est valable si, au lieu d'être signifié au domicile indiqué dans l'acte de société comme étant le siège de cette société, il l'est au lieu où elle a réellement le centre de ses opérations. 256

— 14. *Ajournement. — Délai. — Distance.* — Est valable l'ajournement contenant assignation de comparaître à huitaine, à la forme de la loi, bien qu'il y ait lieu à augmentation à raison des distances ; il n'est pas nécessaire de préciser le délai d'augmentation. 256

— 15. *Acte d'accusation. — Signification. — Date en blanc. — Validité.* — Est valable la signification faite à l'accusé de l'acte de notification, bien que la date du jour soit restée en blanc, celle du mois étant remplie, s'il s'est écoulé plus de cinq jours entre la fin du mois où l'huissier a remis la copie et l'ouverture des débats. 303

— V. *Saisie-immobilière. — Visa.*

EXPLOIT EN JUSTICE DE PAIX. — V. *Enregistrement.*

EXPLOIT UNIQUE. — V. *Exploit.*

EXPULSION. — V. *Bail.*

EXTRAIT DE TITRE. — V. *Purge.*

F

FACTURE. — V. *Enregistrement.*

FAILLITE. — V. *Appel. — Huissier. — Office.*

FAITS ANTÉRIEURS A LA NOMINATION. — V. *Discipline.*

FAITS DE POSSESSION. — V. *Action possessoire.*

FAUX. — *Huissier. — Exploit. — Citation sans mandat. — Désaveu.* — Un huissier commet-il le crime de faux, tel qu'il est défini par les art. 145 et 146 du Code pénal, lorsqu'il signifie une citation à la requête d'un individu qu'il n'a jamais vu ? **128**

— V. *Huissier.*

FEUILLETTE. — V. *Poids et mesures.*

FORMALITÉS DE SAISIE – ARRÊT. — V. *Saisie-arrêt.*

FORMES. — V. *Opposition.*

FRACTION. — V. *Transport. — Voyage.*

FRAIS. — V. *Compétence.*

FRAIS D'OFFRES RÉELLES. — V. *Offres réelles.*

FRAIS DE JUSTICE. — V. *Privilége.*

FRAIS DE PROTÊT. — V. *Protêt.*

G

GARANTIE. — V. *Office.*

GRAINS EN VERT. — *Vente. — Fermier. — Propriétaire. — Prohibition.* — La loi du 6 messidor an III qui prohibe la vente des grains en vert et pendants par racines, est toujours en vigueur. — En conséquence, est nulle la vente faite par le fermier ou colon partiaire, au propriétaire, pendant le cours du bail. **346**

GREFFIERS DE PAIX. — V. *Juges de paix.*

H

HEURE. — V. *Effets de commerce.*

HONORAIRES. — 1. *Avertissement aux débiteurs.—Droits de recette.*—Délibération de la chambre de discipline des huissiers de Senlis. **103**

— 2. *Avoué.—Salaires étrangers à son ministère. — Mode de payement. — Traite.—Frais.*—L'avoué (ou l'huissier) qui donne ses soins à une affaire étrangère à son ministère, a droit à une juste indemnité; — Mais, pour se faire payer, il ne peut employer la voie commerciale de la traite, et par conséquent les frais auxquels donne

lieu le refus du débiteur restent à la charge du fonctionnaire. **266**

—V. *Copies de pièces. — Huissier.*

HUISSIER. — 1. *Remise d'honoraires.— Dommages-intérêts.* — Les huissiers qui font remise d'une partie de leurs honoraires à des avoués ou à des agents d'affaires sont-ils passibles de dommages-intérêts envers leurs confrères? —En d'autres termes, ceux-ci peuvent-ils réclamer contre ceux-là l'application de l'art. 1382 du Code civil? **5**

— 2. *Effets de commerce.—Effets sans frais. — Effets avec frais. — Interdictions.—Salaires. — Observations du rédacteur principal.* — Délibération de la chambre de discipline des huissiers de l'arrondissement de Nogent-le-Rotrou sur les recouvrements d'effets de commerce. **13**

— 3. *Avertissements.—Recouvrements. — Honoraires. — Peines disciplinaires.—Observations du rédacteur.* — Délibération de la chambre de discipline de l'arrondissement de Nogent-le-Rotrou, sur les honoraires à percevoir sur les avertissements donnés aux parties et les recouvrements de sommes faits pour leur compte. **20**

— 4. *Répression d'abus. — Avoués.— Copies de pièces. — Effets de commerce. — Observations du rédacteur principal.*—Délibération de la chambre des huissiers de l'arrondissement de Roanne (Loire), pour la répression des *abus monstrueux* résultant des remises de salaires par les huissiers aux avoués, touchant le monopole, touchant l'exploitation exagérée, les exactions, le recouvrement des effets de commerce, etc. **24**

— 5. *Faillite.—Opérations de banque. — Cessation de payement.* — Est considéré comme commerçant et peut être mis en faillite, s'il vient à cesser ses payements, l'huissier qui fait habituellement des actes de commerce, tels que des opérations de banque. **37**

— 6. *Déboursés. — Honoraires. — Intérêts du jour des avances.* — Les huissiers ont-ils droit à l'intérêt des déboursés d'enregistrement qu'ils font pour leurs clients, à compter du jour où ils ont lieu, sans demande judiciaire? 41

— 7. *Résidence. — Violation. — Dommages-intérêts.*—L'huissier qui viole la résidence qui lui a été assignée par le tribunal, et qui, sous prétexte que la localité indiquée, ne présente pas le moyen de se procurer une habitation convenable, s'établit, même par intervalle, dans une résidence voisine et y instrumente, est passible de dommages-intérêts envers ses confrères de cette dernière résidence. 38

— 8. *Greffier de paix.—Avertissement aux parties. — Salaires.* — Extrait de l'exposé des motifs et du projet de loi sur la suppression des droits et vacations alloués aux juges de paix. — Intention du gouvernement d'accorder aux greffiers de paix, moyennant rétribution, le droit de donner aux parties les avertissements exigés dans le cas de l'art. 17 de la loi du 25 mai 1838. 122

— 9. *Copie d'exploit.—Inscription de faux. — Admission des moyens de faux.* — Sont pertinents et admissibles en matière d'inscription de faux contre un exploit, les faits tendant à prouver : 1° Que l'huissier n'a pas été dans la commune indiquée le jour de la signification de l'exploit; qu'il a reconnu ce fait et déclaré que la copie a été remise par son clerc; 2° Que la date de l'exploit et le *parlant à* ne sont pas écrits de la main de l'huissier; 3° Que ce dernier n'a pas remis la copie à la personne dénommée en l'exploit. 204

— 10. *Pouvoir. — Déclaration. — Désaveu.* — Est valable la déclaration faite par exploit, sans mandat spécial, que le requérant entend cesser de faire partie d'une association mutuelle, alors que l'huissier, loin d'être désavoué, est au contraire approuvé par sa partie. 245

— 11. *Avoués. — Copies de pièces. — Abus. — Répression.* — Lettre de M. le syndic des huissiers de l'arrondissement de Roanne à ses confrères. 294

— 12. *Salaires. — Déboursés. —Prescription.* — La prescription d'un an établie par l'art. 2272 du Code civil ne frappe-t-elle que les salaires des huissiers et non leurs déboursés? 305

— 13. *Indemnité. — Partage. — Compromis. — Nullité.* — Les huissiers audienciers doivent-ils partager également entre eux le produit des actes à eux attribués exclusivement à titre d'indemnité de service? — Peut-on compromettre sur cette indemnité? 321

— 14. *Avoué. — Concurrence.—Copies de pièces.—Actes dans les instances. — Actes hors des instances. — Actes en matière de police correctionnelle. — Purge des hypothèques légales. — Signification de jugement après l'année.* — Les huissiers et les avoués ont concurremment le droit de faire et certifier les copies de pièces accompagnant les actes signifiés pendant toute l'instance. — Mais les huissiers ont le droit exclusif de faire et certifier les copies jointes aux actes signifiés en dehors de l'instance, et qui n'ont pas été spécialement confiés aux avoués. — Les copies de pièces données avec les exploits faits pour arriver à la purge des hypothèques légales appartiennent exclusivement aux huissiers. — Les huissiers et les avoués ont concurremment droit aux copies de pièces jointes aux actes dans les instances sur appel de police judiciaire et en police correctionnelle, lorsqu'ils ont été constitués. — Il en est de même de la copie de la signification d'un jugement rendu par un tribunal civil après l'année de l'obtention. 326

— 15. *Avoué.—Copie de pièces.—Procès. — Intervention. — Syndic.* — Les syndics des huissiers et des avoués ne sont pas recevables à intervenir dans une instance entre un huissier et un avoué, au sujet de l'émolument de copies de pièces signifiées en tête d'un exploit. 332

— 16. *Prohibition. — Parenté. —Alliance.* — Un huissier peut-il instrumenter pour un cousin germain par alliance de sa femme? 334

— 17. *Candidat.* — *Fonctions de notaire.* — *Considération du corps notarial.* — Un huissier peut devenir notaire, malgré l'opinion émise par la chambre de discipline que, pour la considération du corps notarial, les fonctions de notaire ne devraient pas être confiées à un ancien huissier. 131

— V. *Abus de confiance.* — *Copie de pièces.* — *Purge.* — *Saisie-exécution. Vente de récoltes.*

HUISSIER-COMMIS.—V. *Contrainte par corps.*

I

INDEMNITÉ. — V. *Saisie immobilière.*

INSCRIPTION DE FAUX. — V. *Huissier.*

INTÉRÊT D'AVANCES. — V. *Huissier.*

INTÉRÊTS DE CAUTIONNEMENTS. — V. *Cautionnement.*

INTERVENTION DU SYNDIC. — V. *Huissier.*

INVENTAIRE. — V. *Prisées de meubles.*

IRRIGATIONS. — *Loi sur les irrigations.* 272

J

JOUR FÉRIÉ. — V. *Exploit.*

JUGE DE PAIX. — 1. Loi sur le traitement des juges de paix et de leurs greffiers. 203
— 2. *Citations.* — *Commandements et saisie-gagerie.* — *Congés.* - *Significations de jugements.* — *Défenses.* — La défense de citer devant lui, prononcée par le juge de paix, contre un huissier, en vertu de l'art. 19 de la loi du 25 mai 1838, pour infraction aux art. 16, 17 et 18 de ladite loi, ou à l'un d'eux, comprend-elle d'autres actes que les citations ? — Spécialement comprend elle — les commandements tendant à saisie-gagerie, en vertu de l'art. 819 du Code proc. civ. ; — les saisies-gageries avec ou sans permission de justice ; — les significations de congé dans le cas où le juge de paix est compétent pour connaître de la validité des saisies-gageries et des difficultés relatives aux congés ? — Quel est celui, du propriétaire ou du locataire, qui doit supporter le coût d'un exploit contenant à la fois congé et commandement de payer ? — Devant quel tribunal la demande en payement des frais d'un tel acte devra-t elle être portée ? 224

— V. *Compétence.* — *Enquête.*

JUGEMENTS DISTINCTS. — V. *Exploit.*

JUGEMENT PAR DÉFAUT. — *Exécution. Saisie et vente.* — *Seul domicile connu.* — Un jugement par défaut est réputé exécuté selon le vœu de l'art. 159 du Code de procédure, par la saisie et la vente des meubles de la partie défaillante, au seul domicile connu qu'elle possédât alors, quand même cette partie allèguerait que les meubles vendus étaient sans valeur, que la saisie en a été faite en son absence et en un lieu où elle n'avait jamais eu, à proprement parler, ni de domicile ni de résidence. 349

— V. *Exécution provisoire.* — *Prud'hommes.*

L

LETTRES RECOMMANDÉES. — V. *Poste aux lettres.*

M

MAINLEVÉE DE SAISIE. — V. *Saisie-exécution.*

MANDAT. — V. *Effet de commerce.*

MARCHÉ. — V. *Saisie-exécution.*

MOYENS DE NULLITÉ. — V. *Saisie immobilière.*

N

NOTAIRE. — V. *Taxe.*
NOTIFICATION. — V. *Purge.*
NULLITÉ. — V. *Exploit.*

O

OBSERVATIONS. — V. *Copies de pièces.* — *Effet de commerce.* — *Huissier.* — *Purge.*

OFFRES RÉELLES. — *Offres réelles.* — *Refus.* — *Acceptation.* — *Frais.* — Par qui doivent être supportés les frais d'un procès-verbal d'offres réelles, d'abord refusées par le créancier, puis acceptées par ce dernier, par acte signifié postérieurement au débiteur, mais avant toute consignation ?   34

OFFICE. — 1. *Traité secret.* — *Nullité.* — *Exécution.* — *Action en répétition.* — En matière de cession d'office, toute contre-lettre ou traité secret ayant pour objet une augmentation du prix stipulé au traité ostensile, est entachée d'une nullité d'ordre public. — En conséquence, le payement d'une telle contre-lettre est un sujet à répétition.   39

— 2. *Suppression.* — *Rétablissement.* — *Compétence administrative contentieuse.* — N'est pas susceptible du recours au conseil d'État, par la voie contentieuse, la décision du ministre de la justice qui supprime un office et déclare qu'il n'y a pas lieu à indemnité en faveur des ayants-droit ? — Le rétablissement d'un office supprimé ne peut non plus être demandé au conseil d'État par la même voie contentieuse.   79

— 3. *Prix.* — *Transport.* — *Anticipation.* — *Validité.* — Le prix d'un office peut être cédé par le titulaire et saisi par ses créanciers, dans l'intervalle de la présentation à la nomination. — Par suite, dans le cas de cession sans fraude, les opposants postérieurs ne sont pas fondés à critiquer cette cession.   186

— 4. *Réserve.* — *Droit personnel.* — *Faillite.* — *Transaction.* — La réserve, par le cédant d'un office, du droit, pour lui et ses héritiers, de rentrer dans la propriété de l'office pendant un temps déterminé et en remboursant une somme fixée, n'est pas tellement personnelle qu'elle ne puisse être l'objet d'une transaction entre le cessionnaire et les créanciers du cédant tombé en faillite.   190

— 5. *Cession.* — *Révocation de mandat.* — *Retrait de démission.* — Le titulaire qui, par un mandataire non révoqué, a traité de son office, ne peut, en retirant sa démission, mettre obstacle à l'exécution du traité. — Toutefois l'administration, si elle le juge à propos, peut ne pas passer outre à la nomination du cessionnaire.   192

— 6. *Destitution.* — *Cession.* — *Admission.* — *Garantie.* — *Produits annoncés.* — *Réduction.* — *Compétence.* — *Traité secret.* — *Répétition.* — L'officier ministériel révoqué et dont le successeur, par lui désigné, a néanmoins été nommé aux conditions du traité, est garant de l'office vendu. — — Par suite, le prix de la cession doit être réduit si les produits ont été exagérés. — Les tribunaux sont compétents pour connaître, dans un intérêt privé, de l'exécution des conventions arrêtées entre le cessionnaire et le titulaire révoqué ; et dans ce cas ils ne sont pas réputés porter atteinte à l'ordonnance de révocation, ni empiéter sur les droits de l'administration. — Le supplément de prix payé en vertu d'une contre-lettre est imputable sur ce qui reste à payer du prix stipulé dans le traité ostensible.   206

— 7. *Traité secret.* — *Supplément.* — *Répétition.* — *Prescription de dix ans.* — En matière de cession d'office, le payement d'un supplément de prix stipulé dans une contre-lettre est sujet à restitution, sans qu'on puisse invoquer, pour s'y soustraire, la prescription de dix ans.   213

— 8. *Mode de transmission.* — *Vente aux enchères.* — *Prohibition.* — Un office ministériel ne peut être vendu aux enchères publiques.   217

— 9. *Vendeur.* — *Privilège.* — *Faillite.* — *Destitution.* — La faillite d'un officier ministériel destitué ne fait pas obstacle à l'exercice du privilège du vendeur sur l'indemnité imposée au successeur par le gouvernement, pourvu néanmoins que la cession de l'office soit antérieure à la promulgation de la loi du 28 mai 1838 sur les faillites, dont l'art. 550 est prohibitif de tout privilège en cas de faillite.   222

— 10. *Cession.* — *Contre-lettre.* — *Défaut de nomination.* — *Réduction de la contre-lettre. — Nullité.* — Sont nulles la contre-lettre portant augmentation du prix d'un office stipulé au traité ostensible, et la convention qui a réduit la somme portée dans cette contre-lettre, à défaut par le cessionnaire d'avoir pu obtenir l'agrément du roi. — Le payement régulier des intérêts ne peut ni ratifier de telles conventions, ni faire disparaître les nullités d'ordre public qu'elles renferment. — Il y a lieu d'ordonner la restitution d'intérêts ainsi payés. **299**

— V. *Enregistrement.*

OMISSION. — V. *Appel.*

OPPOSITION. — *Ventes de meubles. — Opposition. — Formes.* — L'opposition en vertu de l'art. 609 du Code de procédure est-elle valablement signifiée, soit au saisissant seulement avant la vente, soit à l'officier public seul, pendant ou après la vente? — L'opposition peut-elle être signifiée au saisissant, au domicile élu dans le commandement? — Dans le cas de vente de meubles, autre que celle faite par suite de saisie-exécution, quelles formes doit-on suivre pour arrêter les deniers? **11**

— V. *Exécution provisoire. — Saisie-immobilière. — Taxe.*

ORDONNANCE. — V. *Enregistrement.*

OUVERTURE DES PORTES. — V. *Saisie-exécution.*

P

PAYEMENT DE FRAIS. — V. *Acquiescement.*

PARENTÉ. — V. *Huissier.*

PARTAGE D'ÉMOLUMENTS. — V. *Huissier-audiencier.*

PATENTE. — 1. *Patente de l'année précédente. — Enonciation. — Acte public. — Contravention.* — Un officier public ne commet pas une contravention à la loi du 25 avril 1844, lorsque dans un acte de son ministère passé avant l'émission du rôle des patentes, il énonce la patente délivrée pour l'année précédente. **168**

— 2. *Huissier. — Mention. — Agent de compagnie d'assurance. — Actes à la requête de cette compagnie.* — Les huissiers doivent faire mention de la patente délivrée à une compagnie d'assurances, dans les actes signifiés pour le compte de cette compagnie, à la requête de l'un de ses agents. **169**

PATENTE DE L'ANNÉE PRÉCÉDENTE. — V. *Patente.*

PATURAGE. — V. *Délit rural.*

PEINES DISCIPLINAIRES. — V. *Huissier.*

PERCEPTEUR. — V. *Saisie-arrêt.*

PIÈCE (mot). — V. *Poids et mesures.*

PIÈCES NON TIMBRÉES. — V. *Timbre.*

PLURALITÉ DE DROITS. — V. *Enregistrement.*

POIDS ET MESURES. — 1. *Tombereau. — Feuillette. — Demi-pièce. — Futaille.* — Peut-on employer ces expressions dans un acte public, sans contravention à la loi du 4 juillet 1837? **44**

— 2. *Officier public. — Mot pièce. — Contravention. — Vente de meubles.* — L'officier public qui, procédant à une vente de meubles aux enchères, s'est servi de la dénomination *pièces de vin*, a-t-il contrevenu à la loi du 4 juillet 1837? **767**

POSTE AUX LETTRES. — *Lettres recommandées. — Formalités. — Taxe. — Perte. — Défaut de recours. — Ordonnance du roi relative aux lettres recommandées.* **41**

POURSUITES. — V. *Effet de commerce.*

POUVOIR. — V. *Huissier.*

PRAIRIES ARTIFICIELLES. — V. *Délit rural.*

PRESCRIPTION. — *Commandement. — Intimation. — Titre récognitif. — Péremption.* — Pour interrompre la prescription trentenaire d'une créance, le commandement doit-il contenir intimation de fournir titre nouvel? *Non.* — Par quel laps de temps un commandement se périme-t-il, en tant qu'interruptif de la prescription ? 239

— V. *Huissier.—Timbre.*

PRESCRIPTION DE DIX ANS. — V. *Office.*

PRISÉE DE MEUBLES. —*Procès-verbal. — Estimation. — Inventaire. — Notaire.* — Les huissiers qui, aux termes de l'art. 37 du décret du 14 juin 1813, ont le droit de procéder concurremment avec les notaires et greffiers aux prisées de meubles, dans les lieux où il n'existe pas de commissaires-priseurs, peuvent-ils dresser procès-verbal de leur opération en l'absence d'un notaire, et dans toutes autres circonstances que lorsqu'il s'agit d'un inventaire ? 116

PRIVILÉGE. — 1. *Appointements. — Clerc de notaire.—Clerc d'huissier.* — Les clercs ont-ils un privilége pour le payement de leurs appointements ? 39

— 2. *Frais de justice. — Propriétaire. Contributions directes. — Contributions indirectes.* — Dans quel ordre doivent être colloqués sur le prix d'une vente d'effets mobiliers : 1° les frais de justice pour parvenir à la vente ; 2° six mois de loyer dus au au propriétaire ; 3° les contributions directes ; 4° les contributions indirectes. 336

— V. *Office.*

PRIVILÉGE EXCLUSIF. — V. *Vente de meubles.*

PROCÈS-VERBAL. — V. *Prisée de meubles.*

PROROGATION DE JURIDICTION. — V. *Juge de paix.*

PROTÊT. — *Refus de payement le jour de l'échéance. — Protêt fait le lendemain. — Payement. — Frais du protêt.* — L'huissier porteur d'un billet présenté le jour de l'échéance et non payé, a le droit de dresser un protêt le lendemain, encore qu'au moment où il se présente, le souscripteur offre de le payer.—Le coût de ce protêt reste à la charge du souscripteur. 285

— V. *Effet de commerce.*

PRUD'HOMMES. —*Jugement par défaut — Exécution. — Péremption.* — La péremption établie par l'art. 156 du Code de procédure civile, faute d'exécution, dans les six mois, des jugements par défaut, est-elle applicable aux jugements par défaut rendus par les conseils de prud'hommes ? 180

PURGE. — 1. *Exploit. — Notification. — Erreur. — Validité.* — L'erreur, dans la notification d'un contrat, n'emporte nullité qu'autant qu'elle est de nature à exercer de l'influence sur l'exercice du droit de surenchère dévolu aux créanciers. — Ainsi, est valable la notification dans laquelle les intérêts sont énoncés comme dus en partie, à compter du mois d'avril, et pour le surplus, à partir du mois d'octobre, tandis qu'ils sont dus à dater du mois de juillet. 62

— 2. *Extrait du titre. — Tableau.— Concurrence.—Avoués.— Huissiers. —Observations.* — Les huissiers ont-ils, *à l'exclusion des avoués ou concurremment avec eux*, le droit de composer l'extrait du titre et le tableau à notifier aux créanciers inscrits, pour la purge des hypothèques ? 64

—3. *Extrait du titre.—Tableau des inscriptions.—Concurrence.— Avoués. — Huissiers.*—Les huissiers peuvent-ils, concurremment avec les avoués, composer l'extrait du titre et le tableau à notifier aux créanciers inscrits pour la purge des hypothèques ? 104

— 4. *Extrait du titre. — Tableau. — Concurrence. — Avoués.—Huissiers.* —Les avoués ont-ils, à l'exclusion des huissiers, le droit de composer l'extrait du titre et le tableau à notifier aux créanciers inscrits pour la purge des hypothèques ? 301

—5. *Hypothèque légale. — Notification. — Femme. — Domicile.* — La notification au procureur du roi, pour la purge des hypothèques légales, ne dispense de la notification à la femme personnellement, qu'autant que le domicile de cette dernière est inconnu. 304

— V. *Copie de pièces.*

Q

QUOTITÉ SAISISSABLE. — V. *Saisie-arrêt.*

R

RÉCLAMATION D'HONORAIRES. — V. *Taxe.*

RÉCOLEMENT. — V. *Saisie-exécution.*

RÉCOLEMENT IMMÉDIAT. — V. *Saisie-exécution.*

RECOMMANDATION. — V. *Contrainte par corps.*

RECOUVREMENTS. — V. *Effet de commerce.*

RECOUVREMENTS D'AMENDE ET FRAIS. — V. *Tarif.*

RÉDUCTION DE PRIX. — V. *Office.*

REFUS D'OFFRES. — V. *Offres réelles.*

REMISE DE COPIE. — V. *Exploit.*

REMISE DE COPIE AU MAIRE. — V. *Saisie immobilière.*

REMISE D'HONORAIRES. — V. *Copie de pièces. — Huissier.*

RÉPERTOIRE. — V. *Enregistrement.*

RÉPÉTITION. — V. *Office.*

RÉSIDENCE. — V. *Huissier.*

RESPONSABILITÉ. — V. *Exploit. — Effet de commerce.*

RESSORT. — V. *Saisie-exécution.*

RETOUR SANS FRAIS. — V. *Effet de commerce.*

RETRAIT DE DÉMISSION. — V. *Saisie immobilière.*

RÉTRIBUTION. — V. *Tarif.*

RÉVOCATION DE MANDAT. — V. *Office.*

S

SAISIE-ARRÊT. — 1. *Etranger. — Formalités à suivre.* — Certains exploits, tels que les saisies-arrêts et les saisies de rentes, doivent être signifiés à personne ou domicile, même lorsque ces saisies ont lieu entre les mains d'individus domiciliés hors de France. — Code de procédure, 56. — Eh bien! dans ce cas, comment fera-t-on pour suivre les prescriptions de la loi; quel fonctionnaire aura qualité pour agir, quelle forme devra avoir l'acte de saisie, et dans quelle langue devra-t-il être rédigé ? 87

— 2. *Percepteur. — Remises. — Quotité saisissable. — Entre les mains de qui la saisie doit être faite.* — Les remises accordées à un percepteur sont-elles saisissables ? — Pour quelle quotité ? — Entre les mains de qui la saisie doit-elle être pratiquée ? 289

— V. *Enregistrement. — Exploit.*

SAISIE-BRANDON. — *Copie du procès-verbal de saisie. — Signification par acte postérieur. — Visa. — Validité.* — En prescrivant de laisser copie au maire, et de faire viser l'original, l'art. 628 du Code de procédure entend-il que cela soit constaté sur le procès-verbal même de la saisie, ou laisse-t-il la faculté de constater la remise de la copie par acte séparé, et, dans ce dernier cas, est-ce cet acte séparé qui doit être visé ? 86

SAISIE CONSERVATOIRE. — V. *Saisie-exécution.*

SAISIE FORAINE. — V. *Saisie-exécution.*

SAISIE-GAGERIE. — V. *Saisie-exécution.*

SAISIE-EXÉCUTION. — 1. *Saisie conservatoire. — Saisie foraine. — Saisie-gagerie. — Ordonnance. — Titre authentique.* — En cas de saisie conservatoire, ou foraine, ou gagerie, faite en vertu d'ordonnance et non validée, le second saisissant, en vertu d'un titre authentique qui ne peut, conformément à l'art. 611 du Code de procédure civile, que faire un récolement et sommation au premier saisissant, de vendre dans la huitaine, peut-il, si ce dernier ne donne pas suite à sa saisie en la faisant valider, procéder à la vente sans faire lui-même valider la première saisie ? 122

— 2. *Recolement immédiat. — Enlè-*

vement des meubles.—*Menaces de les briser.* — L'huissier qui a procédé à une saisie-exécution peut-il, sur la menace à lui faite par le saisi de briser ses meubles, procéder immédiatement au recolement et ensuite à l'enlèvement des objets saisis ? 111

— 3. *Ouverture des portes.—Serrurier. Huissier.* — L'ouverture des portes, autorisée par l'art. 587 du Code de procédure civile, doit-elle être faite de toute nécessité par un serrurier ? — L'huissier ou les témoins ne peuvent-ils pas y procéder à défaut d'un serrurier ? 87

— 4. *Saisie-gagerie établie. — Formes à observer. — Recolement.—Sommation de vendre.* — Lorsqu'un huissier se présente pour pratiquer une saisie-exécution, et qu'il trouve une saisie-gagerie déjà faite (sans titre bien entendu) et un gardien établi, doit-il se conformer à l'art. 611 du Code de procédure civile ? 108

— 5. *Opposition. — Main-levée de la saisie. — Dommages-intérêts.* — Le saisissant qui, au mépris d'opposition faite conformément à l'art. 609 du Code de procédure, donne main-levée de la saisie, est-il passible de dommages-intérêts ? 228

— 6 *Vente de meubles. — Défaut de tradition. — Nullité.* — La tradition n'est pas nécessaire, en matière de vente de meubles, pour transférer la propriété à l'acquéreur. — En conséquence est nulle une saisie-exécution sur des meubles en la possession du débiteur, mais vendus antérieurement à un tiers par acte authentique. 233

— 7. *Détournement d'objets saisis. — Vol. — Effraction. — Délit.* — Doit être considéré comme délit de détournement d'objets saisis, prévu par le § 2 de l'art. 400 du Code pénal, et non pas comme crime de vol qualifié, le fait d'un individu qui, par ordre de la partie saisie et moyennant salaire, pénètre la nuit, au moyen d'effraction, au domicile abandonné par celle-ci, et s'empare d'effets saisis qu'il lui remet immédiatement. 262

— 8. *Revendication.—Dernier ressort.* — *Créance du saisi au dessous de 1,500 fr. — Créance du revendicant indéterminée.* — Est en premier ressort, bien que la créance pour laquelle il y a eu saisie soit au-dessous de 1,500 fr., le jugement statuant sur une demande en revendication d'objets saisis d'une valeur indéterminée. 264

— 9. *Vente des objets saisis. — Marché. — Domicile du saisi.—Permission.* — Est-il facultatif à l'huissier de vendre les objets saisis exécutés, sans permission du tribunal, soit au plus prochain marché, soit au domicile du saisi, un jour de dimanche, encore qu'il ne se tienne pas de marché dans le lieu de la situation de ce domicile? 287

— 10. *Femme mariée sous le régime dotal.—Biens dotaux.—Biens paraphernaux. — Tribunal incompétent. — Autorité de la chose jugée.* — Une femme mariée sous le régime dotal, qui a souscrit une obligation solidairement avec son mari, et qui, par suite, a été condamnée en dernier ressort et contradictoirement par un jugement du tribunal de commerce, non réformé dans les délais légaux, peut-elle être contrainte au payement par la saisie de son mobilier et de ses immeubles ? 293

— 11. *Vente de meubles saisis.—Droit de place.—Interprétation de tarif.— Compétence. — Juge de paix.* — Le juge de paix est-il compétent pour interpréter les arrêtés administratifs relatifs aux tarifs du prix des places dans les foires et marchés ? —Un huissier procédant à une vente de meubles saisis, a-t-il pu être condamné au payement du droit de place, sous le prétexte que le tarif ne fait aucune distinction de personnes, s'il ressort d'une saine interprétation de l'arrêté, que les mots *toute personne occupant une place,* qui y sont employés, ne se réfèrent qu'aux marchands étalagistes que l'arrêté a voulu atteindre, et qu'il a eu le soin de désigner ? 302

— V. *Vente de marchandises neuves.*

SAISIE-IMMOBILIÈRE. — 1. *Exploit.*—

Sommation au saisi. — *Remise au maire.* — Est valable la sommation au saisi, pour prendre communication du cahier des charges, remise au maire lorsque l'huissier ne trouve au domicile du saisi ni la partie, ni parents ou serviteurs, et lorsqu'il ne trouve pas non plus de voisins pour la recevoir. — L'art. 68 du Code procéd., en exigeant que la copie soit remise à un voisin qui signe l'original, suppose qu'il s'en trouve un pour recevoir la copie et donner la signature requise; de telle sorte que s'il n'y en a pas, l'huissier, en constatant ce fait, peut remettre directement la copie au maire. 43

— 2. *Commandement.* — *Délai entre le commandement et la saisie.* — *Opposition.* — *Interruption.* — Le délai de trente jours qui, aux termes de l'art. 674 du Code de procédure, doit exister entre le commandement et la saisie immobilière, est-il seulement interrompu par l'opposition pour ne reprendre son cours qu'après le jugement de débouté? — En d'autres termes, peut-on, par suite d'un commandement signifié le 1er mars, auquel une opposition, dont il y a eu débouté, le 4 avril, a été formée le 28 mars, saisir immobilièrement sans faire un nouveau commandement ni attendre un nouveau délai de trente jours, à compter du jugement qui déboute de l'opposition? 137

— 3. *Propriété indivise.* — *Défense de saisir.* — *Retrait d'indivision.* — *Sursis.* — 1. La prohibition inscrite dans l'art. 2205 du Code civil, de *mettre en vente* la part indivise d'un débiteur dans les immeubles d'une succession, s'oppose à la saisie ou à tous autres actes de poursuite destinés à parvenir à l'adjudication. — 2. L'immeuble indivis avec la femme, acquis par le mari pendant le mariage, et par conséquent soumis, en vertu de l'art. 1408 du Code civil, au retrait de la femme après la dissolution de l'union conjugale, ne peut être exproprié sur le mari. — Par suite, si la femme le requiert, le sursis aux poursuites doit être ordonné jusqu'à la dissolution du mariage. 187

— 4. *Meubles.* — *Immeubles.* — *Constructions par le preneur.* — *Réserve par le bailleur de les retenir.* — *Indemnité.* — Les constructions édifiées par le preneur sur le sol qu'il tient à bail, en vertu d'une clause du contrat de louage qui autorise le bailleur à les conserver, deviennent, par incorporation, l'accessoire du sol sur lequel elles sont assises. — En conséquence, elles ne peuvent être l'objet d'une saisie immobilière de la part des créanciers et du preneur, lequel, ne pouvant réclamer qu'une indemnité, ne possède qu'un droit purement mobilier. 209

— 5. *Moyens de nullité.* — *Déchéance.* — *Distraction.* — *Appel.* — Le saisi qui n'a pas fait valoir, avant le jugement d'adjudication, ses moyens de nullité contre la procédure d'expropriation, n'est pas recevable à interjeter appel de ce jugement. — Il en est de même de celui qui, se prétendant propriétaire d'une partie des biens saisis, n'a pas formé sa demande en distraction avant l'adjudication. 265

SALAIRES. — V. *Huissier.*

SALAIRES ÉTRANGERS. — V. *Honoraires.*

SIGNIFICATION DE JUGEMENT. — V. *Exploit.*

SIGNIFICATION. — *Jugement par défaut.* — *Acquiescement.* — Peut-on éviter la signification d'un jugement par défaut en le faisant acquiescer par la partie condamnée? 164

SIGNIFICATION A AVOUÉ. — V. *Acquiescement.*

SIGNIFICATION APRÈS L'ANNÉE. — V. *Huissier.*

SIGNIFICATION DE JUGEMENT. — V. *Juge de paix.*

SIGNIFICATION PAR HUISSIER-COMMIS. — V. *Acquiescement.*

SIGNIFICATION DE TRANSPORT. — V. *Enregistrement.*

SOCIÉTÉ. — V. *Exploit.*

SOMMATION. —V. *Saisie immobilière.—Saisie-exécution.*

SUPPLÉMENT DE PRIX. — V. *Office.*

SUPPRESSION D'OFFICE. — V. *Office.*

SUPPRESSION D'OUVERTURES. — V. *Action possessoire.*

SURENCHÈRE. — 1. *Vente d'immeubles dépendant de faillite. — Délais. — Formalités.* — Le créancier hypothécaire inscrit sur des immeubles appartenant à une faillite, peut-il, après l'expiration du délai de quinzaine fixé par l'art. 573 du Code de commerce, faire sommation à l'adjudicataire de notifier, et, par suite, surenchérir dans les délais (40 jours) de l'art. 2185 du Code civil? — Le délai de quinzaine de l'art. 573 du Code de commerce n'est-il pas applicable aussi bien au créancier inscrit qu'à toute autre personne? 200

— 2. *Signification. — Domicile élu. — Domicile réel. — Nullité.* —La surenchère sur aliénation volontaire ne peut être valablement signifiée qu'au domicile de l'avoué constitué par la notification du contrat aux créanciers inscrits. — Elle serait nulle si elle était signifiée au domicile réel de l'acquéreur. 314

SURSIS. — V. *Saisie immobilière.*

T

TARIF. — 1. *Taxe. — Frais à la requête de l'administration de l'enregistrement. — Recouvrement d'amendes et frais de justice.*—Comment doivent être taxés les exploits faits à la requête de l'administration de l'enregistrement et des domaines? — Et spécialement un commandement tendant à contrainte par corps? 113

— 2. *Avertissements aux parties. — Greffiers des justices de paix.—Huissiers. —Rétributions.* —Les avertissements à donner aux parties, en vertu de l'art. 17 de la loi du 25 mai 1838, ne seront ni attribués exclusivement aux greffiers des juges de paix, ni rétribués. 179

TAXE. — 1. *Notaires. — Honoraires. — Règlement amiable. — Réclamation. — Compétence.* — Bien qu'il y ait eu règlement amiable des honoraires dus à un notaire, pour raison d'actes de son ministère, la partie n'en a pas moins le droit de faire taxer ces mêmes honoraires. — La demande, par un notaire, en payement d'un billet ou reconnaissance causée pour honoraires, est de la compétence du tribunal civil et non de celle du juge de paix, encore que le montant de l'action soit inférieur à 200 fr. 220

— 2. *Notaire. — Opposition. — Appel. — Compétence.* — La taxe des actes d'un notaire, faite par le président du tribunal, n'est point une décision judiciaire qu'on doive attaquer par la voie de l'appel. — En conséquence, si les parties n'acceptent pas cette taxe, elles peuvent recourir directement au tribunal pour faire juger la contestation, sans même qu'il soit besoin de former opposition. 214

— 3. *Notaire. — Opposition. — Appel.* — Comment doit-on se pourvoir contre la taxe faite par le président du tribunal civil des frais et honoraires dus à un notaire? — Est-ce par la voie de l'opposition ou par celle de l'appel? 188

—V. *Tarif.*

TEMPS DE NEIGE. — V. *Chasse.*

TIMBRE. —1. Y a-t-il contravention aux lois sur le timbre dans la production en justice de paix, de pièces non timbrées, si elles ne sont point énoncées dans un jugement ou un acte extra-judiciaire? 46

— 2. *Copie d'exploit. — Connaissance. — Prescription.* — La contravention à la loi du timbre, dans une copie d'exploit, est prescrite après l'expiration de deux années, à compter du dépôt de cette copie entre les mains du greffier de la justice de paix qui a visé l'original. — Par ce dépôt, l'acte a été réputé légalement porté à la connaissance de l'administration. 242

— V. *Enregistrement.*

TRAITE. — V. *Honoraires.*

TRAITÉ SECRET. — V. *Office.*

TRANSPORT-CESSION. — V. *Office.*

TRANSPORT. VOYAGE. — *Fraction.* — *Calcul.* — *Somme à allouer.* — Le transport de l'huissier à 1 myriamètre 2 kilomètres de sa résidence, doit-il être fractionné pour le payement? — En d'autres termes, quelle est la somme à allouer à l'huissier? est-ce 4, 5 ou 6 fr.?   286

TRANSPOSITION DE COPIES. — V. *Exploit.*

V

VENTE AUX ENCHÈRES. — V. *Vente de marchandises neuves.* — *Office.*

VENTE DE MARCHANDISES NEUVES. — *Saisie.* — *Somme supérieure à la saisie et aux oppositions.* — *Formalités.* — *Contravention à la loi du 25 juin 1841.* — *Amende.* — L'officier public qui, chargé de vendre des marchandises neuves saisies, vend une quantité telle de marchandises, que le prix qu'il en obtient excède de beaucoup les causes des saisies et des oppositions, contrevient, en ce qui touche cet excédant de valeur, à l'art. 1er de la loi du 25 juin 1841. — Peu importe, au surplus, le consentement à la vente intégrale des marchandises donné par le saisi; la prohibition insérée dans la loi de 1841 étant d'ordre public et aucune dérogation ne pouvant y être apportée par les parties. — Toutefois, le défaut d'observation des formalités préalables à la vente, et dont l'accomplissement est prescrit par l'art. 3 de la loi du 25 juin 1841, ne donne pas lieu à l'application des peines portées par l'art. 7 de la même loi.   74

— *Jeunes porcs.* — *Vente aux enchères.* — *Prohibition.* — La vente aux enchères et en détail, par des marchands de porcs, de jeunes porcs pour être élevés et engraissés, tombe-t-elle sous l'application de l'art 1er de la loi du 25 juin 1841?   292.

— *Autorisation.* — *Jugement.* — *Appel.* — L'autorisation par le tribunal de commerce de vendre des marchandises neuves aux enchères, constitue un jugement susceptible d'appel.   350

VENTE DE MEUBLES. — *Commissaires-Priseurs.* — *Notaires.* — *Privilége exclusif.* — *Terme accordé.* — *Cautionnement ou hypothèque.* — Les commissaires-priseurs ont, à l'exclusion des notaires, le droit de procéder aux ventes de meubles corporels aux enchères publiques, dans la commune de leur résidence. — Ce droit ne peut leur être enlevé par des stipulations de termes, de cautionnement ou d'hypothèque. — Les commissaires-priseurs (ainsi que les huissiers) ont le droit d'accorder aux adjudicataires, sous leur responsabilité personnelle, des délais pour payer, en dehors des stipulations du procès-verbal.   257

— V. *Opposition.* — *Poids et mesures.* — *Saisie-exécution.*

VENTE DE RÉCOLTES. — 1. *Huissier.* — *Notaire.* — *Concurrence.* — Il est utile, dans l'intérêt public, que les huissiers rentrent dans le droit, que la loi leur accorde, de vendre les récoltes pendantes par racines concurremment avec les notaires.   132

— 2. *Huissier.* — *Notaire.* — *Exclusion.* — Les notaires ont le droit, à l'exclusion des huissiers, de procéder, hors le cas de saisie brandon, aux ventes de récoltes sur pied.   132

— V. *Grains en vert.*

VENTE D'IMMEUBLES. — V. *Placard.* — *Surenchère.*

VICE RÉDHIBITOIRE. — *Délais à raison des distances.* — *Manière de les calculer.* — L'augmentation de délai fixée par l'art. 4 de la loi du 20 mai 1838, à un jour par cinq myriamètres de distance du lieu du domicile du vendeur au lieu où l'animal se trouve, doit se calculer du lieu du domicile du vendeur au lieu où l'animal se trouve au moment où l'action a été intentée, et non au lieu où l'animal a été conduit immédiatement après la livraison.   184

VISA. — *Exploit.* — *Coût.* — *Frais.* — *Termes des art. 68 et 1039 du Code* *de procédure.* — Nonobstant les dispositions des art. 68 et 1039 du Code de procéd. : lequel visera sans frais, visées par elles sans frais, le droit de 75 cent. pour visa est-il dû à l'huissier, et doit-il être compris dans le coût de son exploit, lorsque ne trouvant personne au domicile et aucun voisin ne voulant se charger de sa copie, il se transporte chez le maire et fait viser son original ? 135 — V. *Exploit.*

PARIS. — IMPRIMERIE DE Mme Ve DONDEY-DUPRÉ,
RUE SAINT-LOUIS, 46, AU MARAIS.